旗帜领航

国家电网有限公司“两优一先”事迹选编

2021

国家电网有限公司党组党建部　编

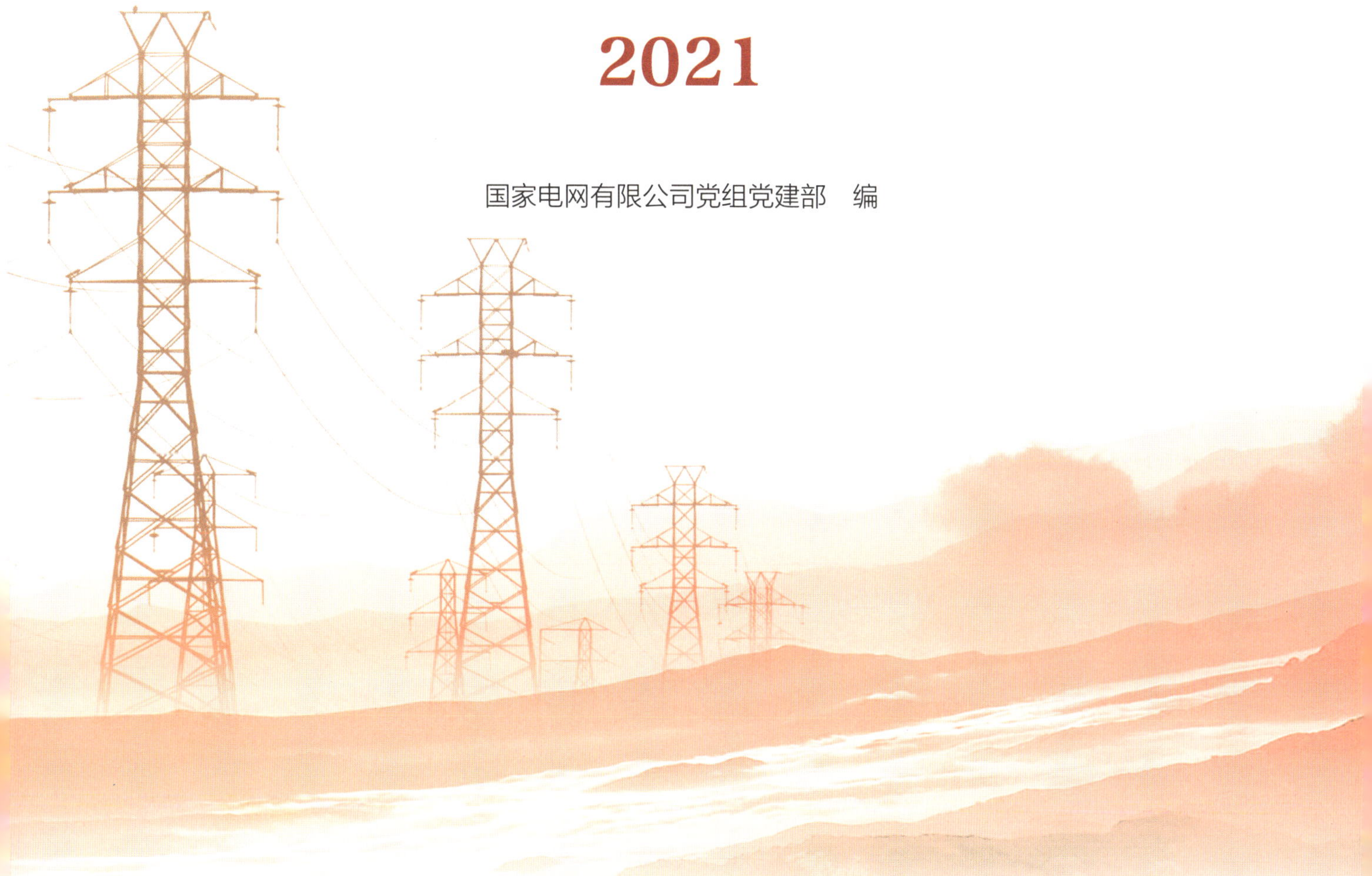

图书在版编目（CIP）数据

旗帜领航：国家电网有限公司“两优一先”事迹选编.2021 / 国家电网有限公司党组党建部编. -- 北京：中国电力出版社，2021.10（2021.10 重印）

ISBN 978-7-5198-6030-1

Ⅰ.①旗… Ⅱ.①国… Ⅲ.①中国共产党—电力工业—工业企业—基层组织—先进事迹②电力工业—工业企业—模范共产党员—先进事迹—中国③电力工业—工业企业—先进工作者—先进事迹—中国 Ⅳ.①D267.1 ②D263 ③K826.16

中国版本图书馆 CIP 数据核字 (2021) 第 194090 号

出版发行：中国电力出版社
地　　址：北京市东城区北京站西街 19 号（邮政编码 100005）
网　　址：http://www.cepp.sgcc.com.cn
责任编辑：石　雪（010-63412557）　高　畅　曲　艺
责任校对：黄　蓓　郝军燕
装帧设计：北京宝蕾元科技发展有限责任公司
责任印制：钱兴根

印　　刷：北京瑞禾彩色印刷有限公司
版　　次：2021 年 10 月第一版
印　　次：2021 年 10 月北京第二次印刷
开　　本：889 毫米 ×1194 毫米　16 开本
印　　张：28.25
字　　数：636 千字
定　　价：139.00 元

目录

全国“两优一先”

全国优秀共产党员

全国优秀党务工作者

全国先进基层党组织

中央企业“两优一先”

中央企业优秀共产党员

中央企业优秀党务工作者

中央企业先进基层党组织

国家电网有限公司“两优一先”

国家电网有限公司优秀共产党员（部分）

国家电网有限公司优秀党务工作者（部分）

国家电网有限公司红旗党委（部分）

国家电网有限公司电网先锋党支部（部分）

附　录

全国『两优一先』

坚守初心使命　以实干彰显本色

——记国家电网冀北电力承德供电公司党委副书记、总经理　郭金智

郭金智，男，汉族，内蒙古宁城人，1979 年 11 月出生，2004 年 4 月参加工作，2000 年 11 月加入中国共产党。

- 2010 年　第二十届北京优秀青年工程师
- 2015 年　国家电网公司专业领军人才
- 2019 年　河北省劳动模范

一直以来，郭金智坚持用共产党员标准和新时期好干部标准严格要求自己，以实干的脚步叩响初心，以实干的精神爱岗敬业，以实干的业绩兴业强企，努力让优秀成为一种习惯。

初心如磐　他是对党忠诚的实干者

“政治理论水平比较高，每次和他谈心或听他发言，都感觉是上了一堂党课。”这是很多基层同事对郭金智的评价。他坚持“第一议题”制度，对习近平总书记重要讲话和批示指示精神第一时间传达学习、第一时间安排部署，提高站位把方向、统筹兼顾管大局、精严管控促落实，确保企业发展方向不偏、发展动力不减、发展合力不松。

2019 年 8 月，郭金智到承德工作后，深受“牢记使命、艰苦创业、绿色发展”塞罕坝精神的洗礼和鼓舞，一句“我们要用绿色电力为塞罕坝精神赋能”讲得掷地有声、气魄凛然。经过深入研究，他创新提出了“秉承国网、护航冀北、亮丽承德”定位和“绿色发展、智慧赋能”方位，明确“安全为本、精严筑基、创新驱动、和谐共进”工作主线。如今，在国网承德供电公司“争当冀北公司高质量发展排头兵”已经成为广大干部职工的共同愿景、一致行动。

与时俱进　他是勇于创新的实干者

郭金智在承德市 220 千伏钢城变电站进行安全督导

“干工作不仅要有使命感，还要有时代感。”这是郭金智常常挂在嘴边的一句话，他带领干部职工破解新难题、开拓新局面。

承德地广人稀、山多林茂，山火、雷电等灾害频发，设备巡视、检修、抢修难度极大。他主导推进输电变电化模式，建成输电全景智慧指挥平台，创新引进政府林火视频监控系统，有效防控山火频发风险。

他深刻认识国家“双碳”目标加快落地的新形势，提出打造电网跨越升级“绿色范式”、能源消费转型“低碳范式”、全要素发力的“和合范式”，建设塞罕坝生态能源和谐共赢示范区。同时，他大力推进基层创新工作，促进国网双创平台首个地市级专区成功上线运营，举办“创新合伙人”创新创意大赛，逐步形成了开放融合、协同共享的双创生态文化。

使命在肩　他是敢于担当的实干者

郭金智在河北省围场县塞罕坝机械林场现场办公调研电网建设情况

“关键时刻，党员干部身先士卒，往往胜过千言万语的战斗动员！”郭金智用实际行动证明了这句话。

面对严峻的经营压力，他主动作为、广开思路，于运筹帷幄中稳步展开“精严 2020”行动计划。这样一组数据记录了国网承德供电公司 2020 年 1 月至今的提质增效成果：调换

288台轻重载变压器，节约改造资金1289万元，增加售电收入2220万元；盘活内部资源超过9000万元；推广2307个电能替代项目，替代电量34.32亿千瓦时。

● 郭金智在河北隆化县西旧屯村调研服务乡村振兴工作

面对繁重的发展任务，他始终把“不向困难退半步、只向胜利添精彩”作为能力和担当的“双重考题”。以提升新能源送出和消纳能力、提升城市配网可靠性、提升乡村电气化水平、提高电网智能化“三升一化”为主线，高质量编制“十四五”电网规划。

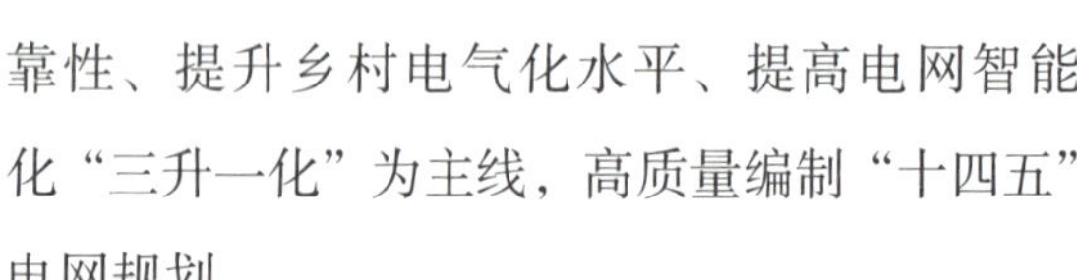

面对突如其来的新冠肺炎疫情，他坚持疫情就是命令、岗位就是站位，冲锋战“疫”、靠前指挥。他严格执行国家电网复工复产惠民举措，第一时间对154万户居民实行“欠费不停供”，14万家大小工商用户无不深深感受到了党的温暖。牵头编制《电力看经济》月刊，一时间成为市委市政府的一份重要“内参”。

人民至上　他是为民服务的实干者

“什么是全心全意为人民服务？什么是人民电业为人民？”这是郭金智经常都会自问自答自省的重要问题。他深知，党员干部只有心里装着群众，凡事想着群众，工作中才能知群众之所想、解群众之所需，才能赢得群众信任、得到群众支持。

2020年，国网承德供电公司助推农林牧旅等特色产业扶贫项目落地。1800余项配电网改造升级工程顺利投产，20项集中式光伏扶贫电站、665个村级光伏扶贫电站、4500余个户用光伏电站的并网服务，郭金智一一过问，认真督办。2020年年底，国网承德供电公司8个精准帮扶村全部脱贫摘帽。

郭金智深知，企业要实现健康稳定发展，人是关键，必须坚持以人为本，想方设法为员工办实事、办好事、为基层松绑减负。于是，2020年初，国网承德供电公司启动了一项前所未有的工程——“幸福工程”。通过一年多的努力，一份份幸福答卷如雨后春笋般涌现出来：20个职工小家建成落地，“五小”供电所覆盖率100%，办公环境、生产生活环境、员工发展环境得到明显改善，一批职工关心的问题得到有效解决，职工群众幸福感、获得感、归属感显著增强。

坚守初心绽芳华

——记国家电网江苏省电力有限公司丹阳市供电分公司配电运检中心配电运检技术兼党支部副书记　方美芳

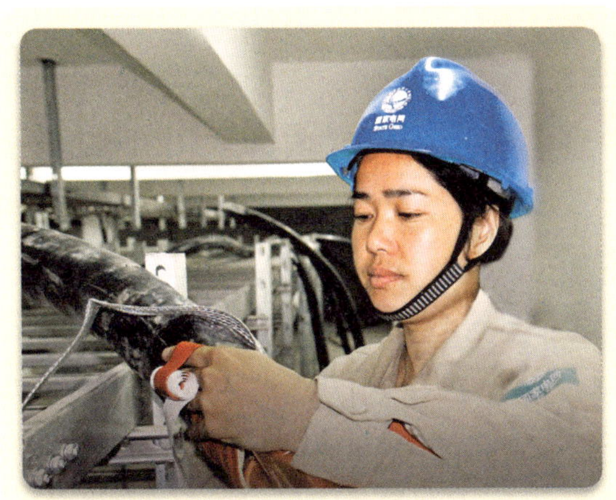

方美芳，女，汉族，江苏丹阳人，1971 年 7 月出生，1988 年 9 月参加工作，2006 年 6 月加入中国共产党。

- 2009 年　全国五一劳动奖章
- 2010 年　全国劳动模范
- 2017 年　全国三八红旗手
- 2019 年　第七届江苏省诚实守信道德模范
- 2019 年　敬业奉献类“中国好人”

自参加工作以来，方美芳长期扎根供电生产一线，在艰苦的电缆岗位上坚守了 31 年，从一名只有初中文化水平的学徒工成长为一名技术骨干，在压力面前不服输，在困难面前勇进取，在挑战面前敢担当，以实际行动诠释了一名共产党员的初心和责任。

跟工作较劲　跟自己较劲

1988 年，17 岁的方美芳进入丹阳市供电局工作，被分配到专业性较强、技术含量较高的高压电气试验班。只有初中文化、没有专业基础的她深知笨鸟先飞的道理，于是从最基础的拧螺丝、接线开始学，白天细听默记，晚上翻书钻研，不到一年就记了 3 大本笔记。很快，她从一个门外汉变成内行人，自学取得了函授大专学历以及变电检修和变电一次设备安装高

● 方美芳在 110 千伏练湖变制作电缆服务中北学院送电

● 丹阳小芳共产党员服务队关心关爱流动儿童

级工资质。

1993 年，丹阳市供电公司组建负责高压电缆施工、检修、抢修等工作的变电综合班，方美芳主动请缨加入，义无反顾地干起服务群众用电最前沿的电缆工这个“男人活”。电缆井里有很多淤积脏污，气味刺鼻，常常男同事还没缓过神来，她就抢着跳了下去。每次干完活，身上都是异味和油污。爱美是女人的天性，方美芳也爱美，但她从不穿丝绸衣物，也不穿丝袜，因为那双因长期敷设电缆而变得粗糙、干裂的手，很容易将这些脆弱的布料勾出丝来。

参加工作 30 多年来，方美芳已经参与了全市 1000 余千米长电缆的入地敷设工作，安装电缆头超过 8000 个。

因爱得深沉　痴迷于创新

对工作爱得深沉，才会痴迷工作钻研，才有几十年如一日的执着追求。入职丹阳市供电局时，方美芳仅仅是个初中毕业生。在人们的成见中，她只会在师傅带领下按部就班开展工作。方美芳依靠钻研精神，很快实现了自我突破。

电缆头制作是影响电缆绝缘性能和安全运行的关键工序，技术含量高、工艺复杂。自 2006 年起，方美芳就探索缩短制作时长的办法，仅剥电缆半导电层这一工序，就进行过上千次试验，最终找到了用4毫米厚直型玻璃片、以 15 度角刮剥的秘诀。经一次次改进，她将电缆头制作工艺从一般的两三个小时，压缩到只需 40 分钟。

在创新上获得成功的同时，方美芳意识到，独秀远远不够，必须实现众秀。2010 年，丹阳市供电公司成立方美芳劳模创新工作室，她把工作以来摸索出的经验写成 20 本心得体会，分享给团队成员。十余年来，该团队开展了“电缆抱箍及夹具研制”“新型电缆放线架研制”“高压电缆井优化”等项目攻关研究，共获得国家实用新型专利 33 项，有 25 项成果得到推广应用，产生经济效益数千万元。

爱党爱群众　架起连心桥

2006 年 6 月，方美芳加入中国共产党。她认为，作为共产党员，就是要为群众解决困难办好事。2011 年，以她名字命名的国家电网江

● 方美芳与青年员工在劳模创新工作室一起研究创新课题

苏电力（丹阳小芳）共产党员服务队成立，成为活跃在丹阳大地的红色电暖流。

2020 年初，新冠肺炎疫情突然暴发。作为国内疫情医疗物资重要供应单位，位于丹阳市生命科技产业园的江苏鱼跃医疗设备股份有限公司当即开足马力加班加点生产，用电量达到了平时的 1.3 倍。

自 2 月 1 日起，方美芳就带领共产党员服务队每天赶到生命科技产业园，为包括鱼跃医疗在内的疫情防控重点企业开展线路、设备特巡。当月 10 日，方美芳巡视发现，为鱼跃医疗供电的 10 千伏联观线鱼跃医疗支线 5 号杆的老旧电力隔离装置未拆除，于是立即组织人员带电拆除，在不影响鱼跃医疗正常用电的情况下，消除了安全隐患。据统计，仅 2 月份，服务队就出动 278 人次，开展特巡 139 次，消除各类隐患缺陷 46 处。

不仅如此，方美芳还热心社会公益，将共产党员的初心化作爱心，温暖百姓心田。据统计，丹阳小芳共产党员服务队成立以来，已先后完成抗灾抢险、重要保电、扶贫助困等服务 1280 项，帮助服务对象解决实际困难 1350 项。

因为使命在肩　所以勇往直前

——记国家电网湖南省电力有限公司沅江市供电分公司配网运维抢修班班长　周顺

周　顺，男，汉族，湖南岳阳人，1990年1月出生，2017年7月参加工作，2011年5月加入中国共产党。

- 2019年　国网湖南省电力有限公司电网迎峰度夏先进个人
- 2019年　国网湖南省电力有限公司优质服务先进个人
- 2020年　国网湖南省电力有限公司安全生产先进个人
- 2021年　湖南省青年岗位能手

不舍昼夜，不问寒暑，精心维护益阳沅江市28条纵横交错的10千伏配电线路和近500台星罗棋布的公用变压器，保障7万多客户安全可靠用电，是周顺的情感寄托和使命担当。

作为一名2011年入党的“90后”电力一线员工，周顺以无惧风雨、逆行而上的姿态，日夜奋战在保供电最前沿，践行着当代青年共产党员的初心使命。

扎根一线的“天之骄子”

时间回溯到2017年，周顺研究生毕业后，来到县级供电公司从事一线抢修工作，刚开始心里多少有点失落，特别是碰到恶劣天气，忙得没有白天黑夜，与自己理想中的工作状态有差距。好在他遇到了他的师傅——共产党员、湖南省劳动模范。师傅平时话不多，在工作上总是第一个冲在前头，故障不处理完不下火线。“他对我说得最多的一句话就是：为老百姓供好电、服好务是我们的本分。师傅的话虽然朴实，却使我更加懂得了‘人民电业为人民’的价值内涵。”周顺说。

由于特殊工作性质，周顺一年365天、一天24小时随时待命，哪里有故障就奔向哪里。周顺说，十分感谢家人的理解与支持，让自己工作起来没有后顾之忧。2021年是周顺来沅江工作的第四年，他连续四个年头都没有回家过春节。他放弃与远在河北休产假的妻子团聚，一如既往坚守岗位，确保了辖区内节日供电万无一失，他说：“看到万家灯火明，觉得值！”

截至目前，周顺的工作行程累计超过12万千米，完成抢修任务2000余次，实现工作“零差错”、抢修“零延时”、服务“零投诉”，赢得客户高度赞誉。

逆行出征的“电网卫士”

2020年初，面对突如其来的新冠肺炎疫情，周顺第一时间主动请缨，投身疫情防控阻击战中。正月二十二日正午时分，刚从疫情防控指挥部保电现场下班回家的周顺，突然接到某小区物业报修电话，小区变压器故障，影响近300户居民正常用电。此时，外面正下着雨夹雪，温度在0℃以下。疫情防控形势紧张，天气恶劣，居民无电可用对生活的影响远远超过平常。还没来得及吃上一口热饭，他匆匆撇下家人，迅速组织队伍做好防护措施，赶到现场抢修。经过6个多小时鏖战，在黄昏时分恢复供电。小区居民深受感动，纷纷隔着窗户打开手机灯光，向电力逆行者致敬。其实，这天是周顺30岁生日。他说：“这是我过得最有意义的一个生日。”在新冠肺炎疫情突然暴发的前两个月，周顺几乎衣不卸甲连轴转，带领共产党员服务队累计巡视重点线路300余千米，确保疫情防控指挥部、医院、口罩生产企业等重点单位没有发生一次停电事件。急难险重时刻，周顺勇担重任、逆行出征，彰显了一名共产党员的为民情怀。

矢志创新的“创客达人”

周顺深知，敢于创新、善于创新，是更好地为民服务的手段，是新时代共产党员应有的担当与作为！点滴创新见精神，在工作中，他

周顺在沅江市城区进行红外线测温

● 周顺在北京参加全国“两优一先”表彰大会

充分发挥作为基层团支部负责人的优势，积极推动青年员工“敢想、敢做、敢创新”，成立了国网益阳供电公司第一个“青年创客小组”。

在工作中，周顺善于将发现问题转换为创新项目。他发现台区如果漏电电流过大，会使漏电保护器自动跳闸，造成大面积停电；农村偏远地区的配电台区供电半径大、设备老旧，难以及时找到故障点。于是，周顺与相关单位一起多次研究、试验，采用“物联网”技术与电力测量和监测的方法，主持完成创新项目《基于“物联网”的台区漏电排查系统》，大大提高了故障查找效率，降低了窃电、漏电风险，产生了较好的社会效益。这一项目获评2018年度国网湖南省电力有限公司职工技术创新“双越之星”金奖。

周顺利用所学专业知识，在整理了所有设备数据的基础上，通过专业计算，合理切改线路电力负荷，将重过载线路负荷有效转移，仅用少量的施工费用，解决了城区相关10千伏线路多年来重过载问题，将电网建设资金节约到了更加需要的电网改造项目上。随后，他还带领同事们完成技术创新项目《缩短10千伏配网故障停电时间》，极大降低了区域配电网故障停电时间，大大提高了人民群众用电满意度。这一项目获评国网湖南省电力有限公司QC项目一等奖。

随着8项创新成果相继出炉，“青年创客小组”逐渐声名远扬，获评湖南省优秀质量管理小组，所在班组获评国网湖南省电力有限公司安全工作先进班组，国网沅江供电公司团支部获评国网湖南省电力有限公司“五四”红旗团支部，周顺本人获评湖南省青年岗位能手。

扎根雪域高原的电网建设者

——记国家电网西藏电力有限公司经济技术研究院党总支书记、副院长，阿里联网工程指挥部副指挥长　李万智

李万智，男，汉族，甘肃民勤人，1976 年 5 月出生，1997 年 8 月参加工作，1997 年 6 月加入中国共产党。

- 2020 年　中国电力建设企业协会电力建设科学技术进步奖三等奖
- 2021 年　西藏自治区五一劳动奖章
- 2021 年　西藏自治区优秀共产党员
- 2021 年　国家电网有限公司阿里联网工程突出贡献个人
- 2021 年　国网西藏电力有限公司阿里联网工程特等功臣

李万智从小生活在青藏公路中段的青海玉树州五道梁镇。那时家家户户没有电，煤油灯成了夜里唯一的光亮，一家人围着昏暗的油灯各自忙碌的场景深深地印在他的脑海里。从那时起，“让家里用上电灯”成了他的心愿。

1993 年，考入西藏农牧学院的李万智毫不犹豫地选择了电气专业。经过四年的寒窗苦读，他被分配到拉萨电业局工作。同年 6 月，李万智光荣地加入中国共产党，进一步坚定了投身西藏电力事业的决心。他的心愿也从“让家里用上电灯”逐渐变为“让西藏的千家万户用上电灯”。

扎根一线建设西藏电网

1997 年 8 月，拉萨城区电网改造，李万智主动申请参与建设和改造电力设施。他在干中学、学中干，同时注重总结经验，不断提升专

李万智在阿里联网工程指挥部

业技能。1998年，李万智参与了西藏第一座全微机机型保护——35千伏金珠变电站的建设工作。之后，他又先后参与了东郊、西郊、北郊、城东变电站的技改工程。2000年，在羊八井升压站改造工作中，李万智与同事负责安装了西藏第一台六氟化硫断路器。

2006年，在党和国家的关心关怀下，西藏自治区党委政府和国家电网公司计划建设和改造堆龙德庆、米林、白朗、聂荣、噶尔等32个县的无电地区电网。这个消息让李万智激动万分。已经成长为一名经验丰富的农网项目管理人员的他终于迎来了实现儿时心愿的机会。

为了确保电网项目真正为当地百姓解决用电困难，李万智深入各县调研，掌握一手资料。从海拔2800米到海拔4500米，从初春到寒冬，32个县的每一个村落都留下了他的身影。其间，居无定所、冷菜冷饭是常态，有时甚至还会有生命危险。一次现场勘查，由于大雪封路，李万智和同事在雪地被困了三天四夜，幸亏救援人员及时赶到，他们才得以脱险。

功夫不负有心人，经过李万智和同事一年的努力，西藏自治区“三期农村电网建设与改造”工程让5.2万户24万余人用上了电。看着老百姓载歌载舞迎接光明，李万智觉得所有的付出都值了。

积累工程管理经验服务电网建设

多年参与农网建设让李万智积累了大量经验。2012—2013年，他参与编制了《西藏地区农村电网典型设计》《西藏“三农”政策研究》的农牧区电力章节。这些资料解决了西藏农村电网标准不统一的问题，为进一步提升农村电网建设质量、规范农电代管模式提供了参考。

凭借优秀的电网建设管理能力和丰富的项目管理经验，2016年，李万智投身藏中电力联网工程建设。虽然已经有了建设配网的经验，但建设主电网对他来说还是第一次。为了确保工程顺利进行，李万智跟同事找到曾经参与过主网建设的前辈“取经”，认真学习了以往工程建设、安全质量、技术造价等方面的先进经验。

藏中电力联网工程位于世界上地质结构最复杂、地质灾害分布最广的“三江”断裂带，穿越全世界最复杂、最险峻、地质最不稳定的横断山脉核心地带，跨越澜沧江、怒江、雅鲁藏布江10余次，平均作业海拔超过4000米，最大海拔高差达3100米。谈起建设的艰辛，李万智说：“再难，能有老百姓受的苦更难吗？”面对恶劣的建设条件，他守在建设一线，团结一切力量，带领建设队伍迎难而上，只

● 李万智在阿里与藏中电网联网工程投运大会现场

李万智在那曲市查龙电站检查运行情况，了解职工生活需求

为把安全可靠的电送到千千万万的农牧民家中。

终于，在 2018 年 10 月，随着开关合闸的震动，西藏电网正式迈入 500 千伏超高压时代。由 81 家参建单位 5 万多名建设者参与，历经近 20 个月完成的藏中电力联网工程，为西藏建设统一电网奠定了坚实的基础。

挺进生命禁区挑战高海拔电网工程

本以为藏中电力联网工程结束后就可以回家探亲的李万智，又接到了另一条电力天路——阿里与藏中电网联网工程（简称“阿里联网工程”）的建设任务。尽管家里有父母需要尽孝，有孩子需要陪伴，但是任务来临时，他义无反顾选择回到工作岗位。因为他深知日喀则、阿里的 16 个县 38 万群众还没有用上大网电。

“爸妈，阿里那边还没有通上大网电，我必须去建设一线，这不仅是组织的命令，也是我从小的愿望。下次、下次，我一定抽时间回家。”李万智在电话里简单交代了几句，便马不停蹄踏赶往日喀则，再次投入工程建设。

阿里联网工程是国家电网公司继青藏联网、川藏联网和藏中电力联网工程之后，建设的第四个突破生命禁区、挑战生存极限的高海拔电网工程。

有了藏中电力联网工程的经验，面对阿里联网工程的建设，李万智更加得心应手。在阿里联网工程建设中，他主要分管党建和安全方面的工作。为了充分发挥党员在重大工程建设中的先锋模范作用，李万智组织举办了 17 期阿里联网工程“最美建设者”故事分享会，内容主要围绕工程建设过程中涌现的优秀党员、优秀团队的感人事迹，在工程全线营造了学有榜样、赶有目标的良好氛围。

为确保工程按期投运，李万智带领参建的 150 余名共产党员身先士卒，在冬季完成了 120 基冻土沼泽地基础施工；在海拔 4688 米建设了世界最高海拔的 220 千伏萨嘎变电站；在海拔 5357 米完成了世界最高海拔铁塔组立。

工程建设过程中，李万智还大力培育日喀则当地的电力施工劳务队和电力技工，组织 220 名高中及以上文化程度的当地困难农牧民参加集中培训，参与工程建设。

2020 年 12 月 4 日，阿里联网工程正式投运，全国陆路地区最后一个地级行政区域正式接入国家电网，西藏也由此迈入了主电网覆盖全区 7 地市、74 县（区）的统一电网新时代。

2021 年，李万智在那曲投入新一轮电网建设。扎根雪域高原的他，用实际行动践行着一名共产党员的初心和使命。

在电网科研前沿践行初心使命

——记国家电网中国电力科学研究院有限公司副总工程师兼新能源研究中心党委副书记、主任　王伟胜

王伟胜，男，汉族，山西平顺人，1968 年 3 月出生，1997 年 1 月参加工作，1987 年 12 月加入中国共产党。

- 2013 年　国家科学技术进步奖二等奖
- 2016 年　中国标准创新贡献奖一等奖
- 2016 年　国家科学技术进步奖二等奖
- 2019 年　国家电网有限公司特等劳动模范
- 2019 年　国家科学技术进步奖二等奖

工作 20 多年来，王伟胜始终紧密围绕国家能源转型战略目标，以新能源安全并网和高效消纳为使命，充分发挥先锋模范作用，带领新能源研究中心攻坚克难，解决了新能源大规模发展中带来的技术难题，为新能源行业快速健康发展作出了重要贡献，助力“碳达峰、碳中和”目标实现。

从零起步，敢为人先，搭建新能源并网仿真与试验平台

1998 年，还在中国电科院电气工程博士后科研流动站的王伟胜，开始接触到了风力发电。当时我国风电事业才刚刚起步，风电场主要是外国援助建设，国产风电机组尚未产业化，新能源问题还未引起社会广泛关注，风电研究更是鲜有人问津。王伟胜不畏艰难，勇于探索，以令人敬佩的毅力和执着，守护着新能源发电这一技术阵地。

新能源具有随机性、波动性和低抗扰性等特性，运行不确定度大，这使得并网技术成为困扰全世界新能源发展的难题。王伟胜带领团队在国内率先开展新能源并网仿真研究，于 2011 年建立了适应多时间尺度的新能源消纳评估与并网稳定分析一体化仿真平台，完成了当时全国所有千万千瓦级新能源基地接入电网论证分析，开展了 300 个新能源场站的接入系统

专题研究。2013 年，又开发了新能源生产模拟仿真平台，用于新能源发电电力电量平衡分析、新能源消纳能力计算、含新能源的电源开发布局优化等，为新能源可靠接入电网提供了重要技术支撑。

● 王伟胜在第四届能源论坛暨国际工程科技发展战略高端论坛上作主题报告

随着国内风电行业高速发展，风电机组检测需求量增长迅速，急需建立符合我国风电发展特点的风电检测体系，王伟胜牵头申请建设了国家级风电试验基地——张北试验基地。2010 年 4 月，基地在张北的茫茫草原上打下了第一根钢梁。张北地区冬天最冷的时候可以达到 -30℃，开工初期，甚至连工棚都没有。他带领团队连续奋战 200 多天，克服重重困难，主持建成了世界上规模最大，唯一具备风电、光伏与储能并网控制性能实证功能的张北试验基地，为新能源装备企业提供技术研发和试验验证服务，推动了新能源技术进步和产业升级，支撑国产风电机组全面走向世界。

不畏艰辛，敢打硬仗，攻克新能源预测与调度核心技术

新能源发电功率受气候、地形、天气等多种因素影响，规律难以把握，纳入发电计划困难。新能源功率预测是新能源发电纳入调度运行的基础条件。新能源的波动性和间歇性，需要电力系统有足够的运行灵活性。我国大规模新能源发电集中地区，大规模新能源发电接入后，电力系统安全隐患增大，消纳矛盾突出，需以滚动的新能源功率预测为基础，建立新能源灵活调度方法和技术支持系统。

针对我国面临的特有问题，王伟胜身先士卒，率先垂范，带领团队开展科技攻关。为提高新能源功率预测精度，他从直接影响风电 / 光伏发电功率的源头——新能源场站的天气气候科学问题入手，建立专门面向电力气象服务的“气象台”，针对性研究适合我国的天气预报模型，从根本上提高了数值天气预报精度。

我国缺乏新能源消纳能力评估和调度运行的技术手段，弃风、弃光现象凸显。他带领团队研发了我国首套新能源功率预测系统，建立了新能源优化调度体系，首次提出新能源运行不确定区间调度方法，实现了周、日前和日内不同时间尺度下的新能源协调优化。他主持研发了新能源优化调度系统，并推广应用于国家电力调度控制中心和 26 个省级电力调度控

● 王伟胜与科研团队研讨电力气象预报结果

制中心，覆盖我国约80%的新能源并网容量，预测容量居世界首位，显著提高了受限地区的新能源消纳能力，支撑了新能源优化布局和高效消纳。2016—2020年，我国在新能源装机增加2.88亿千瓦的情况下，平均弃风、弃光率均降至5%以下。

坚守初心，勇担使命，建成全可再生能源独立供电系统

青藏地区地广人稀，部分州县距离主电网近千公里，是我国电力供应中难度最大的“最后一公里”。在全可再生能源独立供电系统建立前，当地主要依靠小水电、柴油发电或小型独立光储电站供电。受高海拔环境与长达半年的枯水期影响，供电效率低、成本高，供电可靠性和电能质量极低，各州县只能定时分片供电，严重影响了人民日常生活和经济社会发展。王伟胜带领团队连续攻克了可再生能源独立供电系统宽频带控制、故障隔离与穿越、自主协同运行技术等关键问题，研发了光伏储能变流器、控制保护装置、能量管理系统、远程运维平台，并形成具有自主知识产权的可再生能源独立供电核心技术及系列产品，在青藏地区建成了“电能质量好、抗扰能力高、自主运行强、施工调试快”的独立供电系统。

全可再生能源独立供电系统解决了我国供电难度最大的青藏地区7个州县，近50万平方千米、50多万人的用电问题，年供电小时数从不足3000小时提升到8700小时以上，助力脱贫攻坚战，为青藏地区的社会和谐、民族和睦、边疆稳定提供了有力支撑。主要成果推广到全国海上、高原等条件艰苦地区35个大容量可再生能源供电工程，形成了完整的可再生能源供电技术方案，为未来高比例可再生能源电力系统的构建和运行提供了宝贵经验，为解决“一带一路”地区无电缺电人口供电问题发挥了重要示范作用。

城市能源变革的开路先锋

——记国家电网天津市电力公司党委书记、董事长　赵亮

赵　亮，男，汉族，河北沧州人，1969 年 8 月出生，1994 年 7 月参加工作，1992 年 11 月加入中国共产党。

- 2010 年　全国五一劳动奖章
- 2015 年　全国劳动模范
- 2016 年　享受国务院政府特殊津贴专家
- 2017 年　党的十九大代表
- 2019 年　天津市杰出企业家

赵亮带领企业始终坚持党的领导、加强党的建设，不折不扣执行中央决策部署，全心全意服务经济社会发展，躬身践行管党治党责任，带领企业获评中央企业先进基层党组织，连续六届获评全国文明单位，各项工作走在国家电网有限公司系统前列，得到各方高度评价。

以信仰忠诚彰显“国之大者”自觉

赵亮把习近平新时代中国特色社会主义思想作为开展工作的“生命线”，履行党委书记第一责任，发挥学习贯彻带头作用。在“不忘初心、牢记使命”等主题教育中，带头宣讲《习近平谈治国理政》、十九届五中全会精神，推动习近平新时代中国特色社会主义思想大学习大普及大落实。他丰富中心组学习方式，带队赴南湖红船、抗美援朝 70 周年展览等实地参观学习，在《人民日报》等刊发学习体会，带动党员干部自觉学理论、用理论。

他把落实习近平总书记来津视察指示要求作为首要政治任务，带领干部员工投运天津市首批国际领先的智慧能源小镇，成功研发“黎明”牌配网带电作业机器人并在 17 个省市推广，建成国内首个全电驱动公交服务网络，做到总书记关心的工作件件有落实，事事有回音。2020 年，面对突如其来的新冠肺炎疫情，他坚持一线指挥、前沿决策，发挥各级党组织党员作用，组织制定出台 7 批 121 项举措，3700 多

● 赵亮慰问一线职工，督导检查节日现场安全生产工作

界先进行列。他先后多次到农村实地调研，带领广大职工历时三年完成天津全市47.19万户“煤改电”，让百万人民告别烟煤取暖。

他在实际工作中牢记“人民电业为人民”的企业宗旨，组织制定并发布“电十条”“双十条”，高、低压客户办电环节分别压缩42%和66%，小微企业享受“免审批”全国最优政策。不折不扣落实国家降价降费政策，大工业电价、一般工商业电价降幅分别达5.34%、21%，近三年降低企业用电成本超70亿元。

个“党员示范岗”始终坚守电力抗疫一线，132支共产党员服务队累计走访服务企业2000余家，有力服务了全市疫情防控和经济发展大局。

以变革创新展现“大国重器”担当

赵亮把握国企“六个力量”的定位，推出一系列变革创新举措，促进企业连续9年在国家电网系统考核中获评A级单位。在他的积极推动下，国家电网有限公司与天津市三年三次签署战略合作协议，部署实施“1001工程”，“十三五”完成天津电网史上最大规模投资665亿元，基本建成500千伏双环网，提前一年完成农网改造升级，供电可靠率进入世

他坚持以创新开拓局面，超前探索发展智慧能源，率先推出“供电＋综合能源”“电力看经济”等一批新模式新业态，建成投运首个省级综合能源服务中心、城市能源大数据中心

● 赵亮在国网天津电力党校（培训中心）调研

● 赵亮带领公司新党员在天津电力科技博物馆举行入党宣誓仪式

等项目，发布国内首个城市能源大数据发展白皮书，打造了智慧能源引领智慧城市发展的典型经验。

以卓越品质增强“发展引擎”动能

赵亮坚持以人为本，积极培养选树先进典型模范，近年来企业先后涌现出“时代楷模”“改革先锋”张黎明、“中国好人”王娅、全国劳动模范黄旭等一批先进典型。通过持续开展“看旗争优·对标黎明”活动，营造全体干部员工学习先进、争当先进的浓厚氛围，形成了“个体先进”向“群体先进”拓展实践的典型经验。天津市委主要负责同志评价：电力公司为天津经济社会发展贡献电力动能和精神动能。

他重视干部队伍严格管理，连续三年以干部作风大会开局全年，淬炼铁军作风，推动停滞近 10 年的一批电网工程取得突破。近年来，企业选人用人满意率、新提拔人员认同率分别提升 15.05% 和 12.58%。

他探索创新国企育人范式，在国家电网有限公司系统率先实施“青年马克思主义者培养工程”，努力把青年员工培养成又红又专的事业接班人。同时，在全员范围内分级选拔“技能骨干、技能标兵、技能工匠”，推动一大批职工成长为技能型人才。2020 年，18 名职工获国家级、国家电网有限公司级、天津市级“劳动模范”，首次入选天津市“131”创新型人才团队培养计划，高技能人才提升 3.26%。

党心映初心　笃行践党情

——记国家电网福建省漳州供电公司副总政工师、纪委副书记，纪委办党支部书记、主任　刘琤

刘　琤，女，汉族，福建同安人，1980 年 10 月出生，1999 年 8 月参加工作，2003 年 5 月加入中国共产党。

- 2007 年　国家电网公司优秀共青团干部
- 2014 年　国网福建省电力公司优秀党务工作者
- 2018 年　国网福建省电力公司党建工作先进个人
- 2019 年　国家电网有限公司优秀党务工作者
- 2021 年　福建省优秀党务工作者

刘琤从事党务工作近 20 年，她把党建工作当作一门专业、一门科学，不忘初心筑堡垒，牢记使命当先锋。这 20 年的岁月让她的缕缕青丝换作了白发，却也让她共产党人的鲜明底色越发地光彩夺目。

职工群众的“暖心人”

不管在哪个岗位上工作，刘琤都主动为职工服务，解决职工“急难愁盼”问题，发挥了党组织对群众的关心关爱，凝聚起推进企业可持续发展的强大力量。

作为团委副书记，刘琤组建“电网志工”青年志愿者服务队，定期开展“共建和谐，真情助困进万家”献爱心活动，累计开展活动 1000 余次，出动青年志愿者约 2600 余人次，帮助弱势群体 1200 余户；作为工会工作者，刘琤连续三年开展“亲情助力安全”系列活动，

● 刘琤组织志愿者上街开展用电安全宣传活动

发挥亲情在安全管理中的感化作用，每年开展“安全全家福、安全亲情寄语”活动，让职工家属体验亲人的工作，发挥亲情助力作用；作为基层党支部书记，刘琤为因病去世的安装公司员工家庭发动募捐，在她离开安装公司后仍然坚持关心他们一家，让他们感受到了党组织的关怀和温暖。

● 国网漳州供电公司纪委办党支部与基层党组织启动“三级联创”项目

“有问题找琤姐。”这是国网漳州供电公司员工经常想起的一句话。据统计，刘琤累计接待员工、走访深入一线班组及职工家庭500多次，为员工解读公司工作制度1300余条，处理和答复问题90余件，营造并树立了“和合精进”的“家”文化。

有情怀的思想政治工作者

刘琤坚定地意识到：只有强化党建质量意识才能为高质量发展提供强大的政治保证，因此她十分重视创新，经常强调创新的重要性。

在党建工作载体上，刘琤巧妙地引入管理工具——员工心灵生态工程（EAP），一方面加强人文关怀和心理疏导，另一方面综合施策减轻员工负担、解决实际问题，从而让公司每支团队、每位员工都能根据思想动态得到“个人定制”的关心关爱。

对于基层工作而言，EAP一方面加强了对职工的人文关怀和心理疏导，另一方面综合施策解决了实际问题，从而让每支团队、每位员工更加安心。对于“指标落后”的员工，EAP可以让党务工作者用他们听得懂、听得进心里去的通俗语言与他们沟通，让他们卸下思想包袱，说出心里话；对于“指标靠前”的员工，EAP更能激发他们的动力，让他们“百尺竿头，更进一步。”

基层党建工作的“拓荒牛”

2016年，习近平总书记在全国国有企业党的建设工作会议上强调，坚持党的领导，加强党的建设是国有企业的光荣传统，是国有企业的根和魂。全面从严治党要在国有企业落地落实，必须从基本组织、基本队伍、基本制度严起。

全国国有企业党的建设工作会后，刘琤立即组织对公司系统10个党委、3个党总支、203个党支部的党建工作全覆盖开展调研、督查、辅导、整改等全流程问诊，优化党组织机

● 刘琤结合工作讲党史学习教育专题党课

构和书记设置。建立周管控、月通报、月考核制度，加强过程管控，构建“线上＋线下＋辅导、随机＋交叉＋访谈”“两面红旗、三级警示”机制，引领最优、管控薄弱。刘琤还着力把推动中心、服务大局作为公司党的建设的出发点和落脚点，围绕电网建设、迎峰度夏等重点任务，深化党员“一带二”“三级联创”“本质安全 你我同行”“党旗引领 攻坚突破”专项行动，发动各级党组织围绕中心工作主动作为、奋勇向前。在她的不断努力下，2013—2019年间，国网漳州供电公司保持全国文明单位称号，获得福建省先进基层党组织、福建省企业文化建设示范单位等荣誉称号。

这就是刘琤工作的真实写照，她常说：“我是一名普通的电力工作者，但我从事的工作却不普通。”她恪守着“人民电业为人民”的初心，让“龙江党旗红”的品牌在国家电网最南端的土地上闪亮，以高质量党建工作推动企业高质量发展。

“知爱”映初心　古城焕活力

——记国家电网河北省电力有限公司正定县供电分公司党委

成立时间： 2000 年 12 月

党员人数： 136 人

书　　记： 张颖琦

委　　员： 陈　磊　张海滨　张　锐　陈　阳　李子钰　赵　青

- 2017 年　河北省文明单位
- 2020 年　国家电网有限公司先进集体
- 2020 年　河北省维护职工合法权益优秀单位
- 2021 年　国家电网有限公司文明单位

登城楼、游古街、品美食、赏夜景……盛夏七月夜，滹沱河畔的正定城，华灯璀璨，游人如织，千年古郡焕发出新活力。

7 月 5 日，在河北正定县阳和楼景区附近，国家电网河北电力（知爱正定）共产党员服务队队长穿梭在各色商铺前，逐户检查用电设备情况，指导客户安全用电。“夏季是用电高峰，古城又迎来旅游旺季，我们勤跑腿把服务做在前，就能及时帮客户解决用电问题。”保障重点景区安全可靠用电，是国网正定县供电公司党委推进“我为群众办实事”的生动实践。

党史学习教育开展以来，国网正定县供电公司党委紧扣“一体四翼”发展布局，扎实推进党史学习与中心工作相融并进，持续深化“旗帜领航·赶考三色行”主题实践，不断激活基层党组织，以高质量党建引领企业高质量发展。深刻领悟习近平总书记对正定“知之深、爱之切”的精神内涵，立足正定县红色教育资源，打造“知爱·启航”党建特色实践，构建“一次都不跑”的电力营商环境新模式，为古城经济社会发展注入强劲动能。

赓续红色精神　筑牢组织堡垒

6月10日10时，国网正定县供电公司党委组织党员干部到红色研学基地塔元庄村参观学习，共同聆听塔元庄的发展变迁历程，感悟红色精神。

2021年，国网正定县供电公司党委依托河北红色文化禀赋，以组织“党史宣讲进基层”、举办红色故事宣讲会、开展“云课堂”线上培训等灵活多样的方式，掀起党史学习教育热潮，引导广大党员传承红色基因，走好新时代“赶考”路。国网正定县供电公司结合自身实际，以“知爱·启航”特色实践为载体，开展讲述总书记往事、政企共建升旗、参观红色教育基地系列主题活动，通过领导讲政策、学者讲理论、员工讲故事等形式，进一步提升党员干部的党性修养，筑牢理想信念根基。

国网正定县供电公司党委聚焦组织力提升，全面落实国家电网有限公司“基层党建创新拓展年”部署，广泛开展学习型、服务型、担当型、创新型“四型”党组织创建，推进党组织标准化、规范化建设，争作党建专业标杆。创新“三维一体”党建专业化管理体系，通过科学化顶层设计、专业化日常管理、信息化过程控制3个维度，实现党建与中心工作紧密结合，推动各级党支部上下贯通、互促互进。探索“互联网＋党建”模式，研发应用智慧党建专业化管理平台，细化各类项工作标准规范，做到组织生活“车同轨”、党员教育“音同谱”、台账规范“书同文”、队伍建设“行同伦”，同时应用数据库、信息岛、星级表、全息图等信息化手段，实现管理全过程动态监测与评估共享，推动各项目标任务落地，有效提升基层组织战斗力。

● 国网正定县供电公司“三维一体”党建专业化管理体系

打造红色引擎
助力经济发展

烟火十里、夜不罢

市，这是古城“夜经济”繁华盛景的真实写照。

6月26日傍晚，正定县城旺泉古街夜市的篮街印象烧烤店里宾朋满座，店铺老板沈庆在门前广场临时搭建了小舞台，一天能吸引接待食客达420人。“夜市开放后，你们经常主动上门检查线路，还帮忙优化了店铺用能方案，我的生意越做越红火啦！”沈庆对党员台区经理张振兵感谢道。

近年来，正定县立足文明城市创建，大力推进“旅游兴县”、夜经济发展等战略实施。服务古城迈向经济强县，国网正定县供电公司当好电力先行官。公司党委坚持党建引领，实行党委成员揭榜挂帅，开展13项优化营商重点课题攻坚，加速推进滹沱河生态治理、古城修复、正定新区建设等150余项重点任务落地。创新党组织和党员服务模式，打造“党建+”工程，聚焦乡村振兴、电网建设、优质服务等中心工作，将党员服务流程嵌入业务工作流程，充分发挥支部党员模范带头作用。

立体空间种植、浅层薄膜水培、智能温湿控制……5月9日，塔元庄村同福智慧农场里各类蔬菜瓜果长势正旺，农作物灌溉、排风、控温等各项数据通过智慧传感器实时传输到村内综合能源服务站的智慧管控平台上。塔元庄客户经理紧盯屏幕，密切监测着农场供电设备运行情况，确保作物生长环境适宜。

2021年，国网正定县供电公司党委将“党建+乡村振兴”与综合能源服务紧密结合，在服务一线建立临时党支部，设立党员责任区、示范岗，由党员干部包片包区带头开展“供电+能效服务”，不断提升乡村电气化水平。截至6月底，累计完成152个高低压线路整村改造，新建线路1615千米，新增配变468台，农村供电可靠率提升至99.92%，户均容量达到3.81千伏安。建成河北省首个村级综合能源服务站，打造“塔元庄·同福”智慧能源示范村样板工程，加快滹沱河沿岸13个乡村电气化示范村建设，以红色引擎助力千年古城文明新景建设。

组建红色队伍 办实事担使命

“供电公司在我们招商引资环节就提前介入，安排党员政企经理跑办临时用电手续，提供施工变压器租赁服务。办电业务全程由党员服务经理

国家电网河北电力（知爱正定）共产党员服务队对电气化设备进行检查

● 党员在正定古城开展夜间特巡，全力护航夜经济发展

对接待办，可真是一次都不用跑、一步就到位。”4月2日，在正定县自贸区北正云鼎大数据公司临时用电项目送电现场，该企业负责人谭雄雄对正定县公司专属党员服务经理说道。

国网正定县供电公司党委聚焦为民服务办实事，以持续优化电力营商环境为切入点，打造“一次都不跑”供电服务模式，解决客户实际用电问题，让党史学习教育成效落在实处。“我们推出优化电力营商环境九项举措，组建政企经理、大客户经理、专属经理三级服务队伍，以党员示范带动提升优质服务水平，通过业务网上跑、有事我们跑、我们超前跑，让客户早用电、用好电。”公司营销部主任介绍。

国网正定县供电公司党委依托国家电网河北电力（知爱正定）共产党员服务队载体，创新“队站点”三级服务模式，构建“168一百”党员立体服务体系。联合企事业单位、窗口行业等开展党建共建，组建1个“知爱正定”共产党员服务联盟，成立涉及营销、运维等专业的6支党员服务队，设置古城景区、自贸区、机场等8个共产党员服务站，打造覆盖全县域社区、企业、农村的100个红色网格服务点，为客户提供更快、更优、更贴心的用电服务和延伸服务。

目前，正定县已有20多家企事业单位、公益团体加入服务联盟，广大党员在疫情防控、县重点项目落地、能源产业带动和电气化特色村镇建设等工作中争先锋、做表率，累计开展各类服务1200余次，全面满足古城人民对美好生活的需求和向往。

做实“价值党建” 彰显“国企价值”

——记国家电网山东省电力公司潍坊供电公司党委

成立时间：1983 年 1 月

党员人数：4455 人

书　　记：张治取

委　　员：李振杰　林凡勤　张永武　王　君　辛克升　高玉明　刘海涛

- 2008 年　全国五一劳动奖状
- 2016 年　全国最佳志愿服务组织
- 2017 年　全国文明单位
- 2018 年　山东省抗灾救灾先进基层党组织
- 2019 年　国家电网有限公司红旗党委

近年来，国网潍坊供电公司高举习近平新时代中国特色社会主义思想伟大旗帜，以全国国有企业党建工作会议精神为基本遵循，全面构建“价值党建”理论与实践体系，创新“四个安全、一张名片”党建工作布局（政治安全、经营安全、生产安全、服务安全和创先争优名片），以高质量党建引领企业高质量发展，在服务民生和经济社会发展中充分彰显国企党建政治价值、经济价值和文化价值。

守初心担使命，彰显国企党建政治价值

“讲政治，是国有企业立业之基、兴业之本”，这是国网潍坊供电公司党委班子深刻共识。近年来，国网潍坊供电公司把学习贯彻习近平新时代中国特色社会主义思想作为重大政治任务，严格落实“第一议题”要求，首创中心组“市县联学、视频观摩”机制，组建全省首家企业讲师团、首个青马学社，推动党的创新理论武装走深走实。按照“学、讲、培、竞、践、宣”六个环节深入推进党史学习教育，扎实开展“我为群众办实事”实践活动，党员干部政治能力持续增强。

政治领航，使命必达。面对上合青岛峰会保电、抗击台风保供电等艰巨任务，国网潍坊供电公司党委主将挂帅、尽锐出战，全面打赢重大政治保电攻坚战，被表彰为峰会保电功臣单位。面对抗击疫情大战大考，发布“抗疫情、保供电、为人民”十项护航举措，“一户一策”保障202个重点客户用电，推出“欠费不停供”“免收违约金”等多项贴心服务，全年降低客户用电成本8.5亿元，以最强举措助力企业复工复产，彰显了“顶梁柱、顶得住”的国企担当。

坚持服务人民美好生活，开展电力扶贫开发“十大行动”，3名第一书记定点驻村帮扶，7个工作队定点包靠帮扶，62名党员干部与102个贫困户结对帮扶，投资4597.64万元为126个贫困村改造升级电网，光伏扶贫惠及1.1万贫困户。面对潍坊有气象记录以来的最强寒潮天气，员工踏风雪、冒严寒、保供电，连续8年兑现除夕夜台区“零停电”的庄严承诺。

筑同心抓融合，彰显国企党建经济价值

“党建兴则企业兴，党建强则企业强。”国网潍坊供电公司党委牢固树立大抓支部、大抓基层的鲜明导向，深入贯彻《国有企业基层党组织工作条例》，大力实施“旗帜领航·三年登高”计划，创新开展党委三级进阶、党支部三级联创，在全省电力系统率先开展智慧党建平台建设，实现党的组织和党的工作“两个覆盖”，基层党支部标准化率100%。

国网潍坊供电公司彩虹共产党员服务队重大保电任务出征宣誓

树立“业务上的成效从党建上总结经验、业务上的差距从党建上查找原因”理念，将党建工作与业务工作全面融合，构建党委抓统领、专业抓融合、支部抓落实“党建+”工作机制，策划实施“党建+”亮旗创优系列工程，

使各级党组织和广大党员发挥作用组织化、制度化、具体化。

坚持“宁让电等发展，不让发展等电”，组建重大工程临时党支部和电网规划党员突击队，“十三五”完成电网投资296亿元，建成全省最大规模的市域电网、国家电网“网格化”规划示范区，潍坊成为国家特高压电网重要承接地，电网最高负荷进入国网地市公司前十名。全力服务乡村振兴，高标准完成新一轮农网改造升级，建成国家乡村电气化示范县。

● 潍电讲师团利用红色资源开展现场体验式宣讲

积极优化电力营商环境，树立“不停电就是最好的服务”理念，组建217支彩虹共产党员服务队，打造“网上办、零证办、一链办”服务新模式，对全市220个重点项目实行“一对一”包保服务，供电可靠性进入全国前15名。

聚人心带队伍，彰显国企党建文化价值

“对国有企业而言，党建工作的本质就是围绕人做工作，学思笃行、凝心聚力、鼓舞士气。”国网潍坊供电公司对党组织书记、党务人员和党员“三支队伍”进行分类分众培训，骨干讲师在省、市两级理论宣讲比赛中均获一等奖。创新搭建青年员工“活力指数”成长平台，荣获国家电网公司青年创新创意大赛金奖，被评为国家电网公司团青专业标杆。以“奋斗百年路·启航新征程”为主题，广泛开展“百课百讲”“百队百星”“百人百梦”等庆祝建党百年系列活动，激励员工爱党爱企、敬业爱岗精神。

文化是企业基业长青的活力之源。国网潍坊供电公司坚持以政治文化引领企业文化建设，建成潍坊电业史迹馆，打造全省首家电力融媒体中心，弘扬传承“爱国爱企、唯进唯实”的百年潍电精神，被评为国家电网公司企业文化示范点。深化新时代社会文明实践，“潍电义工”获评全国最佳志愿服务组织、中国青年志愿服务项目大赛银奖。大力弘扬社会主义核心价值观，积极培育“好人文化”，累计115名员工入选中国好人、山东好人、潍坊好人，好人数量居山东电力系统首位。

近年来，国网潍坊供电公司通过做实做强党建工作，形成干部带头实干、党员先锋引领、青年活力迸发、全员争先奋进的生动局面，各项工作始终走在全省前列，2020年公司售电量达到“十二五”末的1.5倍，连续9年保持全省第一，业绩考核连续7年蝉联首位，连续16年被评为国网山东省电力公司先进单位。

点亮美好生活　打造世界窗口

——记国家电网上海市电力公司党委

成立时间：2013 年 7 月　　**党员人数**：6704 人

书　　记：梁　旭

委　　员：阮前途　黄良宝　徐阿元　刘壮志　陈春霖　潘　博　邹　伟　谢　伟　叶洪波

- 2017 年　全国文明单位
- 2018 年　上海市"进博先锋行动"先进基层党组织
- 2018 年　全国电力行业思想政治工作优秀单位
- 2019 年　中央企业先进基层党组织

在上海，有这样一支既管"烟火气"，又能"上天入地"的队伍：每到饭点，每家每户的灯能不能按时亮起来，他们管；烈日下、寒风里，空调能否正常运转，他们管；万众瞩目的城市灯光秀，他们管；全世界最先进的特大型城市电网中，不论是地上数十米的高压线，还是地下数十米的变电站，也是他们管。

他们，就是由国网上海市电力公司 500 多个基层党组织 6700 多名党员为骨干而组成的一支队伍，既要点亮人们美好生活，又在打造"世界观察中国电力的窗口"。

呵护城市里的每一盏明灯

这些年，为保障市民生活、企业生产，国网上海市电力公司开通国内首条 24 小时用电服务热线，组建 67 支“明灯”共产党员服务队，居民用电抢修效率连续多年居全市公用事业首位。

2020 年 8 月 4 日，台风“黑格比”来势汹汹。金山区作为上海西南门户，最高降雨量达 228 毫米，成为全市降雨量最大的地区。国网上海金山供电公司“金鹰”共产党员服务队全力执行防台防汛应急预案，奋战在抗台一线。

为预防台风影响线路，输配电运检班组需冒雨巡查 110 千伏阳虹 1309 线和 110 千伏阳张 1311 线，两条线路连接两座变电站电源，事关近 6000 户居民和企业用电。19 时左右接到任务，班组里 8 名“85 后”和“90 后”党员及入党积极分子立刻坐上巡查车，赶赴现场。有多年架空线路巡视运维经验的林谦诚争分夺秒在车上布置任务：“我们两两分成 4 组，互相照应，选取最可能发生故障的地段进行巡查，每组 2.5 公里。”从实际看，需要巡查的线路一部分在城市道路附近，另一部分在农村稻田中，巡查起点是一处没有路灯的漆黑地段，但没有一个人退缩。

22 时许，突然来了条新任务：“35 千伏隐张 438 线开关跳闸，重合不成功，需立刻干预。”已

国网上海电力精心服务浦东高水平开放

在雨水中泡了3个多小时的年轻人二话不说，立刻赶赴抢险现场，最终排除险情。事后，年轻人们算了一下，风雨中他们步行超过5万步，在车上换了5次衣服，每次换下来的T恤都湿得滴水，"但我们很有成就感，因为当地居民和企业用电基本没受影响。"风雨交加中有党员，灯光璀璨也离不开党员。

● 党员在疫情防控期间全力保障城市电网安全供电

前不久，"中国共产党的故事——习近平新时代中国特色社会主义思想在上海的实践"特别对话会在北外滩世界会客厅举行，这是世界会客厅落成后的首次重大活动。当天晚上，北外滩灯火辉煌，美景如画。

国网上海市区供电公司"保电特别行动队"组员顾不上欣赏美景，紧盯着用电数据："这样的活动用电要求非常高，需确保现场电流平稳，电压不发生波动，照明、空调、音响、电子大屏等一应用电设备'零闪动'。"

为了"零闪动"，他们对现场的每一个配电箱、每一盏灯、每一处插座都了如指掌。记得在彩排时，他们发现一处原本贴有封条的配电箱有被打开过的痕迹。经询问得知，现场临时增加了一处音响设施。他们迅速把这一情况记录下来，重新核算电负荷。在平稳可靠的电力支持下，北外滩世界会客厅完成了惊艳首秀。类似的保障故事，在国网上海市电力公司的基层党组织中还有很多。这座城市的每一盏灯，都有党员的悉心守候。

擦亮世界观察中国电力的窗口

1882年，第一批弧光灯在上海点亮，标志着上海率先在中国用上了电灯。100多年过去了，上海的"用电能力"仍旧走在全国乃至世界前列。

在这里，有世界最先进的特大型城市主干电网；有我国仅有的两座500千伏全地下变电站——静安地下变电站和虹杨地下变电站；有国内电压等级最齐全的超大型枢纽变电站——1000千伏特高压练塘站。

● 共产党员服务队在龙阳路地铁基地光伏项目现场指导用户维护

一张国际领先的韧性配电网也在上海全面铺开。2020年，上海电网成功经受夏冬两季用电负荷双创新高的考验，城市核心区电网供电可靠率达99.9991%，超越东京迈入世界顶尖行列。

上海还建成世界最大的清洁受端城市电网，新能源利用率持续保持100%，绿色电力消纳水平在全球城市中保持首位。

这些成绩背后，是国网上海市电力公司党委构建的“党员责任区 + 党员示范岗 + 党员攻坚小组”红色战斗力矩阵，关键任务有党员担当、冲锋攻坚有党员带头。

盛夏里，在有“外电入沪枢纽”之称的1000千伏特高压练塘站，大约半人高的机器人每天都会自动巡查。一天下来，可生成2000多张高质量测温画面，为迎峰度夏提供重要的运维参考资料。

可很多人不知道，练塘站刚引入机器人时，机器人与运维人员磨合得并不顺利。但党支部的年轻人觉得，新时代一定要用上新技术。被称作“三清博士”的毛颖科发挥“学霸”特质，带领青年党员查资料、找方法，改进元器件，反复调试后的机器人终于可以自主对全站进行精准红外测温和可见光拍摄，大大提高了巡视效率和质量，也为上海电网开启了高清视频和智能巡检的新篇章。

如今，汇集了智能巡检机器人、可见光红外摄像机、数据收集分析等当前最先进的电网运维技术的新系统顺利投运，不仅能服务特高压站巡查，而且在进博会保电、抗疫值班等重点工作中发挥了作用。

在众多像毛颖科这样的党员带动下，越来越多的电网建设、运营领域的“全国第一”诞生在上海。“上海要用‘点亮第一盏灯’的首创精神，攻克最尖端的电网技术。”国网上海市电力公司党委表示，将以“挂帅制”“揭榜制”“举手制”不断激发党员创新动力，让上海这一世界观察中国电力的窗口更加明亮。

丹心铸魂打硬仗　石城铁军护光明

——记国家电网江苏省电力有限公司南京供电分公司配电运检室石城共产党员服务队党支部

成立时间：2009 年 10 月　　**党员人数**：26 人

书　　记：赵　艳　　**委　　员**：刘琛琛　周　昊

- 2012 年　中华全国总工会工人先锋号
- 2012 年　国家电网公司电网先锋党支部标兵
- 2017 年　全国青年安全生产示范岗
- 2021 年　全国“诚信之星”
- 2021 年　江苏“时代楷模”

“太感谢了！你们真的太迅速了！”7 月 15 日，国网南京供电公司配电运检室石城共产党员服务队党支部响应社区需求，帮助南京莫愁湖街道明园社区修剪靠近供电线路的树枝，从收到请求到清理结束一共不到 2 个小时，支部党员的迅速响应受到了社区书记的夸赞。这是党支部“我为群众办实事”系列活动中的一次行动。

石城共产党员服务队党支部主要担负南京配电网运行维护、重大抢修、重要保电、社会抢险援助等工作。支部党员始终牢记“人民电业为人民”的企业宗旨，有令必达、有诺必践、有难必帮，为百姓排忧，为光明奔走。

有令必达，在大战大考前拉得出、顶得上、打得赢

● 服务队开展风灾后的抢修复电工作

党支部从未缺席南京任何一次重大抢修、保电工作，在十几年的磨砺中锻造出了“召之即来、来之能战、战之能胜”的电力铁军精神，坚持“做石城人、干实诚事”也成为党支部的真实写照。

2020 年初春，新冠肺炎疫情汹汹来袭。1 月 30 日，党支部值班室的铃声急促响起，接到了紧急命令：必须在 11 天内完成南京市公共卫生医疗中心扩建送电工程的任务。“我们是在跟死神竞赛，要快！”在党支部书记的带领下，支部党员纷纷主动请缨，自动集结。

11 天，不仅是任务，更是石城党员厚重的承诺。党员们与公司设计、项目管理、营销服务等各专业人员一起扑到工程建设现场，披星戴月、分秒必争。施工技术指导、作业用电保障，全体人员两班倒、装备连轴转。父亲刚刚去世的党员袁立新，安排好父亲的后事，就立刻回到了现场。他说：“队里正是需要人的时候，我是党员，不能后退。”

2 月 8 日，随着“嘭”得一下合闸声响，72 间隔离病房的灯光瞬间亮起，这个南京版的“火神山”通电了，仅用 9 天就完成 43 天的工作量，他们提前整整两天兑现了生命相托的承诺。

作为省会城市、中心城市、特大城市的电力供应保障单位，近年来，支部党员依靠创新科技，不断提升电力抢修和保障能力。12 年前，南京秦淮灯会保电主要依靠人力勘察线路，队员们每天都要走 3 万多步检查设备运行情况。而现在，支部党员使用红外热成像分析仪、影像传输无人机、巡检机器人等高科技进行 24 小时巡查，保电效率和质量大大提升。南京夫子庙花灯绽放、语笑喧阗的背后，是支部党员 12 年默默的坚守与付出。

有诺必践，让党旗在一线高高飘扬

● 服务队党员在南京绿博园冒雨勘查沿江供电设备

应急抢修，是电力系统中任务最繁重、工况最危险、作息最紊乱的岗位之一。“人家是刮风下雨往家赶，我们是恶劣天气主动留在队里。”党支部书记赵艳这样形容支部党员多年来的工作状态。

为了能够在第一时间做出响应、争分夺秒缩短抢修时间，党支部实行 24 小时值班，实行准军事化管理，制定了党支部的“三大原则”“八项注意”，全体党员就这样被磨炼出了日渐强大的战斗力。

2016 年 6 月，江苏盐城阜宁县突遭龙卷风、强冰雹袭击，电力设施受损严重，多个村镇停电。支部党员闻令而动，12 名队员连夜赶到灾区。高温时节，骄阳似火，党员们每天连续作战十七八个小时，个个晒脱了一层皮、嘴边长满水泡。因道路受阻，抢修车辆不能进出，他们手提肩扛，将十几吨重的抢修器材一点点运往抢修点。队员袁越累得抬不动腿，只能一小步一小步地挪，也不肯休息，他说：“大家都在拼命，我不能落下！”整整 5 天 5 夜，他们架设了 40 根电杆，安装两台公用变压器，提前完成了抢修复电任务。

2020 年 6 月，南京高淳面临防汛大考，党支部闻讯而动，又一次将党旗插在了南京溧水石臼湖的堤坝上，确保水淹到哪里，电停到哪里，水退到哪里，电送到哪里。

这些年来，党支部的日志簿上满满记载着南京管道爆燃抢险、阜宁风灾抢修、国家公祭日保电、疫情防控保电等急难险重任务，哪里有急难险重，支部党员就出现在哪里，先后圆满完成重大应急抢修抢险 400 余次、重要保电 1200 余次，服务满意率 100%。这是石城守护万家灯火的承诺。

有难必帮，做石城人干实诚事

在党支部的党员活动室，有着一面口碑之墙。“每一面锦旗的背后，都有着一个暖心故事。”谈

服务队党员冒雪在南京 10 千伏高云岭线进行抢修

到这 170 余面锦旗，党支部书记赵艳都如数家珍。

其中，印有“奉献爱心温情永存、关爱有加胜似亲人”的锦旗是住在南京阅江楼街道的郑伟一家送来的。郑伟的父母、爱人、弟弟先后身患绝症去世，他本人患有抑郁症，和女儿相依为命。得知郑伟一家生活困难，自 2013 年以来，支部党员定期上门看望，鼓励他积极面对生活。慢慢地，郑伟的病情有了好转，郑伟内向的女儿也变得开朗起来，学习不断进步，今年 4 月，还加入了共青团，激动地给党支部书记赵艳打来电话：“阿姨，我是一名团员了！”

“是你们给我们送来了温暖，我们用言语难以表达……不是亲人胜似亲人。”郑伟一家在给党支部的感谢信中这样写道。

涓滴成河、静水深流，在党支部，这样暖心的故事不胜枚举。支部党员用一腔热血守护一座城的温暖，只要是老百姓的事，哪怕再小，他们也会尽全力做。

随着党史学习教育的深入推进，党支部制定了“建党百年最初心，配网建设我先行”系列活动方案，其中主动走访社区送服务是系列活动中“建党百年办实事”活动的重要实践。

党支部主动走访仙林街道、莫愁湖街道、南苑街道等 9 个街道察民情、访民意，收集到人民群众关于杆线乱、设备环境差、树线矛盾多等 18 条意见。2 个月内，党支部已完成 3 处杆线迁移及拆除工作，清理供电设备“牛皮癣”32 处，消除社区树线矛盾 117 处，后期还将对社区群租房、养老服务中心、独居老人住所开展用电隐患上门排查，着力把党史学习教育成果转化为服务群众的生动实践。

多年来，服务队党支部坚持到部队、社区、学校、乡村开展志愿服务，累计开展安全用电、节约用电宣传 430 余次，慰问帮扶困难群众 800 余人。

十二年栉风沐雨，服务队党支部始终以一颗“全心全意为人民服务”的赤诚之心，守护着金陵城的万家灯火。他们是配网抢修精兵，也是石城光明卫士，在黑暗中点亮希望，在坚守中闪闪发光。

在"重要窗口"建设中走在前、作示范

——记国家电网浙江省电力有限公司党委

成立时间：2017 年 11 月

党员人数：30394 人

书　　记：尹积军

委　　员：杨　勇　李海翔　吴国诚　黄晓尧　姜启亮　史兴华　杨玉强　陈树国　王凯军

- 2008 年　全国五一劳动奖状
- 2008 年　电力行业 AAA 级信用企业
- 2015 年　全国文明单位
- 2018 年　全国电力行业思想政治工作优秀单位
- 2019 年　全国电力行业党建品牌影响力企业

7 月 5 日，武川和苑交房现场排起了长龙，一群身穿红马甲的志愿者成为人群中靓丽的风景。当天，国网武义供电公司组织国家电网浙江电力（武义）红船共产党员服务队开展"服务前移"活动，为拆迁安置的居民"开绿灯"，直接在交房现场完成电表通电，使用户"一次都不跑"。

这是国网浙江省电力有限公司党委服务人民美好生活的又一项举措。一直以来，国网浙江电力党委忠实践行“八八战略”、奋力打造“重要窗口”，以“赶考”姿态守好“红色根脉”，以“走在前、作示范，打造示范窗口”的担当作为，建设多元融合高弹性电网助力“双碳”目标，加快建设国家电网新型电力系统省级示范区，在浙江省争创社会主义现代化先行省、高质量发展建设共同富裕示范区过程中，彰显国企“六个力量”。

● 打造下姜村“红船・光明驿站”，服务队队员指导村民办理业务

以风清气正的政治生态促风生水起的发展生态

在国网浙江电力的发展进程中，有一股强大恒久的力量带动着全体干部员工不断迸发出动力和激情，书写出一个又一个令人瞩目的瑰丽传奇。

这股力量就是国网浙江电力党委营造的风清气正的政治生态和风生水起的发展生态。国网浙江

● 服务队队员深入革命老区横坎头村开展电力设备巡视，助力“乡村振兴　电力先行”示范区建设

电力党委持续加强党的领导力，将党的领导和公司治理有机融合，充分发挥党委把方向、管大局、促落实的领导作用，带领广大干部员工走在前、作示范，创造了能源电力领域的众多浙江经验、浙江典范，得到了各级党委政府和社会各界的好评。

● 党员在丽水景宁畲族自治区开展助农服务

“多亏有你们，这个‘蜘蛛网’困扰了我们很久，现在通过整改，隐患解决了，村子也更干净。”6月11日，泰顺县彭溪镇车头村支部书记唐文欢对正在检查线路的国家电网浙江电力（泰顺）红船共产党员服务队队员欧阳旭说。

泰顺彭溪镇车头村地处闽浙两省交界，由于线路交叉搭接，加上地区狭长，网架结构较为薄弱。2021年，国网泰顺县供电公司与福建福鼎市供电公司组建党建联盟，联合清扫空中电力“蜘蛛网”。此外，他们还开展支部联建、技术交流、资源共享，以党建联盟带动业务交流，促进专业协同发展。

基层党组织坚强有力，党员才能发挥应有作用，党的根基才能牢固。国网浙江电力党委设立党员责任区、党员示范岗等，引导党员创先争优、攻坚克难，争当生产经营的能手、创新创业的模范、提高效益的标兵、服务群众的先锋。

以共产党员服务队架起党和人民群众之间的“连心桥”

2007年，浙江第一支红船服务队在嘉兴南湖畔成立。2010年，“红船服务队”商标在国家工商行政管理总局商标局注册成功，这也是全国第一个以“红船”命名的注册商标，品牌化运作让红船服务走进千家万户。2018年，国家电网浙江电力共产党员服务队统一以“红船”品牌命名，并实行“省、市、县”三级管理，依托固定班组、供电站所组建实体化服务队434支，队员总数达9528名，其中党员7276名。

服装换了，队伍壮大了，服务制度化了，但“红船精神　电力传承”的初心更加坚定。

6月7日，冯胜南将厂房从农村搬至诸暨市安华朗臻产业园。厂房面积600平方米，本以为通电会很麻烦，没想到供电公司接到用电申请后，三天就完成了通电。“不光送电时间快，更重要的

● 疫情防控期间服务队赴企业开展设备“体检”，助力复工复产

是还节省了2万元成本。”冯胜南对国家电网浙江电力（诸暨）红船共产党员服务队的“一揽子到底”服务赞不绝口。

国家电网浙江电力红船共产党员服务队实施“一队一项目”模式，内容涵盖政治服务、抢修服务、营销服务、志愿服务、增值服务等，为百姓实打实办实事、办好事。

以能源绿色低碳转型引领支撑浙江高质量发展

迈入新的发展阶段，从“用上电”到用上省心、省钱、绿色的“好电”，老百姓的用电体验正悄然改变。

随处可见的电气自动化设备、全电景区、低碳民宿、智能温控……烟熏火燎的农村旧模样消失了，取而代之的是绿色用能的新农村。

绿色用能的背后是国网浙江电力构建了一张海量资源被唤醒、源网荷储全交互、安全效率双提升的多元融合高弹性电网。这张网为浙江发展提供了源源不断的绿色、清洁动能。

这张网让国网浙江电力实现了一系列的创新：2020年起实施输电线路动态增容，在不新建线路情况下提升能源输送效率；探索小水电“错峰发电”，简单互换峰谷时间，确保小水电、光伏等可再生能源尽量多发电，减少二氧化碳排放；以市场化手段开展削峰填谷，为国家节省投资数百亿元。

当前，数字化赋能浙江高质量发展，国网浙江电力也深度参与其中，利用电力大数据，不断创新、创效，助力社会经济发展、城市治理。国网杭州供电公司在全国发布第一张“全景碳地图”，精准测算市、县、镇三级区域碳排放情况。湖州集成了企业生产经营的电、气、煤、油、热等能耗数据的“能源碳码”，成为全国首创。美美与共，也各美其美。在浙江打造“重要窗口”、高质量发展建设共同富裕示范区的新发展阶段，国网浙江电力以高质量党建引领高质量发展，为浙江经济社会发展注入源源不断的绿色能源，为浙江绘就了一幅山青、水绿、蓝天、净土的美好生活画卷。

为民服务“零距离”　架起党群“连心桥”

——记国家电网四川电力（成都高新）连心桥共产党员服务队党支部

成立时间：2011 年 11 月　　**党员人数**：11 人

书　　记：刘　杰　　**委　　员**：郑　娟　聂坤元

- 2012 年　国家电网公司电网先锋党支部标兵
- 2012 年　四川省创先争优先进基层党组织
- 2019 年　四川省先进党组织
- 2020 年　国家电网有限公司先进基层党组织

国家电网四川电力（成都高新）连心桥共产党员服务队党支部现有党员 11 名，始终把“全心全意为人民服务”的根本宗旨落实到点滴行动之中，做好电力先行官，架起党群连心桥，在电力保障、抢险救灾、为民服务等方面充分发挥战斗堡垒作用，真诚兑现了“有呼必应，有难必帮”的庄严承诺。自 2002 年 4 月成立以来，响应客户报修和求助电话 14.5 万余次，上门服务 7.6 万余次，解答客户咨询 5 万余次，开展助老助残等志愿服务 3700 余次，收到感谢信 132 封、锦旗 135 面，赢得了电力客户和人民群众的广泛赞誉。

2011 年 8 月 20 日，习近平同志视察成都高新党员服务队，对服务队善小而为、十年如一日开展为民服务给予高度评价。他指出，“这是个好经验”“很值得发扬、总结和推广”，并勉励队伍“继续一以贯之，继续再接再厉，把这项工作做得更好”。

坚持强根铸魂　打造党员先锋队

成都高新党员服务队党支部始终把党的政治建设摆在首位，充分发挥党支部教育管理作用，精心培育了一支组织坚强、素质过硬的先锋团队。深入学习贯彻习近平总书记视察党员服务队时重要讲话精神，切实强化荣誉感、责任感和使命感。常态开展党的宗旨教育，开展“三亮三比”、党员“四无”实践活动，实施“党建 +”工程，设立“党员先锋岗”“党员责任区”，持续完善党员服务队职责定位，强化政治属性、民生本色和攻坚特色。

● 成都高新党员服务队为居民更换照明设施

危急关头冲在前、打得赢，成都高新党员服务队党支部先后参与汶川地震、宜宾长宁地震等抢险救灾保供电任务，圆满完成 G20、世警会、中日韩领导峰会等各类保电任务 200 余次。抗击新冠肺炎疫情期间，全力保障华西医院、省疫情防控中心等 34 家疫情保障单位可靠供电，开展各类用电服务 86 次，出动车辆 235 台次，全力做好防疫保电、助力企业复工复产等工作。

十九年来，一场又一场攻坚克难的硬仗见证了成都高新党员服务队党支部“电力铁军”的铮铮铁骨，做到了关键时刻听党指挥，危急关头冲锋在前，艰巨任务每战必胜，不断书写着“不忘初心、牢记使命”的责任与担当。

坚持善小而为　架起党群“连心桥”

2021 年 2 月 23 日，党员刘禄、吴昊上门看望因患有脑梗长期瘫痪在床的刘亚萍老人。在帮助检查家里用电情况时，发现老人卧室床头的插座坏了，他们立即为老人购买了新插座进行更换。这是成都高新党员服务队党支部为群众办实事、解难题中的一件细微“小”事。

在日常工作中，成都高新党员服务队党支部把为民服务解难题落实到点滴小事之中，主动与46户孤寡老人、残疾人、特困户等特殊群体结成帮扶对子，建立服务档案，定期上门帮忙检查家里的用电设备和供电线路，还会帮助买米买油、打扫卫生、送医看病，切切实实为他们解决实际困难。

● 宜宾长宁地震，成都高新党员服务队在灾民安置点安装电灯

成都高新党员服务队党支部还结合特殊服务对象的实际情况，为他们安装具有特大按键、能单键记忆带背景光的电话机以及“爱心闪灯门铃”，开通“连心桥热线”，帮扶对象只需按下电话上最显眼的按钮，支部党员们就会以最快速度赶来提供帮助。

坚持服务创新　为民服务办实事

“谢谢你们，天气这么热，还主动上门帮我家检查用电问题。这下我们可以放心用电啦！”2021年6月9日，家住成都市高新区肖家河街道永丰社区兴蓉北街3号的何廉老人对上门开展用电隐患排查的党员吴昊、辜翔表达谢意。何廉老人是党龄已过50周年的老党员，也是成都高新党员服务队党支部重点服务的用户之一。

党史学习教育开展以来，成都高新党员服务队党支部着力在“学史力行”上下功夫，把开展党史学习教育同解决实际问题结合起来，联合街办、社区开展“感恩有你　服务有我　致敬老党员”志愿服务行动，把为像何廉老人这样党龄超过50周年的老党员服务作为党史学习教育的一项落地举措。

成都高新党员服务队党支部密切关注老年人居家用电安全，积极推广“敬老智慧关爱系统”，主动上门为老年用户家中加装微型电器计量装置，手把手指导安装“敬老电管家”手机App。“家里安装了‘敬老智慧关爱系统’，我们不仅可以向共产党员服务队‘一键求助’，还能随时查看电器能耗和节能建议，真的很棒！”成都高新党员服务队党支部长期结对帮扶对象姚林元老人深有感触地说。

坚持护航发展　做好电力先行官

“这下好了，以后用电更安全可靠了，也不用担心交电费扯皮了！”2020 年 12 月 29 日，元通一巷 10 号院的住户郭成林感慨万分地说。

元通一巷 10 号院是一个老旧小区，一直没有进行户表改造，小区居民经常被交电费的问题所困扰。为了彻底解决该小区的用电问题，成都高新党员服务队党支部深入小区逐户宣传改造的意义和优势，打消居民心中的疑虑。随后集中力量对小区 5 栋 14 个单元的 279 只电表进行了改造，让小区居民用上了放心电、安全电，交电费也更加便捷了。

成都高新党员服务队党支部始终把“供好电、服好务”作为初心和使命，尽最大努力让社区百姓用上舒心电。2014 年以来，先后开展老旧小区电力设施改造、“心桥光明行动”等惠民活动，圆满完成了 302 个老旧小区电力设施改造，让 144 个“黑楼道”恢复光明，受益居民达 3 万余户。

成都高新党员服务队党支部坚持 24 小时全天候服务，探索“党建共建，政电融合”，建立“连心桥供电服务示范社区”，在社区设立“连心岗”和电力工位，发放“连心卡”，开展“精准帮扶 电工培训”惠民行动。结合成都市“平安社区工程百日攻坚行动”，对辖区内老旧小区电瓶车充电不规范等问题进行排查治理，为 21 个社区设置 67 个电动自行车充电点，让社区居民安全、便捷扫码即可充电。“几毛钱一个小时，扫码就能充电，我老太婆都会用……”玉林北路社区墨玉苑居民刘玉兰对此赞不绝口。

成都高新党员服务队慰问老党员

践行葛春精神　彰显国网担当

——记国家电网辽宁省电力有限公司彰武县供电公司党委

成立时间： 2009 年 10 月

党员人数： 125 人

书　　记： 徐向阳

委　　员： 刘海岩　王宇鹏　张颖莉　孙　铁　才宇新　金海丽

- 2018 年　国家电网有限公司工人先锋号
- 2019 年　彰武县委县政府营商环境建设先进单位
- 2020 年　辽宁省“文明单位标兵”
- 2021 年　全国脱贫攻坚先进集体

“我们以葛春师傅为榜样，持续开展‘弘扬葛春精神　打造亲情化服务品牌’活动。今年，我们还结合‘我为群众办实事’实践活动，进一步弘扬‘葛春精神’，为百姓用电服好务！”国网彰武县供电公司党建工作部主任说。

葛春是国网彰武县供电公司一名退休职工，他 38 年如一日，骑马穿行在沙漠深处。他“忠诚企业、奉献社会”的事迹被国家主流媒体广泛报道后，“葛春精神”成为国家电网公司宝贵的精神

● 国网彰武县供电公司"葛春精神"传承人们开展"寻初心重走葛春路，担使命起航新征程"活动

财富，"葛春"的名字也成为供电优质服务的代名词。作为"葛春精神"的发源地，国网彰武县供电公司结合地域特色和工作实际，成立了国家电网辽宁电力（阜新葛春）共产党员服务队，传承弘扬"忠诚、奉献、坚韧、自强"的马背电工"葛春精神"。以"葛春精神"为引领，以产业帮扶为基础，强化组织建设，激发党建活力，加快推进农村电网改造，用工作成效让人民群众更有获得感、幸福感，为服务地方经济发展提供坚强保障。

在为民服务中践行"葛春精神"

5月28日，章古台镇宏丰村脱贫户杨怀忙着加工饲料，粉碎机轰隆隆运转着。"今年准备再买一批羊。现在电足了，致富更有希望了。"杨怀说。宏丰村曾是省级贫困村，这两年先后建起了养羊场，建设了高标准农田示范项目，扩建了育苗基地。饲料加工设备等大功率用电设备陆续投入使用，对电力的需求越来越大。2019年以来，国网彰武县供电公司改造10千伏线路1千米、低压线路19千米，更换电杆350根，新增8台总容量450千伏安变压器，满足了宏丰村产业发展用电需求。

作为全市重点工作之一，彰武县水系治理、旱田改水田等重点民生工作正全力推进。6月1日上午，葛春共产党员服务队多名队员来到位于彰武县大冷镇程沟村的柳河综合治理项目施工现场，全力配合机井送电。一枚枚党徽在旱改水施工现场熠熠生辉。

7月2日，国网彰武县供电公司党委组织6名葛春共产党员服务队队员来到阿尔乡镇阿尔乡村许国军家中，详细了解老人家中用电情况，对低压线路、开关等用电设备的运行情况进行逐项排查，为他家更换了崭新的电线和空气开关，让老人用上了放心电、舒心电。

7月5日，葛春共产党员服务队队员王松松和包志涛来到彰武县章古台镇宏丰村樟松农场检查用电设备。帮助该场安装了一台100千伏安变压器，拉通1千米长线路，解决了抽水、照明、饲料加工等方面的用电难题，满足了机井抽水灌溉用电需求。

在服务大局中担当红色使命

2018年，国网辽宁省电力有限公司设立“旭光”精准扶贫示范项目。国网彰武县供电公司党委根据项目方案，帮扶老虎村在牛棚顶上建起了光伏电站，发电收益一部分以分红的方式帮助贫困户脱贫增收，另一部分收益给有劳动能力的贫困户购置怀孕母牛，为他们增添发展动能。国网彰武县供电公司党委还为村民建设“旭光”农家书屋，帮助运营“旭光”电商中心，设立医疗扶贫健康服务站，全方位确保贫困户脱贫不返贫。

“母牛生母牛，三年五个头。一户一群牛，致富不用愁。”这是兴隆山镇十里八乡流传的一句顺口溜。如今，脱贫户存栏母牛平均超过5头，总价值超过12万元，全部实现稳定脱贫。2020年末，老虎村脱贫户人均年收入达到13500元。

脱贫摘帽不是终点，而是新生活新奋斗的起点。6月19日，在“旭光”电商中心，国网彰武县供电公司工会主席、驻村工作队队长才宇新与观看直播的网友们聊得热火朝天，帮助兴隆山镇老虎村村民销售花生、黑豆等绿色农产品，直播间弥漫着浓郁的“彰武味道”。

在实战考验中彰显先锋作用

6月25日，辽宁泰武散热器有限责任公司厂房内，一个个轧制成型的新式铸铁暖气片从生产线上运出，十几名工人忙着将其打磨、抛光。3个多月前，该公司总经理王勇鹏还在为厂房正式用电的事急得焦头烂额。

3月2日，该企业正式提出容量为4250千伏安的新装用电申请。在了解到该公司有

● 葛春共产党员服务队在“旭光”精准扶贫示范项目现场检查光伏发电站的光伏板

400名员工将于月末从省外赶赴彰武报到这一特殊情况后，国网彰武县供电公司立即组织党员服务队前往该厂区开展现场勘查，之后的方案制订、工程施工、验收送电等工作，全部由园区供电服务站副站长程浩翰协调完成，从客户提出用电申请到正式送电只用了19个工作日。

葛春共产党员服务队队员到哈尔套冰灾现场抢修

2020年的“11·18”雨雪冰冻灾害让不少人记忆犹新，彰武县哈尔套镇南平安地村多家养殖户因电网受损导致停电。当晚，大风伴随着雨雪让30条线路覆冰受损，抢修道路被积雪掩盖，抢修车辆无法到达。国网彰武县供电公司运维检修部主任马世全带着共产党员突击队顶着风雪，开始查找线路故障，平日20多分钟能巡视完的线路，他们用1个多小时才完成。

第二天，他们克服天气寒冷、路面结冰等困难，开始抢修受损线路。抢修队员们默契配合，经过4天的连续奋战，受灾线路顺利恢复供电，2名队员身上都有不同程度的冻伤。

葛春共产党员服务队队员为企业检查配电设施，讲解安全用电知识

“灯亮起来的时候，那一张张笑脸就是对我们最好的奖励。”马世全说。

初心可鉴，使命在肩。国网彰武县供电公司党委始终秉承着“人民电业为人民”的企业宗旨，不断深化共产党员服务队建设，为服务地方经济发展和实现彰武地区加速赶超、富民升位的目标提供坚强的电力保障。

旗帜领航，企业发展势头喜人

——记南瑞集团有限公司（国家电网电力科学研究院有限公司）党委

成立时间：2017 年 11 月

党员人数：6853 人

书　　记：冷　俊

委　　员：胡江溢　郑宗强　吴维宁　丁海东　夏　俊　郑玉平　张国辉　张贱明　刘爱华

- 2011 年　全国文明单位
- 2012 年　全国创先争优先进基层党组织
- 2013 年　江苏省文明单位标兵
- 2015 年　全国五一劳动奖状
- 2018 年　江苏省改革开放 40 周年先进集体

南瑞集团始终坚持以习近平新时代中国特色社会主义思想为指导，严格执行“第一议题”制度，大力实施“旗帜领航·提质登高”行动计划，落实公司“基层党建创新拓展年”工作部署，以高质量党建引领高质量发展。

● 国家电网南瑞集团共产党员服务队队员在苏州古城区世界一流城市配电网示范区建设项目现场开展调试

旗帜鲜明讲政治，高标准履行“三大责任”

2021 年 5 月底，南瑞集团六期领导人员轮训班圆满结业。本轮培训旨在教育引导领导人员深入贯彻习近平新时代中国特色社会主义思想，扎实开展学习教育，聚焦国家电网有限公司“一体四翼”发展布局，紧扣集团高质量发展主题，按照技术、产业、人才、改革、安全、思想“六个高地”开设培训专题，着力打造忠诚干净担当的高素质专业化人才队伍，全力支撑国家电网有限公司战略落地。

在干部培训中落实讲政治要求，是南瑞集团旗帜鲜明讲政治的具体工作举措之一。集团党委始终把政治建设摆在首位，全面履行国有企业政治责任、经济责任、社会责任。

在大战大考中践行使命。统筹疫情防控和经营生产，率先实现复工复产，带动上下游 7000 余家供应商；党员骨干逆行出征，全力支撑抗疫保电和阿里联网等重点工程建设，1 人被江苏省委组织部批准“火线入党”，1 人获评全国百名疫情防控最美志愿者。发挥专业技术优势，承担湖北光伏扶贫、长江流域港口岸电等项目建设，为打赢精准脱贫和污染防治攻坚战贡献南瑞力量。

在创新发展中勇当先锋。着力突破电力电子芯片等“卡脖子”问题，有力支撑张北柔直、乌东

● 国家电网南瑞集团（兆晖）共产党员服务队深入四川映秀项目现场开展志愿服务工作

德水电站等重大项目建设，“十三五”期间，累计获国家级奖励 14 项，发明专利授权 1911 项，主导国际标准 24 项。首批入选国家“双百行动”“科改示范行动”，推进夯基、赋能、破冰、节流、提质“五大工程”，实现电网、信通、发电、工业“四大产业”蓬勃发展，经营质效快速提升。

在服务社会中彰显担当。主动承担社会责任，自 1994 年起参与江苏省“五方挂钩”帮扶工作，落实帮扶资金，选派 3 名驻村“第一书记”，集团获评省“五方挂钩”先进单位。选派 8 名优秀干部赴西藏、新疆对口帮扶，助力西部建设。捐建甘肃西和县大桥镇亮桥光伏扶贫电站，帮助当地贫困村年均增收 15 万元。向贵州、四川等地学校捐款 159.2 万元，资助贫困学生 1700 余名。

夯基固本强组织，高水平推进“三基建设”

“三基建设”事关高质量党建和企业高质量发展。南瑞集团党委着力构建上下贯通、执行有力的组织体系，不断增强政治功能和组织力。

基层党组织是党开展各项工作的基础。南瑞集团落实“四同步、四对接”要求，及时优化基层组织，稳步推动参股混合所有制企业设立党组织，建立工程现场临时党支部，确保党的组织和工作全覆盖。实施党委班子建设、组织建设、党员管理、党内生活、工作体系、基础保障“六个标准化”和党支部组织建设、组织生活、党员管理、信息台账、活动阵地“五个标准化”建设，规范化水平持续提升。

南瑞集团坚持把骨干培养成党员，聚焦高知群体等重点对象，5 年来发展党员 692 名。扎实开展教

南瑞集团研发人员开展“科研攻关”

育培训，组织党员赴嘉兴、延安等地接受党史党性教育，利用“我的南瑞”App 等“互联网 +”手段丰富培训形式，党员党性修养不断提高。选优配强基层党组织书记，采用政策解读、情景模拟等多种形式，加强支部书记和党务人员常态化培训，基层党建水平明显提升。

南瑞集团着力落实基本制度，加强制度宣贯，推动民主集中制、“三会一课”等基本制度落实。连续 9 年实施党建综合计划管理，结合市场化单位党组织特点，差异化制定工作目标。依托党建系统动态掌握基层情况，党建信息化水平不断提升。全面实施党建考核和书记述职评议，将考核结果纳入干部评价、评先评优，推动问题整改，确保责任落实、制度见效。

融入中心抓党建，高质量发挥独特优势

2021 年 5 月 27 日，南瑞集团稳定公司党委与酒钢集团宏晟电热公司党委开展“重温奋斗征程，传承红色基因”为主题的党组织共建及业务技术交流会，深化结对共建工作。

酒钢集团是南瑞开拓行业外市场的重点客户之一，融入中心抓党建、抓好党建促发展是南瑞集团党建工作一以贯之的目标。围绕科技创新等重点工作，南瑞集团实施六大类 599 项“党建 +”工程。组建 78 支共产党员服务队，培育 23 个服务队特色品牌，连续两届获评国家电网公司金牌服务队。打造 12 个党员创新工作室，深化党员示范岗等载体建设，在急难险重任务中组建党员突击队，党员先锋模范作用有效发挥。

党建催生创先争先动能。南瑞集团打造“南瑞大讲堂”等特色企业文化载体，推动“党建引领、创新驱动、质量为本、客户至上、合作共赢”发展理念落地见效。选树培育中央企业先进基层党组织和中央企业优秀共产党员、江苏省劳动模范等十余名先进个人，引导党员群众创先争优。

南瑞集团坚持党对统战群团工作的领导，激发干部员工积极性创造性，画出最大同心圆。弘扬劳模精神、工匠精神，广泛开展劳动竞赛、青年创新创意大赛，基层创新创效动能有效激发。在国家电网公司系统内率先挂牌成立党外代表人士建言献策工作室，凝聚党外知识分子智慧力量。

中央企业『两优一先』

秉承实干一路向前的企业带头人

——记国家电网有限公司冀北电力有限公司廊坊供电公司党委书记、副总经理　许霄曈

许霄曈，男，汉族，江苏铜山人，1983 年 1 月出生，2005 年 7 月参加工作，2004 年 11 月加入中国共产党。

- 2014 年　国网冀北电力有限公司优秀党务工作者
- 2015 年　国网冀北电力有限公司优秀党务工作者
- 2016 年　第十九届河北青年五四奖章
- 2021 年　廊坊市争创全国文明城市突出贡献个人

无论在哪一个岗位，许霄曈始终牢记“人民电业为人民”企业宗旨，踏踏实实扎根基层、埋头苦干。他不断强化党建引领，通过明确“内嵌融入、求实创新”工作基调，极大促进了党支部战斗堡垒作用和党员模范作用的发挥，干部职工队伍面貌焕然一新，企业业绩逐年攀升。

在攻坚奋进中展现务实精神

2020 年春节，面对突如其来的新冠肺炎疫情，国网廊坊供电公司党委发出“筑坚强堡垒 做战疫先锋”的动员令，74 支共产党员服务队、突击队，1993 名党员干部奋战在抗疫保电第一线。大年初四，“廊桥”共产党员突击队再次集结，连夜为新冠肺炎定点救治医院——廊坊市第三医院紧急建设双电源。作为公司党委书记，许霄曈坚持指挥在前、表率在先，示范带动公司上下坚守岗位、逆向前行。

他一直努力寻找着党建融入中心、党员服务群众的切入点。两年间，逐步构建起“一体尽责、双＋融入、三基支撑”党建工作体系，创新推行党员大会“六问制”“书记项目”“五联结对共建”等做法，通过实施党支部“创优”和党员“先锋”行动计划，全力打造“一个支部一座堡垒、一名党员一面旗帜”工作格局。

新冠肺炎疫情后经营压力加大，他全力深化“党建+”工程，激励全体党员自我加压应对形势，集众智提质增效。年底，国网廊坊供电公司出色完成目标任务，企业负责人绩效考核连续6年保持国网冀北电力A段，获评国家电网有限公司先进集体。

● 许霄曈在国网廊坊供电公司红色文化展示活动上领誓入党誓词

在担当作为中历练扎实作风

国网霸州市供电公司是一家年售电量逾五十亿千瓦时的大型县级供电企业，2013年，许霄曈从这里走上基层领导岗位。2014年锡盟—山东1000千伏特高压工程开工建设，过境的25基杆塔，涉及跨越厂房、高速公路、树林和较大规模的祖坟迁移，属地协调任务十分艰巨。

许霄曈勇挑重担，主动担任特高压属地协调第一负责人。他带领团队紧紧依靠政府，多方协调沟通，敢于动真碰硬，逐一攻克难关，提前完成了“两交两直”特高压属地协调任务。2014—2017年的三年中，许霄曈没有休过节假日，连春节都是在特高压现场度过。尤为难忘的是2016年初冬的一次组塔施工，由于长期奔波劳累，许霄曈落下了腰病，组塔施工进场当天，腰椎间盘突出正处于急性发作期。他忍着剧烈的疼痛，一天吃下了三粒激素类药物硬撑，在两个星期的绝对卧床期里，仍没有一天停下工作。

● 许霄曈赴国网固安县供电公司调研供电所建设情况

霸州离北京只有几十千米，许霄曈却很少回家。在岳母身患癌症病重期间，他没能在医院陪护过一天，留下了永远的遗憾。对两个孩子也满是亏欠，他从没有参加过一次家长会，甚至连去学校接一趟孩子都要计划好几个月。他说：“既然选择了为党工作，就是要全力奉献，无怨无悔。”

在为民服务中彰显实干品质

● 许霄曈参加国网廊坊供电公司党建工作推进会

2018年1月，许霄曈任国网廊坊供电公司副总经理，主抓营销服务。当时，廊坊市正在全力优化营商环境，许霄曈说：“为人民服务要下真功夫，真正站在客户的角度，为他们省时、省力、省钱……”

他带领团队马不停蹄、深入廊坊大小企业，问询他们的需求，征询他们的意见，出台25项有力举措，将用户业扩报装时长一分钟一分钟地压下来。经过一年努力，实现了低压业务当日受理、次日办结；实现了大中型企业办电“最多跑一次”、小微企业办电“一次都不跑”；促成了高压业务政府审批流程同步进行。经过两年的努力，廊坊市“获得电力”指标在全省排名位居第二，国网廊坊供电公司获得“优化营商环境先进集体”荣誉称号。

当初面对较多的客户投诉，他主导生产和营销部门联手解决，并带领专业人员多次深入现场，集中治理线路频繁跳闸、设备老化等造成的频繁停电问题，客户投诉率得到有效压降。为了推进51家“三供一业”企业供电移交，他带领服务队一次次到小区、厂矿解释宣传，用户百分之百协议移交后，又督战高质量完成改造工程。

江河眷顾奋楫者，星光不负赶路人。一路走来，许霄曈以实干、务实、扎实的工作作风，带出了一支敢打能胜的队伍，并正在以一往无前的奋斗精神，向着国家电网“一体四翼”新的发展布局阔步进发。

特高压精神的忠诚践行者

——记国家电网有限公司山西省电力公司检修分公司副总工程师兼 1000 千伏特高压长治站党支部书记、站长 杨爱民

杨爱民，男，汉族，河南安阳人，1968 年 10 月出生，1989 年 9 月参加工作，2005 年 6 月加入中国共产党。

- 2009 年 国家电网特高压交流试验示范工程先进个人
- 2009 年 国家电网公司劳动模范
- 2014 年 国家电网公司优秀班组长
- 2015 年 国家电网公司生产技能专家
- 2019 年 山西省电业系统五一劳动奖章

杨爱民，五千个日夜坚守在特高压交流试验示范工程第一线，薪火相传将特高压精神传向全国大地，将最好的年华都献给了特高压这个伟大而光荣的事业。他是践行特高压精神的“老黄牛”，十四年如一日坚守在特高压运维第一线；他是践行特高压精神的“拓荒牛”，开创了特高压交流运维检修技术的理论先河，成为后续特高压站的“行动圭臬”；他是践行特高压精神的“孺子牛”，为全国后续特高压站提供专业指导。

践行特高压精神的“老黄牛”

1000 千伏交流特高压工程是当今世界电力工业的“珠穆朗玛峰”，杨爱民“攀登”高峰，实属机缘巧合。2006 年，当时在河南安阳供电局担任变电工区副主任兼 500 千伏洹安变电站站长的杨爱民偶然得知，国家电网公司在全国范围内招聘 1000 千伏特高压变电站站长，当他听到“特高压”三个字时，突然觉得心中一动。

那一年，他 38 岁，已经在变电运行岗位上工作了 17 年，他做出了人生中一次重大选择。2007 年，经过激烈的竞聘考试，杨爱民被任命为长治站站长。

但当他真正来到特高压站，面对略显荒芜的场地，压力像潮水一样袭来，杨爱民渐渐感到了“一

● 杨爱民在 1000 千伏特高压长治站主变电站巡视

站之长”的担子不轻。从基建启动开始，他便带领新入职的大学生扎根现场，同吃同住、同进同出，与设备厂家、设计人员、工程监理、基建队伍一道，看设备、学原理，找不足、提改进，把牢基建工程验收关的同时锻造出一支深谙特高压技术和设备的人才队伍，从一片空白逐步摸索出特高压设备综合检修、技术改造和运维管理的标准化执行规范。

践行特高压精神的“拓荒牛”

特高压长治站投产，对我国能源跨区域合理配置意义重大，是我国电力行业从未涉足过的“无人区”，探索一套行之有效的特高压设备验收、运行、维护和改造的标准化作业流程刻不容缓。

作为第一批 1000 千伏特高压交流变电站的建设和运行者，杨爱民以长治站技术骨干为基础，总结梳理了特高压长治站历年综合检修、技术改造和运维管理工作，参与编写了《1000 千伏变电站运行规程》（行标）、《1000 千伏电力变压器、油浸电抗器、互感器施工与验收规范》（国标）等多项技术标准，出版了《变电运行现场技术问答》《特高压交流变电运维检修技能培训教材》等书籍，发表 10 余篇学术论文，获得多项实用新型专利、职工技术创新成果。

● 杨爱民在 1000 千伏特高压长治站站内巡视

践行特高压精神的“孺子牛”

杨爱民不仅自己冲锋在前，还培育出一批特高压运维管理团队，更是向全国播撒了交流特高压的“红色名片”。

● 杨爱民在 1000 千伏特高压长治站细心查看台账

作为世界上第一个 1000 千伏特高压交流变电站的建设和运行者，杨爱民以长治站技术骨干为基础，总结长治站投产以来的经验技术和知识技能，组织筹建“杨爱民特高压交流运检技能专家工作室”，为特高压技术创新、技能培训、人才培育搭建平台、创造条件。组织工作室成员到国网技术学院、浙江、江苏、福建等兄弟单位讲授 1000 千伏交流特高压变电运维技术，迎接全国各地的特高压运维人员来站学习，为后续 28 个特高压站建设运维提供技术支持，也为全国交流特高压的安全稳定运行奠定坚实的基础。

2021 年对杨爱民来说是忙碌而充实的一年，国家电网有限公司明确了“双碳”目标的行动方案和实施路径，他克服工程密集、工期紧张、首次实施等困难，顺利完成了长治站各项改扩建工程。接下来，他将以新气象新风貌推动“十四五”期间特高压长治站安全稳定运维开好局、起好步，持续在服务山西能源革命转型发展的新征程中贡献更大的力量。

一颗红心永向党

——记国家电网有限公司浙江省电力有限公司仙居县供电公司离休党员　李宝金

李宝金，男，汉族，浙江仙居人，1930 年 10 月出生，1948 年 2 月入伍，1974 年 4 月参加工作，1948 年 9 月加入中国共产党，1986 年 9 月离休。

- 1952 年　中国人民解放军浙江军区第七兵团三等功
- 1985 年　仙居县优秀共产党员

李宝金自 1948 年参加革命，便坚定不移地加入了中国共产党。革命时期出生入死、矢志不渝，始终牢记自己是一名共产党员，对党、对国家忠贞不渝。1974 年，李宝金转业至仙居电厂，从最基层的抄表收费做起，兢兢业业，始终坚守在一线，把革命军人传承的红色基因、打磨的坚强意志发扬光大，把光荣传统贯彻到工作中。1986 年，他从工作岗位上离休，始终心系国家、关心企业发展。他牢记宗旨，永葆本色，发扬老党员、老革命军人的优良传统，学习不松、信念不改、宗旨不变、奉献不止，永葆共产党人的政治本色和前进动力。

这笔党费，我怕等不及亲手交上去

“一名共产党员就要为人民服务，家里家外都是人民，在家也可以为人民服务”，他认为党员个人的生命和价值是有限的，只有融入党的事业之中才是无限的。离休后，他仍然坚持学习，每天准时收看新闻联播、读报纸，关心党和国家大事，家里的书柜和小桌子上都堆满了各类报刊书籍和他的学习笔记。新冠肺炎疫情发生以来，他一直密切关注疫情形势，第一时间上交 3000 元的特殊党费用作抗击新冠肺炎疫情。2019 年，李宝金身体已经很不好了，他拉着孙女的手悄悄说：“我攒了一笔两万多元的党费，如果我撑不到建党百年时，替我将这笔钱交给组织。”他害怕自己看不到那一天，可是，他又是多么渴望等到那一刻的到来！值此建党百年之际，他坚定地向党组织亲手递上了50100元特殊党费。“庆祝伟大的中国共产党华诞一百周年！”在包裹党费的红纸上，李宝金郑重写下这行字。

我年纪大了，不能浪费“社会资源”

“吃苦在前，享受在后”是他常说的话，他深知革命胜利来之不易，一件蓝色的旧衣服洗得泛白，布料已经发硬了，他穿了三十多年不肯扔。有一次，他看见儿子拿一件穿旧的睡衣因为领子磨坏了要扔掉，就要拿走自己穿。儿媳妇拗不过，拿了件他儿子半新不旧的羽绒服骗他说这件也要扔掉了，他就又把它拿去穿。但是十年以后，他又把这件羽绒服找出来还给了儿媳妇，说：“人老了，穿不了这么好的衣服了。”一年四季，他坚持不开空调、电风扇和电暖气，连电视都很少看；头疼脑热，不到万不得已绝对不去医院。作为一名离休干部，他看病吃药都有国家报销，他却总说自己年纪大了，不能浪费“社会资源”。他的家里总是昏暗的，只有家人过去的时候才会把灯开亮，他总说电来得不容易，要“省”给更需要的人。

我不怕死，所以我最早加入中国共产党

他经历了新中国成立的艰难岁月，见证了在中国共产党领导下国家和民族复兴的光辉历程。1930年出生的李宝金，18岁加入浙南游击队，同年加入中国共产党，多次参加解放战争，曾担任正连级参谋。“当时，我们有三个人申请加入中国共产党，队长叫我们站岗，我不怕死，所以我最早加入中国共产党。”凭借过人的胆识，他在枪林弹雨的战场上九死一生，从未退缩。“每天十个人出门，回来就只有七八个，我亲眼看着战友倒下去……”提起往昔峥嵘岁月，老人家觉得仿佛就发生在昨天。离休后，他转业到国网仙居县供电公司，从最基层的抄表收费做起，他骑一辆自行车翻

李宝金在家中向国网仙居县供电公司党委上交了50100元特殊党费

山越岭，将一户一户的电表数抄好。有时候，山里可能就一户人家，有些人偷懒两三个月去一次，但是他每个月都坚持完成。

我的一切都是党和国家给的

他如同一盏烛火，要燃尽生命照亮他人。他决定去世后将遗体捐献给祖国的医疗事业，他说：“我的一切，都是党和国家给的，我要把一切都还给党和国家。”很早之前，他就有了捐赠遗体的念头，因为儿媳妇是医科大学毕业的，所以他就来找儿媳妇商量，他问道：“我年纪这么大了，我的器官可能帮不到别人了，那我的遗体能不能还有点贡献？”2015年，在儿女陪同下他签下了志愿捐献遗体登记表，并且留下书信表示自愿将遗体进行多次试验。他让爱在医学事业中传递和延续，为人类的医学事业照亮通往未来的道路。他决定不留骨灰，自己准备了喜欢的衣服和头发，交代后辈在自己离世以后就把这些和妻子的骨灰盒合葬在一起，即便是死后，他也不愿意占用国家一寸土地！这也是他作为一名共产党员最后的心愿。“他为人考虑了一辈子，老了都要捐献遗体，要把他的一切再还给党和国家，可他吃了一辈子苦，从没为自己考虑过。”提及这些，李宝金家人泣不成声。但在李宝金崇高的理想感染下，家人们还是一致支持他作出的捐赠决定。

以奋斗精神擦亮党员本色

——记国家电网有限公司湖南省电力有限公司湘潭供电分公司运维检修部二次设备运维管理专责　朱可

朱　可，男，汉族，湖南常德人，1982 年 7 月出生，2010 年 7 月参加工作，2009 年 11 月加入中国共产党。

- 2017 年　国网湖南省电力有限公司湘潭供电分公司优秀共产党员
- 2018 年　国网湖南省电力有限公司优秀班组长
- 2019 年　国网湖南省电力有限公司安全生产先进个人
- 2019 年　国网湖南省电力有限公司湘潭供电分公司劳动模范

“你用电，我用心。既然成了一名国家电网人，我就有责任守护万家光明。”朱可于 2010 年 7 月进入国网湘潭供电公司工作，在入职的 10 多年时间里，他始终勤勤恳恳、无私奉献，以踏实肯干的工作作风赢得领导同事的一致好评。

恪尽职守，践行为民服务宗旨

入职以后，朱可扎根一线，在近 8 年间先后担任变电二次检修班技术负责人、副班长、班长等职务。面对工作安排，他从不多言，总是主动承担最复杂、最困难的任务。

2016 年夏天，湘潭地区遭遇 50 年一遇洪涝灾害，湘潭县 35 千伏茶恩寺变电站因堤坝决口，河水涌入造成变电站被迫停运，电网设备安全、人民群众日常生活受到严重威胁。险情就是命令，为让老百姓尽快恢复用电，收到通知的他第一时间找出了受灾变电站的二次设备图纸，预估水淹设备的种类及数量，准备好相应抢修物资，迅速奔赴现场。面对二次接线端子上覆盖的洪水污秽以及巨大的恢复工作量，他连眉头都没皱，在做好防护措施后便开始指挥现场抢修“第一队更换受损设备，第二队整改二次回路”。他反复叮嘱大家一定要排查到位，对少数遭受水淹但能勉强运行的设备不能有侥幸心理，必须全部更换。经过连续 16 小时的奋战，乡镇抗洪设施得以恢复用电。变电站送电操作时，抢修队员们都疲劳不堪地在地上睡着了，可他却不忘填写工作笔记，“404 间隔电压回路进行了清污、端子紧固、回路绝缘检查……下月安排检修计划对变电站进行全面检修。”共产党员冲锋在前、勇于担当、心中有民的本色此刻在朱可身上突显。

● 朱可在 110 千伏西藏羊八井变电站改造工程现场

勇于挑战，服务公司战略布局

2019 年，为实践公司数字化转型，国网湖南电力提出要率先在韶山市开展“数字韶山”两网融合建设。“数字韶山”建设对国网湖南电力，尤其是国网湘潭供电公司都是很大的挑战，面对多专业、广范围、时间紧等困难，朱可毫不犹豫立下了“军令状”，负责“数字韶山”生产专业项目建设的全过程管控。为了明确“数字韶山”生产专业项目“干什么”和“怎么干”的问题，他积极向沿海发达城市学习，并通过网络、书本等资料充实相关知识储备。最后他组织输、变、配专业部门从 10 余个备选项目中甄选了经济性、实用性、示范性较高的 7 个项目开展落实。为了更好地协调技术厂家、运维单位、施工单位之间的配合，让项目施工进展顺利，在工期的最后三个月，他干脆驻守在了韶山的施工场所。白天他到各施工点查看进度，理顺现场各专业之间的配合，晚上组织各

● 朱可在 110 千伏湘潭易俗河变电站进行 10 千伏线路保护缺陷抢修

项目负责人核对项目建设预期目标，预估可能存在的问题并安排应对措施，确保项目按计划顺利开展。在他和现场人员共同努力下，韶山地区电网结构得到优化，电网供电能力得到改善，用户服务水平得到极大提升。

不畏艰险，支援藏区电力发展

为响应国网西藏电力建设大战略，2020 年 5 月，朱可主动报名，毅然投身于西藏“三区三州”、边防通大电网工程建设攻坚中。

朱可在 110 千伏日喀则门布变电站进行全站保护调试

一年多的援藏时间里，朱可先后负责、参加了 10 余座变电站的安装及调试工作，足迹遍布西藏 5 个地区 10 多个县。面对恶劣的自然环境和极差的施工条件，他始终保持乐观的心态，头晕、胸闷就停下手中的活儿稍做休息；嘴唇干裂疼痛就用少量的水进行湿润；米饭夹生难以下咽就用干的方便面充饥；晚上裹着棉被听着帐篷与风斗法，尽管如此，他从未因此而耽误任何工作。他边工作边总结，把适合藏区二次安装调试工作开展的经验方法分享给周边同事，将二次回路的重点部分和调试工作要点认真讲解传授给两名藏族新员工，真正做到将输血转为造血。援藏期间总能在工作现场看到他那瘦小的身影，工作中的同事常笑他：“你工作安排得太紧凑了，你这是想在援藏期间把所有工作都做完吗？”他笑笑：“援藏帮扶时间其实很短，我能做的事情也有限，但我希望我们的每个生产现场都能安全、顺利。如果有一天你们中的某个人因为我的帮助而解决了一个难题或避免了一次事故，那我就不虚此行啊。”

朱可，万万千千优秀共产党员的一个缩影。他用行动诠释着电力人“对党忠诚、为民服务”的政治本色。

六年扶贫扎根基层　乡村振兴继续前行

——记国家电网有限公司四川省电力公司盐源县供电公司营销部营销业务技术专责　张大海

张大海，男，汉族，四川盐源人，1988 年 4 月出生，2013 年 8 月参加工作，2013 年 5 月加入中国共产党。

- 2017 年　凉山州优秀驻村第一书记
- 2018 年　国网四川省电力公司“青年五四奖章”
- 2020 年　四川国企“十大扶贫人物”
- 2020 年　国家电网有限公司服务脱贫攻坚突出贡献个人

2015 年 8 月，刚刚完成无电地区建设项目管理任务，张大海主动请缨到盐源县塘泥湾村任驻村第一书记。初到塘泥湾，道路泥泞、房屋破旧、荒地成片，人均年收入不足 2300 元。眼前的景象，让张大海卯足了劲：“一定要让老乡脱贫！”六年时间里，他和 402 户 1407 名村民一起，修路、种树、建水窖，筹资金、请专家、找项目，开始了塘泥湾村脱贫致富奔小康的战斗历程。

帮助修路引水，改善人居环境

要致富先修路。6 年来，张大海累计筹资 800 余万元，新建改造铺装主干道 16.3 千米，土路升级砂石路面 27 千米，2020 年底除 7 户山中牧民外，村民家门口全部实现通汽车。塘泥湾村极度缺水，村民靠天吃水（使用雨水）。张大海主动出击，2016 年向省化妆品协会争取了 20 口钢化水窖，用于解决村民迫在眉睫的饮水问题。随后五年，在他的努力下，全村修建水窖、安放水箱 500 余口，修建水塘两个、机井一个，实现净水器安装全覆盖，村民饮用水全部达标。生产用水储量新增 1 万余立方米，为产业发展奠定坚实基础。

助推产业发展，稳定脱贫根基

● 张大海在村委会教村民农技知识

产业是脱贫的关键。张大海在对塘泥湾村详细调研、论证的基础上，选择红花椒作为村支柱产业。为了发展产业，张大海四处奔走，筹集资金，引进技术，并采用免费提供苗木、全面指导种植、大力助推销售的做法，调动起村民热情。目前，全村花椒种植超过8000亩，未来，能给全村带来超2000万元的纯收入。2019年，塘泥湾试种盐源苹果成功，每亩纯利润4000元，2020年，苹果种植近1000亩，国网四川电力也在村里援助了一片“国网林”，塘泥湾一举成了远近闻名的产业大村，人均纯收入从2014年的2300元增长到2020年的8900元。

舍小家顾大家，战疫情保平安

2020年春节将至，塘泥湾高标准通过省级第三方脱贫验收，张大海喜出望外，可以回家与阔别多时的亲人团聚一阵子了，突如其来的新冠肺炎疫情打乱了他的探亲计划，而且盐源县突然发现一例输入性病例，一场疫情防控阻击战猝不及防地打响了。张大海时刻关注着疫情的发展，立刻组织全面排

● 张大海在村委会带领驻村工作队员准备迎接脱贫攻坚检查

查出县返乡的村民，建立台账，每天测温，做好返乡人员隔离，策划编写防疫宣传单，并制作成彝语视频，进行无死角宣传，主动到有焦虑感的村民家里，安抚村民情绪，确保了疫情严重期间塘泥湾村全村平安。张大海组织村民战疫期间，接到远在宜宾的妻子打来的电话：“注意安全，忙完了还是早点回家。”话中有少许责备，更多鼓励，家人的理解给了张大海莫大的支持。

● 张大海在村委会指导考生填报志愿

真情扶智济贫，重塑村民信心

2019年7月，塘泥湾村24个高中毕业生全部考上大学，5个本科，19个专科，实现历史性的突破。张大海的努力得到了回报，他记不清多少次到学生家里走访谈心，给学生鼓励打气，也记不得多少回到学校了解情况，到学生家里解决困难，组织学生补课，辅导志愿填报，但是他记得学生被录取后打电话告诉他的喜悦心情，激动的画面时常浮现眼前。从2019年开始实现高三毕业生100%上线录取，六年来，在张大海“扶贫先扶智”的帮扶理念下，先后有92名塘泥湾村的孩子走出大山，走进大学校园。“走出大山，斩断穷根”是张大海对塘泥湾村孩子们的期待，也是对自己扶贫工作定下的目标之一。

2021年7月1日，在塘泥湾村产业基地的小路上，听着村广播里习近平总书记在庆祝中国共产党成立100周年大会上庄严宣布“经过全党全国各族人民持续奋斗……历史性地解决了绝对贫困问题，正在意气风发向着全面建成社会主义现代化强国的第二个百年奋斗目标迈进。”张大海欣慰地看着眼前的塘泥湾村，信心满满地向着乡村振兴的康庄大道上继续进发。

红心向党做表率 练就铁肩扛担当

——记国家电网有限公司重庆市电力公司北碚供电公司党委书记、副总经理 蔡伟

蔡 伟，男，汉族，重庆涪陵人，1973 年 3 月出生，1997 年 7 月参加工作，1994 年 12 月加入中国共产党。

- 2015 年 国家电网公司集体企业管理先进个人

一名党员就是一面旗帜，一个组织就是一座堡垒。作为一名党员干部，蔡伟始终以党员标准严格要求自己，坚守初心使命，践行全心全意为人民服务的宗旨，在学习、工作各个方面起到模范带头作用。他带领公司党建绩效指标在国网重庆电力取得“三连冠”，公司企业负责人绩效考核连续 4 年位于 A 段。

一路上，他用对党的赤诚忠心、对党务工作的热心、对党务事业的恒心，谱写了一曲动听的国企基层党建“交响曲”。

在学思践悟中，提升自我素质

“磨刀不误砍柴工，打铁还需自身硬”。蔡伟始终把笃学笃信笃行习近平新时代中国特色社会主义思想作为首要政治任务，深入学习领会习近平总书记系列重要讲话，不断增强“四个意识”，坚定“四个自信”、做到“两个维护”。坚守廉洁自律底线，保持正确的人生观价值观，做到慎独、慎微、慎初。带头深入开展党史学习教育，认真撰写学习笔记和心得体会；深入党建联系点学习宣讲上党课，引导广大干部职工把思想和行动统一到党中央要求上来。两年来，共主持参与 4 项党建理论课题研究，获得全国电力行业优秀党建成果、重庆市管理创新一等奖、国网重庆电力优秀党建课

题一等奖；在国家级期刊发表党建理论文章4篇。

在真抓实干中，彰显担当作为

● 蔡伟深入抗疫保电一线，检查疫情防控、供电保障工作情况，看望、关心坚守岗位的保电工作人员

在担任党委书记期间，深入思考如何抓党建促发展，推进党建与中心工作深度融合。创新提出以“3354”（三个理念、三个层面、五个提升、四个文化）党建工作思路，形成党委抓统筹、专业部门抓融合、基层支部抓落实的工作格局，把党建优势转化为创新优势、竞争优势、发展优势。大力实施“党建+”工程，将“党建+”落实为“党员+”，作为促进党建“一岗双责”落实的载体和抓手，推动党建与业务深度融合，打造支部特色项目20个。创建“红岩电先锋”“红岩电管家”等红岩品牌，与朝阳街道组建“街企联盟”。在2020年防洪抗疫期间，带头深入一线做好疫情防控，助力企业复工复产，充分调动支部和党员全面助力安全生产、优化营商环境、提质增效、防洪抗疫等重点任务攻坚。

在精细管理中，激发队伍活力

● 蔡伟在国网重庆北碚供电公司召开的第五届职工（会员）代表大会第三次会议暨2021年工作会议上发表讲话

深化党建绩效和党员积分管理，将党建绩效充分融入三项制度改革体系，实现党建绩效与组织绩效、党员考评与个人绩效、基础管理与创先争优、月度与年度考评的“四个结合”，激发支部和党员内生动力。发挥二线党建干部优势，组建党建专业督导组，开展月度自查、互查和季度督查，季度考评

和专项检查相结合，使党支部标准化达标率100%。规范干部选拔任用，大力选拔优秀年轻干部建立“基分＋抢分”机制，搭建毛长斌劳模创新工作室、碚电青年学堂等平台，积极选树劳模、工匠，引导优秀青年人才快速成长。推动创新工作取得新突破，公司QC获得国家电网有限公司一等奖和三等奖各一项，重庆市质协一等奖四项，管理创新一等奖一项，二等奖四项；青创赛荣获国家电网有限公司铜奖1项。培育了全国五一巾帼标兵、重庆市五一劳动奖章，“渝电工匠”、重庆市巾帼建功标兵等一批先进典型。“碚电青年学堂”项目获评国网重庆电力“黄葛树”青年培养工程示范项目。成功创建2个五星级党支部，3个四星级党支部。

● 蔡伟作党史学习教育专题宣讲

在为民解忧中，践行初心使命

坚守为民情怀，始终牢记“全心全意为人民服务”的宗旨，教育引导广大党员干部开展“我为群众办实事”实践活动，解决职工群众急难愁盼的具体问题。落实公司员工思想动态、信访稳定和职工诉求管理联动机制，构建党委为支部解决实际问题、支部属地化预控风险的良好氛围，鼓励员工在一线工作中比才干、比业绩、比贡献，不断增强职工群众的获得感、幸福感、安全感。组织拍摄“寻找最美记忆”系列视频，宣传公司发展历程，内聚温情、外塑形象。创建“文明碚电·红动碚城”为主题的全国文明单位，探索基于“三精”管理的红岩品牌文化创新与实践，公司获评企业文化专业标杆。

用电力数据为民服务

——记国家电网有限公司吉林省电力有限公司白山供电公司营销集约管控中心营销业务质量监控与数据分析技术　贾春贺

贾春贺，女，汉族，吉林松原人，1988 年 2 月出生，2009 年 7 月参加工作，2009 年 5 月加入中国共产党。

- 2019 年　吉林省劳动模范
- 2019 年　国家电网有限公司"青年岗位能手"
- 2020 年　全国劳动模范

贾春贺是一名"80"后女孩儿，12 年里，她从一名大山深处的供电所收费员成长为一名电气工程师。如今，每天与电力数据打交道的她，努力挖掘数据价值，让电力服务更智能、更精准。

知其所以然　让数据精准起来

"挖掘数据价值，让数据发挥更大作用，首先就要知道这些数据从哪来，怎么来的，每条数据背后是哪些工作流程、哪一个工作环节节点。"2016 年，来到国网白山供电公司营销集约管控中心质量监控与数据分析技术岗位上后，贾春贺对自己的新工作认识清醒。

贾春贺每天要浏览 800 多条数据。要想把每条数据"前世今生"了解清楚，就必须对供电营销所有工作流程都深入了解。贾春贺有过基层供电所的工作经历，又在国网吉林电力"服务之星"竞赛中得过第一名，是营销专家。不过，她可不满足仅仅自己是行家里手，她要的是全班组成员都能成为专家，每个人都要不仅知其然，更要知其所以然。于是，她每天带着班组成员"集体补课"，自己做"教师"讲课不算，下班后，还组织每个人，把当天工作或者学习中遇到的问题提出来，互相解答。有的问题大家都弄不明白，就集体研究，直到所有人都弄懂弄通。

有一次，一家企业客户多次办理暂停和恢复业务。按说，按系统自动计算出的结果执行就可以。

● 贾春贺在营业厅主动为年迈的奶奶提供服务

不过，贾春贺为了让班组每个人都对这个专业知识点印象深刻，就带着大伙儿针对验证基本电费收取是否正确，人工计算了足足 2 个多小时，在 A4 纸上密密麻麻写了 6 页。当计算结果和营销系统显示一致时，刚才还计算得有些急躁的几名班组成员，像孩子似的欢呼起来。

2017 年春节前，贾春贺在系统里发现有一类异常数据较多。这类异常数据整改，只需让客户经理把现场照片拍摄回来，分析清楚原因上报就可以。不过，贾春贺更想带着伙伴们到现场参与查找问题的全过程，眼见为实、心中有数。于是，她就带着伙伴们、跟着客户经理到现场，连续一个多星期，在零下 20 多摄氏度的大冷天里，一户一户地核对表计，在现场分析问题产生的原因，向客户经理提出整改意见。这还不算完，过几天，还到现场查看整改意见有没有落实，能否发挥作用，直到异常不再出现。

这种学习方式，让班组中每个人都养成了较真到底的习惯，也为获取最准确的数据奠定了基础。

为民服务　把数据用起来

获得精准、翔实的数据只是起点，还要把它们用在为民服务中。

贾春贺在工作中想得最多的是挖掘数据的价值，提供更准确、更有参考价值的信息，让数据成为服务政府决策和客户的“金矿”。

2020 年新冠肺炎疫情之后，服务客户复工复产是重点。贾春贺注意利用和分析自己掌握的电力数

● 贾春贺在北京人民大会堂接受全国劳动模范表彰

● 贾春贺为白山市通沟街道用电客户讲解安全用电常识

据，挖掘复工复产企业用电需求，把分析出的需求及时传递给相应部门或者单位，采取对应措施，助力复工复产。

2020 年 2 月上旬，复工复产的一家饮品公司准备将 5 条生产线全部投入生产。然而，原有的一条供电线路无法满足生产需求，须将备用线路和变压器投入运行。但是，变压器、配电室受电电缆、配电柜等设备设施已闲置超过半年，绝缘、耐压情况不明，必须经过试验才能使用。

饮品公司复产后的用电情况引起了贾春贺的关注。她通过对该企业在“假期”“停产”“复工”三个阶段的日均用电量分析，发现该公司复工复产后用电量迅速上升，推测需要投入备用线路才能满足其生产需求。于是，她把信息和分析结论及时传递到了国网抚松县供电公司。经过现场走访，情况果然如贾春贺分析的一样。国网抚松县供电公司到饮品公司对变压器、电缆等进行耐压和绝缘试验，及时将备用供电线路投运，让企业及早满负荷生产。

2021 年春节期间，贾春贺带着伙伴们对原地过节居民及停工停产工商业用户用电数据进行科学分析，编制了“留白电力指数”，为白山市政府出台惠民关爱政策提供了有价值的参考。

2018 年，贾春贺和伙伴们研发了《一种带发电量核实功能的分布式光伏并网点保护测控装置》，使光伏发电户的设备运行数据通过手机 App 上传到电力系统平台上，让电网专业技术人员能随时通过数据了解发电设备状况，随时提供专业服务，让大量不懂技术的光伏发电户得到专业的技术支持，既保障了电网安全，又能让光伏多发电。这个项目也获得了国家专利。

沙海胡杨斗风沙　扎根边疆人为塔

——记国家电网有限公司新疆电力有限公司巴州供电公司输电运检中心输电运检五班副班长　艾合买提·托乎提

艾合买提·托乎提，男，维吾尔族，新疆库尔勒人，1968 年 10 月出生，1990 年 11 月参加工作，2017 年 7 月加入中国共产党。

- 2018 年　电力行业雷锋式先进个人
- 2018 年　新疆维吾尔自治区开发建设新疆奖章
- 2019 年　第六届新疆维吾尔自治区“敬业奉献”道德模范
- 2019 年　国家电网有限公司“最美国网人”
- 2021 年　国家电网有限公司劳动模范

“共产党员就是要比别人多干一点，干什么都要比别人往前一点……”2017 年 10 月 25 日，在中央电视台新闻频道新一届中共中央政治局常委与中外记者见面会前《我是共产党员》特别报道的“钻石”时段，艾合买提·托乎提作为唯一一名电力行业优秀共产党员代表出现在屏幕上，用敬业实干向全国人民彰显了国家电网有限公司一线员工扎根基层、无私奉献的精神风采。

沙海巡线点亮万家灯火

塔克拉玛干沙漠是世界第二大流动性沙漠，有“死亡之海”之称，维吾尔语的意思是“走的进，出不来”。2010 年 10 月 27 日，全长 331 千米的台远—塔中 220 千伏输变电工程建成投运，成为巴州电网向塔中和且末地区输送电能的唯一通道，也是世界上穿越沙漠距离最长的 220 千伏高压输电线路。从那天起，42 岁的艾合买提·托乎提和 5 名班员挑起了运维这条电力大通道的重担，他们几乎每个月都要横穿一次沙漠，每天要在沙漠里走十来千米，对 865 基铁塔做一次体检，被同事们誉为沙海中的“电力胡杨”。

2021 年 1 月，在 110 千伏阳轮线巡视保电测温中发现该线路因运行年限较长，冬季负荷增长，110 千伏阳轮线 17 号 A、C 相和 30 号 C 相引流线线夹发热，温度高达 260 多摄氏度。艾合买提·托乎提当即拨通了输电运检中心负责人的电话，详细说明情况并商议应对措施，申请与带电作业班一起立即进行等电位作业，避免引发停电事件。

● 艾合买提·托乎提紧固 110 千伏台轮线铁塔螺栓

冬日里的戈壁荒漠，寒风凛冽，气温低到了零下三十多摄氏度，正值冬季用电高峰期，抢修消缺刻不容缓，艾合买提·托乎提带领员工经过 2 个多小时抢修，在次日凌晨顺利完成消缺，避免了一次大面积停电事故。像这种急修，在艾班长的眼中显得稀松平常，正是他们这样数十年如一日的辛勤付出才保障了老百姓用电无忧。

传道授业倾囊分享经验

近年来，越来越多的新员工加入了沙漠巡线队伍，艾班长又多了一群徒弟，在他的精心培养和耐心教导下，徒弟们一个个成了抗得起、顶得住的技术骨干。图尔逊江·吾舒尔是一名年轻的线路巡检工人，从事输电线路巡检没几年，就成了一名能独当一面的小师傅。他说起沙漠里巡检线路感触颇深，“冬天冻死人，夏天热死人，沙尘暴吓死人。师傅告诉我们沙尘暴来了，不能恐慌，要抱住铁塔等待沙尘暴过去，绝不能随沙尘没有方向地乱跑，这样可能会迷失方向，对生命造成威胁。”

在一些人眼里，巡检线路就是走走看看，机械化的工作流程，既简单又枯燥。艾合买提·托乎提告诫班员说：“这里头的学问大着呢，这里面的苦和乐也只有我们最有体会。要想干好这一行，光有热情和体能是不够的，还要有强烈的责任心和娴熟的巡线技能。”

徒弟们常说艾班长是一张“活地图”，哪条线路有多少基杆塔，线路走向有无跨越河流农田，线径多大，是哪一年投运的，他都十分清楚。他总结提炼的巡视到位、消缺到位，手勤、腿勤、脑勤，要安全、要规范、要严格、要尽责的“两到三勤四要”巡线法，成为班员们的巡检守则。

迎难而上践行使命担当

2020 年 8 月，新疆遭遇了新冠肺炎疫情袭击。得知要再次封闭办公的消息，艾合买提·托乎提毅然选择了坚守岗位，从家中简单地收拾了行李，与家人道别后，便一头扎进了单位，一住就是一个月。

● 艾合买提·托乎提攀登 110 千伏台轮线查找铁塔缺陷

住在单位的时间里，艾班长全身心投入工作当中，白天带领班员开展线路巡检，晚上利用线上学习模式，为居家的班员们讲解输电线路知识，时刻不忘对青年员工的培养，使封闭在岗的日子充实而有意义，学到了很多有用的线路运维知识。在学习专业知识的同时，他不忘带领全班少数民族同志学习普通话，他常常说，学好普通话才能更好地工作。

扎根一线从事输电运检专业 31 年，艾合买提·托乎提作为一名基层班长和共产党员，他尽心、尽力、尽职地做好每一件事，带领班员们默默守护着电网的安全，以实际行动践行着“人民电业为人民”的企业宗旨和国网人的使命担当。

● 艾合买提·托乎提和班组成员在沙漠巡线

双肩敢挑万钧担　运筹帷幄谱新篇

——记国家电网有限公司南瑞集团副总工程师，国电南瑞科技股份有限公司信通事业部总经理，南京南瑞信息通信科技有限公司党委副书记、执行董事、总经理，信息通信技术分公司总经理　蒋元晨

蒋元晨，女，汉族，江苏金坛人，1972 年 1 月出生，1996 年 4 月参加工作，2000 年 3 月加入中国共产党。

- 2006 年　国家电网公司科技进步奖二等奖
- 2010 年　国家电网公司科技进步奖一等奖
- 2020 年　国家电网有限公司职工技术创新优秀成果二等奖
- 2021 年　国家电网有限公司巾帼建功标兵
- 2021 年　国家电网有限公司优秀共产党员

蒋元晨是一名对党忠诚、信念坚定的共产党员。她带领团队始终把党的政治建设摆在首位，及时贯彻落实党的方针政策，以身作则，率先垂范。作为一名企业负责人，她牢记“国企姓党”，自觉强“根”铸“魂”，深刻领会国家电网有限公司“一体四翼”总体布局，以南瑞集团“一个追求、六个高地”为指引，把握“五个好”内涵，不断提升科学谋划、经营管理的水平，带领南瑞集团信通科技全体员工屡创佳绩，为公司和集团高质量发展作出重要贡献。

政治过硬，信念坚定守初心

蒋元晨重视个人政治理论素养提升，她以“对党忠诚、个人干净、敢于担当”为座右铭，深入学习习近平新时代中国特色社会主义思想，坚持对党的创新理论成果深学细悟、真信真用，坚定服务国家、公司和集团发展、服务地方经济和社会发展的决心不动摇。她始终站在政治的高度看问题，奋力推进党中央、公司、集团的大政方针和决策部署，讲政治顾大局，充分发挥南瑞信通科技在安全、通信、物联等业务优势，开展互联网大区数字化基础建设和“双碳”前瞻技术研究。特别是在支撑公司“庆祝建党 100 周年活动供电保障”、全国“两会”等国家级安全演习保障等各类重要

任务中，带领全体员工积极奋战，确保各类重大任务圆满完成，展现出一名共产党员的觉悟与担当。

● 蒋元晨参加公司电网资源业务中台上线发布会

常年出差和忙碌，造成她长期饮食的不规律，胃药像手机一样成为包中必备品，同事们劝她注意休息，她却淡淡地说："没事的，最近比较关键，我不能松劲。"这样的"最近"，一说就是几年。"我们是南瑞集团科技创新的先行者，新兴业务的领跑者，经营绩效的贡献者，要事事走在前列，勇争第一！"在蒋元晨的带领下，南瑞信通科技全面完成了北京、江苏等省国网 5G 首批示范应用项目；推进三地数据中心和 13 省市云和数据中台项目建设，电网资源中台市场占有率突破 80%；实现调控云、安全风险管控平台、智能一体化运维支撑平台等专业应用全网上线和 TMS 上云，建成国内首个省域电力无线专网，实现海量能源节点的互联互通，促进地方经济发展。

运筹帷幄，只争朝夕显担当

蒋元晨洞悉电力行业管理机制，深谙企业经营管理之道，为强化企业经营风险防范，她组织成立了规章制度管理委员会，构建规章制度"四级"管理体系，使各项工作有章可循、流转顺畅。她

● 蒋元晨参加主题党日活动

聚焦基层一线工作需求，推动建成“管控+服务”的矩阵式支撑管理模式，实现服务资源共享。她积极引进、锤炼高科技人才，加强优秀年轻干部培养选拔和专家队伍建设，建立了项目人员闭环培养模式，促进人才队伍整体能力提升。随着南瑞信通科技业务的不断拓展，她从未停止过对于产品线规划的思考，主持了产品线预算管理模式、应用型研发团队和前端产品线联动考核等试点工作，促进产品市场转化效能，实现主营业务的优势聚集与集中发力，企业风貌焕然一新。

● 蒋元晨讲授党史学习教育专题党课

成绩斐然，不负韶华谱新篇

蒋元晨始终将守正创新作为企业发展的源泉，她着力推进人工智能、区块链等技术的基础性、前瞻性培育，大力加强新形势下网络安全体系技术研究。她组织研究制定南瑞信通科技《科技创新行动计划》，涵盖并完善了科研机制、科研人才培养、科技成果转化等全方位的产研协同体系。

面对支撑公司、集团数字化转型大好契机，她带头向各团队发起号召“该扛的责任一个都不能落下！”她带队制定了云平台、电网资源中台项目的精品技术方案，打造的福建省级智慧能源服务平台试点、山东乡村电气化示范等精品工程成果入选公司“数字新基建”十大任务和能源互联网十大示范工程。她带领团队获批公司网络安全和物联技术标准实验室，自主研发物联管理平台以及边缘计算框架；完成两个国产化率100%的电力网安硬件平台研发；自主研制的可信计算产品在行业内首家通过第三方权威检测、率先试点，为新兴产业发展厚植沃土。

“双肩敢挑万钧担，运筹帷幄谱新篇。”蒋元晨坚持以极高的思想政治觉悟和主动担当的价值创造使命感，带领南瑞信通科技在支撑公司“一体四翼”发展布局实施和战略目标落地的进程中奋力领跑，书写无愧于南瑞光荣历史的崭新篇章。

新时代“三自”精神的践行者

——记国家电网有限公司新源水电有限公司新安江水力发电厂党委书记、厂长 李建华

李建华，男，回族，河北平泉人，1964 年 8 月出生，1986 年 7 月参加工作，2001 年 4 月加入中国共产党。

- 2004 年 中央企业劳动模范
- 2016 年 国网新源公司先进生产（工作）者
- 2016 年 国网新源公司优秀共产党员
- 2019 年 国网新源公司优秀领导干部
- 2021 年 国网新源公司劳动模范

李建华是一个典型的北方汉子，为中国的水电事业远离家乡，投身于新中国第一座“三自”（自己设计、自制设备、自行施工）大型水力发电站——新安江水电站建设管理。35 年来，他始终扎根电站，坚持“干一行，爱一行”劲头，不断学习进取，从基层班组技术员成长为一名优秀的领导管理者；工作中，他始终秉承严谨求实的工作作风，时刻践行“人民电业为人民”的企业宗旨，继承和发扬电站“三自”精神，扎实开展技术创新、提质增效、改革攻坚各项行动，有效保障了设备安全可靠运行和企业高质量发展，为新中国第一座大型水力发电站的改革创新发展倾尽青春和汗水；用实际行动诠释了一名央企基层党员领导人员的使命初心和责任担当。

专业专注 成功攻克电站机组的“老毛病”

李建华专心水力发电技术，主导新安江电厂国产化首台机组增容改造，额定功率提高 27% 以上，为国内水电站改造提供范例；创造性地完成转轮改造结构设计，研制和开发水轮发电机水润滑弹性金属塑料导轴瓦，有效解决了大型水轮发电机运行中导轴瓦温度偏高以及运行不稳定的严重缺陷，研制成果成功通过专业部门鉴定，在电厂后续机组改造和系统内其他电厂得到广泛的推广应

用。在负责安全生产工作期间，他负责大修技改项目几十项，全部实现安全优质投运，电厂连续 18 年未发生安全事故，连续安全生产超 6800 天，顺利完成 G20 峰会等各项保电任务。

精益管理　电厂连续七年实现利润亿元目标

面对企业改革发展重任，李建华积极思考，牵头组织研究，创新方式方法，从降本增效着手，持续提升精益管理水平，进一步加强对各项重点生产成本的支出控制，电厂连续七年实现利润亿元目标，企业可持续发展能力显著提升。积极推进集体企业改革，将集体企业从九户压减到两户，顺利完成压减目标，履行省管产业单位委托程序，推动主营业务资质升级，有力提升省管单位生存能力。

● 李建华在发电机组改造现场

服从大局　圆满完成疫情防控和复工复产任务

李建华带领全厂员工圆满完成 220 千伏线路扩容改造，为杭黄高铁建设及后期运营提供用电保障；主动作为，全力推动“杭州第二水源千岛湖配水工程”，组织优化新安江水库调度方案，配合实施前期调研、中期监管、后期代管任务，为杭州人民饮水安全作出积极贡献；面对突如其来的新冠肺炎疫情，在保证企业“零确诊、零疑似”目标的同时，他及时部署 9 号机大修、保护光纤改造等项目复工复产，有效保证上下游生产供应链稳定；复工复产关键时刻，地方道路发生塌方，他开放企业内部道路供农夫山泉、建德铜矿等地方企业使用，为当

● 李建华在新安江电厂第十一次党代会上作工作报告

地取得疫情防控、复工复产重大战略成果提供支撑保障。

决战脱贫 帮扶志愿服务项目获全国大奖

李建华组织全厂职工千余人次开展志愿者服务，带领企业向对口扶贫的建德市洋程村、龙泉县溪坪村、缙云县吾丰村累计投入资金200余万元，整合生态旅游和农业资源，援建“文明路”、小水库饮用水等工程，改建村小学运动场，努力推动扶贫帮困从“输血”到“造血”的转变，实现集体经济大飞跃，村民收入大幅提升，三个贫困村成功摘帽，电厂“青春服务光明行、携手共建新农村”志愿服务项目获中国青年志愿服务项目铜奖。

站在前列 充分发挥央企“顶梁柱”的责任担当

● 李建华在新安江电厂防汛指挥部下令起吊泄洪闸门

面对新安江流域50年一遇超强洪水，作为电厂防汛领导小组组长，李建华深知汛情就是命令，防洪就是责任，迅速召开防汛工作会议，成立现场操作、大坝巡视、后勤保障等工作小组，部署溢洪门起吊试验，保证全厂发电设备随时“拉得出、顶得上”，扎实做好泄洪准备工作。在泄洪173个小时中，他始终坚守岗位，及时执行浙江省防汛防台抗旱指挥部泄洪指令，指挥闸门九起九落，保证泄洪操作万无一失，带领全厂员工出色完成建库61年来首次九孔泄洪任务。此次泄洪，下泄水量30.98亿立方米，削峰率65.2%，减少下游受淹面积123.8平方千米，减少受淹人口45万，实现水利工程防灾减灾效益最大化，为保障上下游人民生命财产安全作出了突出贡献，体现了央企“顶梁柱”的责任担当，得到浙江省委省政府、国家防汛抗旱总指挥部、国家电网有限公司的高度肯定。

奋斗路上守初心担使命

——记国家电网有限公司英大长安保险经纪有限公司江苏分公司总经理　赵登攀

赵登攀，男，汉族，陕西临潼人，1976 年 3 月出生，2000 年 7 月参加工作，2002 年 6 月加入中国共产党。

- 2017 年　英大长安保险经纪有限公司先进工作者
- 2021 年　国家电网有限公司优秀共产党员
- 2021 年　英大长安保险经纪有限公司劳动模范
- 2021 年　英大长安保险经纪有限公司优秀共产党员

从 2003 年与保险经纪结缘，凭借着一股初出茅庐的韧劲，一路披荆斩棘，多次获得英大长安保险经纪有限公司的营销明星、先进工作者，再到如今的劳动模范，在保险经纪领域奋斗了近 20 载的赵登攀，在自己钟情的岗位上绽放着耀眼的光芒。

2002 年，从入党的那一刻起，他就坚定初心，牢记使命，诠释着对党的事业的热爱。十多年来，他坚决服从党组织安排，先后赴 6 个省份工作，一心扑在工作岗位上，而无法照顾远在老家的亲人。

现如今他已经是英大长安保险经纪有限公司江苏分公司总经理、党支部书记。他用一股冲劲和闯劲带领党员和群众开拓业务、提升服务质量，实现了一年一个台阶，连续五年超额完成业绩指标，向党组织交出了一份亮眼的成绩单。

履职尽责，身先士卒的分公司带头人

“电力是国家民生行业，涉及千家万户，做好为电力客户服务，保障客户的价值是我们的工作职责。要做好主动、贴身、专业的保险管家。”这是多年从事保险经纪的赵登攀最深的感触。

为深入落实国家电网有限公司对金融企业“根植主业、服务实业、以融强产、创造价值”的工作要求，2020 年，他先后前往 10 家地市级电力公司和 15 家市场客户单位开展调研，听取意见建议，

● 赵登攀在江西萍乡开展现场查勘、损失统计工作

了解实际需求，改进服务方式和服务内容，累计开展保险培训60余场，参培人员1500余人次。

每逢遇到突发极端天气，电力行业都紧绷着一根弦，也是保险经纪公司最忙的时候。2019年7月11日，江西萍乡连续暴雨，引发山洪暴发，造成电网大面积损失。时间紧迫，赵登攀放下手头工作，第一时间到达现场，协助开展现场查勘、损失统计、保险谈判。

2021年4月30日，江苏部分地区遭受冰雹和大范围强雷暴大风天气袭击，导致13600余人受灾，电力、通信设施严重受损。接到报案后，赵登攀带领员工立即启动自然灾害协助索赔应急预案，兵分三路奔赴损失较大的南通、泰州、盐城等地协助索赔，成功协调有关承保保险公司600万预付赔款，陆续赔付到位，为电力公司抢修和恢复供电提供了坚强保障。

2020年，赵登攀率领队伍查勘覆盖13市40多个市县的受灾区域，协助客户处理保险赔案10664起，结案率达到98%，协助客户获得保险赔款1.5亿元，同比增长98%，在电力客户圈子里赢得了口碑。

为了摸清电力领域以外的客户情况，他带领团队做调研，蹚路子，日夜加班赶方案。功夫不负有心人，他和团队先后成功开发南昌轨道交通、江投天然气公司、江铃集团等保险项目，开发的华能电商平台保险业务、江苏电力旅游保险平台业务等创新市场发展模式被广泛学习推广。

事事先锋，时时表率的党支部带头人

了解赵登攀的人都知道，他是个勤快人。作为党支部带头人，他以“做政治上的明白人、党建工作的内行人、干部职工的贴心人”标准严格要求自己，带头学、带头干，时时处处发挥表率作用。他积极探索适应新时代党建工作要求的新思路、新方法，坚持“双引领双服务”，让党支部引领党员、党员引领群众，党支部服务党员、党员服务群众，在这样的联动过程中，充分调动了员工干事创业的积极性。

赵登攀带领分公司成立了“共产党员服务队”，设立了“党员示范岗”，通过内部业务研讨、集中学习等多种方式组织开展政治理论学习和专业学习，提升党员干部员工的综合素质和业务能力。

对于分公司来说，员工的信念和信心非常重要。赵登攀定期开展谈心谈话，听取群众意见建议，了解员工在实际工作过程中遇到的困难，鼓励干部员工建言献策，他总是说要让员工真正爱上分公司这个家。

● 赵登攀开展支部共建活动

抗“疫”保发展，企业夺取“双胜利”的助推者

一个能承受荣光的人，必定先得扛得起重担。在疫情防控期间，疫情就是命令，防控就是责任，赵登攀坚决贯彻落实上级党组织工作要求，坚持疫情防控和经营发展“两手抓、两手硬”。当时在春节，也是疫情最艰难的时刻，他主动请战服务防控第一线，在他的带领下，江苏分公司最终实现了零确诊、零疑似的“双零”目标。

在保障企业疫情防控的同时，赵登攀和他的团队仍然心系客户。他们主动服务客户单位，通过网上国网平台免费赠送江苏全省复工企业员工新冠保险两万份，为江苏电力复工复产保驾护航。通过省、市、县三级微信工作群推介“长安一家”微信公众号，为电网职工提供新冠肺炎疫情“实时动态及在线问诊”“7×24 小时发热免费门诊”和“同行程查询与订阅”等服务。

疫情期间，为帮助企业减负和复工复产，赵登攀急客户之所急，想客户之所想，大力推动保证保险替代保证金工作，疫情期间累计出单 7146 笔，释放保证金 4.82 亿元。在疫情期间组织开展线上“零接触”保险采购，在特殊时期协助客户顺利完成保险安排。江苏分公司以高品质、重信誉、周到售后服务赢得了众多客户的认可。

在紧要关头，保证企业发展也成为摆在每个企业决策者面前的难题。赵登攀积极调研，深挖客户需求，推广电网资产再保险、营业中断险、工程质保金保证保险等客户适配型新险种，持续跟进地方发电企业、清洁能源企业业务等新领域，大力开发个人保险业务，带领分公司取得了疫情防控和经营发展的“双胜利”。

坚持守正创新　助力凝心铸魂

——记国家电网有限公司党组党建部四级职员　曾惠娟

曾惠娟，女，汉族，福建武夷山人，1985 年 2 月出生，2009 年 7 月参加工作，2006 年 3 月加入中国共产党。

- 2013 年　全国电力行业新闻宣传先进个人
- 2013 年　中国电力新闻奖报纸作品一等奖
- 2014 年　英大传媒集团先进工作者
- 2014 年　第二十八届中国产业经济新闻奖二等奖
- 2015 年　第二十九届中国产业经济新闻奖三等奖

曾惠娟深入学习贯彻全国国有企业党建工作会议精神，讲党性、重品行、做表率，凭借良好的文字基础和较强的学习能力、组织能力，迅速成长为国家电网党建工作的骨干力量，优质高效完成公司“旗帜领航·三年登高”行动计划和“基层党建巩固提升年”相关任务，有力推动学习贯彻习近平新时代中国特色社会主义思想在公司系统走深走心走实。

勤学好思，刻苦提升政治理论素养

曾惠娟带头把旗帜鲜明讲政治摆在首位，自觉学习党章、遵守党章，把党的意识和组织观念融入一言一行，顾全大局、勇于担当，坚持原则、廉洁自律，贯彻落实上级党组织决策部署从不讲条件、从不提困难；带头学懂弄通做实党的创新理论，深入研读习近平总书记原文原著和马克思主义经典著作，跟紧跟进学习党和国家大政方针政策，在思想上、政治上、行动上始终同以习近平同志为核心的党中央保持高度一致。通过学以致用、用以促学，曾惠娟较快完成从新闻工作者到党务工作者的角色转换，不断增进对国有企业党建工作的系统性、规律性认识，党务工作专业化水平显著提升。

严谨求实，全力推进理论武装工作

曾惠娟严格对标中央精神，落实国资委党委部署，围绕提升中心组学习质量，立足政治学习定位，紧扣主题主线，制定落实公司党组中心组年度学习计划，参与筹备公司党组中心组历次学研讨活动，健全完善中心组学习机制，指导督促各级党委中心组在提升政治“三力”、创新学习方式、务求学习实效上下功夫。公司中心组学习成效受到国资委充分肯定，公司在2020年中央企业中心组学习交流会上作专题发言，在2021年国资委暨中央企业中心组联学会上作书面交流。高质量开展党内集中教育，“不忘初心、牢记使命”主题教育期间，负责指导公司各级党组织抓好党员干部学习教育，累计服务公司党组开展20次中心组集体学习、举办为期6天的读书班；党史学习教育期间，作为牵头处室，负责统筹推进公司系统党史学习教育工作，推进成立领导机构，组织召开公司党史学习教育动员部署会，制定印发实施意见，举办总部宣讲报告会，组织推出“我为群众办实事”首批清单。公司在国资委党委“我为群众办实事”推进会上作交流发言，中央和国资委党委党史学习教育简报第1期均刊发公司相关做法。强化理论研究，指导公司各单位积极总结实践经验、提炼理论成果、提升工作水平，公司连续两年荣获中央企业党建思想政治工作优秀组织单位称号。

● 曾慧娟在福建霞浦采访抗台风保供电工作

敢于创新，着力抓好形势政策教育

曾惠娟注重强化创新思维，主动适应新时代新要求，积极汲取基层单位、兄弟单位好经验、好做法，巩固传统阵地、拓宽新兴载体，通过组织召开座谈会、报告会、专题党课、现场参观、“云宣讲”等方式，不断深化党员干部职工国情党情企情教育。每月发布总部临时党委学习提示，编发支部学习资料，组织开展竞赛答题活动，大力推广“学习强国”“国网党建”“国网大学”等学习平台，增强学习教育吸引力和实效性。落实国资委党委“领导干部上讲台”活动要求，参与完成公司主要领导在中国人民大学2次公开课筹备工作，公开课反响热烈，有力彰显了央企风采，激扬了青年学子的爱国情、报国志。

● 曾慧娟在人民大会堂采访报道全国两会

把准导向，推动典型选树亮点纷呈

曾惠娟深刻把握典型选树时代导向，参与制定公司先进典型选树宣传工作管理办法，从选好人、鼓舞人、引领人三个维度构建一体化选树培育机制。以“国网楷模”评选表彰为抓手，推动一批彰显时代新人风貌、富有国家电网特色的先进典型脱颖而出。结合新中国成立100周年、抗击新冠肺炎疫情取得重大战略成果等重要节点，参与培育选树了全国“最美奋斗者”“改革先锋”“时代楷模”“全国道德模范”张黎明、“央企楷模”许启金等重大典型，公司2名个人和1个集体荣获4项抗疫国家级表彰。参与筹办公司抗疫表彰大会，大力弘扬伟大抗疫精神。公司践行《新时代公民道德建设实施纲要》《新时代爱国主义教育实施纲要》、培育时代新人经验做法受到中宣部、国资委充分肯定。

担当尽责　求实创新

——记国家电网有限公司华中分部党建工作部（纪委办公室）党支部书记、主任　孙望良

孙望良，男，汉族，湖北崇阳人，1964 年 9 月出生，1986 年 7 月参加工作，1985 年 6 月加入中国共产党。

- 2012 年　湖北省五一劳动奖章
- 2014 年　国家电网公司总部先进个人
- 2015 年　全国优秀工会工作者

“亮身份、亮职责、亮承诺，比作风、比技能、比业绩——我是一名共产党员……”走进孙望良的办公室，最醒目的，就是映入眼帘的一块红黄相间的党员公开承诺牌。“作为一名共产党员，又是一名党务工作者，要求普通党员做到的，我应该做得更好，并主动接受大家的监督。”多年来，他是这么说，也是这么做的。

孙望良先后从事电网调度、人资、纪检、工会、党务等工作。无论岗位如何变化，对工作的热爱和敬畏从未松懈，多年如一日，始终保持担当尽责、求实创新的工作作风，他热爱党务工作，被大家称为“党员带头人”“党务行家”。

坚定信念　做对党忠诚的“践行者”

在孙望良的办公室，桌上常年堆着厚厚一叠资料，有党组织印发的各类文件，有报纸杂志上的典型经验文章，写满了标注。

“虽然我干党务工作 20 多年了，但不管经验如何丰富，都要坚持不断学习，用党的创新理论武装头脑，始终在思想上、政治上、行动上与党中央保持高度一致。”孙望良常说。

孙望良带领党员骨干到基层变电站送技术服务

2020年初，面对来势汹汹的新冠肺炎疫情，时任华中电力调控中心党总支书记的他，第一时间传达学习习近平总书记“生命重于泰山、疫情就是命令、防控就是责任”的重要指示，贯彻落实国家电网有限公司“一个提高、六个强化”的工作要求。身处疫情“风暴中心”，他不畏艰险，靠前指挥，带领中心班子和全体党员认真落实各项防控措施，在公司系统率先实施调度员独立分组值班和全封闭管理，组织党员干部在不同地点抢建第三应急防疫调度室。他注重发挥党建引领作用，迅速组织骨干党员成立“抗疫情、保安全、保供电”共产党员突击队和青豫特高压直流及配套工程投产调试共产党员联合突击队，一手抓疫情防控，一手抓复工复产，让党旗在疫情防控第一线高高飘扬。为保障电网安全可靠供电和助力复工复产作出了积极贡献。

履职尽责　做强基固本的“推动者”

从事党务工作，肩负党建日常工作的协调组织和实践推动。孙望良深知，要想成为一名优秀的党务工作者，只学好理论知识是远远不够的，更重要的是要做到知行合一。

“必须牢固树立大抓支部的鲜明导向，从基本组织、基本队伍、基本制度严起，提升党组织的组织力、战斗力，这是我们的党务工作精髓之所在。”孙望良说道。

作为党建部主任，孙望良始终牢记“受党指派、为党工作”的职责使命，对党建重点难点工作总是亲自组织实施，以实际行动诠释着对党务工作的执着追求。近年来，在他的组织推动下，华中分部深入开展“旗帜领航·三年登高”“旗帜领航·提质登高”行动计划，大力实施基层党委“六个标准化”、党支部“五个标准化”，实现了“三会一课”、主题党日等七项组织生活全面线上量化计划管理，党建工作绩效考评名列公司系统前茅。近年来他先后参与组织了“三严三实”“两学一做”“不忘初心、牢记使命”等历次党内主题教育活动，牵头主抓党史学习教育和纪念建党100周年系列活动，教育引导广大党员悟思想、守初心、担使命。

● 孙望良带队到宝泉抽水蓄能电站开展“联学联创”活动

求实创新　做融入融合的“探索者”

“推进党建与业务工作融入融合，有效避免“两张皮”，关键在‘融’，根本在‘合’，重心在方法。”孙望良说道。

2020 年以来，为了找准党建与业务工作的结合点，他深入基层调研，不断创新党建融入的载体机制。组织实施了“党旗引领·创新突破”专项行动，抽调骨干党员成立联合党小组，合力攻坚重点难点项目；创新开展了党员和党员身边“安全无违章、管理无违规、廉洁无违纪”活动，引导广大党员当先锋、作表率，带动身边职工共同提升安全、管理、廉政水平；牵头组织了“联学联创”活动，与系统内、外单位党组织结对共建，共同解决实际问题，服务经济社会发展。这些特色党建活动，有效提升了基层党组织的生机活力，推动了党建优势转化为现实生产力。

“奉献不言苦，追求无止境”。孙望良身患多种疾病，面对繁重的党务工作，他从来没向组织提出任何困难。2021 年 2 月，他手术出院的第二天，一大早就赶到单位，“中央党史学习教育启动了，作为党委的职能部门，我们要尽快拿出方案，高标准高质量组织好这项重大政治任务。”孙望良在部门员工大会上激昂地说。

他坚持党史学习教育和庆祝建党 100 周年系列活动统筹推进，紧密结合华中分部实际，规定动作严格到位，自选动作富有特色，获得了上级组织和广大职工的称赞。

点燃离退休人员奋进新征程的“红色引擎”

——记国家电网有限公司陕西省电力公司本部离退休党总支书记、离退休工作部副主任　王齐龙

王齐龙，男，汉族，陕西乾县人，1974 年 9 月出生，1994 年 7 月参加工作，1998 年 2 月加入中国共产党。

- 2005 年　国网陕西省电力公司劳动模范
- 2016 年　国网陕西省电力公司劳动模范

在国网陕西电力环城东路社区中，经常会看到一位戴着眼镜、始终笑眯眯地和老人们拉家常的同志，他就是被广大离退休老干部亲切地称为“小王书记”的国网陕西电力离退休党总支书记王齐龙。

贴近融入争取同频共振

别看“小王书记”从事离退休工作不到两年时间，但对老同志们的情况了如指掌，这得益于他经常深入社区、来到老同志身边，做老同志的贴心人。

王齐龙有一句口头禅：“老同志最需要的是陪伴，我的工作现场不是办公室，而是在老同志身边。”在和老同志朝夕相处的交往互动中，老同志们的经历、经验、心声都对他做好离退休党务工作、传递党的声音、服务老同志增强了信心。

作为一名离退休党务工作者，王齐龙能认真学习贯彻习近平新时代中国特色社会主义思想，总能找准离退休工作着力点，带着感情、带着责任、带着使命，想老同志之所想，丰富活动形式和内容，把老同志所能所愿与公司事业发展所需有机结合起来。

王齐龙组织老同志赴延安、照金、马栏红色教育基地开展党史学习教育活动，和老党员们在宝

塔山下重温入党誓词，在革命旧址追寻红色记忆，在红歌比赛中彰显党员风采。参加党史教育现场培训的老同志们都对“小王书记”细心安排、全程陪伴、精心策划教育培训内容赞不绝口，感觉通过参加党史教育培训活动仿佛重回峥嵘岁月，纷纷表示要初心永不忘，永葆政治本色，为电力发展献智献力。

做传递正能量的示范表率

在和老同志相处的过程中，王齐龙注意引导和发挥老同志在维护核心中的政治优势和群众优势，激发老同志爱党爱国正能量，关心国家电网有限公司战略发展，在公司发展中发挥积极作用。

在喜迎建党一百周年的欢庆时刻，一部访谈陕西电力百岁离休老干部曹素人两次入党、追求光明的口述历史纪录片在公司网站、融媒体热播。视频中，曹素人冒着付出生命代价的危险也要矢志不渝跟党走的亲身经历，激发了系统职工坚定信念、不断为党的事业增添正能量、为电力建设谱写新篇章的工作热情。这里面凝聚了王齐龙一年多来积极参与筹划、搜集资料、整合资源的大量工作。

退休职工冯军退休前担任电力报、史志办编辑，他长期关注、采访电力系统因公殉职、见义勇为的烈士群体事迹。王齐龙在走访老同志的过程中，和冯军多次促膝长谈，鼓励冯军把烈士的事迹再现。冯军饱含激情，把自己多年来深入现场、查阅档案资料的所见所闻，汇聚成一篇《用生命为党旗增辉》的通讯在国网陕西电力网站刊登，还原了当年陕西电力系统第一个中共地下党小组在解放前与国民党军队殊死斗争保卫西京电厂那一段惊心动魄的历史，记录了陕西电

● 王齐龙组织老党员赴延安开展党史学习教育

力系统在抗洪救灾中英勇牺牲的陈善存烈士、为保护电力设施献身火海的田崇义烈士、舍己救人的姚儒学烈士等英雄的感人事迹，老同志身上蕴含的正能量迸发出来，烈士的精神在新时代得到永驻。

用心用情关爱老同志

王齐龙深知只有坚持用心用情服务，才能保证把各级党组织对老同志的关心关爱落到实处。所以，老同志们遇到困难问题时，经常会首先想到找王齐龙。

● 王齐龙组织老党员赴照金开展“不忘初心、牢记使命”主题党日活动

2020年年初，面对突如其来的新冠肺炎疫情，王齐龙按照公司统一部署，通过各支部向广大老同志及时发出《倡议书》，动员老同志科学做好自我防护，共同打赢疫情防控阻击战。通过电话、短信、微信等多种方式，了解本部离退休老同志健康状况和出行情况，不管是长期异地居住的老同志还是春节期间从外地探亲归来居家隔离的老同志，只要有需求，均积极协调公司有关部门和社区资源，为老同志寄出或上门提供口罩、蔬菜、日用品，帮助大家缓解焦虑，共克时艰，共同抗疫。

在退休人员社会化服务实施过程中，王齐龙认真研究退休人员社会化管理政策，加大走访看望慰问力度，倾听老同志诉求，摸清基本情况，积极对接各级地方政府，加强服务衔接，组织平稳完成本部退休人员社会化管理移交工作。多次深入现场，组织协调、消除部分基层单位改革中遇到的难题，保证了全系统退休社会化工作整体按时间要求推进。积极联系街道社区，开展党建共建活动，共享社区服务资源，支持退休党员在社区发挥作用。

2006、2017年，王齐龙曾两次被评为国网陕西电力劳动模范。无论在哪个岗位，都要认真踏实地把工作做好是王齐龙的人生信条。他说，尊老敬老是中华民族的传统美德，以纪念建党百年、奋进新征程为契机，自己将竭心尽力，精进不怠，为广大离退休同志做好服务，不断为建设具有中国特色国际领先的能源互联网企业添砖加瓦。

心中有信仰　脚下有力量

——记国家电网有限公司甘肃省电力公司电力科学研究院党委党建部党支部书记、主任　袁芳

袁　芳，女，汉族，陕西渭南人，1981 年 8 月出生，2006 年 7 月参加工作，2003 年 3 月加入中国共产党。

- 2010 年　国网甘肃省电力公司青年岗位能手
- 2017 年　国网甘肃省电力公司电力科学研究院先进工作者
- 2021 年　国家电网有限公司优秀党务工作者
- 2021 年　国网甘肃省电力公司劳动模范

袁芳从小生活在共产党员的红色家庭，伯父、伯母、父亲都是老党员，父亲是村里的老支书，曾经立过三次三等功。受到父辈的熏陶，她从小就对中国共产党充满了炽热的爱。多年后，她光荣地加入中国共产党，在组织的培养下，逐渐成长为一名基层党支部书记。

在国企工作的她，深知加强国有企业党建工作的重要性。如何抓好基层党建工作？如何把党建和企业发展结合起来？袁芳有自己的答案。多年来，她以高度的职责感和强烈的事业心，用情怀和担当完成了党赋予党务工作者的光荣任务。

唱响"主旋律"　当好抓实理论武装的推动者

打铁还需自身硬。2018 年，首次担任党支部书记的她，心里不免有些忐忑。虽然有多年支部委员的工作经验，但是如何才能当好"领头雁"，如何才能使支部战斗堡垒作用发挥好？答案只有一个，就是得有过硬的本领。

她一直坚信只有不断学习，才能不断提升工作水平。因此，总书记重要思想是她的案头卷，党建规章制度是她的工具书，党支部标准化手册她熟记于心。她始终把学习习近平新时代中国特色社会主义思想和总书记最新重要讲话作为首要内容，全面系统学、及时跟进学、深入思考学、联系

实际学。

做到知行合一，才是真正的智慧。她认真贯彻落实上级党组织的决策部署，在率先学习的基础上，善于运用党建工作方法将国网、省公司及院各项决策部署宣贯各党支部，宣贯到每一位员工，保障决策部署在基层落地。

● 袁芳编制党建工作“十大工程”重点任务

瞄准“主战场” 当好党建与业务深度融合的促进者

方法得当才能事半功倍。在工作中，她一直思考着，如何能够将党建工作与中心工作深入融合，如何将党建工作落到实处，如何提升本单位的党建工作质效。作为一名党务工作者，近年来，她积极推进“党委抓总、领导班子成员包干督导、各党支部抓落实、党建部抓督导”工作体系，全面统筹推进党建工作“十大工程”落地实施。在她的努力下，她所在单位的党建工作质效提升明显，在2020年度国网甘肃电力党建工作绩效考评中跃居前三，获“红旗党委”荣誉称号。

为了使党建与生产经营工作深度融合，她将省公司“四级五维”的“党建+”工程应用到本单位，结合实际深入推进“党建+科技创新”。通过“三加强”“三打造”充分发挥党员业务骨干在科技创新中的作用，2019年，电科院1项科研项目荣获国家科技进步二等奖。2020年，获得行业级、省部级科技奖励10项，获批发布水电、高压等领域标准4项。

● 袁芳为党员讲解党的百年历史

她始终保持对党建

工作的饱满热情，发扬“干一行、爱一行、钻一行、精一行”精神，瞄准基层党建工作实际，聚焦标准化建设，以问题为导向，通过党务人员专业培训、支部书记交流分享、知识测试等手段，大大提高基层党组织标准化建设水平。

夯实“主阵地” 当好锻造过硬基层党支部的引领者

无须扬鞭自奋蹄。作为党支部书记，她充分发挥着“领头雁”作用，为党员解析党章条款，领学讲话精神，结合电力实际开展创先争优活动，引导支部全体党员做合格党员，努力打造优秀党支部。2020年，国网甘肃电力电科院党建综合评价中，她所带领的支部在13个支部中排名第一。

● 袁芳组织退休职工参观“卓越之路·电研印象”展厅

2020年注定是不平凡的一年，新冠肺炎疫情肆虐，给人们的生活带来了极大的冲击。为了引导广大党员干部感恩党的领导，国家的强大，企业的平台，她牵头“感恩、忠诚、争先”主题文化实践，营造感恩、忠诚、争先的文化氛围，引导干部员工爱党爱国爱企，单位内迸发出积极向上、干事创业的工作热情。

凭借着对党的热爱，她总是以饱满的热情投入到工作中，使得党务工作充满了动力，充满了正能量。为了进一步充分发挥党建引领作用，2020年，她牵头制定党建绩效评价体系，常态化开展党支部重点任务完成情况评价，引导各党支部瞄准目标，在推进战略落地的进程中发挥战斗堡垒作用和党员先锋模范作用。

不积跬步，无以至千里；不积细流，无以成江河。袁芳将接续奋斗，努力争做企业出色员工、社会优秀公民，在新时代实践新发展理念、构建新发展格局中实现自己的人生价值。

勤勉实干，创新有为，在国际业务中谱写光亮人生

——记国家电网有限公司国际发展有限公司党委党建部（党委宣传部）五级职员 王一扬

王一扬，男，汉族，河北唐山人，1986 年 12 月出生，2013 年 6 月参加工作，2009 年 5 月加入中国共产党。

- 2018 年　国家电网有限公司优秀共青团干部
- 2020 年　国网国际发展有限公司“月度之星”
- 2021 年　国家电网有限公司优秀党务工作者
- 2021 年　国网国际发展有限公司先进工作者

王一扬拥有坚定的政治立场和理想信念，始终把政治建设摆在首位，坚持用习近平新时代中国特色社会主义思想武装头脑，作为一名奋斗在国际化发展前沿的党务工作者，结合工作实际，聚焦境外党建、跨文化融合等工作领域，积极推动党建优势转化为企业发展优势，实现党建价值创造。

在守岗尽责中展现作为

新冠肺炎疫情暴发以来，王一扬守岗尽责、务实创新，充分发挥一名共产党员的先锋模范作用。认真贯彻党中央关于加强境外党建有关意见，深化和加强境外党建工作，制定《境外党建工作指引》等 5 项管理制度规定，确立境外党建工作五项基本原则，建立境外党建工作六项机制，明确境外党建工作十三项具体内容，专项课题《新时代加强境外党建工作思路与对策研究》获全国党建研究会优秀成果二等奖。持续深化跨文化管理和跨文化融合，思想文化示范项目《企业文化国际化读本》（中、英、西、葡四语版）获国家电网公司 2020 年度一等奖，中宣部工作简报专门刊发相关经验。积极开展精神文明建设并取得突破性成绩，助力国网国际公司获评 2018—2020 年度“首都文明单位标兵”称号，凝聚众志成城抗疫情的强大精神力量。

在急难险重中奋勇当先

2020年春节刚过，国资委检查组对国网国际公司开展审计，为配合检查组在家远程办公的审计要求，王一扬积极配合迎审组要求准备文档保密软件和审计专用电脑。在2020年2月6日疫情最严峻的时期，在做好个人防护措施的前提下，在雪夜中独自开车近4个小时，从南二环到南四环再到北五环，给国资委审计组成员配送安装有保密软件的迎审专用电脑，保障了迎审工作的顺利开展，在疫情最严峻的时刻毫不退缩、奋勇当先、迎难而上，充分发挥一名共产党员的先锋模范作用。

在抗击疫情中践行初心

● 王一扬在新疆特克斯县喀甫萨朗牧业寄宿制贫困小学开展援疆爱心助学活动

疫情发展至今，为保障疫情期间国网国际公司境内外线上办公会议顺利召开，王一扬作为公司"学习强国"管理员，针对疫情创新设立学习强国线上党委会、运管会、境外防疫物资协调与捐赠会等专项组织，保障了疫情期间公司各项工作的安全有序开展。面对疫情，组织协调境内外各级党组织和党员干部积极抗击疫情，牢守"双零""双稳"目标不放松。境外党组织万里驰援境内防疫物资29万件，境内向巴西、希腊、菲律宾等重点国家捐赠物资134万件，以实际行动践行人类命运共同体理念。

在党建引领中凝聚力量

王一扬始终坚持在党建引领中促进发展，扎实组织开展党史学习教育，结合国际化发展需要，在确保完成必学内容的基础上，增加了习近平总书记关于"一带一路"、国际合作等方面重要论述的学习，不断增强融入"一带一路"建设的责任感、使命感。结合疫情防控各项要求，组织境内外党支部灵活运用"学习强国""共产党员网"等线上公开信息平台，在疫情期间高质量开展"三会一课"、主题党日等组织生活。推动党建工作与业务工作深度融合，落实"旗帜领航·提质登高"行动计划，深入实施"党建+"工程，扎实推进"基层党建创新拓展年"，持续强根铸魂，不断提升党建价值创造能力。开展“就地过新年，团团在身边”2021年云端新春活动，温情陪伴公司留京、驻外青年员工就地过年。在境内外开展多项青年志愿服务，推动国家电网“青字号”品牌向海外延伸。

在凝聚思想中汇聚合力

为充分发挥党组织优势，全面动员，打好疫情防控阻击战，王一扬牵头开展关于新冠肺炎疫情的专项思想动态调研，针对境内外不同特点，因地制宜设计多套调研问卷，境内外共388名员工作答率超过98%，重点关注疫情对境内外员工思想行为的不同影响、复工复产后思想变化、个人顾虑和对公司疫情防控工作的意见建议等。2020年全年，紧跟全球疫情变化，王一扬精心组织7次思想动态调研，形成翔实调研报告4份，加强调研结果分析运用，党委均认真研究审议，形成5项针对性答复意见及措施，为公司疫情防控期间各项工作提供有价值决策参考。

疫情防控期间，王一扬在与首都图书馆共同开展的“你的书，点亮他的世界”爱心图书捐赠活动

凡是过往，皆为序章。如同所有在国际战线上奋斗的同事一样，我们期待王一扬在今后的工作中能够再接再厉、初心不改、砥砺奋进，提升自我，在长期的国际业务工作和服务国家“一带一路”建设中磨炼心志和技能，满怀激情，为公司国际化高质量发展，加快建设具有中国特色国际领先的能源互联网企业而不断奋斗。

担当作为　勇当基层党建工作开拓者

——记国家电网有限公司信息通信产业集团有限公司北京分公司党委书记、总经理　王苏华

王苏华，女，汉族，江苏徐州人，1972 年 11 月出生，1997 年 4 月参加工作，1994 年 5 月加入中国共产党。

- 2018 年　国家电网有限公司科技进步奖
- 2021 年　国家电网有限公司优秀党务工作者
- 2021 年　国网信通产业集团巾帼建功标兵

守正创新　激发党建内生动力

"善于将顶层设计落地落实，结合产业单位特点将党建工作虚功实做"是同事和同行对王苏华的一致看法。担任国网信通产业集团党委党建部主任期间，她深入贯彻落实集团党委"底层发力"的工作基调，在夯实基层党建工作基础上精耕细作。

她创新开展提升基层党组织组织力课题研究，充分发挥信息通信技术和产业优势，大力实施"党建 +"工程，用技术化手段为党建工作赋能。坚持工程化实施、项目化运作，依托"国网党建"App 建成"一评比一竞赛一讲堂"三大特色应用，实现了先进典型示范作用发挥更充分、党务工作者专业素养和能力提升更充分、推进先进思想和技术传播更充分。深耕"思极先锋"党建品牌，推动集团党建工作实现质效双突破，支撑集团党建绩效考评稳居国家电网公司直属单位前列。

服务大局　营造干事创业氛围

不忘初心，方得始终。国网信通产业集团深入落实国家电网公司"文化铸魂、文化赋能、文

化融入”专项行动，王苏华带领党建部牵头落地。她坚持问题导向、目标导向和成果导向，全面调研分析集团企业文化现状，以“理念为源、实践为主”提出《集团管理方针与员工工作信条（试行）》，组织集团本部及12家二级单位率先开展价值理念实践，将企业文化融入解决实际问题，取得显著成效，支撑集团先后荣获“2020年度全国电力行业企业文化品牌影响力企业”“首都文明单位”等多项荣誉和成果，并出版《耕心有道——国网信通产业集团企业文化建设实录》，展示优秀案例。

● 王苏华在集团“悦分享　悦成长”主题活动做分享

“莲发藕生，必定有根；企业兴旺，必定有魂。”王苏华始终坚持把企业文化和品牌宣传作为党建工作的重要内容来抓。完善宣传工作整体布局，抓好“一阵地一中心一平台”，建成“两微一抖”新媒体传播矩阵，实现在人民日报、人民网、新华社客户端等中央媒体发稿零的突破，短短两年集团在各大媒体发稿同比增长2.03倍，企业形象和行业影响力迅速提升。

她高度关注青年员工思想动态和职业发展，面向35岁以下全体青年员工开展深度调研，全面解析青年特质和成长需求，定期举办“悦分享·越成长”系列分享交流活动，形成领导班子、专家人才与青年员工“面对面、零距离”互动交流、答疑解惑的良好局面。

● 王苏华深入重点项目一线调研指导慰问

“职工反映的事没有小事，职工关心的事都是重要的事”，这是她经常挂在嘴边的话。担任集团工会副主席期间，她深入开展“三必贺三必访”职工慰问，组建近20个职工诉求服务中心和职工文体中心，持续探索和落实“为职工办实事”，工会“娘家人”称号获得广泛认同。

选优配强　搭建完备人才梯队

有“爱才之心，识才之眼，用才之法，育才之能”，也是领导同事对王苏华的一致看法。她紧抓党建队伍建设这个“发动机”，分专业分层级深化党建各专业条线人才队伍建设，选优配强党务、宣传、工会、团青人才队伍，积极发掘培养党建工作储备力量。

“她以身作则教会我们对待工作要高标准、严要求，抓住问题本质，改进工作方法，不断提升专业素质和综合能力。这对我一生的职业生涯都大有裨益！”谈到曾经跟随王苏华工作的经历，集团党委党建部专责姜永昊动情地说。

王苏华带领党员赴红色圣地西柏坡开展党史学习教育

在党务工作岗位砥砺奋进十余载，王苏华用实干担当书写着对党和人民的忠诚，彰显着政治坚定、业务精通、敢想敢干、善作善为的新时期优秀党务工作者的最美风采！

践行“五个坚持” 做好“三个服务”

——记国家电网有限公司党组办公室党支部

成立时间：2003 年　　**党员人数**：54 人

书　　记：王抒祥　　**委　　员**：张铁恒　石庆周　何　欣

- 2020 年　国务院办公厅信息工作先进单位
- 2020 年　国资委中央企业保密对标排名第一
- 2020 年　国家电网有限公司先进集体
- 2020 年　国资委央企维稳先进集体
- 2020 年　国家档案局全国经济科技档案工作创新案例一等奖

国家电网有限公司党组办公室党支部坚持以习近平新时代中国特色社会主义思想为指导，以总书记“五个坚持”为工作总遵循，认真履行“三服务”职责，切实发挥党支部战斗堡垒作用，为推动公司战略落地和服务“一体四翼”发展布局提供坚强支撑保障。

坚持高处着眼，始终把政治建设摆在工作首位

学深悟透理论内涵。坚持把理论学习作为党组办公室的必修课，结合党史学习教育活动，

推动习近平新时代中国特色社会主义思想走深走实、入脑入心。服务党组带头学，严格执行“第一议题”制度，持续深入学习习近平总书记重要讲话和重要指示批示精神，服务保障公司党组开展读书班、讲党课、现场研学等活动，带动各级党组织迅速掀起学习热潮。发动全员集体学，对党组中心组学习内容第一时间跟进学习，每周组织2次集中晨学，每月至少开展1次集体研学，真正让学习融入日常、抓在经常；策划举办公司庆祝建党100周年档案展览，组织全体党员赴河南兰考焦裕禄纪念园开展红色教育、参观公司保密宣教基地，丰富创新学习载体，不断巩固学习成效。

做精做细支部实践。以年度党建工作计划为抓手，高标准开展党内组织生活，规范“三会一课”组织方式和标准要求，组织生活的政治性、时代性、原则性不断增强，支部凝聚力、向心力显著提升。真招实招为基层服务，扎实开展“我为群众办实事”活动，牵头起草公司党组《“为基层办实事”活动实施方案》和《2021年为基层减负主要措施清单》；部署开通“互联网+督察”平台，聚焦公司战略目标和党组决策部署贯彻落实、力戒形式主义官僚主义、为基层减负等情况，面向全体职工征集问题线索、典型经验和意见建议。求真务实抓整改提升，坚持问题导向、自我加压，扎实开展党支部“作风整顿月”活动，把自己摆进去、把职责摆进去、把工作摆进去，梳理日常工作问题短板52项，全面推动流程再造，完善规范65项主要业务流程，确保立行立改、即知即改、整改到位。

坚持实处着手，始终将服务属性作为工作首责

在“谋事”中对标党组要求。准确把握中央决策部署和公司战略目标，找准结合点，谋划发力点，挖掘突破点，2021年上半年，围绕“碳达峰、碳中和”、新型电力系统等内容，累计报送《国家电网专报》119期，获党和国家领导同志批示115次，其中习近平总书记在闽粤联网专报上作出重要批示，为国家政策制定提供重要参考，为公司和电网发展争取有利支持。构建“大督察”督办体系，制定建立公司贯彻落实习近平总书记重要指示批示和党中央决策部署工作机制，狠抓公司党组决策部署贯彻落地，按季度跟踪重点任务推进情况，按月督办公司主要领导批示办理进展；广泛开展乡镇供电所建设提升等专项调研督察，寻求解决制约发展的真招实招，上半年编制印发专项督察报告10期，9次得到辛保

● 党组办公室党支部参观公司庆祝建党100周年档案展览

安董事长批示肯定。

● 每周二、周四，党组办公室党支部开展党史学习教育晨学活动

在“干事”中展现责任担当。高质量做好“三办”工作，上半年，办理值班文电 1300 余件，拟办意见 300 余条，撰写公司领导班子碰头会、月度例会等会议材料，完成总书记关心电网发展系列档案编研成果，以文辅政更加突出；组织保障党组会、董事长办公会、中心组学习 37 次，公司层面各类重要会议 50 余场，主要领导公务活动近百场，以会辅政更加显著；坚持每日编发要情、日志，安排月度重点工作计划 1127 项，印发领导批示通知 260 余件，确保党组决策第一时间传达到位，协调运转更加高效。着力提升“三服务”水平，深化值班体系建设，探索实施省市县三级行政、生产、应急联合值班，试点英大集团等直属单位组团值班，有效提升值班应急能力和工作效率；印发实施冬奥筹备百项任务清单，牵头完成“相约北京”冬奥测试活动保障，确保冬奥各项筹备工作可控在控；全面启动公司系统信访矛盾专项治理攻坚行动，开展 2021 年进驻式保密检查，圆满完成建党 100 周年信访稳定和保密工作。

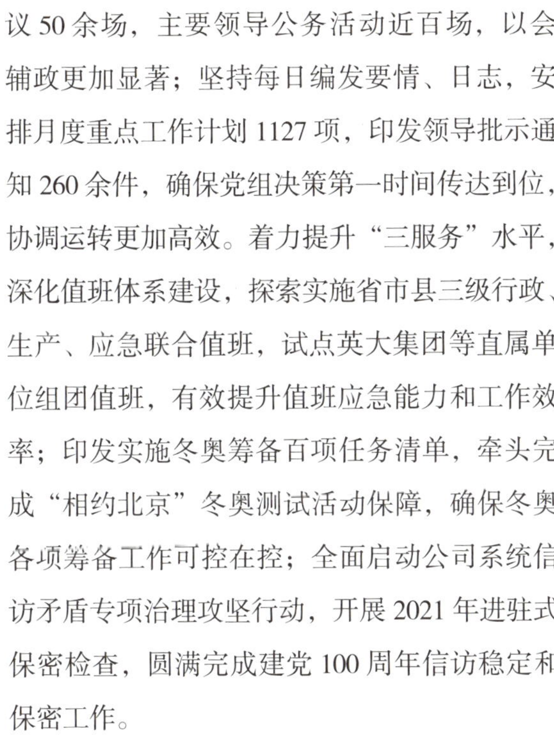

坚持难处着力，始终将敬业奉献作为工作首务

2020 年以来，面对突如其来的新冠肺炎疫情，党组办公室党支部自觉将抗疫工作作为践行初心使命和检验作风能力的主考场，广大党员同志第一时间挺身而出、扛起责任，迅速建立集中办公机制，在央企中率先启动突发公共卫生事件一级应急响应。疫情以来，累计服务公司召开 9 次疫情防控领导小组会议、28 次办公室会议，向公司党组呈报疫情防控值班报告 50 期，服务主要领导分批分次与驻鄂单位视频调研、实地考察在京各办公区疫情防控工作，协同业务部门共同研究出台抗疫保电、复工复产、扩投资、稳就业、降低用电成本等 7 批 59 项举措，打出“战役情、促发展”“两手抓、两不误”的组合拳。办公室系统 5 名同志荣获公司抗击疫情功勋个人称号、32 名同志荣获先进个人称号、3 个集体荣获先进集体称号。

近年来，党组办公室党支部还多次取得中央部委荣誉称号。获国资委央企维稳先进集体，《适应国资国企改革的公司董事会运行机制研究》获国资委十佳课题并列第一；工程项目档案“云验收”获国家档案局创新案例一等奖；信息采用数量在中办、国办、国资委央企排名中均位列前三；连续 9 年获国务院总值班室通报表扬。

旗帜领航抓党建　提质登高促发展

——记国家电网有限公司发展策划部党支部

成立时间：2004 年 11 月　　**党员人数**：47 人

书　　记：冯　凯　　**委　　员**：赵洪磊　赵子臣　刘道新

- 2017 年　国家电网公司总部先进集体
- 2019 年　国家电网有限公司先进集体
- 2021 年　国家电网有限公司服务脱贫攻坚先进集体
- 2019 年　国家电网有限公司电网先锋党支部
- 2019 年　中央企业先进集体

近年来，在国家电网有限公司党组的坚强领导下，发展策划部党支部以习近平新时代中国特色社会主义思想为指导，认真贯彻党的十九大及十九届二中、三中、四中、五中精神，充分发挥党支部战斗堡垒作用和党员干部先锋模范作用，开拓创新、担当作为、奋力进取、迎难而上，圆满完成了各项目标任务，开创了发展新局面。

● 国网发展部党支部参观红色背篓精神传承教育基地

服务党和国家工作大局。积极服务脱贫攻坚，加快推进“三区三州”电网建设，科学安排扶贫项目，助力区域协调发展，编制长三角一体化示范区电网专项规划、雄安电网行动方案，出台服务黄河流域生态保护和高质量发展措施意见。深入推进军民融合，完成第二批边防部队通大网电和阿里应急电网项目建设。贯彻中央新疆、西藏工作会精神，出台支援帮扶措施。助力夺取“双胜利”。开辟疫情防控应急项目绿色通道，出台支持湖北疫后重振指导意见，调增全年固定资产投资12.9%，迅速开展复工复产大数据监测，为中央及有关部委决策提供信息支撑。积极服务“双碳”目标。制定发布央企和国内首个碳达峰、碳中和行动方案，提出6方面18项重点举措，召开“助推碳达峰碳中和、构建新型电力系统——国家电网新能源云发布会”，以实际行动贯彻习近平总书记“四个革命、一个合作”能源安全新战略，努力当好能源清洁低碳转型的先行者、推动者、引领者，为实现碳达峰、碳中和目标作出积极贡献。深入推进公司战略落地。编制完成“十四五”公司发展规划报告和各专项规划报告，制定“一体四翼”发展指导意见和各产业实施方案，与17个省(区、市)、3个央企签署战略合作协议，发布《国家电网公司具有中国特色国际领先的能源互联网规划》，构建共享、共治、共赢的能源互联网生态圈。加快推进“新基建”重点工程。白鹤滩—江苏直流核准开工，白鹤滩—浙江直流完成可研并上报核准，南昌—长沙、荆门—武汉、南阳—荆门—长沙等特高压交流获得核准，华中环网取得实质性突破，闽粤联网获得核准，成功组建合资公司并开工建设。积

● 国网发展部党支部参观公司庆祝建党百年档案展

极支持新能源发展。制订服务清洁能源发展和消纳年度工作安排，新能源并网装机容量超过1亿千瓦，新能源利用率达到97.1%。发布服务新能源发展年度报告，营造良好外部环境。大力实施提质增效。线损同比下降0.37个百分点，增利90亿元。多措并举提升特高压直流利用率310小时（扣除新冠肺炎疫情影响后达到4050小时），为公司增加收益30亿元。出台加强购售电管理意见，有效降低公司购电成本。积极争取资金和政策支持。积极争取中央资金和地方资金，支持贫困地区电网建设，促成国家出台政策文件，扩展规划投资范围，保障了公司基建、技改、营销、数字化等全额电网投资纳入电价疏导。显著提升发展业务数字化水平。加强经济活动分析，提升统计管理水平，荣获“诚信统计单位”称号。推进网上电网建设与应用，深入推进项目中台建设；落实公司信息报送要求，部门所提信息得到中央政治局常委领导批示、肯定24次。扎实推进部门党建工作。坚持学史力行，提高学习成效。强化理论学习，每次部门会议都首先安排学习党史，形成高频次、常态化学习。注重利用网络平台、红色资源，学习党的奋斗历程和革命先烈事迹，浸润红色文化、传承红色基因，自觉扛起政治责任。汲取智慧力量，努力把学习成效转化为工作动力，聚焦公司“碳达峰、碳中和”行动方案，加快修订“十四五”电网规划，优化电源建设规模、布局和电网项目建设方案、时序，积极推动构建以新能源为主体的新型电力系统。不忘初心、牢记使命，主动协调南方电网和发电企业，将鲤鱼江电厂改接湖南电网并获得核准，加快解决湖南电力供应不足的矛盾，以实际行动践行“人民电业为人民”的企业宗旨。

青年先锋主力军　卓越先进党支部

——记国家电网有限公司华东电力调控分中心第一党支部

成立时间：2011 年 8 月　　党员人数：26 人

书　　记：沈　键　　委　　员：史济全　栾伟杰

- 2017 年　全国工人先锋号
- 2017 年　全国青年安全生产示范岗
- 2019 年　上海市青年五四奖章集体
- 2020 年　上海市青年突击队
- 2020 年　上海市经信委党支部建设示范点、百强支部
- 2021 年　国家电网有限公司电网先锋党支部
- 2021 年　上海市经信委先进基层党组织

国家电网华东电力调控分中心第一党支部（简称调控一支部）是一支具有战斗力的青年主力军。这支具有“高学历、高素质、高技能”的青年队伍，以安全生产为主线，优质服务于华东特高压交直流混联大电网的安全稳定运行，肩负着保障世界上单一国家内规模最大的区域电网安全运行的使命，履行着“万家灯火‘守护者’，清洁能源‘搬运工’”的责任。

坚持立足安全生产，全额消纳清洁能源

党支部赴上海历史博物馆参观

2020年7月中旬，华东电网迎来出梅后第一波高温天气，华东全网调度口径用电负荷相继于7月12日、13日和14日达到32618、32733、33886万千瓦，连创历史新高。面对严峻的用电形势，调控一支部严阵以待，积极奋战，每日严密跟踪负荷与新能源发电走势，合理安排电网运行方式，保障了电力可靠供应。

多年来，调控一支部始终牢固树立“四个最”安全意识，坚持把保障华东电网安全稳定运行作为调度专业的本质要求和神圣职责，不断创新管理模式，切实守牢电网安全“生命线”。

开展专题党课，深入学习领会习近平总书记“四个革命、一个合作”能源安全新战略，准确把握国有企业“六个力量”的历史定位，引导青年党员把服务党和国家工作大局作为根本任务，树立安全意识，践行安全责任，全力保障能源安全。

强化主网安全管控，圆满完成高强度春季停电检修工作，保障500千伏黄渡变、笠泽变、

调控一支部赴黄渡变参与改造工程现场启动

赵集3号机组等多项度夏重点工程按时投产，为庆祝建党百年保电奠定坚实基础。加强电网实时运行监控，严控重要断面潮流，严禁超稳定极限运行，严防大电网稳定破坏、大面积停电事故。

统筹调度全网资源，科学应对自然灾害与主网事故异常。综合采取省间互济、抽蓄错峰等手段，成功应对直流大功率馈入、新能源出力屡创新高、节假日腰荷负备用紧张等问题，成功应对山火、雷暴等恶劣天气对电网的冲击，保障了华东电网安全运行和平稳有序供电。

创新调控管理模式，平稳实施四省一市监控职责移交。修编相关规章制度并设计新的业务流程，确保调度运行业务在监控职责移交前后安全开展。加强在线安全分析预警，提高电网驾驭能力。应用在线安全分析和预案自动生成工具对电网薄弱环节进行潜在风险分析和事故预想，推动电网安全防线前移，提升在恶劣天气、重大检修方式以及特殊运行方式下电网运行风险的预警和防护能力。

在确保电网安全的前提下，该支部调度员们始终坚持“全国一盘棋”，努力平衡逐年增大的用电峰谷差，积极响应国家政策，力保新能源全额消纳。

发挥支部堡垒作用，助力长三角一体化发展

调控一支部深入学习贯彻习近平新时代中国特色社会主义思想，持续推进党员干部理论武装，坚持将党建融入日常调度工作，发挥助推企业改革发展的战斗堡垒作用。开展丰富多彩的支部活动，与上海超高压直流运检中心、中石化上海工程有限公司、江南造船厂制造一支部等进行支部结对。

调控一支部以电网安全生产为主线，围绕大电网安全、特高压电网建设、清洁能源消纳等重点工作，发挥党员先锋模范作用，引领和带动广大职工立足岗位争先创优。华东电网连续49年保持主网稳定运行，对区域经济社会发展作出了重要贡献。

调控一支部在嘉兴南湖重温入党誓词

调控一支部强化服务意识，持续深入开展为民服务创先争优活动，为华东2.6亿人口提供优质供电服务。坚持“党建领航打造重点工程”，以一支部党员

● 调控一支部党员上专题党课

为主体的共产党员服务队多次赴1000千伏特高压GIL管廊、1000千伏古泉换流站等地进行现场启动，确保重点工程顺利投运，为长三角一体化发展提供可靠电力供应。

应对电网安全冲击，锐意创新攻坚雾霾治理

安全是调度工作的重中之重。调控一支部全力保障电网安全稳定运行，不断强化安全生产管理，以更高标准完善应急机制，全力应对夏季高温大负荷、台风雷电对电网冲击、汛期特高压直流高功率受入、区内外新能源消纳等考验，保证长三角地区电网安全和灾后恢复供电。

地处长三角核心区，调控一支部肩负着各项国际国内重大活动期间保障华东电力安全和环境空气质量的政治使命。为做好"进博会"期间空气质量保障工作，与上海市政府建立雾霾预警协调联动机制，发挥大电网优势，实现区内和跨区清洁发电资源的良性互济，守护了"进博蓝"这一中国"生态名片"。

全力抗击新冠疫情，统筹优化助力复工复产

2020年初，新冠肺炎疫情来势汹汹，调控一支部全体党员"舍小家、为大家"，实施调度员集中封闭居住的值守方案60余天，全力保障疫情期间华东电网安全稳定运行。受新冠肺炎疫情暴发影响，春节假期过后华东地区大部分企业复工复产推迟，华东电网用电负荷长时间处于同期较低水平，面对电网调峰及新能源消纳工作的巨大压力，调控一支部党员紧密跟踪疫情变化，应用大数据分析手段精准研判用电形势，细化做好电网发用电平衡，积极保障区内外清洁能源消纳，确保电网平稳有序运行，助力华东全社会复工复产。

旗帜领航副中心　红星照耀大运河

——记国家电网有限公司北京市电力公司通州供电公司党委

成立时间：1997 年 5 月　　**党员人数**：275 人

书　　记：刘德坤　　**委　　员**：闫承山　张　松　张立军　赵长青　杨　莉　康　琦

- 2017 年　首都文明单位标兵
- 2017 年　国家电网有限公司文明单位
- 2019 年　中央企业先进集体
- 2019 年　电力行业卓越绩效企业
- 2020 年　首都文明单位标兵

7 月 16 日，国家电网首都电力（通州）共产党员服务队的“红马甲”们再次来到北京环球主题公园，对配电室内所有设备进行测温测负荷，确认运行情况。“环球主题公园城市大道这几天正在进行压力内测，所有的店铺都处于营业状态，负荷水平也更接近正式对外开放后的情况，我们也相当于再进行‘战前’模拟考，确保城市大道率先对社会开放的供电安全可靠。”国网北京通州供电公司环球供电服务中心主任胡宝玉说。

在北京城市副中心的建设进程中，国网北京通州供电公司党委始终以习近平新时代中国特色社会主义思想为指引，创建并持续深化“1+3+N”党建工作体系，坚持旗帜领航服务副中心，以“三个聚焦”提升党员干部队伍的凝聚力和战斗力，高质量服务北京市级行政中心搬迁入驻，创新打造高弹性数字电网示范，电靓新时代“千年之城”。

聚焦政治建设，筑牢全员思想根基

国网北京通州供电公司党委牢记“看北京首先要从政治上看”的要求，始终以习近平新时代中国特色社会主义思想为指引，坚决落实中央、国家电网公司、国网北京市电力公司对于党史教育的部署要求，扎实开展党史学习教育。

6月7日，在国网北京通州供电公司周例会上，公司副总经理赵长青正在通过第十期“党史周课堂”，带领参会人员共同回顾南昌起义的经过。不但领导干部通过“党史周课堂”进行讲党史，国网北京通州供电公司各专业基层员工也利用工作间隙在各种工作现场诵读党史经典，并录制了105条视频，公司优中选优后制作了“诵读经典好声音”视频，在楼宇电视、内网网站等平台进行集中展示，在公司上下掀起“学党史、讲党史”热潮。

国网北京通州供电公司青年党员在行政办公区综合管廊电力舱中进行巡检

为推动党史学习教育持续走深走实，国网北京通州供电公司党委特在公司内部建设以中国共产党百年发展历史为主线、有机融入副中心特色的数字化党史教育基地，营造沉浸式党史学习体验，用丰富的内容、历史故事与总书记新时代论述相结合的形式深刻解读党史精神内涵。通过从各党支部、团支部选拔25名青年讲解员，组建红色讲解队，全面承接区域内红色资源讲解任务，系统提升支部自主学习、自我教育能力。党史教育基地建成后两个月内迎接600余人次参观学习，成为党员学习、支部共建的重要平台，红色讲解队开展红色资源讲解活动31次，成为国网北京通州供电公司党史宣教的一支生力军。

聚焦基层基础，打造坚强战斗堡垒

6月29日，国网北京通州供电公司举行庆祝中国共产党成立100周年大会供电保障任务党员重温入党誓词暨新党员入党宣誓活动，公司党委书记领誓，飞行任务保障临时党支部党员和公司新党员在全景业务运营中心整齐列队、胸前党徽熠熠生辉，面向党旗，举起右拳，郑重宣誓，嘹亮的誓言彰显出国网北京通州供电公司党员“保电有我，有我必胜”的决心与信心。公司领导班子成员在保电任务进入决战决胜阶段前，深入各党支部讲授“战前党课”，以庄严的组织生活为保电攻坚战的全面胜利保驾护航。

国网北京通州供电公司飞行任务保障临时党支部党员对建党百年庆祝大会飞行任务机场外电源线路进行巡视测温

国网北京通州供电公司党委着力于强化基层党组织建设，提升支部战斗堡垒作用。在庆祝建党 100 周年政治供电保障、冬奥保障等重大任务中，组建临时党支部、党员突击队等先锋队伍，并由公司领导担任支部书记和突击队队长，带头攻坚。“在今年的建党 100 周年供电保障中，坚强的组织保障凝聚了敢打必胜的党员队伍，为了满足部队的防疫要求和工作需求，队员们先后做了 7 次核酸检测，开展了三次夜间用户设备检测，每次演练都要凌晨就进入用户内部保障，面对如此高强度的保障工作，没有一个人喊苦喊累，都把能参与此次保障当成共产党员的荣耀。”飞行任务保障临时党支部书记、国网北京通州供电公司副总工程师史江凌说。

为迎接中国共产党成立一百周年，国网北京通州供电公司党委组织开展庆祝建党百年“七个一”系列活动，由各党支部分组牵头组织志愿服务、岗位建功、风采展示等七项活动，极大地发挥了党支部的主观能动性，增强了党员参与感和代入感。“在‘七个一’活动中，产业党总支的党员们牵头整理了公司党委和各支部的发展历史，从 1972 年成立通县供电所党支部，到现在的公司党委，党员队伍不断壮大。我们也把这些珍贵的历史资料和历年党员先进事迹制作成画册，参与的党员都觉得非常有意义，同时也在这过程中很受教育。”国网北京通州供电公司产业党总支书记马学军说。

聚焦中心工作，
强化党建价值创造

国网北京通州供电公司党委围绕公司中心工作，大力实施“党建 +”工程，推动党建与业务深度融合，以高质量党建引领公司高质量发展取得显著成效。

● 国家电网首都电力（通州）共产党员服务队队员为独居老人检查户内线并开展爱心服务

随着北京市级行政中心搬迁入驻，北京城市副中心建设步伐进一步加快。城市发展，电力先行，一方面，行政办公区、北京环球主题公园配套电力设施建设等重点项目成为国网北京通州供电公司党员干部员工干事创业、担当作为的广阔舞台；另一方面，服务人民美好生活的延伸服务和志愿服务，也是电力党员重任在肩、义不容辞的责任。

继在行政办公区打造供电可靠率高达99.9999%的世界一流高端智能配电网之后，以国家电网公司青年岗位能手、国网北京市电力公司优秀共产党员张国瑞为代表的一批高学历、勇创新的青年党员又投身到文化旅游区高弹性数字电网示范区的设计建设中，国内最大集中式智慧有序充电站落户北京环球主题公园。

6月28日，国网北京通州供电公司党委联合莲花寺社区共同对辖区内几位党龄超50年家庭条件又较为困难的党员进行了慰问。国网北京通州供电公司党委始终坚定“以人民为中心”的宗旨意识，以“党员双报到”活动为契机，组织党员到社区报到开展延伸服务、志愿服务，累计开展各类党员公益服务特色活动200余次，为孤寡老人等帮扶对象量身定制“安心电”“无忧电”“舒适电”，以实际行动做好电力先行官、架起党群连心桥。

为“小站模式”装配“红色引擎”

——记国家电网有限公司天津市电力公司城南供电分公司小站供电服务中心党支部

成立时间：2007 年 11 月　　**党员人数**：17 人

书　　记：胡庆虎　　**委　　员**：孟凡杰　赵　欣

- 2014 年　中华全国总工会工人先锋号
- 2015 年　中国最美金牌供电所
- 2016 年　国家电网公司先进班组
- 2016 年　全国用户满意服务班组
- 2017 年　国家电网公司五星级乡镇供电所

国网天津城南公司小站供电服务中心负责天津市津南区小站镇、北闸口镇和南八里台镇配电网络运维以及所辖用户营销服务，服务范围 156.2 平方千米，服务用户 9 万余户，是集用电服务、电力抢险、运维检修于一身的全能型供电服务中心。党支部发挥党建引领作用，在推进大数据应用、网格化运维、“三项制度”改革等方面发挥基层党组织和党员作用，形成以“党建引领、市场驱动、网格服务、技术赋能、绩效激励”为核心的“小站模式”，得到上级单位肯定并推广。先后获得中华全国总工会工人先锋号、中国最美金牌供电所、全国用户满意服务班组、国家电网公司五星级乡镇供电所等荣誉称号，培育出市级劳动模范、五一劳动奖章获得者等一批先进个人。

坚持党建引领，把准发展航向

党支部注重加强基层党建和思想政治工作，建立党支部带车间、党小组带班组、党员带群众的党建工作模式，确保党建与中心工作同频共振、同向发力。他们广泛设立党员示范岗、责任区，每月评选“小站先锋”，引导全体职工比学赶超；组织党员业务骨干建立实训室，开展“传帮带”“师带徒”活动，不断提升业务能力水平；针对电力服务廉洁从业风险，创新“家属助廉”模式，筑起廉洁从业的防火墙；定期邀请家属进车间，开展安全寄语活动，促进增强安全意识。

他们注重结合重难点任务发挥党建引领作用，在推进智能电表换装工作中，他们喊出“遇事集体议、难事党员扛、问题不上交、三年变个样”的口号。通过成立党员突击队，组织党员集中攻坚，在天津地区率先完成智能电表换装任务，推动营销指标大幅提升，为“小站模式”的形成奠定了坚实基础。2020年，他们被纳入国网天津电力首批基层党建教学点，从基层党建标准化、“党建+”工程、电力文化传承等方面输出典型经验，成为国网天津电力基层党建工作的一面先锋旗帜。

深化营配融合，提升服务水平

党支部积极践行“人民电业为人民”企业宗旨，不断深化营配融合的全能型供电服务中心建设，努力满足人民群众美好生活的用电需要。他们将管理区域划分为5个网格，梳理整合6类配电和8类营销工作职责，实现营配高低压全业务“网格化”管理。通过此项改革，推动营业厅坐等服务方式向片区运维班现场主动服务模式转变，充分利用片区经理的机动性、广泛性，实现现场主动服务，打通客户服务“最后一百米”。

为进一步方便用户购电，他们开通远程购电下发失败主动补写服务。发挥营配融合数据内控平台作用，实时监控远程购电下发失败事件，及时上门补写购电卡，避免让客户再跑一

共产党员服务队在天津市小站中学中考考点提供保电服务

次。这一服务不但保障了购电下发成功率，而且进一步强化了全员以客户为中心的服务理念。

支部党员在 10 千伏西花园线路切改工程现场开展不停电作业

按照天津市美丽乡村建设的工作部署，他们积极推进农村电网升级改造，通过与村镇党组织开展联创共建活动，赢得了各村镇对改造工作的大力支持。经过三年努力，小站供电服务中心所辖农网户均容量由 2017 年的 3.8 千伏安提高到 2020 年的 6.5 千伏安，惠及居民 2700 多户，彻底消除用电卡脖子问题，有力服务了乡村振兴。

深化创新变革，激活队伍活力

党支部针对“大云物移”技术发展应用的新形势，组织党员带头攻关建立供电服务“数据池”，挖掘智能电能表、设备运维、95598 等领域的大数据价值，建立依靠数据发现、分析、解决问题的工作机制。依托供电服务“数据池”，他们不断深化不停电作业、主动抢修、主动运维等服务举措，努力履行“供电不间断、用户无感知”的服务承诺，不断提升客户用电满意度获得感。

他们积极在“员工收入能增能减”上探索改革经验，依托“网格化”管理，划小考核单元，建立以网格工作组为单位的“双包制”考核机制，即实行指标、责任、奖励“包产到组”，实现组内工作量、职责“包干到人”。通过改革，内部员工薪酬倍比最高达到 2.31，将业务的转型压力转化为实干担当的动力，基层班组从“要我干”转变为“我要干”，极大地提升了人员工作积极性，并锻炼培养了一支营配业务精湛、服务业绩优秀、工作能力突出的人才队伍。

支部党员开展供电设施迎峰度夏安全检查

旗帜领航风帆劲

——记国家电网有限公司河北省电力有限公司党委

成立时间：2017年7月　　**党员人数**：25942人

书　　记：王昕伟　　**委　　员**：汤　军　刘　平　董庆陆　吴跃斌　刘长江　周爱国　邱兴平

- 2009年　全国五一劳动奖状
- 2015—2021年　全国文明单位
- 2020年　全国电力行业党建品牌影响力企业
- 2021年　河北省脱贫攻坚先进集体

七月的燕赵大地，草木葱茏，生机盎然。峰峦雄伟的太行山下，西柏坡精神、抗大精神、一二九师精神……红色基因代代传承，激励着一代代河北电力人始终坚持党的领导、加强党的建设，从点亮新中国的第一盏灯，到建设具有中国特色国际领先的能源互联网企业，在新时代迈出赶考奋进的铿锵步伐。

赓续红色血脉，践行初心使命。在国家电网有限公司党组的坚强领导下，国网河北省电力有限公司党委全面落实新时代党的建设总要求，紧扣“一体四翼”发展布局，结合河北红色文化禀赋和公司实际，扎实推进“旗帜领航·赶考三色行”主题实践，着力做强做优做大国有资本，全力服务地方经济社会发展，切实发挥央企“主力军”“顶梁柱”作用，先后荣获全国文明单位、全国五一劳动奖状、河北省诚信企业、河北省脱贫攻坚先进集体等称号。

思想引领　立根铸魂

国网河北电力党委牢牢把握“央企姓党”，始终把党的政治建设摆在首位，增强“四个意识”，坚定“四个自信”，做到“两个维护”。把学习贯彻习近平新时代中国特色社会主义思想作为“第一议题”，建立习近平总书记重要指示批示贯彻落实任务台账，做到落实党和国家重大战略坚定坚决、行动迅速，在服务“六稳”“六保”大局中发挥了“大国重器”和“顶梁柱”作用。

坚持把学习贯彻习近平新时代中国特色社会主义思想作为首要任务，建立党委中心组“学思研用”一体化学习机制，高质量开展“两学一做”主题教育、“不忘初心、牢记使命”主题教育、党史学习教育，大力实施“三个一百”培养工程，创新“三走进三宣讲”“赶考大讲堂”“党员云课堂”等形式，引领带动河北公司上下对“国之大者心中有数”。在一次次集中“补钙”“加油”中，河北公司广大党员进一步坚定理想信念、擦亮先锋本色。

固本强基　筑牢堡垒

“我们这小店做饭待客都离不开电，多亏你们‘红马甲’上门服务，给我们检查用电线路和设备，现在不管来多少客人我们都不担心出现用电问题。”5 月 24 日，在石家庄市正定县历史文化街上，沿街商户对穿梭在各摊位前开展用电检查的正定县供电公司共产党员服务队队员感谢道。全力护航县城“夜经济”发展，是河北公司当好先行官、架起连心桥的生动实践。

近年来，国网河北电力党委聚焦组织力提升，全面落实国家电网公司“旗帜领航·三年登高”计划和“基层党建巩固提升年”“基层党建创新拓展年”部署，深入实施“旗帜领航·赶考三色行”主题实践，广泛开展学习型、服务型、担当型、创新型“四型”党组织创建，推进党组织标准

● 习近平新时代中国特色社会主义思想青年骨干培训班开课

化、规范化建设，积极选树党建专业标杆；启动实施本部各党支部和基层党支部"五维联建促发展"活动，引导本部党支部主动问需一线、问计基层，通过深入调研察实情、宣讲政策保落实、支部共建强堡垒、破解难题提质效、创先争优树典型5个维度，推动各级党组织上下贯通、互促互进。

● 国网衡水供电公司输电运检中心李宁创新工作室

一个支部一个堡垒，一个党员一面旗帜。为充分发挥共产党员服务队的示范带动作用，河北公司扎实推进共产党员服务队标准化、规范化建设，围绕助力脱贫攻坚、服务夜经济等，开展党员服务队特色活动1600余次。组织党员"赶考五争当"先锋示范行动，设立党员责任区1400余个、示范岗3700余个，深入开展"迎峰度夏勇担当""保电一线党旗红""援藏筑梦担使命"等活动，让党旗飘扬在疫情防控、重大保电等急难险重第一线。坚持围绕生产经营抓党建，持续深化"党建+"十大精品示范项目工程，推动党建工作与生产经营同频共振、相融共进，为公司和电网发展注入蓬勃力量。

以人为本　凝聚合力

4月25日，沧州公司输电运检中心作业人员对220千伏渤常Ⅱ线导线开展等电位修补工作。此次工作与以往不同，作业人员身上多了一个装置，这是该中心副主任潘家乐主导研发的移动式攀登铁塔防坠落装置。潘家乐的创新之路始于2004年公司第一届输电线路技能比赛，他创新研发的作业工具在比赛中夺得第一名。2018年，"潘家乐创新工作室"命名成立。

潘家乐是河北公司创新工作的一个缩影。一木独秀难成林。近年来，国网河北电力党委以习近平新时代中国特色社会主义思想为指导，紧紧围绕"三个走在先"奋斗方向，大力弘扬劳模精神、劳动精神和工匠精神，积极组织各级劳动竞赛，评选冀电工匠，挖掘一线典型，打造劳模创新工作室，培养技能人才梯队，充分调动广大职工的积极性、主动性和创造性，先后涌现出了一大批先进典型，实现了职工技能素养和企业效益的双提升，凝聚起企业高质量发展的强大合力。

述往思来不忘初心，旗帜领航赶考新程。国网河北电力党委将以开展党史学习教育为契机，不断强化思想引领、坚定理想信念，在全面加强党的领导和党的建设上奋勇争先，切实把党建优势转化为创新优势、竞争优势、发展优势，为构建"一体四翼"发展布局、建设具有中国特色国际领先的能源互联网企业提供坚强保证，以优异的成绩庆祝建党100周年。

“精致党建”为企业发展赋能

——记国家电网有限公司山东省电力公司日照供电公司党委

成立时间：1991 年 1 月

党员人数：719 人

书　　记：尹　超

委　　员：于安迎　李启昌　贾　伟　相智才　程云祥　崔荣喜

- 2016 年　山东省富民兴鲁劳动奖状
- 2017 年　全国文明单位
- 2017 年　国家电网公司文明单位
- 2019 年　国家电网有限公司先进集体

“我志愿加入中国共产党，拥护党的纲领，遵守党的章程，履行党员义务……”4 月 27 日，国网日照供电公司党委班子在甲子山战役纪念馆集体重温入党誓词。“红色甲子，薪火传承”的甲子山精神，让每一位参观者在心灵上受到冲击，精神上受到洗礼，思想上得到升华。

适逢“两个一百年”奋斗目标交汇的关键节点，日照公司党委聚焦“学党史、悟思想、办实事、开新局”，深入实施“精致党建‘红日’工程”，党史学习教育形成声势，“基层党建创新拓展年”全面起势，以“精致 + 党建、党建 + 精致”格局助力“精致城市”建设和公司高质量发展。

传承红色基因　激发奋进力量

讲习所，古义为“讲议学习之所”。1926年，毛泽东在武昌开办农民运动讲习所，先后为中国革命培养了1600余名干部。受此启发，日照公司党委创办了新时代“亮旗”讲习所。2021年，以党史学习教育为契机，讲习所顺势升级，“吾学·伍学·悟学”党史讲习所应运而生。

以学为本、赓续血脉。“吾学”即自己学，提高站位主动学；“伍学”即大家学，搭建平台集体学；“悟学”即领悟学，知行合一干中学。公司依托“吾学·伍学·悟学”党史讲习所，组织“请进来”名家讲坛、“走出去”实景党课、“沉下来”红课送一线等活动3780人次，打好领导人员“现场讲”、支部书记“接力讲”、青马人才“线上讲”的“组合拳”，推动党史学习教育入脑入心、力践力行，特色做法在央视《新闻联播》播报。

以实为要、为民便民。扎实落地“我为群众办实事”实践活动，精心编制印发“优质服务惠民生”专项行动方案，排定五大类、29项重点任务“横道图”，实施“四个一”党员带头服务，深化全景式“阳光业扩”系列举措，开展“四进我当先·营商走在前”大走访13万户，解决问题诉求62件，以实际行动践行了“把实事办好、把好事办实”。

建设融合生态　护航争先发展

日照公司始终坚持党委抓统领、专业抓融合、支部抓落实，连续4年持续深化“党建+”融合，常态开展“我们都一样、我们不一样”岗位实践，规范设立党员“一区一岗”29个、57人，党员违章比例降至1.1%，投诉数量同比下降65%，多项工程获评“中国电力优质工程奖”“泰山杯”“国网百佳工程”，推动“党建+”向“+党建”深刻转变，实现党建与业务双轮驱动、两翼齐飞。

今年是“十四五”开局之年，为进一步激活党建价值创造力，公司“6+N”实施“精致+党建、党建+精致”亮旗创优，落地开展“安全红警、建设红塔、运检红质、服务红心、财务红效、科技红创”六项工程，激励广大党员积极投身安全生产、电网建设、优质服务等改革发展主战场，统一“精致”共识、凝聚“精致”人心、打造“精致”队伍，筑就“精致”电网、建设“精

● 党员为万平口景区充电桩进行安全设施检查

致”企业、服务“精致”城市，切实把党建优势转化为公司的竞争优势和发展优势。

“安全生产落地实施‘安全红警’主题行动，建立‘红、橙、黄、蓝’警戒线评价考核机制，开展安全示范岗、高风险作业示范工程、双重预防体系实践等‘八项竞赛’，引导广大党员用坚强党性守牢安全‘生命线’。”日照公司安全总监说。

● 彩虹共产党员服务队对岚山区各乡镇进行入户安全用电宣传

坚持服务至上 践行初心使命

“全党同志要永远与人民同呼吸、共命运、心连心，永远把人民对美好生活的向往作为奋斗目标。”近年来，日照公司党委紧紧围绕“人民电业为人民”宗旨，着力打造为民服务的先锋旗帜，筑牢党联系群众的连心桥。

“我们每坚守一分钟，企业就能为战‘疫’前线多生产700只口罩。”2020年2月1日，公司彩虹共产党员服务队队长李庚宸在日记中写下这样一句话。新冠肺炎疫情发生以来，日照市三奇医疗卫生用品公司一度承担着全国近八分之一的口罩产能。为保证三奇医疗满负荷生产，公司第一时间成立疫情防控保电“特战队”和临时党支部，驻守企业生产一线整整59天，24小时待命实施一级保电，为企业生产提供充足动力。

为深化共产党员服务队建设，公司构建了市县一体的“1+8”党员服务队组织模式，建立1支服务队总队，将各专业和县公司共8支服务队分队纳入统一管理。增强工作策划能力，实施项目化服务特色、课题化服务内容、常态化主题行动，建立重点工作任务池促进措施落地和责任落实。开展竞赛评价，推动“基础管理、表率作用、活动成效、实践创新、社会影响”五项登高。“哪里有服务需要，哪里就有我们党员服务队的身影！”公司彩虹共产党员服务队队长李斌说道。

一直以来，国网日照供电公司党委始终高举习近平新时代中国特色社会主义思想伟大旗帜，积极构建“三型一化”（领航型、融合型、卓越型、专业化）党建体系，坚持“四强四提”（强政治提站位、强基础提标准、强融合提成效、强担当提素质），以高质量党建引领保障高质量发展。公司业绩考核连续两年获评A级，先后获评全国五一劳动奖状单位、全国文明单位、全国精神文明建设先进单位、全国电力系统最具社会责任感企业、国家电网公司先进集体、山东省“富民兴鲁”劳动奖状单位等称号。

红色动能助力临港跑出“加速度”

——记国家电网有限公司上海市电力公司浦东供电公司党委

成立时间：2009 年 12 月

党员人数：550 人

书　　记：奚　珣

委　　员：潘　博　何维国　沈　洁　王忠元　张　弛　汪伟民　陈　东　高　山

- 2012—2021 年　全国文明单位
- 2013 年　中央企业先进集体
- 2016 年　中国质量奖
- 2019 年　亚洲质量创新奖
- 2019 年　国家电网有限公司红旗党委

7 月 11 日晚，上海浦东临港新片区两港大道车水马龙，景观桥如大鹏展翅，璀璨灯火装点夜晚。经过 4 个多月的建设，两港大道路灯于 6 月底点亮。

2019 年 8 月，中国（上海）自由贸易试验区临港新片区揭牌。国网上海浦东供电公司党委主动提高站位，在“不忘初心、牢记使命”期间组织领导班子深入新片区政府机构、洋山港码头以及临港产业园听取能源规划编制、电能质量提升等方面的需求、建议 10 条，并全部实现闭环处理，成为第一家主动与之对接的央企单位，推动新片区电力营商环境持续提升，为自贸区临港新片区建设添动力，服务国家重大战略在浦东落地。

创新政企合作　刷新“临港速度”

7月3日，两港大道快速化改造工程主线通车。这是临港新片区首个纳入上海市重大工程的项目，旨在加强产业区和主城区联系，进一步完善新片区交通体系。

国网上海浦东供电公司2月份收到该工程电力管线迁改申请，要求在5月底前完成61处管线迁改。该项目涉及220千伏、110千伏架空线路及110千伏、35千伏、10千伏电缆线路，需要对接多家单位。

3月16日，临港能源服务中心揭牌。国网上海浦东供电公司选派9名党员骨干成立了临港能源服务中心党员突击队，第一时间进驻临港新片区管委会集中办公，“一口对外”受理新片区的涉电业务，“临港事、临港办”，实现了党建与业务同步覆盖、同步推进。

该中心党员突击队不仅对接供电公司发展、营销、建设、调度、运检等各个条线，还承担着及时向管委会相关处室反馈工程涉及的停电计划、施工进度、现场安全等事项“信使”“联络员”的差事，统筹推进两港大道快速化改造电力管线迁改工作。有了顺畅的机制，仅80天，两港大道沿线61处管线迁改工程顺利完成。

● 临港服务大厅

同时，临港能源服务中心党员突击队及时与管委会沟通工程痛点、堵点问题，创新采用电力工程行政许可告知承诺制。供电公司仅需提交行政许可申请表，并承诺于约定日期前或最晚施工开始前补齐有关材料，管委会行政审批部门就会受理后续流程，将原本需一个半月的前期准备、现场勘查、方案设计等工作压缩至15天完成。

“能源管家”向客户介绍优化电力营商环境相关政策

工作模式还在不断优化。临港能源服务中心已作为首批成员单位之一进驻管委会审批审查中心，党员突击队为政务“一站式”审批改革注入了红色动能，也为新片区客户提供更高效的服务。

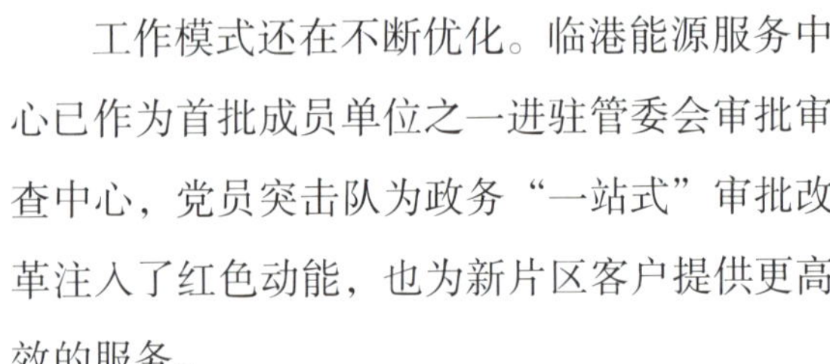

临电即插即用　客户“拿地即开工”

“没想到从申请用电到接电只用了10天，我们公司后续厂房建设进度可以提前了。”4月30日，临港105号地块临时用电设备送电，临港新城投资建设有限公司项目负责人王健向客户经理顾春锋道谢。

4月，国网上海浦东供电公司党委响应新片区“拿地即开工”接电需求，滚动更新党委班子四维复合式分工，会同管委会针对新片区开发体量大、项目数量多、工程频率高的情况，提出临时用电“即插即用”电力配套方案。国家电网上海电力明灯（浦东蒲公英）共产党员服务队提前编制未出让地块电力配套方案，布局临时用电电源点。采取“即插即用”方案后，电源点在客户“拿地”前已提前布好。客户办好土地受让手续后，仅需完成临电箱式变压器与连接电源点的电缆敷设，即可接入施工用电。

临港新片区105地块的社区金融总部湾定位为亚太总部集聚区，以总部办公、酒店、商住综合为主要功能，重点吸引外资银行、金融信息服务中心等机构入驻。在收到临港新城投资建设有限公司的临时用电申请后，国家电网上海电力明灯（浦东蒲公英）共产党员服务队启动“能源管家”服务模式，当天即完成现场勘查并答复临电供电方案，用时10天完成105地块社区金融总部湾两个地块各800千伏安的临时用电接入。

临港新片区建设如火如荼。国家电网上海电力明灯（浦东蒲公英）共产党员服务队将持续升级“能源管家”服务模式，在新片区103地块顶尖科学家社区、105地块东扩区等成片开发区推广临电“即插即用”，让更多企业“当天申请、当天答复、当天初设、随时接入”。

● 临港供电服务中心客户经理在上海天文馆检查场馆用电情况

打造综合能源管控平台　助力片区减碳

7月18日，位于临港新片区的上海天文馆将正式开放。这座上海新地标有独特的设计美感，还“会思考”。馆内部分用能数据接入临港新片区综合能源管控平台，实现空调系统、冷热源等用能系统智能调度，让游客拥有更舒适的参观体验。

3月，由国网上海浦东供电公司硕博青年组成的科技攻关团队自主设计研发的临港新片区综合能源管控平台上线，具备能源监控、分析、管理、交易、服务、应用6项功能。“我们正致力于将该平台打造成新片区‘双碳’平台，辅助政府开展全区域碳达峰、碳中和进程监管和预测，推动新片区绿色建筑、绿色交通建设。”临港能源服务中心党支部书记、综合能源管控平台负责人王威说。

已在上海天文馆试点应用的建筑能耗能效分析场景，将拓展应用范围，面向市级机关、医疗机构、大型商场、养老机构等，开发单位建筑面积能耗、综合能耗等功能，支撑智慧楼宇、绿色楼宇建设，助力上海提前五年实现碳达峰。

7月15日，中共中央国务院正式发布《关于支持浦东新区高水平改革开放，打造社会主义现代化建设引领区的意见》。国网上海浦东供电公司党委将准确把握中央赋予浦东的战略定位和特殊使命，立足浦东改革开放最前沿，筑牢红色电力引擎，加快构建数字孪生能源互联网、打造临港“双碳”示范，全力支撑“一体四翼”发展布局落地，奋力擦亮“世界观察中国电力窗口的窗口”，为浦东打造社会主义现代化建设引领区提供绿色动能。

电力赋能“强富美高” 党建引领“很有前途”

——记国家电网有限公司江苏省电力有限公司镇江供电公司党委

成立时间：1962 年 9 月

党员人数：1635 人

书　　记：施天明

委　　员：王　勇　张映月　孙晓辉　季晓明　孙海渤　张子阳

- 2005 年　全国五一劳动奖状
- 2016 年　江苏省先进基层党组织
- 2018 年　全国用户满意单位
- 2020 年　全国文明单位

2014 年 12 月 13 日，习近平总书记视察镇江时，殷切寄语“镇江很有前途”，并对江苏提出了经济强、百姓富、环境美、社会文明程度高的谆谆嘱托。近年来，国网镇江供电公司党委着眼“强富美高”新的时代要求，着力强化党建引领，不断提高政治站位，积极助推电力赋能地方经济社会发展，为“镇江很有前途”提供加速跑的“电力引擎”。

冲锋逆行，只为群众满意

2020年1月24日。在疫情暴发的第一时间，国网镇江供电公司便针对全市50余家医疗物资生产企业，制定“一户一策”保电方案，有针对性地开展保电工作，加大配变、配电房等设备巡视力度，投入保电人员160人、应急发电车3台、发电机6台，累计出动保障人员5000余人次、车辆3000余辆次，保障设备安全稳定供电。与此同时，公司全力做好全市发热门诊、定点收治医院的电力保障服务，确保医院用电安全可靠。

江苏鱼跃集团是国内最大的家用医疗企业，也是抗击新冠肺炎疫情医疗物资的重要供应单位，为火神山医院等多地定点收治医院提供服务。疫情期间，国网镇江供电公司专门组建鱼跃保电专业队伍，24小时监控鱼跃供电专线运行及负荷情况，做到应急响应“零延时”，为企业满负荷生产提供了坚强电力保障。

2020年夏季，长江发生全流域超强降水，7月18日，镇江丹徒江心洲超警戒水位达到1.17米，超过了1998年观测记录，险情一触即发，国网镇江供电公司党员突击队随抢险部队和政府防汛抗洪工作组紧急驻扎江心洲长江大堤。在勘察得知长江堤坝受洪峰影响，电力设施和低压线路严重受损，无法供电后，公司立刻紧急调运变压器2台，出动抢修车辆105辆次，应急水泵53台，抢修人员388人次，涉水架线近300公里，奋战一昼夜，彻底“点亮”了江心洲大堤，及时保障了守坝官兵和前方指挥部的电力供应。

共产党员服务队为医疗企业施放增容电缆

服务发展，赢得政府赞誉

“爱励二期提前完成送电，为供电公司的优质服务点赞！”2021年6月15日，镇江市委书记马明龙在国网镇江供电公司用电情况专报上对公司服务产业强市重点项目的突出成绩大加赞赏，这是他到任镇江一年多来第13次批示肯定镇江供电公司工作。

“爱励二期”项目是镇江市2021年重点引进的重大产业项目，涉及5回110千伏杆线迁改，因项目地处国家级工业园区，杆线迁改将影响多家企业电力供应。为推动产业项目尽早落地，同时保障园区企业生产用电，国网镇江供电公司“镇兴电”党员服务队主动走访相关企业，利用企业生产检修窗口，灵活安排杆线施工，最终仅用20多天完成了迁改工程，比常规施工提前了近2

个月，同时实现了用户办电“一次都不跑”，企业送电各环节均由党员服务队代为办理。

● 镇江公司党员服务队在长江大堤开展防汛特巡

服务发展，既需要“点”上突破，更要在“面”上发力。2020 年以来，公司党委聚焦配网建设、线损治理、故障处置等重点领域，联合多家政府部门和公用事业单位，深入开展“党建 +”工程，共同打造“水电气路”党建联盟，在优化营商环境、提升城市治理能力、绿色低碳发展等方面取得明显成效。

2021 年以来，以党建联盟为纽带，国网镇江供电公司协同城市绿化养护处共同开展树线矛盾集中治理，累计完成锯树 7200 余处，同比增加了 64%，有效支撑了城市配网安全稳定运行。在联盟成员中国移动镇江分公司的帮助下，城区供电服务中心通过光猫数据共享机制，累计开展主动抢修 600 余次，涉及用户近 9000 户，平均每起低压故障减少停电时间 20 分钟以上，帮助现代服务体系建设迈出坚实步伐。

● 共产党员服务队为江苏鱼跃集团进行带电消缺，保障企业不间断可靠用电

思想引领，激发员工锐意

2020 年 3 月 16 日，国家电网有限公司党组将“具有中国特色国际领先的能源互联网企业”确定为企业战略目标。为了把战略的标语口号转化成广大员工认可的目标和统一的行为指引，2020 年 3 月 27 日，国网镇江供电公司“书记直播间”诞生于新冠肺炎疫情最艰难之时，党委书记施天明作为首期主讲人，面向全体党员干部职工宣讲国网新战略体系和公司年度重点工作

● 国网镇江供电公司举办庆祝建党 100 周年“光与电”主题党课展演活动

任务，帮助公司上下凝聚共识、共克时艰。

截至目前，已累计举办8期“书记直播间”，近万人次集中收视，各级党组织书记和全国优秀共产党员、十九大代表方美芳先后走上线上讲台，深入解读新思想、新战略、新形势、讲授党史学习教育专题党课，有力推动了干部员工知史爱党、认同战略、坚定方向。

2021 年 7 月 11 日，在《没有共产党就没有新中国》的昂扬歌声中，国网镇江供电公司庆祝建党 100 周年“光与电”主题党课展演落下帷幕。本次展演分为“星光·开天辟地”“阴霾·铁骨铮铮”“拂晓·建国前夜”“旭日·改革你好”“奋进·旗帜高扬”“璀璨·伟大复兴”6 个篇章，分别由 6 名党支部书记讲授《星星之火 可以燎原》《铁骨抗争》《建国前夜》《改革你好》《旗帜高扬》《不懈进取》6 堂主题党课，以话剧、歌舞等形式，将党史与公司史有机融合，回顾了镇电百年发展历程，进一步增强了党员群众对党、对企业的情感认同。

启事在于教诲，成事在于榜样。近年来，为持续发挥先进典型引领作用，国网镇江供电公司党委先后开创“初心堂”典型人物评选，开设“镇电先锋”专栏，通过对十九大代表、全国优秀共产党员方美芳，全国五一劳动奖章获得者李迎涛，国家电网有限公司优秀共产党员赵媛等一批重大先进典型以及员工身边“微典型”的深度宣传报道，进一步加强企业文化的人格化承载和故事化诠释，推动员工形成共同的价值追求和坚定的行动自觉。

党旗引领风帆劲，不忘初心阔步行。站在新的历史起点，国网镇江供电公司党委将继续高举旗帜、开拓创新，继往开来、接续奋斗，推动“镇江很有前途”跑进现实。在建设具有中国特色国际领先的能源互联网企业和“强富美高”新镇江的历史征程上谱写新的时代华章！

打造世界级特高压换流站“战斗堡垒”

——记国家电网有限公司安徽省电力有限公司检修分公司古泉换流站党支部

成立时间：2019 年 12 月　　**党员人数**：28 人

书　　记：董翔宇　　**委　　员**：朱　涛　廖　军　陶梦江

- 2020 年　国家电网有限公司精益管理红旗站
- 2020 年　国家电网有限公司“特高压整治特殊贡献奖”
- 2021 年　国家电网有限公司电网先锋党支部

±1100 千伏古泉换流站是世界上“电压等级最高、输送容量最大、输电距离最远、技术水平最先进”的直流输电工程受端换流站，是新疆清洁能源外送的桥头堡，是服务“长三角一体化”发展、“碳达峰、碳中和”目标实现的重要电力枢纽。作为一支快速建立和成长起来的特高压直流运维“新军”，近年来，古泉换流站党支部坚持党建引领，围绕“守住一条底线，实现两项提升，打造三个示范”的目标，逐步打造世界级特高压换流站的坚强“战斗堡垒”。

守住安全底线，从零扛起直流运检重任

面对属地运维重任，主动发挥支部思想政治工作优势，凝聚来自四个省公司的职工，从零扛起运维责任。在没有经验参考、没有先例学习的情况下，组建党员、青年骨干为核心的科技攻关团队，凝心聚力攻坚“技术无人区”，连续19个月处于封闭和攻坚状态，圆满完成吉泉工程启动、四阀组轮停检修、疫情封闭、大负荷保电、首次年度检修、首次精益化检修等“急难险重”任务，现已连续安全运行超过1000天，为世界特高压换流站的运维积累了宝贵的“古泉经验”和“古泉智慧”。在接收的两年内逐项掌握换流站现场的管理方法，扛起了安徽首座换流站检修重任，在首次年度检修大战大考中交出了出色答卷，累计开展例行检修6652项，取得安全生产和“疫情防控”双胜利，获得了“国网先锋党支部”“特高压隐患整治特殊贡献奖”“精益管理红旗站”等荣誉。

古泉换流站党员服务队队员在1000千伏交流滤波器场开展巡检工作

提升创新和管理，打造智慧运检新范式

充分发挥党建引领作用，开展“党建＋创新”实践，积极承担国家电网有限公司数字化换流站建设试点工作，引导青年职工围绕智慧运检、数字化换流站建设进行科技攻关，持续加大对科技的投入和运用，打造数字化换流站标杆示范站。建立“党员设备主人二维码”，在“码”中亮出党员身份，明确职责清单和履责承诺，形成设备全部有主人，重要设备主人全部是党员的格局。将智慧运检建设作为支部年度重点任务，创造智慧运检发展模式，在每台换流变加装8类42套物联感知终端，全面打造国内在换流变上布点最全、技术最新、手段最先进的换流站；通过5G+全景管控驾驶舱映射，打造全站三维实景“一张图”；实现“机器代人”智能巡检，巡检时间由传统人工巡视10小时大幅缩短至4分钟。充分发挥“科技治安”手段，以“能用、好用、用好”为导向，推动运行设备数字化，为世界上唯一一座交流直流电压等级均为最高的换流站保驾护航。

● 古泉换流站党员服务队队员在极Ⅱ低端换流阀厅开展换流变阀侧套管检查工作

打造智慧、党建、文化示范标杆，塑造特高压窗口品牌

将"古泉换流站标杆创建再提升"作为"党建+"项目课题，建立省公司本部设备部党支部、检修公司党委、古泉站党支部三级联动责任体系，形成设备部党支部抓技术指导、检修公司党委抓过程管理、古泉站党支部抓工作落实的格局，共同打造了古泉换流站智慧运检、企业文化、党建工作3个示范点。面对现场极具挑战的任务和工作，古泉换流站党员服务队、青年突击队始终做好示范、冲锋在前，依托现场检修、专题讲座、驻厂培训、定期集中学习、班组微讲堂、学习地图等多种培训方式，每天开展技术培训、每周开展技术讲堂、每月开展技能人员考核，党员骨干自主编写的《±1100千伏特高压直流输电实用技术问答》，进一步帮助青年员工加快成长、夯实专业技能知识。积极推动国家电网有限公司企业文化落实落地，加强古泉换流站文化传播和品牌窗口建设，精准提炼价值引领口号、多维度挖掘一二次定位，深挖古泉站现场的"首创""首例""首检"等特色亮点工作，加强"古泉青年""数字古泉""首次精益化检修"等主题宣传，打造古泉站"电力珠峰"的品牌形象，增强古泉品牌传播力，相关典型工作经验多次在央视、人民日报等媒体报道。

旗帜领航　点亮特区万家璀璨

——记国家电网有限公司福建省电力有限公司厦门供电公司党委

成立时间：1979 年 10 月　　**党员人数**：1360 人

书　　记：陈文辉

委　　员：周敬东　何　伟　许志永　刘永清　罗　斌　邱学军　陈章顺　钟小强

- 2008 年　全国五一劳动奖状
- 2011 年　福建省先进基层党组织
- 2013 年　中央企业先进集体
- 2019 年　国家电网有限公司红旗党委
- 2011—2021 年　全国文明单位

“我是党员我先上！”他们爱拼敢赢当好先行官，建强一流电网，厦门城网供电可靠性全国第一。

“我是党员我为民！”他们惠民惠企架起连心桥，守护万家璀璨，厦门营商环境“获得电力”比肩全球第九。

“我是党员我敢闯！”他们先行先试勇当排头兵，奋力改革创新，一大批先锋性成果接连落地领跑。

在厦门更高水平建设高素质高颜值现代

● 国网福建电力（厦门特区）共产党员服务队开展队伍集训

化国际化城市的征程中，国网厦门供电公司党委以“钢铁底色、光明速度”践行伟大建党精神，交出了一份又一份精彩答卷。党组织战斗堡垒坚强有力，党员先锋模范作用突出，带动国网厦门供电公司上下昂扬斗志、不懈奋斗，努力为特区人民对美好生活的向往充满电、赋好能。

党有号召，坚决“顶得住”

2021年7月，鼓浪屿又迎来了暑期旅游高峰，清新整洁的全电厨房、用上光伏发电的公共卫生间，让很多游客感到新奇。而在他们看不见的地方，鼓浪屿电网已实现高低压供配电设备的互供互备和对全岛智慧能源全景监控，供电可靠性达国际领先水平。鼓浪屿正加快建设国内首个全电气化绿色岛屿，低碳高效的用能方式，也日渐成为这座“世遗”岛屿的新风尚。

这是国网厦门供电公司党委积极助力“碳达峰、碳中和”的生动实践之一。与此同时，国网厦门供电公司还探索实施了国内规模最大、能效最高的交通枢纽类单独供冷综合能源项目，推出国内首个电碳生态地图为碳减排精准导航等。牢记央企姓党，国网厦门供电公司党委坚决以实际行动践行“两个维护”，在服务大局中主动扛担当、积极展作为。

在助力脱贫攻坚和乡村振兴中，国网厦门供电公司党委推出农村电网用电再提升八项措施，并完成支援西藏墨脱“三区三州”、抵边村寨电网攻坚任务。在厦门海拔最高的军营村，双线供电以及储能设备、光伏的投运，为高山茶产业和旅游业发展提供更充足可靠的绿色能源，军营村茶产业致富带头人高树足感激地说：“是电，让青翠茶山变成了‘金山银山’。”

立足两岸融合最前沿，国网厦门供电公司

党委健全对台常态沟通机制，发布服务台企12项措施促进两岸民众“心连心”，并积极推进与金门电力联网工程。在疫情大战大考面前，国网厦门供电公司党委全力保障全市70家防疫重点单位供电万无一失，坚决执行国家降电价政策，减少客户电费支出5.99亿元，并荣获福建省抗击新冠肺炎疫情先进集体称号。

国网厦门供电公司鼓浪屿供电所精心运维设备，为全电气化绿色岛屿提供可靠保障

人民至上，践诺“办实事”

2021年7月15日，家住厦门思明区的张先生仅用2天，就在自家车位成功安装了充电桩。“过去曾听说私人装桩对簿公堂，没想到自己办理这么方便，国家电网办事很高效务实！”张先生表示很满意。

结合党史学习教育，国网厦门供电公司党委在调研走访基础上形成了“我为群众办实事”清单，解决私人充电桩进小区难题就是其中一项。创新推出“买车—装桩—接电”一网通办服务，并全国首创联合厦门市物业管理协会出台文件明确责任边界，规范装桩流程，私人充电桩接电效率提升了85%。

让客户满意，让党和政府满意。国网厦门供电公司党委践行“人民电业为人民”，践诺新时代“双满意”，聚焦群众最急难愁盼的问题持续攻坚。仅2021年，公司党委就已走访解决客户诉求216项，通过完成47个二次供电小区和老旧小区配电设施的改造、创新推行“四个一”网格服务新模式、挂牌103个“电力社区服务站”等具体行动，切实把温暖送到群众心坎上。

国网福建电力铁军（厦门特区）共产党员服务队为企业量身打造用电方案

推动出台全国唯一1250

● 国网厦门供电公司加快中山路配网改造

千伏安及以下电力外线用户零出资政策；省内率先实施客户正式用电工程整体租赁，办电时长、成本分别压减60%、30%……为切实增强企业在厦门落地生根的信心决心，国网厦门供电公司党委持续推动流程再造、制度创新优化电力营商环境，千方百计为企业降低用电成本、提高办电便捷度。2020年，厦门营商环境“获得电力”指标获评全国标杆、连续三年全省第一，参照世界银行营商环境评价体系已相当于全球第9位水平。

强根铸魂，锻造“主心骨”

2021年6月底，厦门百年老街中山路完成配电网升级改造，整体供电能力提升50%。国网厦门供电公司党委坚持党建引领，以“一责任区一攻坚先锋小组”为原则，全力克服人流密集、公共用地稀缺、交叉作业协调量大等重重困难，最终在夏季用电高峰到来前，解决了区域供电紧张、存在消防隐患等问题，周边商铺和居民获得感、安全感满满。

战斗有力，核心在于组织坚强。国网厦门供电公司党委坚决落实国家电网有限公司“旗帜领航·提质登高”计划，持续织密建强组织体系，并弘扬“支部建在连上”的优良传统，驰援抢险、工程建设、保电一线……处处都有党旗高高飘扬。2016年抗击17级超强台风“莫兰蒂”期间，党员骨干带头冲锋，凭着坚强的战斗力矩阵奋战七天七夜恢复全市供电，同时也擦亮了“钢铁底色，光明速度”的金色名片。2017年金砖厦门会晤期间，“党委共建·支部联创”扎实推动保障了盛会高光时刻的万无一失，公司党委也因此荣获福建省“金砖厦门会晤筹备和服务保障工作先进集体”称号。

2018年，国网厦门供电公司党委进一步整合资源力量，组建国家电网福建电力铁军（厦门特区）共产党员服务队，13支分队立足抢修班组、营业窗口、供电所、充电站等为民服务前沿，架起党联系群众的连心桥，其中两支分队获评“国家电网金牌共产党员服务队”。

迎峰度夏是电力抢修一年中最艰苦的时段。2021年6月中旬，第一轮持续高温下，局部区域电力故障增多。“我们很多队员都主动选择24小时值守、彻夜忙碌在抢修一线，衣服湿透顾不上换、错过饭点都是常有的事。”13支分队之一李春共产党员服务队队长李春说：“老百姓家没电就像自家没电一样，我们心里也着急。共产党员，就应该当先锋、多出力！”无论急难险重还是平凡日常，服务队敢于打头阵、冲在前、作示范的实际行动，赢得了党和群众的广泛赞誉。

在大战大考中践行初心使命

——记国家电网有限公司湖北省电力有限公司黄石供电公司党委

成立时间：2004 年 5 月　　**党员人数**：1046 人

书　　记：喻　波　　**委　　员**：方华元　张世强　曾　国　江云志　陈　玲

- 2020 年　全国文明单位
- 2020 年　国家电网有限公司先进基层党组织
- 2020 年　国家电网有限公司抗击新冠肺炎疫情功勋集体
- 2021 年　国家电网有限公司红旗党委

近年来，国网黄石供电公司党委全面服务服从党和国家大局，在党的建设方面深入开展强基赋能实践，积极彰显责任央企"大国重器"和"顶梁柱"的使命担当。广大党组织和党员贯彻落实国家电网战略的自觉性更加坚定，干事创业的担当精神有效激发，执行力、创造力、战斗力持续增强。

从抗击疫情的排头担当到鏖战"98+"洪水的奋力坚守，从深入践行生态文明理念的爱鸟护线到以人民为中心的"红领网格"服务实践，总有党旗在一线飘扬，总有党员在前线奋战。

● 疫情防控期间，国网黄石供电公司电力调控中心共产党员服务队队员在隔离值守请战书上按下红手印

党员双报到：紧要关头党员就要冲在前

“陈书记放心，我们从菜农那里买到菜了，正准备赶回社区分发给居民！”2020年2月29日，国网黄石供电公司党员陈金刚发动满载蔬菜的电动三轮车，就接到鄂州花湖前站社区嘉谷小区临时党支部书记陈中海的电话。

在疫情防控阻击战中，国网黄石供电公司党委把疫情防控作为首要政治任务，一手抓抗疫保电，一手抓党员“双报到”，在湖北省公司系统率先开展“抗疫保电党员争先”主题实践活动，各级党组织和广大党员冲锋在前、双线作战，累计投入人员2.48万人次、车辆3600余台次，保障了黄石地区电力生命线和生活补给线。黄石电力调度控制中心共产党员服务队写下了国网黄石供电公司系统第一份隔离值守“请战书”，每个红手印的背后是他们即将临盆的妻子、尚在襁褓中的婴儿、家中行动不便的老人，打包行李，离开家人，他们将家人托付给了社会，把自己献身给人民。

疫情防控期间，国网黄石供电公司党委第一时间组织党员下沉社区“双报到”，组建了7个临时党支部，成立了40个临时党小组，共有802名党员主动下沉社区，得到了黄石市委市政府15次批示肯定，成为该市唯一一家连续两次受到通报表彰的单位。各街道办、社区、居民为国网黄石供电公司送来19面锦旗和802份感谢信。国网黄石供电公司党委荣获国家电网有限公司抗击新冠肺炎疫情功勋集体、先进基层党组织。

鏖战汛情洪魔：党旗所在的地方就是必夺的高地

疫情防控阻击战的硝烟还未散尽，“98+”洪水来势汹汹。面对暴雨无情冲击，黄石长江水位几度超过警戒水位。黄石市阳新县菱赛湖段出现溃堤，一时间湖水漫灌，陷入一片汪洋。

“这是我第七天留在堤上了，我是退伍军人，也是一名党员，就算再累，也要守护好我们的家园。”2020年7月7日晚7点30分，阳新县菱赛湖段40米溃口被成功封堵后，坝上40多名党员正在合力抢救电力设备。35岁的青年党员陈文刚已经多次参与抗洪抢险，每次遇到急难险重的任务，他总是第一时间请缨

● 国网黄石供电公司党员驾驶皮划艇涉水巡视线路

出战。他说："党旗给我战胜困难的力量，只要是党旗所在的地方，就是我们必须夺下的高地！"

面对凶猛汛情，国网黄石供电公司党委迅速响应，组织5支党员突击队，387名党员，奋力完成了78座变电站144处隐患整治、36个台区主动停运避险及恢复工作，成功处置12处险情和2处重大风险，5天内完成了阳新县葵赛湖7台箱变临时电源工程，9天内实现了长江黄石段全线泵站双电源，得到湖北省委省政府和黄石市委市政府高度评价。

红领网格服务：群众的事再小也是大事

"收到这张印有党徽的红色名片，看到电表箱上新贴的联系方式，我深刻感受到你们真正把群众的小事当成了大事！"2019年11月7日，湖北黄石汪仁镇枯树咀村村民卫再励，对上门走访的国网黄石供电公司汪仁供电所红领网格员郝卫华感激地说道。

国网黄石供电公司党委坚持旗帜领航，奋力登高升级，创新打造了"红领网格"供电服务品牌，为"网格化"供电服务注入"红色基因"，以"三零"（即：零违章、零投诉、零违纪）为主要目标，以"一格两员"（即：党员+网格员）为基本模式，以"五个一"（即：签订一份登高协议、亮出一张红领名片、搭建一个学习平台、攻克一个业务难题、架起一座连心桥梁）创建内容为载体，全面建设"党建示范引领最强、党员作用发挥最好、供电服

● 国网黄石供电公司"红领网格员"为贫困户义务检查室内电路并更换电灯

务质量最优”的红领网格。

深入开展“红领名片”进千家、“连心卡”入万户、“红领网格承诺”进村组等活动，建立了1634个社区微信服务群，张贴了2700余块红领网格公示牌，发放红领网格名片9万余张。“有事情找网格、有困难找红领”在群众中形成广泛共识，“红领网格”效应不断凸显，国网黄石供电公司铁山供电所在全国线损管理“百强供电所”竞赛中连续两个月排名第一。

“电网鸟爸”郑青松与他精心照顾的国家一级保护动物东方白鹳

守护绿水青山：“电网鸟爸”爱鸟护线的先锋

“习近平总书记说过，要像保护自己眼睛一样保护生态环境。输送清洁能源，守护绿水青山，这个承诺我们始终不变！”这是刚刚荣获国家电网优秀共产党员服务队荣誉的国网黄石供电公司“电网鸟爸”共产党员服务队队长郑青松在共产党员服务队竞赛上郑重承诺。

2016年4月，国网黄石供电公司员工在线路巡视时发现施工队从铁塔上拆下的鸟巢里有三只幼鸟。看到这三只无家可归的小鸟，大家心里只有一个念头，就是给他们再造一个家，后来才知道它们是世界仅存3000只左右的珍稀动物东方白鹳。在动物保护专家的建议下，“电网鸟爸”共产党员服务队队员们在杆塔上选取合适的位置为幼鸟制作安全性高的鸟巢，确保幼鸟有安全的成长环境，队员们轮班喂养幼鸟2个月，从没因工作、生活的忙碌而“失约”，直到幼鸟振翅高飞，重返大自然。

五年以来，国网黄石供电公司党委全面加强共产党员服务队建设，积极打造“电网鸟爸”服务名片，该服务队保护东方白鹳的事迹在央视多个栏目播出，队长郑青松获得“中国好人”“全国百名最美生态保护志愿者”“荆楚楷模”等荣誉称号，国网黄石供电公司“电网鸟爸”共产党员服务队被授予湖北省学雷锋活动示范点。

全面抓实基层党建　打造坚强战斗堡垒

——记国家电网有限公司河南省电力公司西华县供电公司李大庄供电所党支部

成立时间：2020 年 1 月　　**党员人数**：7 人

书　　记：张永涛　　**委　　员**：刘志怀　胡　耿

- 2018 年　国网河南省电力公司工人先锋号
- 2020 年　国网河南省电力公司管理创新二等奖
- 2020 年　国网西华县供电公司电网先锋党支部
- 2021 年　国网河南省电力公司工人先锋号

李大庄供电所党支部始终以习近平新时代中国特色社会主义思想为指导，坚持聚焦基层抓党建、抓好党建强基层、建强基层促发展，以“夯实基础、促进融合、发挥作用”为主题，引导党员主动承诺亮诺践诺，“赛业绩比奉献，守宗旨比服务”，以党员示范岗为“点”、党员突击队为“线”、党员责任区为“面”，在“急难险重”任务中担负攻坚克难的排头兵，走出了一条供电所党建与生产经营深度融合之路，把党支部打造成坚强战斗堡垒。

狠抓支部建设　建强基本队伍

2020 年 1 月初，李大庄供电所依托本所 7 名党员，在河南省供电所中率先建立党支部，按照“一设置就规范、一建立就达标、一运转就高效”原则，发挥基层党建优势，提高供电服务等工作水平。李大庄供电所党支部始终把思想建设放在支部建设的重要位置，坚持每月开展理论集中学习，组织包括全体党员在内的全所人员，深入学习习近平新时代中国特色社会主义思想、重要讲话和重要批示指示精神，以党的理论宣贯和学习指导实践工作。

在供电所党员活动室等处，党员权利和义务、新时代党的建设总要求、安全操作规程等党建、安全文化内容纷纷“上墙”。李大庄供电所党支部认真推进组织建设、组织生活、党员管理、信息台账和活动阵地“五个标准化”，打造乡所“党建文化、企业文化、安全文化、廉政文化”四个文化阵地，让文化建设看得见、摸得着，达到培养、教育人的目的。

支部党员反复巡视李南线线路通道

抓融合促发展　发挥堡垒作用

李大庄供电所党支部坚持推动党支部建设与业务工作深度融合，以党支部建设的成效推动和保证各项生产经营任务落实落地。

“夏季用电高峰来临，除两名营业厅收费员之外，所里 12 人分成 4 组，每组均由党员带班，开展 24 小时应急值班。”7 月 2 日，李大庄供电所所长、党支部书记张永涛在支部委员会上布置工作。党的工作最坚实的力量支撑在基层，践行“人民电业为人民”宗旨的最前沿在基层。将党建工作和日常工作深入融合、共同推进，是李大庄供电所党支部这个年轻支部的一个“老传统”。

7 月 6 日一大早，老党员刘志怀带领同事出发去巡线，目标是 10 千伏分支线路。“目前大部分台区已经治理完毕，主线路也愈加坚强，我们把工作重心放在分支上。”他说。

一年多以前，情况并非如此。该乡线路通道林网密集，“低电压”问题突出。2020 年年初，张永涛先后在支部党员大会上和主题党日活动中，让党员剖析问题，为治理线损建言献策。10 千伏李南线位于乡镇交界的树林上方，是全乡主供线路之一，遇到刮风下雨易跳闸，亟待治理。刘志怀带人反复巡视，分析风险点，全所人员全体出动，集中精力将树障清理完毕。同时，在台区治理中，通过更换下户线，有效消除了“低电压”问题。

● 李大庄供电所员工在开班前会

党员作示范更有助于打通党联系群众的“最后一公里”。2020年年初，新冠肺炎疫情发生后，张永涛带领5名党员坚守岗位，轮流值班。他本人50多天没有回过家，带头保障辖区内供电安全有保证，优质服务不缺席。尤其在“欠费不停电”政策执行期间，李大庄供电所每月电费均实现结零。

实施“党建+”项目 管理全面提质

2020年的迎峰度夏负荷高峰期，为解决李大庄乡12490户居民的“低电压”问题，西华县建设了10千伏河沿线。投运时，需重新安装24处分接开关，预计耗时一周以上。李大庄供电所党支部实施“党建+工程”项目，与前来支援的其他5个供电所30名党员并肩战斗，仅用9个小时就完成了全部投运工作。

针对管理中的问题，李大庄供电所党支部对照劳动竞赛指标和党支部标准化建设要求，实施5个党员创优和4个党员创效项目，成立党员示范岗，划分党员责任区。在营销管理、供电服务等方面相互协作，组织开展“党建+”项目，将工作中的难题变为课题。结合主题党日活动，开展客户侧设备巡视，为小微企业解决用电难题。依靠党员突击队对高负损台区进行排查，清理户变关系，确保户变一致率达到100%。

成绩提升显著 辐射榜样力量

2020年6月，李大庄供电所在河南省供电所劳动竞赛中的排名，从月均排989名上升到全省第一名，打破全市供电所在竞赛中“零第一”的纪录，并在此后多次取得第一。2020年1月至今，李大庄供电所保持供电服务“零投诉”。2021年6月份，李大庄供电所党支部在全市星级党支部创建评比中再次获得最高荣誉“五星党支部”。2020年以来，李大庄供电所先后示范带动西华县公司13个供电所在竞赛中显著提升、取得佳绩。

李大庄乡供电所党支部从基础做起，把“深度融合”作为提高党的建设质量的切入点、着力点、落脚点，推动党组织作用发挥制度化、具体化，使每名党员都成为一面鲜红的旗帜，党支部成为党旗高高飘扬的战斗堡垒。

国家电网有限公司『两优一先』

在继电保护之路上默默潜行

——记国网华中分部调度控制中心继电保护处处长　李会新

李会新，男，汉族，湖北武汉人，1973 年 2 月出生，1995 年 7 月参加工作，1995 年 3 月加入中国共产党。

- 2017 年　国家电网公司华中分部优秀共产党员
- 2017 年　国家电网公司华中电力调控分中心科技与管理创新先进个人
- 2020 年　国家电网有限公司华中电力调控分中心科技与管理创新先进个人

从基层继电保护班成员到华中网调保护处处长，参加工作以来从未离开电网继电保护专业，李会新是一位在继电保护之路上默默潜行了 26 年的电网人。

敢挑重担，承担急难险重任务

不论是隐患排查，还是故障处置、新设备投产，李会新既是组织指挥者，也是实际参与者。"24 小时不关机，365 天都待命"是基本要求。在 2008 年华中冰雪灾害期间，勇挑重担，赴现场开展事故调查，及时分析事故原因，快速恢复送电；在 2014 年江西安源变多个电流互感器同时故障跳闸的事故处置中，第一时间赶赴调度台开展应急处置，找到唯一正确送电路径，为恢复供电提供了有力的决策支撑；在 2020 年初武汉疫情期间，主动请缨，承担到岗值守任务，针对疫情防控期间华中电网极端小方式，高效完成了保护定值适应性分析并制定应对方案，得到了国调中心的高度肯定；2020 年武汉疫情过后，华中首个直调的特高压工程即将投产，李会新早谋划、早准备，通过视频培训、书面调研等多种形式，全面做好整定计算、运行规定、调试方案编制等生产准备，及时发现消除了保护装置不适应近区串补的安全隐患，提出了 GIL 短线保护方案，为确保工程按期投产作出积极贡献。

团结协作，建设一流专业团队

李会新在处里倡导"不动笔墨不看书"的学风和"好记性抵不上烂笔头"的习惯。这些要求在生产中收到了奇效，大家练就了看电流就知道功率，说长度就知道阻抗等基本功。在

● 华中电力调控中心继电保护处全体党员合影

团队氛围的熏陶下，处内年轻同志成长迅速，一位同志来保护处工作不到半年，已经成为能够独立承担特高压工程整定计算及新设备投产前期工作的后起之秀。继电保护处现有6名员工中，4人获得教授级高工职称，先后2人获得公司优秀人才称号；以继电保护处员工为班底打造的“柳焕章劳模创新工作室”，先后获得50余项省部级科技和创新奖励。

勇于创新，科技创新成果突出

立足本职岗位，解决生产实际难题，李会新先后获得省部级科技和创新奖励11项。作为第一完成人，获得湖北省科技进步二等奖2项；获得授权专利11项，其中中国优秀专利奖1项。牵头制定了1项国标、1项行标和多项公司标准和管理制度。先后有3个管理方法分别获得华中分部党员岗位创新“最佳”“十佳”和“优秀”项目。

在李会新看来，继电保护专业虽然是一个“默默无闻”的专业，但这个职业更是神圣而光荣的，据统计，特高压直流输电能力的70%依靠电网安全自动装置来实现，正确动作率100%永远是继电保护人追求的目标。他愿意——坚持底线思维，耐得住寂寞，不忘初心使命，扎扎实实为电网安全运行保驾护航。

三十年如一日甘为“老黄牛”

——记国网东北分部绿源水力发电公司太平湾发电厂运行部集控班值班负责人　孙国斌

孙国斌，男，汉族，山东莱阳人，1969 年 1 月出生，1988 年 9 月参加工作，2014 年 6 月加入中国共产党。

- 2014 年　太平湾发电厂劳动模范、国网东北分部劳动模范
- 2017 年　太平湾发电厂优秀共产党员
- 2020 年　太平湾发电厂劳动模范
- 2020 年　国网东北分部先进工作者

漫长的工作生涯，他兢兢业业、勤奋钻研、无私奉献，以高度的责任感和饱满的工作热情奋战在生产一线，用汗水在平凡岗位上书写着不平凡的人生画卷，用成绩绽放出胸前党徽上的熠熠光芒。

“八年坚守，将青春奉献叙利亚”

2000 年，太平湾发电厂开始承担叙利亚迪什林电站的检修维护运行工作。迪什林电站位于西亚一个偏僻的小镇，周围被沙石围绕，气温高，闷热干燥，就是在这样的环境中孙国斌干了八年。八年来，孙国斌为叙方人员技术培训 1400 余次，撰写技术笔记 17 本，绘制一次、二次图纸 50 余张，记录设备缺陷笔记 4 万余字，完成倒闸操作 2790 余次，办理各类工作票 5560 余张，编制各类预案 60 余份。

2018 年，叙利亚 GOED（叙利亚幼发拉底河大坝流域总公司）发给国网东北分部一封感谢信，信的内容是迪什林电站的管理部门对孙国斌十分欣赏，感谢他多年来对工作勤恳敬业，他赢得了全厂职工的尊重，是当之无愧的“阿卜赫利勒——永远的朋友”。

“急难险重前，永远是当先锋的那一个”

“上班就像‘打鸡血’”，这是他的工作状态。孙国斌常说，“要对得起自己的工作，要对得起企业创造的条件，更得对得起肩上的那份光荣责任。”

● 孙国斌对叙利亚迪士林电站运行人员进行技术业务培训

2019年对孙国斌所在的部门是极具挑战的一年，部门由单一办公变成“一厂两站三地”的工作模式，人员力量分散，对“两票”办理的质量和效率提出了更高的要求。急难险重面前，孙国斌永远是大家心中最“托底”的那个人。设备巡回查故障、带着图纸捋原理，没有他不知道的新技改项目，也正是这样的热情，让他在这样的特殊时期顶住了每一个压力和考验。2021年，丹东集控中心将进行升级改造，作为集控“元老”的他利用对系统及设备的全方位了解，整理了上千字的优化意见，同时对集控中心监控系统“两站”参数进行了反复、全面检查，确保集控中心升级改造后各项参数准确无误。

● 孙国斌与检修工作负责人办理工作票

“一身‘武艺’，毫无保留为徒弟倾囊相授”

近年来，新员工越来越多，为了让青工早日扛起安全生产大旗，他主动担起了培训新人的责任。“你愿意学，我就愿意教”，这也成了他对青工说的最多的话。A级（厂最高级）检修任务，他知道锻炼机会难得，于是，他提前带领徒弟投入到检修工作中，先是捋顺整体思路，再一点点填充细节，直到看清全局。面对细节考虑不到位，孙国斌从来都是耐心的反复讲解，哪怕已经入夜2点。

工作33年，他时刻保持着新入职时的一腔热情。鬓角渐白，依旧对生活怀揣无限热忱和感恩，这就是他忠诚党和国家事业的实干与初心。他的故事还在继续，他的精神仍在传播，将激励更多的运行青年在界河水电事业繁荣发展这条阳关大道上砥砺奋进、负重前行。

善开新局的“实干青年”

——记国网西南分部党群工作部群团处处长、团委书记　游川

游　川，男，汉族，四川自贡人，1985年2月出生，2008年9月参加工作，2013年3月加入中国共产党。

- 2018年　国家电网有限公司经济法律工作先进个人
- 2019年　国网西南分部重点工作突出贡献个人
- 2019年　国网西南分部优秀共产党员
- 2020年　国网西南分部先进生产者

大学毕业，很多同学奔赴繁华的都市，那里车水马龙、灯火辉煌；也有很多同学选择了自己的家乡，那里家人团聚、其乐融融，而游川却选择了“大山”，那里没有繁华的景象，也没有家人的陪伴，那是送电工的战场。

“远看像逃难的，近看像要饭的，一打听，才知道是送变电的”在这样的打趣形容下，游川开始了他的职业生涯。与“大山”为伴真的不容易！常年在密林间奔波，见得最多的是虫，废得最多的是鞋，最害怕的是雨，最难得的是假。一张公司本部300元的食堂卡，他吃了整整三年，这三年里，他赶上了电网建设的好时期，一个工程接着一个工程干。他在电网建设的第一线写下了入党申请书，他说自己愿意扎根在这“大山”，建好每一个工程，送出更可靠的电。

一个决定，两次考验

2013年，游川作为最年轻的管理人员抽调川藏电力联网工程现场指挥部，驻点藏区从事安全质量管理。为了得到工程第一手现场资料，他忍受高原反应，奔波在工程全线，藏区环境恶劣，危险无处不在，住无人区、饿肚子、冒风雪都是家常便饭，他用最短的时间走完了1000多千米的2000多基塔位，牵头制订了多个专题安全管控方案，参与完成的两个创新成果分别获得省级和国家级创新成果奖项。

2016年，他主动请缨投身藏中联网工程建设，曾经的藏区“新手”早已变成了高原“老兵”，他上过5295米的最高塔位，爬过米堆冰川的施工点，参与组织了工程开工启动会、央视直播、“我和我的祖国”现场慰问等多个活

动。谈起两个藏区工程的艰辛，游川总是说："我是幸运的人，两次参与了世界级高海拔输变电工程，党员是我的身份，干好工作是我的责任！"

六个年头，三个专业

作为国网西南分部筹备组成员，他带着高海拔工作的那种韧劲和坚持，没有半点犹豫，说干就干。六年里，他历经办公室、党群工作部两个部门，同时干着三个专业。2019 年，他成为一名专职党务工作者，他时刻提醒自己：党务工作者更应该是标杆，时刻想在前、站在前、干在前。2020 年，他主动承担了创建四川省文明单位的工作任务，最短的时间内牵头梳理出 22 本，近 5000 页的创建资料，让西南分部在上千家申报单位中脱颖而出，一次申报成功。同年，他被推选为国网西南分部第一任团委书记，建立了第一支志愿者服务队，实施了第一个"团团联建"计划，带着团员青年在重点工程调试、保电运行、清洁能源外送等各项重点工作中发挥着关键作用，2021 年，国网西南分部团委获得了第一个公司级荣誉——五四红旗团委。游川说群团不分家，团的工作有进步，那工会工作也要有突破。他连续三年完成了 15 项为职工办实事办好事具体措施，建成了职工书屋、活动中心和诉求服务中心，实现了慰问全覆盖，解决了职工急难愁盼的身边事，真正传递出了国网西南分部党委的关心和工会的温暖。

● 游川在国家电网有限公司 2020 年度二级单位团组织书记抓基层团建工作述职会上作发言报告

36 岁，游川闯过了无人区、挺过了高海拔，经历是他最好的老师，他始终保持着党员本色，恪尽职守，步步忠诚，用实干和担当为做强西南电网、做优西南分部作出了最坚定的回答。

在脱贫攻坚主战场砥砺初心

——记国网河北电力沧州供电分公司驻吴桥县老贾村工作队第一书记　李彦民

李彦民，男，汉族，河北巨鹿人，1967 年 11 月出生，1989 年 7 月参加工作，1999 年 12 月加入中国共产党。

- 2019 年　沧州市扶贫脱贫优秀驻村第一书记
- 2021 年　国家电网有限公司服务脱贫攻坚突出贡献个人
- 2021 年　国网河北省电力有限公司先进工作者

2018 年初春，李彦民带着初心和梦想，来到吴桥县老贾村任驻村第一书记。

脱贫攻坚绝不退缩

知道彦民将要去吴桥扶贫，一向支持他的妻子，一反常态投了反对票。李彦民没感到意外，他理解妻子的不易：岳父年老多病，两年前下了心脏支架，身边离不了人照料；岳母由于手术失败，已经在轮椅上度过了 6 个春秋，情绪不稳定，两天见不到人就号啕大哭；3 月儿媳临产，儿子在外地工作，不能经常回来。

“我理解你，这个时候应该陪在你身边，帮你减轻些负担。可养兵千日，用兵一时，组织培养我多年，在国家脱贫攻坚正用人之际，咱不能向组织提困难”李彦民左右为难。“你别为难了，还是去吧，家里的事咱另想办法，你去了后要保重身体，毕竟都50多岁的人了。”在妻子答应的那一刹那，彦民的眼眶湿润了。

立下“军令状”

来到老贾村后，他犯难了，村子没有一个像样的集体经济，几乎没有什么公共积累，村庄的发展规划还没有完成，生产生活公共基础设施需要完善，村民的陈旧观念需要更新、致富能力需要提升等。针对老贾村的现状，驻村伊始，李彦民就为自己立下了“军令状”：在全面完成精准脱贫任务的基础上，实施乡村振兴战略，努力成为全乡乃至全县在脱贫攻坚主战场的排头兵、领头羊。具体要达到四个目标：党组织推动脱贫攻坚的战斗堡垒作用充分发挥；党员干部带领群众脱贫致富的骨干先锋作用充分彰显；广大群众脱贫致富的内生动力充分激发；社会助力脱贫攻坚的强大合力充分汇聚。同时要办好修通出村北出村公路、修复农田灌溉机井等几件实事。

输血造血齐发力

“老贾村从贫困走向振兴，做优做强产业是根本出路。”

“咱们少数村民还是不同程度存在等靠要思想，这种价值观念真要不得，发家致富要靠自己！”

李彦民牵头开设党员夜校，解读国家和中央政策，建立“爱心图书馆”，提高村民素质，做到扶贫与扶志、扶智相结合，帮助村民树立脱贫致富信心，从“要我富”向“我要富”转变。创建党建示范点，开展“脱贫攻坚党旗红”活动，带头改善村里农业生产条件，帮助老贾村建25千瓦村级光伏电站1座、修建农灌机井13眼；清理老贾村废弃宅基地达1万多平方米，种植核桃树1000余株，预计能为村里乡亲带来8万余元的年收入。同时还牵头举办“乡贤”恳谈会，促进老贾村人才返乡、资金回流、项目回迁，仅面粉深加工项目的回迁，为老贾村8名留守妇女每人每年增加3万元的就业收入。

抗疫再显真情

2020年春节，突如其来的新冠肺炎疫情让李彦民心心念念着老贾村的乡亲。听说村里防疫物资紧缺时，他跑遍了市区的药店、超市，可是要么限购要么售罄，怎么办？他突然想起在老贾村时，时常到东宋门乡门市部采购，那里比较偏僻，可能还有库存，他赶忙打电话联系，果然，门市部还有56只口罩和消毒液，他毫不犹豫地买下，委托店主送到了老贾村，解了燃眉之急。

● 李彦民在田间地头调研新冠肺炎疫情对农业生产的影响

村里贫困户的生活情况更是牵动着他的心：往年春节、元宵节他都会去各户转转，今年情况特殊，疫情防控期间村里实行封闭管理，也不知道大家生活用品缺不缺，药还够不够。元宵节这天，他微信“走访”了每一家贫困户：“小黄，你公公的病怎么样了？你婆婆家的基本生活困难吗？”看着大家平安的回复，他的心才终于踏实下来。

为助力打赢疫情防控阻击战，他主动向地方党组织缴纳了10000元的特殊党费，用实际行动践行了初心使命。

亲历深谙初心

圆满完成脱贫攻坚任务后，李彦民又回到原来的工作岗位，谈起共产党人的初心，李彦民颇有感触地说：“三年多的扶贫经历，让我对共产党人的初心有了更深刻的认识，为中国人民谋幸福，为中华民族谋复兴，消除贫困，让所有群众都过上幸福生活，就是共产党人的初心。无论何时何地，我都不会忘记初心，将为心中的信念而永远奋斗！”

植根新能源一线，践行"铮"铮誓言

——记国网新源张家口风光储示范电站有限公司工程物资部经济技术管理高级师　王铮

王　铮，男，汉族，河北廊坊人，1988 年 6 月出生，2011 年 8 月参加工作，2018 年 8 月加入中国共产党。

- 2013 年　国网冀北电力有限公司发展工作先进个人
- 2014 年　风光储公司先进工作者
- 2015 年　国网冀北电力有限公司发展工作先进个人
- 2016 年　风光储公司先进工作者
- 2019 年　风光储公司先进工作者

找准"坐标"，扎根一线练真功

2011 年 8 月 18 日，大学毕业的他，报道第一天就赶上了国家风光储输示范工程（一期）倒送电的重要节点。冀北坝上荒原上，建设者忙碌的身影，挥洒的汗水以及送电成功后大家忘情相拥的场景，深深地印刻在了这个初出茅庐的小伙子心里。王铮下定决心"一定要在新能源一线练就'硬功夫'"。作为首批运行人员，他坚持吃住在现场，最长一次连续近 60 天不曾"下山"回家。学规程、学操作、扒图纸，短短数月间，不仅全面熟悉掌握了运行专业的各项工作，还积极发挥自身爱动脑、勤动手的特长，与同事们加班加点，建立了新能源"四位一体"电站首套设备台账和生产统计报送体系。由毛头小伙到小鬼当家，伴随着风光储输波澜壮阔的建设事业，王铮在自信自强中顺势扬帆起航。

厚积薄发，小荷初露尖尖角

2012 年 11 月，国家风光储输示范工程（二期）扩建的帷幕即将拉开。17 项前期支撑性文件，十余类协调跑办，上至省厅、下至市县。王铮不分昼夜奔波于省城、张家口与现场三地之间，一举打赢了这场 45 天无间断"前期"攻坚战，为保障工程顺利开工、加快推进做出了突出贡献。其后，王铮又在人员配置不足，工作量大密集等挑战中，对位系统内管理模式和行业管理体系，推进公司经济活动分析工作日渐规范。他还与部门同事共同推进二期扩建工程国内碳减排业务（CCER）开发、顺利完成两期示范工程近 40 项建安、服务类项目结

● 王铮在资料室查阅结算资料

算。在寒暑交替的日夜轮回中，在追风逐日的奋进时光里，王铮以能吃苦、敢担当、善作为的实际行动，得到了领导和同志们的广泛认可和一致好评。

不负韶华，乘风破浪再出发

2021年3月，王铮与其他同事共同负责风光储公司"经济技术中心"筹备。他深刻领会"一体四翼"发展布局，结合专业实践经验，积极建言献策。经反复推敲，确立了"多点展开、齐头并进、接力联动、科学有序"的16字工作方针，刚性推进经济技术管理团队组建、外部专业单位覆盖等22项具体举措。同时，王铮积极响应党史学习教育部署，把国家可再生能源示范区能源大数据中心建设作为履职尽责践诺舞台，60天完成展示中心建设整装工作，为公司转型发展和新业态培养又立新功。

道虽迩，不行不至；事虽小，不为不成。作为新能源一线年轻党员，王铮始终以一名"国家电网"人忘我无私，竭诚履责的责任情怀，把新能源"一线"作为磨炼意志、汲取力量的火热熔炉，作为施展理想、开拓创业的广阔天地，为党为国、信念如磐；追风逐日，初衷无悔。

● 王铮与同事们探讨张家口可再生能源示范区能源大数据中心建设方案

拔出“贫困根” 栽上“致富苗”

——记国网山东电力济南市历城区供电公司西营供电所所长、驻南部山区柳埠街道涝峪村第一书记 吴延进

吴延进，男，汉族，山东济南人，1986 年 8 月出生，2008 年 4 月参加工作，2006 年 10 月加入中国共产党。

- 2015 年 国网济南市历城区供电公司优秀共产党员
- 2017 年 国网济南市历城区供电公司“十佳青年岗位能手”
- 2019 年 国网济南供电公司优秀共产党员
- 2020 年 国网济南市历城区供电公司先进工作者
- 2020 年 济南市脱贫攻坚先进个人

“涝峪山连山，多少农户寒，多亏吴延进，扶贫拔穷根。”这是山东省济南市柳埠街道涝峪村民专门给国网济南市历城区供电公司西营供电所所长、驻村第一书记吴延进编的歌谣，因为他们太想把吴书记长久的留下来。

手绘一本“致富经”

“吴书记，这次一共捐了 2300 块，够他们生活一阵啦，另外，您联系的志愿者明天到位。”2021 年 6 月 2 日，村民刘志勇收到一个好消息，“以后俺能腾出时间干活养家啦。”

40 岁刘志勇虽然壮年，可是母亲瘫痪，妻子疯傻，膝下两个 4 岁女儿，生活很艰难。为了照顾老小，老刘只能在家门口摆摊修车补胎，糊口度日。

吴延进得知后，立即组织成立爱心基金会，并与社会义工服务站联系，争取志愿者每周到刘志勇家照看老人妻儿。又让老刘参加村里公益岗位，每年增加收入 2400 元。“这样俺不仅能出去干活养家，还可以给政府减轻负担。”刘志勇充满希望。

一次赶集，吴延进邂逅卖核桃的刘延英老人。他跟老人攀谈起来，得知 78 岁的刘大娘独自守着门前几株核桃树孤独度日。吴延进当即自掏腰包以高出市场的价格把老人 100 斤核桃买下：“大娘，这是订金，您收好。”

“孩子，钱太多了，没这么贵。”

“您就拿着吧。”最后，吴延进硬把钱硬塞到大娘手里。

为了将村民山货运出闭塞的山寨，他专门成立合作社，与企业合作实施农产品深加工，推出南山小米、炒茶等产品，使产值同比提升 30% 以上。这就是他带给村民的一本“致富经”。

● 吴延进在涝峪村贫困村村民家中走访

势，争取捐赠款为村民建设40千瓦光伏电站，开辟了涝峪村光伏并网先河。他还利用捐赠款改善村寨50盏光伏路灯、420米人行道路，提升项目落地效率，光伏项目为村集体增加年收入2.2万元。

2020年夏天，吴延进组织成立了清泳泉富硒大樱桃专业合作社，并与富硒农产品协会开展技术对接，建设富硒大樱桃生产基地。

为了拓展销售渠道，吴延进组建直播带货团队，以网络流量支持涝峪村富硒大樱桃打造网红农产品，让“直播售卖”转化成经济收益。通过“现场采摘 + 直播带货 + 电商助农 + 景区联合”产业链条，一年下来利润增加6万元，樱桃种植户收益较往年提高30%以上。这就

架起一条“致富路”

“吴书记，过来看看俺家樱桃吧。”2021年6月2日，吴延进走访的时候，张尚兰大姐老远招呼。“这玩意儿金贵，可得看住喽。”吴延进紧走几步，“最近电力灌溉咋样啊？”“好着嘞，电量足、出水多，一年水费才2000来块钱，可是给俺增收不少咧。”张尚兰说。她从合作社学习樱桃改良技术后，沾了光伏并网的光，第一年就赚个盆满钵满。

原来，这个穷山村光有好水没有好电，所以村民不敢大量种植樱桃这类娇贵水果，吴延进因势利导，凭借山东电力公司定点扶贫优

● 吴延进在涝峪村与种植户探讨樱桃改良技术

● 吴延进在国网山东电力 21 度网上商城推介特色农产品

是他给村民架起的一条“致富路”。

打开一扇“致富门”

如火如荼的网红大樱桃收获成功之后，吴延进又开始琢磨致富“金点子”。

“秋天来了，怎么能让村民再赚一笔火一把？”有一次吴延进查看果园时，无意间看到村民樱桃树下都收拾干干净净，连根杂草都见不到，干巴巴光秃秃，缺少乡村色彩和生机。

于是他联想到假期陪孩子出游，野地里大片大片盛开的小黄花让他格外好奇，向村民打听得知，这个是蒲公英，老百姓都叫它婆婆丁，有降肝火、清热毒的作用。“对啊，何不帮助村民发展林下经济，开展树下套种呢。”

吴延进抓住这个天然商机，带领合作社种植户开发了 200 亩果园试点种植林下蒲公英。利用业余时间他开始研究蒲公英，发现蒲公英晾干了代茶饮，可以预防贫血、抑制病毒性感冒，还能够治疗慢性胃炎。吴延进立即着手实施，在樱桃树下种上一片片婆婆丁，即使樱桃采摘季谢幕之后，游客还可以再来挖野菜，喝生态茶。这让百姓就算在青黄不接的季节也能腰包鼓鼓。

人不负青山，青山也定不负人，结合蒲公英茶饮项目，吴延进又通过合作社开发了南山生态小米、蜂蜜等特色农产品，并且成功入驻国网山东省电力公司 21 度网上商城并积极与扶贫电商合作，让扶贫产品登上更大的“舞台”，通过线上线下渠道，销售合作社农产品 130 余万元，真正打通了涝峪村村长效造血功能，打开一扇致富门。

《清官谣》中有句歌词：“天地之间有杆秤，那秤砣就是老百姓。”吴延进说：“第一书记虽然不是‘真书记’，但是只要真心为民，民就会真心对你。”

守护电网的“防雷科学家”

——记国网江苏电力苏州供电分公司科技互联网部科技管理 童充

童 充，男，汉族，江苏苏州人，1976年11月出生，2005年8月参加工作，2005年5月加入中国共产党。

- 2020年 江苏省文明职工
- 2020年 国家电网有限公司职工技术创新优秀成果一等奖
- 2020年 感动中国·江苏“创新人物奖”
- 2021年 江苏省五一劳动奖章
- 2021年 江苏省劳动模范

童充出生于苏州一个工人家庭，如同那个年代的许多孩子一样，他梦想着长大后成为一名科学家。那时每当电闪雷鸣之夜，家里总担心会断电，从此他的心底就埋下了让大家用上“安全电、放心电”的种子。

1999年，秉承一颗求真探索之心，童充开始涉足人工智能防雷领域。2001年，他完成了第一个多频辐射探测系统。2004年，硕士研究生在读的他，作为中国唯一代表出席第18届雷电探测国际会议（ILDC），并成为该会议世界最年轻的论文发表者。由于各方面表现突出、积极上进，童充在2005年5月光荣地加入了中国共产党，从此，他一直以优秀党员高标准要求自己。

扎根一线，为我国赢得首个国际防雷“杰出青年科学家奖”

2005年，初来公司的童充还是一名青葱少年，虽然满怀报效祖国的志向和雷电方面的理论基础，但却缺乏实践经验。

每每回忆起那段在太仓公司一线岗位历练的时光，童充都感慨幸运而充实。在运行岗位，雷暴天气的一次次抢修，他见证了电网雷灾的真实危害；在监控岗位，雷云过境的大面积跳闸，他意识到了“雷电跟踪”的重要意义；在调度岗位，雷电气候的无数次紧急操作，激发了他提前控制、动态防护的灵感。

经过六年的经验累积，童充在2011年提出了“动态防雷三大法则”，为国际雷电研究领域公认的划时代成果；于2012年，在第31届国际防雷大会上，为我国争得了首个国际防雷“杰出青年科学家奖”。

开拓创新，主导研发全球最领先的“智能电网动态防雷系统”

2011年，随着全球气候变化，危害电网安全的雷电灾害愈加频繁，已成为一个世界性难题，这时的童充来到了苏州公司调度中心，正是这里，他开始对整个苏州电网架构节点、各大分区运行方式、潮流分布负荷特性都有了宏观而全面的认识，也为后来“动态防雷系统”的研制，打下了坚实的基础。

2016年，在公司党委的认可和支持下，童充迎来了一个宝贵而来之不易的科技项目的机会。那几年，他几乎每天除了值班，就是在几个科研院所之间奔波。

2017年的除夕，童充把家里客厅搭建成了一个实验室。许多人问他，为什么非要在除夕？他回答道：“除夕的烟花爆竹最多，那样就可以为雷电传感器做抗声光干扰测试了。”再后来，童充为了赶在雷季之前搭建系统，和同事一起搬砖、扛水泥……而这些都是那几年小小的缩影。

正是这无数个缩影，叠加起了苏州电网的世界首个“智能电网动态防雷系统”，童充终于把之前的纯理论变成了现实。该系统为目前世界上覆盖面最广、控制功能最强、性能指标最高的一套动态防雷系统，目前已避免经济损失九千余万元，虽然还有不完善和欠缺的地方，但他是一颗种子，标志着中国在全球率先从静态防雷迈入动态防雷时代。

青衫依旧，主导承担全球首个“动态防雷”国际标准制定

在公司党委的关心下，2018年的童充从调度中心来到发展策划部，这里他接触到全省及全国最前沿的电力科技。正是那一年，他带领团队成功申办、并首次把全球电力系统最大的“国际大电网雷电会议”引入苏州。

2019年国庆，举国上下都在关注阅兵的时候，童充正在地球另一端的巴西圣保罗，迎来艰苦卓绝的国际标准第三轮立项答辩，他想以另一种方式为国开疆扩土。10月19日，新华社通稿、中央人民政府网站报道了童充主导的世界首个“动态防雷”国际标准获得立项。这个国际标准，是领域内开拓性的一个，制定难度远高于往常。第一步是一份五万字英文篇幅的技术报告，需要组织联合二十多个国家的专家来一同完成。

几年来，童充每天白天按照北京时区工作，傍晚与欧洲专家讨论，深夜同美洲专家连线，基本上每天只睡4、5个小时。他坚韧执着、不计名利地在雷电研究与防护领域奋斗了近20年，历经近万次探索实验，从技术追赶到创新超越，为人们撑起一片安全无忧的天空。

“初心共国旗一色，科研随党徽而飞”。在党的引领下，童充将继续代表我国征战国际学术界。一如既往，坚毅从容！

● 童充参加国际专家鉴定会

众人口中的“四了”顺口溜

——记国网安徽电力霍山县供电公司党委书记、副总经理　刘高

刘　高，男，汉族，安徽寿县人，1976 年 12 月出生，1994 年 12 月参加工作，1998 年 9 月加入中国共产党。

- 2011 年　国网安徽省电力公司优秀党务工作者
- 2012 年　国网安徽省电力公司创先争优优秀党务工作者
- 2018 年　国网安徽省电力公司基层党建工作先进个人
- 2019 年　安徽省霍山县脱贫攻坚三等功

“水电接收到哪里，党组织就要覆盖到哪里”

2019 年 11 月 28 日，一条新闻刷爆了霍山人的朋友圈，霍山县人民政府与国网安徽省电力有限公司举行霍山县水电供区电网资产与供电业务划转移交签约仪式。

对于霍山人来说，这是一个非常值得纪念的日子，自这一天起，困扰他们多年的小水电“电不好用”问题将彻底得到解决。而对于刘高和同事们来说，却摊上一个必须讲政治的大事。眼看就要过年了，怎么确保山区老百姓过上一个不停电的亮堂春节，成了他的首要责任。

“水电接收到哪里，党组织就要覆盖到哪里，党员作用就要发挥到哪里！”作为一名基层党委书记，刘高这么说的，也是这么做的。之后的那段时间里，他和同事们白天跑现场、排隐患、清树障，晚上作总结、想对策、定方案，一忙就是大半夜，累狠了、困极了，趴在桌子上就睡着了。

“是共产党员，关键时刻就要挺身而出”

12 月 18 日，水电接收后的第 20 天，霍山县下了入冬的第一场雪。山区的雪下得很大，给原本脆弱的电网带来摧枯拉朽般的致命打击，一时间变压器停运，电杆、电线倒伏一片，山区群众又进入到暗无天日的冰寒世界。

“是共产党员，关键时刻就要挺身而出。快速抢修、快速复电，不能再让老百姓受断电之苦。”雪一停，刘高就带着抢修队伍奔赴现

● 刘高在霍山太阳乡、太平畈乡查看原水电供区电网数据清查情况、绘制的路线图等，指导开展工作

场。山高路窄，海拔高，温度低，施工难度大，安全风险高，他和同事们连续作战，顾不得休息，几个小时下来手脚冻得不听使唤，这边抢修一结束，转身便赶往下一个抢修点。

创新引领　打造“霍山方案”“霍山样板”

为充分彰显党建引领水电供区电网改建、优质服务等方面作用发挥，刘高还牵头组织制定“党建+”工程等相关文件17份，设立30个党员示范岗、10个党员责任区，组织16支党员突击队，开展“补短板、夯基础、促提升”专项攻坚，上门走访3.4万户，发现整改问题1419条。

2020年1月24日，除夕夜。刘高蹲点包保落儿岭和诸佛庵片区安全用电。当天夜晚，天气阴冷，浓雾弥漫，他带着保电抢修人员，深入周边百姓家中及附近台区查看用电情况，看着一束束烟花冲天而起，看着乡亲们家中灯火通明、欢声笑语，他和同事们舒心地笑了。

“水电接收改造无前车之鉴，一切都是摸着石头过河，我们不能等靠要，必须自己去想，主动创新创造。”一年多来，他和同事们始终将水电供区建改的大旗扛在肩上，为全省其他五个水电接收县提供了“霍山方案”“霍山样板”。截至2020年年底，霍山原水电供区工作实现“14个全省第一”，获得省委主要领导和上级公司充分肯定。

唯其实干，始得玉成。如今，“炉子不烧了、电视不跳了、空调能用了、干部手机安静了”这句“四了”顺口溜，已成为当地党委政府、新闻媒体和人民群众夸赞国家电网的高频用词。

● 刘高在霍山原水电供区电网施工现场，对施工安全、工艺质量等工作进行督查

全身心投入脱贫攻坚的“富”书记

——记国网福建电力调度控制中心计划处副处长　黄金富

黄金富，男，汉族，福建仙游人，1973 年 1 月出生，1996 年 7 月参加工作，1999 年 6 月加入中国共产党。

- 2017 年　国网福建省电力有限公司劳动模范
- 2020 年　中国能源产业发展年会脱贫攻坚 · 能源扶贫成果“最美先锋战士”
- 2020 年　国家电网有限公司抗击新冠肺炎疫情先进个人
- 2021 年　国家电网有限公司服务脱贫攻坚突出贡献个人

说起夏坊乡芒畲村的“富”书记，不论是村民还是村干部，都对这个省城来的第一书记竖起大拇指，没有架子，帮村民办实事、解难题，把村民当成“亲人”……黄金富是国网福建省电力有限公司（以下简称“国网福建电力”）的一名普通职工，2017 年 12 月，受公司选派，到明溪县夏坊乡芒畲村担任驻村第一书记。自驻村以来，他把全部精力都投入到脱贫攻坚工作中，积极带领芒畲村村民拓宽增收渠道、增加经济收入，帮助村民提高生活水平，同时，还开展传统古村落修缮工作，时刻不忘履行第一书记的职责使命，在他和芒畲村全体人员的共同努力下，2019 年底，芒畲村及所有贫困村民成功实现脱贫摘帽。

心系群众，思想建设聚合力

2017 年底，明溪县的一些贫困村已经在申请脱贫摘帽了，但芒畲村脱贫攻坚任务还比较艰巨，如何拓展增收渠道让贫困户能真正做到脱贫致富，是黄金富要面对的头等问题。

“刚到芒畲时，自认为自己是农村出来的，对农村工作应该还算比较了解。但实际上存在不少困难，我刚开始制定的一些脱贫计划，群众不是很认可，推行起来比较难。”经黄金富深入分析后，他发现根本原因还是群众对于脱贫攻坚工作的思想认识不足。

认识到这个问题后，黄金富很快反应过来，决定通过思想文化建设来破解这个难题。于是，他结合芒畲村特点及原有工作计划，将“诚、孝、勤、俭、廉”等传统美德元素融入传统自然古村落建设建设中，并在日常走村入户的工作中不断宣传党的先进文化、政策，通过他和村干部的共同努力，一些较为抵触脱贫工作的群众在思想上有了转变，工作难点也得到了顺利解决。

精准施策，发展产业促脱贫

芒畲村位于君子峰国家级自然保护区内，村民主要靠种植水稻、烟叶、茶油等为生，产业较为单一，收入低。为帮村里找到合适的发展之路，黄金富带领村干部和村民们多方沟通联系、现场考察。最后，他和村两委成员根据芒畲村实际，最终先确定了光伏扶贫项目。

2019 年初，黄金富和村两委为进一步拓宽村民收入，选取了 2 户村民尝试仙草种植和蜜蜂养殖项目。“我们 2019 年从龙岩武平县引进仙草苗试点种植，增收效果很不错，而且黄书记也找到了一家仙草加工企业，达成了初步意向，销售渠道没问题，不担心卖不出去，今年打算全面推广。”“蜜蜂养殖也不用担心，芒畲村生态环境好，出产蜂蜜品质明显优于普通蜂蜜，每公斤市场价要高出普通蜂蜜近 40 元。”村支书夏上福说道，他在黄金富的鼓励下，也养了 20 箱蜜蜂。

2021 年，黄金富把芒畲村到明溪水口电站之间的道路进行硬化。“这条路硬化后，芒畲村村民到明溪县城相较原有路程最少可以节省 15 公里，对村民产业发展将起到极大的促进作用。”黄金富说道。

黄金富与村民在一起叙家常

国网福建电力驻芒畲村第一书记黄金富在田间地头与脱贫户夏莲香畅谈 2019 年的丰收情况

让“里方”“外方”都放心、都安心

2020 年初，新冠肺炎疫情突然暴发，正值中国传统的新春佳节时期。但，疫情就是命令，防控就是责任。黄金富果断说通父母和妻儿，提前结束假期，第一时间回到自己的帮扶的驻村点，立马投入疫情防控阻击战的第一线。

黄金富的回来，让村里的疫情防控工作找到了“主心骨”，各项防治工作有条不紊地开展与落实，他和村两委连夜制定应急处置方案，建立以党员为主、分片包干的亲情微信群，及时通报疫情防控工作及村民的健康状况。同时也第一时间获知在外村民的现状，“里外”村民的相关信息做到实时了解、心里有数，也让“里方”“外方”都放心、都安心。

电网灾害预警的探索者

——记国网湖南电力防灾减灾中心覆冰预测预警中心组长　冯涛

冯　涛，男，汉族，河南新乡人，1987 年 7 月出生，2013 年 7 月参加工作，2013 年 3 月加入中国共产党。

- 2019 年　国网湖南省电力有限公司科技工作先进个人
- 2020 年　国网湖南省电力有限公司抗洪抢险先进个人

“你们看，吉林公司发了表扬信，感谢我们对这一轮冰灾过程的准确预测。”2020 年年末，国网湖南防灾减灾中心覆冰预测预警中心值班员指着网站刊出的表扬信，自豪地说：“涛哥，咱们的电网微地形覆冰预测技术，在这次吉林覆冰预测中派上了大用，支持了兄弟单位的应急保障，让千家万户的水电气供应能在冰灾中挺过来。”

值班员口中的涛哥，就是覆冰预测预警中心组长冯涛。作为党员技术骨干，他始终坚守初心，埋头钻研电网灾害预测预警技术，用科研人的智慧和共产党员的担当，为万家灯火贡献力量。

锐意创新，攻克灾害预测难题

2013 年，毕业于南京大学气象学专业的高才生冯涛，刚进入湖南电网，心怀憧憬和期待，却迎面遇上了一个巨大的难题。

冬季电网易受覆冰危害，特别是在微地形地区，覆冰程度还要严重数倍，但电网微地形覆冰预测是电力、气象、地理等多学科交叉问题，难度极大。为此，防灾减灾中心党总支专门成立技术攻关团队，冯涛成为团队的骨干之一。

骨子里的坚韧让他没有在困难面前退缩，他积极发挥气象专业特长，搭建了电网覆冰地面—高空联合探测平台，多次在冰天雪地里奋战，只为了探测得到电网覆冰气象条件下垂直 10 千米高度各关键要素第一手的资料。在陆佳政博士带领下，团队一起查资料、建公式、测算法、调参数，持续钻研十几个月，终于成功建立了微地形覆冰预测模型。

目前，该技术成果获得国家电网公司科技进步一等奖，已经推广应用至全国所有易覆冰省份，先后准确预测 2020 年 2 月环渤海覆冰舞动过程和11月东北地区冰灾，科学支撑电网防冰害决策，获得了国家能源局、国家电网公司的高度肯定。

践行使命，保障电网安全生产

冯涛始终坚信，准确预测灾害、积极应急处置就是电网防灾人的职责所在。他一直坚持做到用科技创新服务生产一线、解决生产中的实际问题。

2016年夏季，湖南特大暴雨造成水库弃水、线路杆塔滑坡，给电网造成巨大损失。如何提升暴雨灾害预测能力，成为冯涛的一个心结。他和预测团队的骨干常常熬夜到凌晨两三点钟，终于成功将我国风云4号和日本葵花8号静止卫星的水汽数据加入暴雨灾害预测模型中，大幅提高了汛期暴雨及水库水情、杆塔滑坡地质灾害的预测水平。

他和同事们依托该技术提前准确预测了十余次南方地区暴雨过程，为水库防洪发电、电网运维调度提供了重要的支持，获得了水利部长江水利委员会、湖南省应急厅的表扬，成果荣获湖南省科技进步二等奖。

硕果累累，坚守初心砥砺前行

冯涛已经参与国家电网公司重大科技项目10项，成果获省部级一等奖1项，二等奖2项。发表SCI/EI论文4篇，授权发明专利10项。编制国家标准1项，企业标准2项。

冯涛在湖南邵阳开展微地形覆冰高空探测试验

在别人眼里他已是硕果累累的青年才俊，但冯涛自己却不敢放松，他常说，随着大电网和新能源的发展，电网防灾预测方面还有很多难题需要解决，只有一如既往地紧贴国家、人民、电网的需求，坚守初心使命、坚持创新攻关，全力以赴为电网安全挥洒青春，才能无愧优秀共产党员的身份，无愧“奋进新征程 建功新时代”的时代光荣。

在为民服务中积蓄不竭动力

——记国网河南电力新乡供电公司城区供电部配电运检工 陈平

陈 平，男，汉族，河南新乡人，1985年12月出生，2004年12月参加工作，2006年9月加入中国共产党。

- 2015年 国网河南省电力公司优秀共青团干部
- 2015年 全市优秀党员义工称号
- 2017年 第三届新乡市“最美新乡人”提名奖
- 2018年 国家电网共产党员服务队优秀队长
- 2019年 第六届新乡市道德模范提名奖

2021年7月15日21时30分，豫北平原白日的高温热浪还未完全褪去，陈平和同事们一起在市区城东老居民区内进行10千伏滨东线线路特殊巡视工作。连续工作几小时后，陈平已是汗湿重衣。然而看着眼前的万家灯火，陈平擦去汗水，在一小时后才结束今日特巡。

作为新乡供电公司城区供电部配电运检班副班长，同时也是国网河南电力焦裕禄共产党员服务队（新乡城区供电）的队长，陈平每天穿梭于新乡市区的大街小巷，主要负责新乡市城区配电线路的运维，以及高低压线路的抢修。

“给比拿快乐，这是小时候学过的课文。为客户解决用电问题越多，就越能感到这句话的深刻。客户给予我们的一句简短肯定，胜过任何的鲜花掌声。”在供电岗位上，陈平久经考验，百炼成钢，在用心用情的为民服务中，积蓄着不竭动力。

同事眼中的“拼命三郎”

“我是一名党员，还是党员服务队长，理应冲到前面！”经过16年的工作历练，陈平现在可以随口说出市区每一台配变的安装地点，也可以在没有图纸的情况下帮用户找出故障线路。“真正的如数家珍！”陈平乐呵呵道。

2021年入夏以来，供电负荷屡创新高。陈平在完成日常工作的同时，主动担责开展线路特巡工作，对重点线路及台区进行夜间红外监测，及时发现并排除设备故障。截至目前，度夏期间陈平已和队员们夜间特巡48天，完成特巡线路任务86次，及时发现处理故障16处。

陈平是单位知名的“陈三郎”。2016年，新乡遭遇“7·9”特大暴雨，他连续两天两夜抢修受损电气设备后，被班长靳慧林“命令”回家休息。没想到他凌晨1点钟服从指挥到家，6点钟又出现在了抢修班。“我是党员，我必须冲在前面；我还年轻，我必须接替随身携带降压药的师傅们；我有经验，我可以带更多的年轻人开展抢修。”说完，陈平跳上了抢修车。看着他的背影，班长无奈地说：“真是拼命陈三郎！”

陈平所在的共产党员服务队合影

抗疫一线的“电力卫士”

2020年，疫情防控期间，陈平再次冲锋在前，坚守岗位，迅速带领大家启动应急预案，从春节保电转变角色，积极投入到抗疫保电第一线。

对于新乡市区15个重点医院及卫健委检测中心涉及的10座开闭所、25条10千伏线路，他带领班组成员坚持每天24小时不间断巡视、测温，并加强对太公山医院、新乡市中心医院、新乡市传染病医院等医疗救治定点医疗机构进行特巡和保电，确保每一处设备、每一条线路、每一个环节检查到位，隐患消缺到位。

同时，陈平还积极响应党中央号召，带头向湖北武汉捐款。在他的带领下，大家共捐款3400元，为支持疫情防控奉献自己的一份爱心。陈平因在疫情防控工作中表现突出，受到新乡市委组织部通报表扬。

暴雨之中的“定海神针”

2020年8月5日，暴雨突袭新乡，最大降雨量达到332.2毫米，市内数条道路积水严重。18时30分，陈平接到报修电话，留庄营新村停电，急需抢修。他和同事第一时间涉水赶往现场，经排查发现停电原因为10千伏Ⅱ学南线电缆发生故障。电缆沟井盖冒着烟，同时伴随着噼啪作响的漏电声。掀起井盖，一股热浪扑面而来。

积水已经被漏电产生的热量烧开了！陈平眉头紧皱，但没有一丝犹豫。“客户用电不能等！立即向配网调度申请停电，在漏电点8米范围内竖立标识牌！鼓风机呢？抓紧运过来对电缆沟进行降温，温度一降下来咱们就下去！”他高声向队员们喊道。

时间一分一秒过去，队员们在齐腰的积水中泡着，凭借头顶的照明灯在数条电缆中不停摸索、修复漏电点。等到最终“上岸”，已是次日1时。倒掉鞋中的积水，挂在队员们脸上的除了雨水、污水和汗水，还有如释重负的笑容。

百炼成钢，建功电网。多年来，陈平所带领的共产党员服务队先后被评为“河南省电力公司金牌党员服务队”“国家电网有限公司优秀共产党员服务队”。他也获得国家电网有限公司优秀共产党员、国家电网有限公司共产党员服务队优秀队长、新乡市第六届道德模范提名奖等多项荣誉。

情撒电网书壮志 丹心辉映党旗红

——记国网辽宁电力营口供电公司副总经理 张楠

张 楠，男，汉族，辽宁沈阳人，1979 年 8 月出生，2004 年 4 月参加工作，2009 年 7 月加入中国共产党。

- 2015 年 国网北京经济技术学院科学技术进步一等奖
- 2016 年 国网辽宁省电力有限公司管理创新成果一等奖
- 2017 年 辽宁省企业管理进步二等成果
- 2019 年 国家电网有限公司优秀党务工作者

“穿上蓝色的工装，就要有电力人的模样；党徽戴在胸前，就要无愧于党员的责任与担当”，这是他常挂在嘴边的一句话。在他的身上始终展现着共产党员无畏险阻、攻坚克难的勇气，踏实肯干、敢为人先的志气以及开拓进取、改革创新的锐气，他就是国网营口供电公司副总经理张楠。

党员就要敢啃“硬骨头”

专业出身的他，先后从事过电网规划、电网基建、党建管理等工作。无论在哪个岗位，负责哪项工作，“迎着困难上”是他一直秉承的信条。在担任国网营口供电公司副总经理期间，他分管基建工作，面对基建工程历史遗留问题和超长工期工程治理难题，他深入现场走访调研、广泛开展座谈研讨，明确了“强责任、建机制、疏堵点、严考核”原则，制定了《关于加快推进营口电网建设若干举措的通知》《营口供电公司属地化协调管理办法》以及《营口地区电网建设实践指导手册》的“一文一法一册”，通过实施流程制度规范、建设敏感区域和问题归集、急难险重任务考核激励措施，全面加强了电网建设基础管理水平。他创新工作思路，研究提出的全省首例电力线路临矿问题处置办法，解决了常家 66 千伏联网工程前期工作停滞 4 年问题；他勇于担当作为，积极向上级和地方政府争取政策支持，“万福—矿洞沟 T 接十字街 66 千伏线路工程”成为全省首批基建销号工程；他全力破题攻关，对“东昌—官屯 66 千伏线路工程”进行重大技术方案调整，顺利解决该项工程历时 5 年无法建成的难题。正是凭借这种不畏艰难、迎难而上的精神，正是凭借“党员就要敢啃硬骨头”的坚守与执着，他解决了一个又一个难题，创造了一项又一项优秀成绩。

张楠走访慰问贫困户

党员就要勇当“排头兵”

2017年，他调任营口市大石桥供电公司担任党委书记，扎实的专业基础促进他迅速进入角色、转变定位。作为基层党建工作负责人，他一直思考如何让党建更好地融入专业、促进专业。他坚信“只有最基层的地方才能发现最真实的问题”，他深入基层走访调研，足迹遍布营销、生产等各专业的一线班组和基层党支部。针对调研问题，他反复研究思考，创新打造了“三五七”党建工作法，实现了党建与中心工作深度融合，推动分公司各项工作实现新的突破：大石桥供电公司售电量屡创历史新高，同期线损指标在全省大型县级供电公司中排名第一，同时成为辽宁省首家大规模实施煤改电项目的县级市。在省公司召开的“夯基础、求突破、勇争先”党建工作座谈会上，大石桥公司作为唯一的县级供电公司代表做了发言。在他的带领下，大石桥公司荣获了2019年度省公司先进集体，他也被国家电网有限公司授予优秀党务工作者的荣誉称号。

张楠在变电站调研工作

如今，他再次被委以重任，担任国网朝阳供电公司党委书记。相信，他一定会永葆党员本色，坚守崇高信仰，奋楫笃行再起航，用责任与担当书写更加辉煌壮丽的篇章。

变电站里的“定海神针”

——记国网吉林电力长春供电公司变电检修中心变电检修三班班长　刘洋

刘　洋，男，汉族，吉林长春人，1969 年 3 月出生，1988 年 8 月参加工作，2008 年 6 月加入中国共产党。

- 2007 年　吉林省电力有限公司劳动模范
- 2009 年　中央企业劳动模范
- 2010 年　国网吉林省电力有限公司抗洪抢险优秀共产党员
- 2011 年　国网吉林省电力有限公司优秀共产党员
- 2020 年　全国劳动模范

“有刘洋大哥在现场，我们干起活儿来最安心！”大家提起变电检修三班的刘洋大哥时都会这样形容。他是班组里最能干活的人，也是最专业的技术大拿。他用 34 年的时间，从一个检修“学徒”成长为变电检修专业的“技术大咖”，从平凡岗位上的普通人，成长为国网长春供电公司变电专业的“定海神针”。

恒心专守　他在艰难困苦中求创新

1988 年，刘洋从电力技术学校毕业后，被分配到长春供电公司从事变电检修工作。2008 年他成为一名光荣的共产党员，回忆起当年，刘洋感慨道：“这是份荣誉更是一生的责任，我在心中默默发了誓，在变电检修岗位上，一定要不忘初心，做一名合格的手艺人，在这平凡的岗位上认真履责！”

作为一线的工作人员，他喜欢钻研难题，更喜欢在工作中做发明，搞创造。有一年冬天，他在变电站进行倒闸操作，由于气温骤降，外露的隔离开关被牢牢冻住，严重阻碍了正常的分合闸操作。刘洋凭借经验，判断这是开关制造工艺未能充分考虑东北气候而导致的缺陷，想要彻底排除故障就要更换开关，但是送电任务时间紧迫，根本来不及。

刘洋马上联系了生产厂家并到现场实地查看。为方便工作，刘洋脱下了外衣，在零下二十多度的环境里一次次的做试验。除了冰冷的机器设备，身旁没有任何遮挡物。寒风刺骨，他丝毫没有动容，专心致志的试验着。经过不懈努力，他成功改造了隔离开关，形成“自导流排水孔”，为企业节约了数十万元。

匠心传承　他将早餐食堂变成进修班

2003 年，刘洋担任变电检修三班班长，共

● 刘洋在长春西郊变更换刀闸

负责 21 个一次变、80 个二次变运行设备的检修工作。新的身份让他对自己的工作任务有了新的认识。“我们检修三班可是大家的‘技能进修班’！”提起自己所在的部门刘洋十分骄傲。

2010 年，公司在变电检修班成立了“刘洋创新工作室”。变电站成了临时课堂，技术小培训成为家常便饭，“早餐茶会”成为班前讨论主战场。创新工作室的成果不断累积，技术革新就有 20 次，研发的创新成果有 14 项。创新团队还获评了全国优秀质量管理小组和全国质量信得过班组。

“我希望把我自己这么多年的所思所学分享给他们，让他们少走弯路、快速成长。”在定期带领青年职工实地开展基建、电气设备安装、调试、验收、投运等方面的培训工作之外，刘洋还经常利用各种零散时间与青年员工交流工作心得，解答工作难题。

初心未变　他以坚守诠释热爱

新冠肺炎疫情期间，刘洋主动请战参与一线保电工作。为了确保吉林版“火神山”医院用电安全，刘洋和同事们对其负责的 16 座变电站开展了拉网式排查。“绝不能在这样的特殊时期出问题！”带着这样的信念，无论是故障处理，还是大修技改，他都能以最快速度完成。

2020 年，长春市遭遇了一场罕见的强雨雪冰冻天气，不少电力线路遭受损伤，刘洋和同事们发现部分变电站设备出现了覆冰现象，为了快速清除覆冰，刘洋立刻带领同事们，对变电设备进行除冰作业。寒风中，他用绝缘杆一点点敲击着覆冰，几个小时过去了，他的衣服早已被汗水湿透，但工作的脚步却未曾停歇。

从“门外汉”到“行家里手”，从“毛头小伙”到“定海神针”，刘洋扎根基层工作数十载，专注于变电设备检修，在安全生产、保电、重大工程施工等工作中始终践行“人民电业为人民”的初心使命。

● 刘洋在北京人民大会堂接受全国劳动模范表彰

时刻带电的“满电”人生

——记国网黑龙江电力哈尔滨供电公司带电作业中心带电作业高级技术 李占奎

李占奎，男，汉族，黑龙江哈尔滨人，1982 年 7 月出生，2000 年 10 月参加工作，2007 年 6 月加入中国共产党。

- 2012 年 中央企业技术能手
- 2017 年 黑龙江省劳动模范
- 2019 年 全国五一劳动奖章
- 2021 年 国家电网有限公司特等劳动模范

踏实肯干 刻苦钻研

李占奎顶住压力，勤学不怠，先后参加 7 次专业技能竞赛，均取得了理想的成绩。2010 年，获得哈尔滨市青工岗位技能大赛个人项目第一名；2011 年，作为队员，参加国家电网公司组织 10 千伏配网架空线路带电作业技能竞赛，获得个人项目第一名；2016 年，作为国网黑龙江电力主教练，参加国家电网公司组织 10 千伏配网架空线路带电作业技能竞赛，获得团体三等奖和个人项目第五名的好成绩；2020 年，作为国网哈尔滨供电公司主教练，代表国网黑龙江电力参加中国能源化学地质工会东北电力工会组织东北电力系统 10 千伏配网不停电作业技能竞赛，获得团体一等奖，个人项目第一、二、三名的好成绩。

爱岗敬业 勇于创新

2017 年，建成李占奎劳模创新工作室，李占奎带领工作室成员在工作中积极解决实际作业现场难题、险题，积极引进新技术，推广新方法，结合实际作业现场，研制多功能线夹、绝缘引流线支架、多功能工具挂杆、快速毯夹挂杆等 20 余项创新，其中 8 项已经获得国家专利。为了规范管理，李占奎制定专业模板 26 项，规范资料 38 项。参与编写中华人民共和国国家标准 GB/T 37556—2019《10 千伏带电作业用绝缘斗臂车》和中华人民共和国电力行业标准 DL/T 971—2017《带电作业用便携式核相仪》2册标准，主编、参编专业书籍15册，均在中国电力出版社和中国水利水电出版社出版；编写国网黑龙江省电力有限公司企业标准带电作业标准化作业指导书33项；编写专业技术论文8篇，均在国家级和省级刊物发表，为实际作业现场作业人员提供了可靠依据，并得到了带电作业者的一致好评。担任国家电网公司配电带电作业资质培训班理论和实际操作现场培训师，近两年，累计授课400余课时，为提升带电作业队伍理论水平和实操能力作出了应有的贡献。

为电先行　担当作为

2020年12月，为配合哈尔滨市住房和城乡建设局（新一地棚改配套三棵树跨线桥）工程，李占奎经过2次现场勘查和研讨，采取旁路作业方式进行带负荷拆除架空线路和电杆，在没有停电的情况下拆除17档架空线路及15基电杆，顺利完成了工作任务，达到了不停电作业就是最好的优质服务的理念。2021年1月，新冠肺炎在哈尔滨市呼兰区爆发，他不畏惧艰险，深入呼兰区作业现场，在66千伏新松浦变电站10千伏龙革线地顺支292号杆带电安装分支线路，为哈尔滨市应急管理中心（核酸检测中心）顺利用电提供了可靠支撑。近五年，直接参与带电作业1350次，多供电量562万千瓦时；减少停电户数34678户，消除影响居民正常用电的紧急缺陷319次；直接组织并参与的重大节日、活动保电工作368次。作业效率、质量、数量不断提高，安全事故一直保持“零”记录。

作为一名电力员工，李占奎秉承“诚信、责任、创新、奉献”的核心价值观，将自己的全部智慧与力量奉献给了电力事业，以实际行动诠释了“你用电，我用心”的服务内涵，为积极推动“碳达峰、碳中和”的目标做出应有的贡献。

李占奎正在进行带电更换高压隔离开关

用心用情当好企业的“保健医生”

——记国网青海电力总法律顾问、总审计师，审计部主任　王延刚

王延刚，男，汉族，青海门源人，1967 年 10 月出生，1987 年 7 月参加工作，1996 年 12 月加入中国共产党。

•2016 年　国家电网公司审计工作先进个人

王延刚是一名有着近 25 年党龄的党员，他不论在工作还是生活中都力求率先垂范，发挥先锋模范作用，团结带领审计战线上的全体干部员工，为青海公司依法从严治企做出了突出的贡献。

勇于开拓进取，工作成效突出

2020 年，面对突如其来的新冠肺炎疫情，他坚持“目标不变、任务不减、标准不降”坚决贯彻落实上级各项决策部署。全年完成 63 项 4241 个项目审计，促进增收节支 1.1 亿元，提出审计意见和建议 1510 条。他聚焦审计工作首要职责，围绕优化营商环境、脱贫攻坚、“提质增效”专项行动，领导开展扶贫项目、“三供一业”分离移交等专项审计，揭示问题和风险，提出建设性建议，促进了重大决策部署落实。他聚焦审计工作重要职责，将业务部门和基层单位关注的管理痛点、盲点、薄弱点作为审计监督重点，向 10 个业务部门、15 家基层单位出具了管理建议书，促进公司治理和风险防范。他聚焦审计工作基本职责，强化对重点领域、风险环节和关键岗位的审计监督。组织开展 9 家单位领导人员任期经济责任审计，推动领导人员履责担当。在他的带领下，公司审计工作得到国网公司高度肯定，先后被评为 2018 年度、2020 年度审计工作优秀单位、2020 年度数字化审计工作优秀单位、后评审工作优秀单位。

主动作为，锐意创新，带领审计工作转型发展

他深入践行“科技强审”理念，坚持“以建促用、以用促建、建用融合”的工作思路，领导开展数字化审计建设和应用，大力推动数字化审计创新，完成国网数字化审计平台二期

● 王延刚组织开展数字化综合专项审计模型验证工作

部署，建成具有青海特色的智慧审计应用，在全国网系统首家实现审计项目全生命周期线上管理，为总部数字化审计平台的建设提供了"青海智慧"和"青海方案"。

坚持党建统领，党建与业务管理协同跨越发展

他深入推进党建工作，组织开展支部联建活动，推动党建与业务双提升。他大力培养审计复合型人才，鼓励年轻同志考取各类职业资格，担任主审，审计人员能力显著提高，逐渐成为业务能手、成长为审计专家，2021 年 10 名审计人员入选国家电网公司审计专家团队，居西北区域首位。繁忙的工作中，他认真总结经验，在国家级核心期刊发表论文 3 篇，向国家专利局申请 5 项专利，2 项课题入选青海省审计厅项目。

旱塬上亮起的一盏灯

——记国网宁夏电力吴忠市红寺堡供电公司配电运维服务班班长　蒋勇

蒋　勇，男，汉族，宁夏吴忠人，1966 年 2 月出生，1984 年 10 月参加工作，1988 年 7 月加入中国共产党。

- 2009 年　宁夏回族自治区道德模范
- 2009 年　国网宁夏电力“宁夏回族自治区成立 60 周年大庆”保电先进个人
- 2012 年　国网宁夏电力“用电信息采集建设”先进个人

蒋勇是保电一线的一班之长；是执行急难险重任务、重大保电现场上的一员勇将；更是红寺堡区广大移民心中值得信赖的掌灯人。30 余年如一日，他用雷厉风行的作风，勇于担当的精神，令广大移民满意的行动，诠释了电力行业共产党人的初心和使命。

处突搜救冲在前

“我们一定第一时间集结队伍，携带设备以最快的速度赶往苦水河现场，配合相关部门展开对三位落水儿童的搜救……”这是 2020 年 8 月 10 日 20 时许，红寺堡公司值班员蒋勇在接到红寺堡区长电话时所说。

这是一次突发事件，在红寺堡区苦水河有三位儿童落水，红寺堡区迅速组织消防部门、公安部门前往事发地展开搜救。但随着天色渐暗，搜救工作面临的难度越来越大。蒋勇接完电话，一边向公司汇报情况，一边通知班员紧急集合。一刻钟后，蒋勇带人赶到现场，此时雨后的河水浑浊，能见度极低，一台车、两台强光灯完全不够用。这时，他拿起手机，立即向周边供电所发出援助命令。迅疾赶来的 3 辆应急抢修车、8 台强光应急工作灯、4 台发电机将河面照得如白昼一般。身穿红马甲的他，站在抢修车上，操控照明灯上下升降，左右旋转，紧跟消防、公安人员搜救的身影，睁大了双眼，紧紧地盯着水面。到 11 日凌晨 1 点 30 分，经过 5 小时的奋力搜救，三个孩子一一被打捞上来，可令人痛惜和无法接受的是，三个孩子已无生命迹象和体征。搜救结束，围观的群众向蒋勇他们，竖起了大拇指。红寺堡区政府更是对供电公司应急队伍在关键时刻，拉得出，顶得上，能吃苦，给予了高度赞扬。

用心点亮移民心灯

蒋勇所在的班有用电客户近两万多户，为了让客户和企业用上“舒心电”“安全电”“放心电”，他坚持把群众利益放在第一位，急群众之所急，想群众之所想，真正做到了权为民所用、利为民所谋、情为民所系。

2020年夏季，连续数日高温天气，电网负荷激增。一天晚上10点，蒋勇接到一位客户的抢修电话，电话那头的声音焦急，客户说自己家的商铺停电了，一水池鱼没了换氧泵，会损失惨重。放下抢修电话，蒋勇立即带领抢修人员赶往现场，经检查发现用户因用电负荷过大，进户线老化造成短路，导致用户侧开关烧毁，无法及时恢复供电。蒋勇急中生智，立即将随车携带的开关拿出，免费给客户进行了更换。送电正常后，客户感动地说：“要不是你们来得及时，我的损失就大了，真的太感谢你们了。”

2021年6月中旬，公司不停电作业比赛刚刚结束后的一天，疲惫的蒋勇接到鹏胜小区住户的报修电话，立即带人赶赴现场进行消缺。一小时后，故障被排除，从绝缘斗上下来的蒋勇脱下绝缘服时，身上衣服已被汗水湿透，犹如从桑拿房出来一般。蒋勇当兵出身，工作雷厉风行，作风正，能吃苦，深得辖区客户赞扬和同事们认同。

三十多年来，像这样的抢修，对于蒋勇来说是平常事。他始终如一日心系客户、情系百姓、勤奋工作。正是有了这样让红寺堡移民满意的一次次服务，才赢得在一方百姓中的好口碑。

● 蒋勇在红寺堡红弘德工业园区向客户宣传安全用电常识

文明创建迎难而上的“三大员”

2020年8月，红寺堡区这个被称之为全国最大的移民安置区，历经23年建设发展，步入创建全国文明城市的序列。而城市街道的电力线路及设备中，部分杆塔上、变电设备上的“牛皮癣”，还有破损表箱及拉线松动等，看上去既不美观，又有安全隐患。创城在即，时间紧，任务重。蒋勇主动请缨，接下艰难的整治工作。他带领班员们详细摸底街道后，加班加点展开对线路和设备的全面整治。白天他在线路上干活，晚上与各部门协调工作，准备工程材料，一干就是2个月。在他的努力下，整理破损表箱185套，喷绘分支箱268处，安装变压器防护围栏161台，处理安全隐患341处。红寺堡区街道毫无生机的电箱焕然一新，成为一道美丽的风景线。同事们纷纷称他是供电线路的巡查员、街道卫生的保洁员、为民服务的勤务员。

碳中和战略研究与国际合作的先锋

——记全球能源互联网集团经济技术研究院气变环境处四级职员　刘昌义

刘昌义，男，汉族，湖北天门人，1985 年 7 月出生，2013 年 7 月参加工作，2005 年 10 月加入中国共产党。

- 2012 年　教育部“学术新人奖”
- 2015 年　中国气象局优秀公益宣传三等奖

立志献身“碳中和”

作为从农村走出来的孩子，刘昌义从小便懂得天行有常、道法自然的朴素哲理。2003 年进入大学后，他更是成为热心环保公益事业的积极分子，一手创办环保社团，参加全国性环保活动，将环保由自发的热爱上升到自身的责任。2005 年，刘昌义光荣地加入中国共产党，那时候他开始运用马克思哲学、辩证法和唯物主义观点来思索环境与发展的问题。

读研究生期间，刘昌义开始从事气候变化经济研究。博士毕业后，他进入中国气象局国家气候中心工作，“跨界”涉足风光资源评估、综合评估模型、气候影响评估等新领域，将气候科学与社会科学相结合。他将个人兴趣、职业发展与国家需要真正结合起来，矢志不渝将一生奉献给全球应对气候变化事业。

初涉能源互联网

2015 年，习近平主席在联合国发展峰会上倡议“探讨构建全球能源互联网，推动以清洁和绿色方式满足全球电力需求”。全球能源互联网集团高度重视气候变化问题，专门在经济技术研究院成立了气变环境处。

2017 年，刘昌义由国家气象部门调入全球能源互联网集团气变环境处，负责开展气候方向的战略研究与国际合作，研究横跨能源—气候—经济多个交叉领域，范围覆盖国际国内多区域，挑战多难度大。面对困难，刘昌义没有丝毫犹豫，欣然领命。

气变环境处成立之初，人才、模型、数据面临着“一穷二白”的局面。在各级领导的大力支持下，刘昌义通过不懈努力，克服种种困难，多渠道引入资源，分别与国际应用系统分析研究所、世界气象组织及国内外多家顶尖智库和专家建立起合作关系，初步奠定了团队的基础研究能力。

党建引领出硕果

2018年以来，刘昌义充分发挥党员先锋模范作用，通过集团公司（合作组织）的国际化平台，牵头与联合国机构合作，参与编写《全球能源互联网促进〈巴黎协定〉实施行动计划》《全球能源互联网应对气候变化研究报告》《破解危机》三部巨著，在国际上通过"三步走"，完成三部重要的气候战略研究成果，讲述好"全球能源互联网实现碳中和"的"中国智慧"和"中国故事"，进一步提升我国在全球气候和能源治理中的话语权和影响力。

联合国秘书长古特雷斯专程来信致谢，高度评价全球能源互联网发展及以全球能源互联网应对气候变化、实现可持续发展的成就。联合国气变框架公约秘书处、世界气象组织等都对集团公司（合作组织）气变战略研究成果给予高度评价。

● 宋新甫为青年员工讲解新疆"十四五"骨干网架建设方案

在国内率先开展碳中和战略研究。为落实习总书记碳达峰碳中和目标，主动对接国网公司"双碳"行动方案，刘昌义参与编写《中国2060年前碳中和研究报告》《中国碳中和之路》专著，全面系统提出中国能源互联网碳中和方案，2021年在北京陆续发布。作为国内最早发布的全面系统的碳中和方案，成果得到中央领导批示，对相关政府部门政策制定起到重要的支撑作用，为国家双碳目标作出国网贡献。

生态文明大文章

刘昌义积极参与全球能源和气候治理，支持联合国能源清洁发展与应对气候变化工作，支撑我国气候外交工作。2018年5月，联合国召开气候促进性对话大会，刘昌义参与撰写的全球能源互联网碳中和提案，作为我国唯一一份提交且被接收的提案，受邀参加联合国气候大会并做主旨发言。此外，他受邀为国家发改委"一带一路"和"南南合作"项目的发展中国家政府官员授课，讲授生态文明知识，传播全球能源互联网理念。

通过集团公司（合作组织）的智库平台、合作平台和传播平台，刘昌义积极推动将国网公司特高压技术、全球能源互联网理念和全球碳中和方案纳入联合国能源高级别对话、政府间气候变化委员会第六次评估报告等联合国成果体系，为国网公司建设具有中国特色国际领先的能源互联网企业、提升在全球能源电力领域的话语权提供重要支撑，努力推动将全球能源互联网打造成为实现碳中和、建设生态文明、构建人与自然命运共同体的最佳实践。

献身电网信息通信事业的行业尖兵

——记国网思极飞天（兰州）云数科技有限公司董事、总经理、党支部副书记 张华峰

张华峰，男，汉族，甘肃庆阳人，1978年9月出生，2001年7月参加工作，2008年6月加入中国共产党。

- 2013年 国家电网公司工程技术专家
- 2013年 国家电网公司信息通信工作先进个人
- 2015年 甘肃省人民政府科学技术进步二等奖
- 2018年 国家电网公司信息通信领军人才

张华峰是国家电网公司信息通信领军人才，自参加工作以来，长期从事电网信息化工作。二十年来，参与并见证了国家电网公司信息化事业的快速发展，矢志把自己锻造成电网信息化建设的行业尖兵。

心怀做强电网信息化事业的初心和使命 奋斗不止 始得玉成

2008年，国家电网公司SG186信息化工程进入快速建设期，甘肃地处偏远，网络、服务器、数据库、安全等方面底子薄、基础差，作为信息化工作骨干他临危受命，夜以继日投入工作，制订方案、攻克难题。他经常饿了吃口方便面，困了几把椅子拼起来睡一会儿，最终顺利按期完成了建设项目，通过项目验收，并荣获国家电网公司信息通信工作先进个人。

他先后主持和参与国网公司50余个试点项目，获得省公司级以上科技进步奖27项，取得国家专利18项。信息系统基础加固、黑启动等工作模式在国网推广，入选国资委信息化建设典型案例，连续两年入选国家电网有限公司新兴产业最佳实践案例，先后被评为国家电网有限公司专家人才、国家电网有限公司信息通信领军人才等称号。

“拼命三郎”“多面手”是同事们对他的评价

2019年4月，他担任国网思极飞天（兰州）云数科技有限公司董事、总经理、党支部副书记。在西北首个电网云数据中心建设过程中，面对突如其来的新冠疫情，他与班子成员团结协作、奋力拼搏，带领广大员工一手抓疫情防控、

● 张华峰在国网思极飞天党员活动室参加党组织活动

一手抓生产经营，积极服务电网系统抗疫需求，助力基层疫情防控。接到国网甘肃电力公司疫情防控平台建设任务后，他带领员工连续奋战五天五夜，研发出新型无接触式"疫情防控平台"。随后相继研发出"空心村""电眼看黄河""电眼看祁连"等大数据产品，助力脱贫攻坚和祁连山、黄河上游生态保护，获甘肃省委省政府和集团公司高度肯定。提前一年完成大数据中心（一期）建设任务，在建期间机柜全部预售完毕，实现企业经营业绩"三级跳"，获评集团抗疫先进集体和产业发展工作先进单位。

积极落实国家电网公司"一体四翼"发展布局

深入落实集团为"一体"赋智、为"四翼"赋能、为"全要素"赋值的发展定位，主动服务国家重大战略在甘肃落地，2021 年研发甘肃省级能耗监测平台、充电基础设施接入监管平台，开展"双碳"创新模式研究，形成数据中心、产业园区双碳解决方案；搭建作业违章人工智能识别平台，形成数字化供电所、基于数字孪生技术"红旗变"数字化解决方案。培养自主区块链团队 12 人，取得国家首批区块链架构师资格，完成交易、安监等场景上链应用，拓展青海、宁夏区块链实施项目，入选工信部 2020 年网络安全技术应用试点示范。两年来，公司安全生产保持平稳，人才队伍建设初见成效，党建工作持续加强，混改合作圆满完成，智慧城市、环保征信、能源大数据中心等外部市场培育取得突破，已经成为甘肃电力数字化创新、新兴产业开拓的引领力量，正快速成为集团布局西北市场、打造"国网算力"品牌的重要阵地。

做一个心系职工办实事的贴心人

由于公司成立时间短、基础建设相对薄弱，千方百计解决职工工作生活困难、改善职工办公生活条件是他最牵挂的事。年轻职工没地方住，他就协调租用人才公寓和周转房；职工办公环境简陋、夏天闷热干燥，他就带头购置风扇和消暑用品；项目需求分析、技术架构研究，只要是有困难的地方就有他的身影。他常说"公司就像一台戏，唱戏的主角是职工，我们作为党员领导干部要搭好舞台，服务好职工，这样职工才能把戏唱得更好"，他是这么说的、更是这么做的，想职工所想、急职工所急。职工都把张华峰当成贴心人，无论是生活上还是工作上，职工只要有困难，第一时间想到的是找他解决，"有困难、找华总"成了公司员工常挂在嘴边的口头禅。

敢拼敢打、善做善成，张华峰用西北人的忠诚朴实和对电网事业二十年如一日的坚守彰显一名电力工作者的责任担当，用对国家电网信息化建设的骄人业绩践行一名共产党员的初心使命。

勇担重任　砥砺前行

——记国网新源陕西镇安抽水蓄能有限公司安全总监、安全监察部主任　李作舟

李作舟，男，汉族，河南濮阳人，1981 年 10 月出生，2003 年 7 月参加工作，2012 年 7 月加入中国共产党。

- 2015 年　国网新源公司安全生产先进个人
- 2019 年　国网新源公司优秀共产党员
- 2020 年　国网新源公司生产先进（工作）者

李作舟，国网新源陕西镇安抽水蓄能有限公司安全总监兼安全监察部主任，高级工程师。先后获得河南省百名员工技术英杰、国网新源公司安全生产先进个人、优秀共产党员等荣誉称号。

秦岭腹地的抽水蓄能电站建设者

2016 年 6 月，李作舟来到山路曲折环绕，大山层峦叠嶂，远离城市的秦岭腹地——镇安县月河镇菩萨墼村。

刚到这里，李作舟就忙碌了起来。面对 2016 年 8 月就要具备开工条件，这样时间紧任务重的紧张局面，李作舟带着工程部几个年轻小伙子加班加点，克服办公、居住条件简陋、饮食不习惯等种种困难，终于在 2016 年 8 月 5 日，镇安抽水蓄能电站正式开工。

2017 年 6 月 2 日，月河突然电闪雷鸣，大雨滂沱，突降的大雨导致办公营地到施工现场的道路冲毁，办公营地俨然成为一座孤岛。险情发生后，李作舟迅速集合值班人员和各参建单位启动应急预案，停止作业，时刻关注河道涨水情况，随时汇报现场动态。雨势稍小后，李作舟更是沿山脚小路徒步前往施工现场查看防汛工作。面对通信困难，交通不便等种种考验，他沉着冷静的指挥，确保施工现场设备安全稳定，避免恶劣环境给工程造成巨大损失。

精益求精建造一座电站

2019 年，镇安抽水蓄能电站土建工程全面铺开，李作舟面临着巨大的压力。土建工程

● 李作舟在防汛检查

不确定性因素太多，他白天在现场完成巡视工作后，晚上思考分析现场施工过程中出现的变化情况，预想可能发生的问题，可以采取的措施。他兢兢业业工作，把解决电站工程现场存在的实际问题和攻克主要技术难题当作第一要务，创造性地开展工作。他参与编写的《水工综合管理》培训教材由中国电力出版社出版发行。参与制定了国网新源公司企业标准18项。参与的《提高进厂交通洞洞脸锚杆质量通病的防治率项目》获得国网新源公司QC成果二等奖和电力建设质量管理小组活动二等奖，参与的《提高小断面洞室开挖半孔率》获得电力建设质量管理小组活动三等奖。

培育新一代电站守护者

2020年，大量年轻员工进入公司工程一线，李作舟说：“基建时期，面对建设工期的紧迫，现场工作的复杂，年轻员工经验的匮乏，我必须得思路清晰，才能带着大家与时间赛跑。”他独具的沉稳性格和年轻员工特有的工作激情，确立了“管理出新，狠抓落实”的管理思路，建立日事日清、专人盯办的工作机制，定期召开工程夜校，有效提高了年轻工程管理人员技术水平与现场管控能力。在他的带领下，年轻员工迅速成长，不仅塑造了一支善于学习、吃苦耐劳、能打硬仗的坚强团队，而且多数年轻人已经可以独自管理施工标段。荣誉的背后是汗水和智慧的凝结，是不折不挠、长期坚守一线的体现，是一名共产党员的责任担当和初心使命。

● 李作舟雪后带领年轻员工深入现场开展施工检查

方块字间编织大千世界

——记英大传媒集团《国家电网报》编辑中心记者　马佳

马　佳，女，回族，宁夏银川人，1986 年 12 月出生，2009 年 7 月参加工作，2012 年 10 月加入中国共产党。

- 2016 年　英大传媒集团优秀共产党员
- 2017 年　英大传媒集团先进个人
- 2018 年　英大传媒集团先进工作者
- 2020 年　国家电网有限公司优秀共产党员
- 2020 年　国家电网有限公司抗击新冠肺炎疫情先进个人

在时代的洪流中，有一支特殊的队伍，他们用信息价值诠释着“妙手著文章”的含义，也用担当和行动彰显着“铁肩担道义”的决心。或许他们不在画面的中心，但却是信息最忠实的记录者，是暖心能量的传递者，是伟大时代的见证者。这支队伍，正是新闻工作者。英大传媒集团《国家电网报》的记者马佳就是其中的一员。

多年来，马佳始终坚守在新闻战线，以习近平新时代中国特色社会主义思想为指导，牢牢坚持党性原则，牢牢坚持马克思主义新闻观，牢牢坚持正确舆论导向，牢牢坚持正面宣传为主，坚持正确的政治方向、舆论导向、价值取向、工作志向，书写电力事业发展的光辉岁月，书写电网员工干事创业的昂扬斗志，书写国家电网公司在国家发展大局中彰显的“大国重器”担当，坚决扛起新闻宣传工作者的责任与使命。

急难险重冲在前　快速传递新闻信息

记者是“美丽逆行族”中的一员，急难险重时刻冲锋在前。2020 年，病毒突袭而至，疫情来势汹汹。马佳在春节假期留守北京随时待命，承担应急报道任务。农历年初三到初五，国家电网公司连续召开部署疫情防控工作的重要会议。接到报道任务后，马佳第一时间联络了解会议内容，提前连夜做案头工作，并早早赶到现场准备，会后就地撰稿，高效完成报道任务。

从春节期间到 2 月下旬，马佳多天采访连轴转，白天黑夜加班加点，不是奔波在采访的路上，就是伏在写稿的案前。当时，她一岁半的女儿正处于和母亲分离的焦虑期，常因见不到妈妈哭闹不安。早出晚归的她，少了对孩子的陪伴，却坚守了记者的责任。

随后，公司领导检查在京单位疫情防控情况并开展调研，密集与各地省级电力公司进行视频调研，马佳持续参与报道，先后撰写了公司领导与近20家省级电力公司和多家特高压装备企业视频调研的消息。2020年，马佳共采写稿件156篇，共26万余字，其中关于抗击疫情和服务经济社会发展稿件40余篇。

奔走一线不停歇　记录发展动人故事

新闻工作者的“战场”在基层一线，去现场，不仅是记者特有的“仪式感”，更是寻找信息增量的必修课。脚下有泥，心中有光，马佳深入一线，坚持在基层了解国情党情、把握社会实际、强化宗旨意识、增进人民情怀，回应社会关切。

行走世间，体察时代的流转和变迁，穿越四季，跨越祖国大江南北，马佳用文字记录下了一个个重大电网工程投运时的喜悦、一次次抢险救灾时电网人的坚韧和奉献、一幅幅电力惠民生的美丽画面，通过记者的视角，记录有质感的故事，将电网技术的跨越和突破、电网人火热的工作和生活等较为“内向”和专业的内容展现给更多的人。

在海拔4300米的青海玛多县，马佳顶着寒冷的风雪采访当地学校和居民，报道清洁供暖在高原的创新实践；2016年G20峰会期间，她跟随供电员工走进深山巡查场馆保障重要供电线路，也走入杭州的弄堂里与“老杭州”聊用电变迁；工作以来的大部分春节，她都奔赴在新春走基层的一线，在特高压变电站、一线供电服务营业厅等记录电网人的春节；炎炎夏日，在安全生产月到来之时，她曾深入到山东菏泽地下800米深的矿井中，采访企业安全管理的典型经验；当西藏重点电网工程开工之时，她奔赴一线，采访水电站的运行情况，和当地居民聊电力联网工程给生活带来的变化……

深处信息时代的变革潮流中，当“人人记者”时代加速到来，马佳坚持走在前、干在前，用媒体融合方式增添报道价值，制作的长图作品《一组数据，看看机械化采棉有多厉害》《嘀，你的现代化进程充值成功！》广受好评。

马佳在青海玛多县居民家中采访清洁取暖

记录事实，传播常识，给予温暖，马佳坚持弘扬正能量、唱响主旋律，也时刻鞭策自己勤学多练、大胆创新。她坚信记者是一份值得骄傲的职业，也将带着这份荣光和责任，在新闻战线上继续贡献光与热。

勇破技术难关的电力设备研发带头人

——记平高集团技术中心副主任（四级正职） 段晓辉

段晓辉，男，汉族，河南洛阳人，1981 年 5 月出生，2004 年 7 月参加工作，2019 年 10 月加入中国共产党。

- 2013 年　平高集团有限公司劳动模范
- 2014 年　平顶山市劳动模范
- 2017 年　平顶山市学术技术带头人
- 2019 年　平顶山市拔尖人才
- 2019 年　河南省电机工程优秀青年

段晓辉出生在文化底蕴浓郁的河南洛阳，这座书香之城的侵染，让学习与创新成了他的生活、责任和习惯，在拼搏向前的道路上，廉洁自律，牢固树立工作责任感和使命感，成了他坚守的承诺。

在北京理工大学工程力学专业毕业的段晓辉在 2004 年成为了平高集团有限公司的一员，多年以来在技术领域上不惧挑战、不断进步，为满足国家特高压交、直流工程的建设需求，带领团队勇挑重担，坚持自主创新，发起了一次又一次的挑战，经历挫折与风风雨雨，完成多项具有完全自主知识产权的关键技术，实现了中国民族工业从“追赶”到“超越”的跨越，特高压设备已成为我国装备制造业的“金色名片”。

“卡脖子”技术的艰难攻关

曾经，直流工程用直流穿墙套管一直被国外公司垄断，成为我国直流工程发展的技术瓶颈，也是电力设备人的一块心病。

段晓辉在平顶山市劳动模范表彰大会上进行创优争先倡议发言

面对国外的技术封锁，平高集团于2011年立项开展直流穿墙套管自主化研制，段晓辉作为项目主要负责人，在立项之初，说过这样一句话“这不仅仅是一个产品，更是我们的一份底气、一份自信，我们不仅要做到、更要做好！”

经过180多次材料配方试验，60多次的技术方案研讨和评审，历经5年时间，段晓辉和他的团队顺利完成了1100千伏直流穿墙套管产品研制，解决了直流套管设计、直流环氧材料配方开发、大型空心复合绝缘子制造等多项世界性难题。

±1100千伏直流穿墙套管的成功研制，填补了国际空白，成为国际上首个通过最高电压等级型式试验的1100千伏直流穿墙套管。实现了关键技术上的三个“首次”突破及国产特高压直流穿墙套管的首次工程应用。

产品顺利通过最后一项型式试验之后，段晓辉终于露出了如释重负的笑容，“终于可以陪孩子好好过个周末了，小家伙说我天天加班，是个坏爸爸”，产品研制再多的困难都扛过来了，孩子的一句话却让他红了眼眶……

传统技术的创新突破

随着电网规模的日益增大，电网短路水平超过断路器遮断容量的问题成为制约电网发展的又一瓶颈，高速开断技术亟须落实到产品。

2020年，平高集团立项开展252千伏高速开断断路器，具有资深设计经验的段晓辉再次迎难而上、勇挑重担。作为项目主要负责人，他始终以身作则，时刻牢记自己共产党员的身份，拿出“啃硬骨头”的决心与韧劲，带领团队埋头苦干。

● 段晓辉在浙江天一变电站进行国际首台套252千伏高速断路器调试

他那“一丝不苟搞创新，细微之处见实力”的工匠精神始终贯穿于新产品研发的整个过程。动员会上，他这样说“我们在打造一个标杆，这是我们的压力，更是我们荣幸，不枉我们做一回电力人！”

“白加黑、五加二”已是家常便饭，“连轴转、不抱怨”已是平稳心态，他带领团队在一年时间内完成了252千伏高速开断断路器产品研发，实现了从0到1的突破。

2020年12月，252千伏高速断路器在浙江实现世界首次挂网运行，在工程现场20ms即完成故障切除，开断时间缩短约30ms，成功抑制线路短路电流约30%，在行业内引发轰动和争相报道，被同行业人士称为电力奇迹。

段晓辉再一次不辱使命，出色完成重任。面对大家的赞许，他只是笑笑，“我只是这个团队的一分子，这是团队的成果，大家的荣誉”。

特高压建设的“光明使者”

——记国网直流公司四川工程建设部主任、党支部书记 邹军峰

邹军峰，男，汉族，湖北武汉人，1976 年 1 月出生，1996 年 7 月参加工作，2002 年 6 月加入中国共产党。

- 2017 年 国家电网公司重点工程劳动模范
- 2020 年 国家电网有限公司抗击新冠肺炎疫情先进个人
- 2020 年 国家电网有限公司优秀党员

1996 年 7 月参加工作以来，邹军峰长期扎根特高压换流站工程一线，履职尽责，从换流站土建施工到电气安装，从人员管理到建设协调，从工序管理到物资供应，从创优设计到细节创优，他倾注了无数心血，积累了丰富的直流工程建设管理经验，成为一名出色的“电网尖兵”。

建功电网守初心 锐意进取勇担当

2006 年，±500 千伏宜都换流站距离站系统带电调试仅剩下 20 天时间，此时，500 千伏户内 GIS 设备发现质量缺陷，共 118 根绝缘拉杆需要更换。在协调会上，双方意见出现严重分歧，一方面，带电调试时间迫在眉睫，是否按期更换将直接影响到宜都换流站能否按照预期目标带电，另一方面，ABB 方的专家坚持至少需要 30 天才能完成更换，所有参建人员都心急如焚，大家像热锅上的蚂蚁急得团团转。在这关键时刻，作为项目经理的邹军峰沉下心来，冷静分析思考后对大家说：“专家的意见很重要，但也不是绝对的，工作是干出来的不是等出来的，只要有 1% 的希望我们就要尽 100% 的努力，我们大家一起下功夫，就没有解决不了的难题！”凭着一股狠劲和钻劲，他通过调整试验方法、优化关键路径、协调参建各方生产要素投入等手段，仅仅用了 10 天就完成了全部绝缘拉杆的更换和试验。ABB 方的专家竖起大拇指：“中国人，太了不起了。”

2011 年，在青藏联网工程建设的关键时刻，±400 千伏拉萨换流站施工进度严重滞后，邹军峰被紧急派往拉萨站担任业主项目经理。他克服高原反应大、身体严重不适等困难，吃在工地、住在工地，从大处着手、从小处着眼，精准分析工程滞后的原因。通过同进同出、找准关键路径、加大协调力度和及时处理影响

进度各种因素等多种手段和措施，在保证工程本质安全和质量的前提下，使工程进度终于满足了总指挥部的里程碑计划要求。

● 邹军峰在酒泉换流站现场同业主项目部土建专责交流

2020 年，面对突如其来的新冠疫情，本处于疫情中心湖北的邹军峰辗转难眠，时刻牵挂着凉山深处的换流站工程现场。在国家电网公司作出复工复产要求后，他立即响应号召，辗转多地，投身到千里之外的 ±800 千伏雅中换流站施工建设中。经过精心组织，精准施策，多举措坚决有力防控，雅中换流站于 2 月 29 日正式复工，成为国内第一批复工的特高压换流站工程。

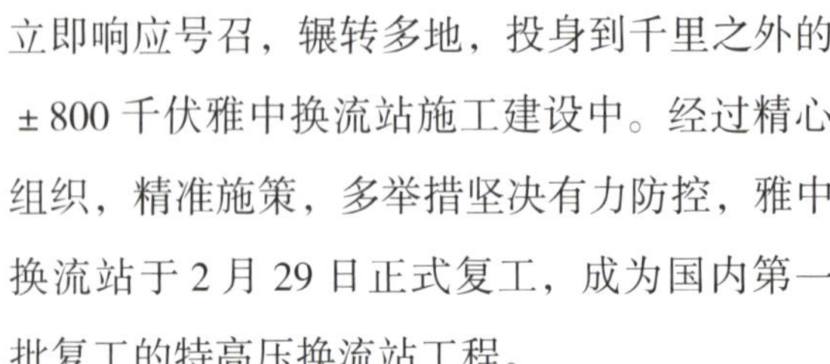

守正创新担使命　逐梦笃行新时代

面对数字化的发展趋势，如何将特高压换流站工程管理插上数字的翅膀，从而实现从传统到智慧化的转变，一直是邹军峰的梦想和努力的方向。2015 年，在 ±800 千伏酒泉换流站的建设管理中，他首创特高压换流站人员机械动态管控一体化平台，对传统工程管理融入数字化智慧建设进行了初步尝试；2017 年，在 ±420 千伏南通道换流站的建设过程中，他对平台进行优化和完善，增加了作业场景的管控；2019 年，他带领团队打造了 ±800 千伏雅中换流站智慧工地数字化管控平台，通过数字化手段实时、实景呈现质量管控关键环节，通过智能化应用优化核心设备安装环境，持续提升数字工地的成色，全力促进质量管理的精细化、智慧化；2021 年，他负责建管的 ±800 千伏布拖换流站被选为国家电网公司“数字化智慧工地”的样板试点项目。目前，数字化智慧工地系统已在特高压直流工程现场全面应用。

2016 年，邹军峰被授予国家电网公司“劳动模范”的称号，在“邹军峰劳模创新工作室”成立后，他秉承现场建管水平的提高，必须依赖于管控手段和施工工艺的创新的信念，劳模工作室成立以来，他获得的专利有 6 项，标准工艺、典型工法 10 余项，各级管理和科技创新成果 40 余个。

言传身教做表率　传帮结带强队伍

“独木难成林，只有干完一个项目，培养一批人才，带好一支队伍，我们的特高压事业才会后继有人，才会有更加美好的明天。”作为建设部主任和党支部书记，邹军峰感到欣慰的不是他所获得的荣誉，而是带兵育人过程中，工作技术的延伸、电网建设事业的传承。

作为一名党员干部，邹军峰在工程现场带头践行党建引领，推进“党建+”工程，狠抓

● 邹军峰在恩施换流站指导新员工

支部班子建设和内部合规管理，高效高质量完成公司下达的重点工作任务。

为帮助年轻员工尽快成才，他创新性地在工地开设“工地夜校”，实行每天看一份图纸、每周写一份学习心得、每月由青年员工主持开展一次学习讲座、每季度进行一次闭卷考试的“四个一”模式，亲自安排授课讲座，极大地促进了青年员工的成长。对于参建施工单位，他要求业主项目部及时开展工艺质量提升和技术服务咨询活动，不断提高参建队伍的施工管理和技术能力。他正是凭借于此，培养出了一批批特高压直流建设骨干人员和素质过硬的参建队伍，打造了一支作风强硬、素质过硬的专业化特高压建设“电力铁军”，用实际行动为电网事业交出一份满意的答卷。

25 年以来，正是靠着这种高度的责任心和使命感，靠着自己与团队奋力拼搏、艰苦创业的大无畏精神，不忘初心、牢记使命，通过精细化的管理和身体力行的工作方式，邹军峰攻克了特高压建设中一个又一个的难题，在建设具有中国特色国际领先的能源互联网企业的征程上，不辱使命，屡立新功！

信念火炬照亮漫漫征途

——记国网客服中心主任助理，南方分中心主任、党委书记　王冬宝

王冬宝，男，汉族，江苏南京人，1963 年 3 月出生，1982 年 12 月参加工作，1993 年 10 月加入中国共产党。

- 2015 年　国家电网公司科技进步奖一等奖
- 2016 年　中国客户联络中心行业优秀管理人奖章
- 2020 年　国家电网有限公司抗击新冠肺炎疫情先进个人

2021 年 7 月 27 日下午，南京发布最新新冠肺炎疫情病毒溯源为德尔塔毒株，同一时间，位于南京市江宁区的国网客服中心南方分中心（以下简称南方分中心）的会议室，气氛异常凝重；面临着日均近 10 万通电话的服务诉求，1300 多员工通勤防疫的重大责任，是否封园运营，所有人的目光又一次聚焦在他身上，像过去的无数次一样。他就是国家电网有限公司优秀共产党员，国网客服中心主任助理，南方分中心主任、党委书记王冬宝。

他是凝聚力量的主心骨

"大家都说一说，如果封园运营，我们需要多少人，有多少员工能够响应？"他认真地征询大家的意见。会议室陷入了沉静，大家的思绪一下子回到全国新冠肺炎疫情暴发的时候。

武汉封城，交通停运，春节戛然而止。面对 7×24 小时电话服务诉求，他身先士卒，带领 893 名员工驻守园区封闭运营，秉持"一切为了客户服务不间断"的信念，制定了"湖北优先"的服务策略；增设湖北疫情保电专家座席，以"精准派发 100%""重点标注 100%"为目标，"保湖北、保武汉"；疫情防控期间，湖北地区电话服务评价满意率始终保持 99% 以上；落实工作区精细划分、人员管理精准红绿牌、园区精密准入流程等一系列措施，千方百计购买口罩和防护用品，连续昼夜坚守 67 天，最终保持南方分中心"零疑似、零确诊"；打赢了"抗疫情、保服务"攻坚战、保卫战。

"主任，您做决定吧，我们非常理解当下的形势，都积极报名封园'参战'，就像您说的，咱们是客服人，没有克服不了的困难！"客服一部党支部书记王艳率先表态。

像这样的时刻还有很多很多。2012 年，他带领大家踏上 95598 业务集中运营的征途；

2015年，开展国际呼叫中心标准认证工作，推行卓越绩效管理创建“全国质量奖”；2018年，在服务渠道、方式、内容上率先转型突围。他带领南方分中心全体员工闯过了一个又一个“娄山关”，越过一个又一个“腊子口”，在全体员工的心里，他是主心骨、定盘星，是冲锋在前的一面烈烈飘扬的党旗。

他是推动融合发展的急先锋

“业务部呢，一旦封园，员工入园的数量是有限的，台风、暴雨这样的恶劣天气，能不能及时响应客户服务要求？”他一边问，一边计算着什么。

今年是南方分中心业务分类运营集中后迎来的第一个迎峰度夏，面临着区域分时供电，暴雨、台风等恶劣天气下多重压力和挑战。以什么样的精神状态担当新任务？以什么样的工作实践开创新局面？以什么样的能力素质实现新作为？以什么样的工作作风展现新形象？他曾提出的这四个问题再一次摆在了南方分中心全体员工的面前。

“没有路，我们就用脚走出来！”他常常这样说，也是这样做的。解决员工排班舒适度，他推出了夜班集中运营，让大家选择自己喜欢的班次，提高员工的幸福感；解决“干多干少一个样”，他推出了内部模拟市场绩效考核体系，让能干的人“多干多受益”；解决人工能效瓶颈，他推出了业务分类运营集中，将原来的划区域全业务服务，转变为业务分类运

新冠肺炎疫情封闭运营期间，王冬宝在客服大厅跟听电话抽查95598服务质量

营专业化服务，服务更加“专业”和“精准”。坚守卓越客户体验的追求，他充分调动组织力量，向大数据分析应用、客户体验服务、智能机器人上线服务以及网上国网移动端服务等多方面突围，不断探索新形势下客户服务的新路径、有效方法。

在他的带领下，南方分中心率先在服务前端、中端和后端的服务全链条落地、应用中心人工智能和大数据研发成果，不断完善提升，着力为客户提供智能、精准、个性化服务，推动客户服务高质量转型升级。

他是执着服务初心的践行者

“我们是一支特别能吃苦、特别能战斗、特别能奉献、特别能打硬仗的队伍，这是公司原副总经理杨庆对我们的评价。封园！再战疫情！为广大客户守住95598的希望线，大家有没有信心？”目光坚定的扫过房间的每一个人，他的手渐渐握得更紧。

这份信心背后，是一颗执着于“以人民为中心”的坚定信念。他常向大家强调“我们作为服务窗口，我们就要坚持以客户为中心，要守住客户的心。”

这份信心背后，是不断提高精准服务“智力”的系列举措。通过推进营配调贯通成果在客服领域的应用，拓展智慧能源服务、智慧车联网、能源电商等新兴业务的客户服务。

这份信心的背后，更是一份亮眼的成绩单：多年来，南方分中心各项指标始终保持行业领先，服务工作获得上级单位、省公司、电力客户的一致认可。

“我宣布，自7月28日24时起，南方园区封闭运营，大家回去准备吧！”讨论一锤定音，敲响了出征的鼓，吹响了冲锋的号，王冬宝带着信念一路马不停蹄，一路披荆斩棘，一路高歌猛进，再次出发，树起一面屹立不倒的旗帜。

电力数据安全合规的践行者

——记国网大数据中心安全质量与合规部副主任　朱洪斌

朱洪斌，男，汉族，山东德州人，1980 年 10 月出生，2006 年 3 月参加工作，2001 年 12 月加入中国共产党。

- 2014 年　国家电网公司高端信息通信人才
- 2015 年　国家电网公司专业领军人才
- 2017 年　国家电网公司安全生产先进工作者

一直以来，朱洪斌以优秀党员标准严格要求自己，不断锤炼政治品格，坚决落实公司战略部署，在数字化新时代彰显党员的责任与担当。他是国家电网公司“高端信息通信人才”“专业领军人才”，曾荣获国家电网公司安全生产先进工作者、国网大数据中心先进工作者等荣誉称号，2021 年获评国家电网有限公司优秀共产党员。

只争朝夕
争做大数据安全合规的践行者

2019 年 3 月，朱洪斌依托多年信息化、信息安全、运行管理等业务经验，加入国网大数据中心筹备工作中。随着公司电力数据源源不断汇入总部中台，保护中台数据、客户信息安全，杜绝数据泄漏的艰巨任务迎面而来，他带领团队夜以继日研究中台安全防护方案，克服创业初期人员少、技术新、任务急等困难，在全国各单位中率先完成 20 项数据安全能力验证，建立起敏感数据识别、脱敏、水印、权限控制、审计综合防护能力，严控数据接入、使用、共享等关键环节，预研联邦学习、安全多方计算、同态加密等数据安全新技术，践行依法合规，引入法律视角保障公司数据安全合规。

开拓创新
敢做大数据调度运营的探索者

2020 年 11 月 26 日，公司总部数据中台运营监测枢纽—数据监测大厅正式投入运营，在此之前，数据这一生产资料从哪儿来、数据流转是否中断、与源端数据是否一致、谁在未授权访问敏感数据，难以实时监测与处置，为数据创新应用带来隐患。正值数字经济飞速发展的历史机遇期，要敢做时代的弄潮儿，他身先

● 朱洪斌在第十一届信息安全法律大会上演讲

士卒，组织并行开展数据链路监测技术研究与监测大厅建设，攻坚克难完成数据监测工具研发，监测覆盖85条数据传输通道、60.73万条传输链路任务，历时100天建成投运数据监测大厅，为公司两级数据中台数据贯通提供有力支撑。

孜孜不倦
甘做为民服务率先垂范的奉献者

作为部门党支部书记、数安卫士共产党员服务队队长，朱洪斌坚持学习习近平新时代中国特色社会主义思想，将部门重点任务分解落实成党员责任区，以事业目标凝聚力量、以精神动力鼓舞同志，激发团队的内生动力，与支部同志们迎难而上完成了数据产品合规、中台安全防护、网络与数据安全保障、信息系统资源建设等重点任务；他吃苦在前、早出晚归，在建党百年、国家网络安全演习等重大活动期间，带头值班值守，为安全生产舍小家顾大家，圆满完成大数据中心的安全保障任务，以实际行动诠释了“一个支部就是一座堡垒，一名党员就是一面旗帜”，为建设具有中国特色的能源行业国际一流大数据中心贡献力量。

迎难而上，勇挑自主创新重担

——记中国电科院高电压研究所副所长　张书琦

张书琦，男，汉族，辽宁庄河人，1981 年 12 月出生，2003 年 7 月参加工作，2004 年 9 月加入中国共产党。

- 2018 年　国家科学技术进步奖二等奖
- 2019 年　安徽省科学技术奖一等奖
- 2019 年　国家电网有限公司安全工作先进个人
- 2020 年　国家电网有限公司特高压工程建设先进个人
- 2021 年　中国能源研究会能源创新奖优秀青年能源科技工作者

工作十余年来，张书琦一直围绕国家重大装备自主化发展及能源安全战略目标，以特高压电力装备自主研发、保障电网设备运行本质安全为使命，充分发挥先锋模范作用，带领中国电科院高电压研究所团队，解决了特高压高速发展期面临的一系列“卡脖子”难题，为我国重大电力装备自主研制及运行可靠性提升作出了重要贡献。

自力更生，勇挑重任
集中攻关填补核心装备技术短板

从 2007 年起，张书琦扎根特高压设备研制这一技术阵地，和中国电科院高压所变压器技术团队一起，先后攻克了 1000 千伏交流变压器用出线装置自主化研制、±1100 千伏穿墙套管的研制、国产硅钢片的性能提升及应用等一系列难题，不断填补特高压核心装备技术短板。

“我们有了自己的自主化出线装置 C1000，别人再也卡不住我们的脖子了！”张书琦带领团队成功研制出我国首套具有自主知识产权的 1000 千伏特高压出线装置——C1000 后，内心的喜悦溢于言表。

张书琦和团队从 2009 年起，历时 5 年，经过百余个不眠之夜和无数次模拟试验论证修改，终于孵化出了 C1000，并提出了全新的异型隔栅结构，基于 $V\text{–}t$ 特性曲线的绝缘裕度试验方法，自主研发了一套特高压出线装置绝缘裕度试验系统，解决了绝缘设计和国内外单体绝缘裕度试验考核等关键技术难点。

C1000 在产品设计、制造方面达到了国际先进水平，试验考核水平达到国际领先水平，并成功应用于特高压变压器中，打破了国外垄断，大幅降低成本，为淮上、浙福等交流特高压工程节支 3.4 亿元。2019 年 1 月，项目研究

● 张书琦在 ±1100 千伏故障换流变内部进行内检

成果获国家科技进步奖二等奖。

C1000 的 C 是“CHINA”的简写，张书琦说：“命名的时候我们选择以 C 打头，这是我们攻关团队每个人心中的那份家国情怀。”

践行使命，敢打硬仗
倾注全力保障重大工程安全运行

2018 年，某特高压换流站套管出现故障，张书琦和团队奋战 210 余天开展特高压换流变网侧套管故障分析，最终找到故障原因：外企某型套管存在设计及工艺缺陷。他们提出排查改进方案，并完成 502 支换流变及特高压交流变压器的套管整改工作。

2019 年 1 月，张书琦又带领团队继续攻坚克难，连夜奔赴特高压换流变有载分接开关故障现场。严酷的环境没能阻挡住这支有着钢铁意志的队伍，大家夜以继日进行现场检查分析。随后，张书琦又带领团队辗转中国、瑞典、德国，集中开展了 10 大类试验验证、51 项专题研究，历时 280 天，终于查明了两类分接开关的设计、结构和安装等缺陷，完成了在运同类分接开关的隐患排查和消缺工作，保障电网安全运行。

当前，特高压核心装备——套管和分接开关的制造技术仍被国外少数公司垄断。张书琦再次挂帅，带领高压所共产党员突击队承接了特高压套管和分接开关的攻关任务，以期从特高压交直流套管和有载分接开关原料、工艺、考核、运行等全维度实现体系化突破。对张书琦来说，创新永远在路上。

● 张书琦在 ±800 千伏复龙换流站进行阀侧套管故障分析

“一带一路”能源交流的实践者

——记国网技术学院电力营销培训部主任、党支部书记 秦晋

秦 晋，男，汉族，山东济宁人，1980 年 4 月出生，2005 年 10 月参加工作，1999 年 11 月加入中国共产党。

- 2008 年 国网技术学院先进工作者
- 2012 年 国网技术学院先进工作者
- 2014 年 国网技术学院优秀共产党员
- 2014 年 国网技术学院管理创新成果二等奖
- 2015 年 国家电网公司优秀班组长

近年来，国网技术学院紧跟“一带一路”倡议，初步构建了具有“国网特色”的技术技能国际合作交流平台。秦晋作为学院电力营销培训部主任、党支部书记，作为一名会两种外语的海归，深知自己使命在肩，他给自己定了一个目标，那就是公司业务拓展到哪里，培训业务就跟随到哪里，实现走出去、走进去、走上去。

搭建中巴友谊桥梁

2018 年 11 月 3 日，秦晋肩负着学院党委的嘱托，从首都国际机场出发，飞越 11 个时区，行程 18801 千米，到达巴西里约热内卢，为学院开展国际化培训业务进行现场实践调研。

提到巴西，大家可能想到的首先是上帝之城、狂欢节的美食美景，但是在这两个月中，秦晋感受最深的确是贫富差距巨大带来的滨海豪宅与贫民窟隔海相望、社会治安之差带来的晚间避免独自外出，当然更加体会到国网人创业不易……在这两个月的时间里，不仅有赴 Estreito 换流站遇到航班取消，转机加租车单趟行程就 10 个小时并且三天来回的狼狈，也有在食堂回宿舍途中偶遇黑人流浪汉拦路，设法脱身的庆幸。

他努力克服水土不服、饮食习惯、语言障碍、资料获取等困难，编制完成了 7 万余字的专题报告，圆满完成学院六大专题 24 项具体工作任务，既为学院开拓了海外业务，也为中巴友谊架起了桥梁。

努力践行“上海精神”

2019 年 11 月 30 日，第二届上合组织国家职工技能大赛在学院开幕。作为有史以来学院

● 秦晋在巴西 Estreito 换流站调研

承办的最高规格的国际赛事，来自中国、俄罗斯、巴基斯坦等 14 个上合组织成员国、观察员国、对话伙伴国的选手及领队参加。作为竞赛项目的主要负责人，秦晋顶住压力，带领团队咬紧牙关，在时间紧、任务重、要求高的情况下，不仅圆满完成任务，还实现了多个“首次”，比如，为此项比赛专门开发的基于 AI 视觉的电子裁判系统，有效消除了主观评判因素，这在国际尚属首次。

他以身作则，以上率下，带领团队连续奋战一个多月，凌晨回家已再正常不过。当看到留言册上一句句发自肺腑的赞赏和感谢，看到闭幕式上学院获得优秀组织奖，看到自己设计制作挂满各国国旗铅封的电能表纪念品赠送给上合组织秘书处时，秦晋觉得那每一个亮灯的夜晚、每一次近乎苛刻的演练，都是值得的。

助力沙特智能电表项目

沙特智能电表项目是公司服务“一带一路”建设的又一重要成果。2021 年，公司克服新冠肺炎疫情影响，完成沙特 500 万只智能电表部署安装，电表不仅要装好，还要会用、好用，开展智能电表海外人员培训至关重要，这也是学院国际化业务采用培训 EPC 模式的一次探索实践，项目难度可想而知。

有同事对秦晋说：“这个项目难度太大、变数太多，又有疫情，咱们还做吗？”他坚定地回答：“困难就是用来克服的，只要我们信念坚定，办法总比困难多。”

就这样，他主导开发了项目培训教材 6 章 7 万余字、题库 800 余道，并提供海外实训室建设咨询一揽子解决方案，围绕海外培训需求定制开发实训设备，不仅带领国内培训装备走了出去，也将学院先进的培训理念和培训方法带出了国门。

他将用一颗共产党员的初心，继续践行着“一带一路”能源交流的使命……

● 秦晋在检查上合组织大赛场地

以匠心守初心　履职尽责显担当

——记中国电财青海业务部主任、党支部书记　陈伟昌

陈伟昌，男，汉族，河南淮阳人，1972 年 10 月出生，1994 年 7 月参加工作，2004 年 9 月加入中国共产党。

- 1999 年　华中电力财务有限公司先进工作者
- 2006 年　河南省电力公司本部先进工作者
- 2013 年　中国电力财务有限公司先进工作者

2020 年 1 月 2 日，飞机缓缓降落青海西宁，旅途的终点虽从未曾踏足，但对他却有着非凡的意义。这是他刚结束在山东的任职交流后，踏上的又一段新征程。

海拔 2261 米的高原，零下二十度的冬天，寒风刺骨，空气干燥稀薄。“这次的挑战，除了全新的工作环境，更要快速适应高原独特的气候。”想到这，他不由得加快了步伐，下定决心：要迎难而上，交出满意答卷，绝不辜负公司党委的信任！

多年来，陈伟昌始终以一名党员的初心诠释着对电力金融的一片真情，以一股拼劲、韧劲、实劲，扎根一线，服务客户，先后荣获“河南省电力公司本部先进工作者”“中国电力财务有限公司先进工作者”“济南市市中区重点骨干企业精英人才”等荣誉。

客户想到哪里，服务就跟到哪里

青海地域经济欠发达，常年的低电价政策为主业经营带来极大困难。为了尽快破局工作，他深入分析历年经营数据，案头的资料上写满了密密麻麻的笔记。为了克服班子履新困难、与省公司顺利对接，他多渠道跟进客户经营动向，建立资金支付实时监测机制，协助客户提升资金安全管理水平。

他常说，“资源条件有限，就更要发扬‘人一之、我十之’的实干精神，客户想到哪里，服务就跟到哪里。”就这样，勤汇报、多请示、常沟通，精诚所至，金石为开。陈伟昌带领团队克服多重困难，全力守住最低安全备付底线，无一时点被击穿，出色地完成了这项艰巨的任务。

陈伟昌在中国电财青海业务部为国网工会调研组介绍业务部情况

创建"亮旗·融汇"特色支部，以"三融三同步"为抓手，推动党建工作从"碎片化"向"系统化"升级。2021年年初，他组织制定了15项工作计划和专题方案，谋划部署全年工作，清晰绘制了发展新蓝图。

为了抓好落实，他以"闭环式管理"夯实责任。一方面通过编制党建、安全责任和提质增效清单，将目标任务分解到月、细化到周，实现清单明责、依单履责。另一方面厘清月、季、年度考核内容，通过月度和周度例会"清单化"部署督办，形成"有任务、有落实、有考核"的闭环责任管理。

匠心就是在重复的岁月里，对得起每一寸光阴

严格自律、细致认真是陈伟昌几十年如一日的工作真实写照。多年来，他一直保持着每日复盘的工作习惯，"自参加工作以来，我坚持每天写工作日志。"书柜里摆放得整整齐齐的工作日志，记录了陈伟昌从一名普通员工成长为专家能手、再成为业务部负责人的点滴历程。他说："定期总结和复盘，能使自己心中有目标、脚下有力量，才能感觉没有虚度每一寸光阴。"

落到实处、落到细处、落到长远

作为党支部书记，陈伟昌坚持真抓实干，不折不扣地将上级单位的各项部署要求真正落实到具体工作中去。

"用系统化思维思考问题，关系就理顺了，方向和抓手就有了，管理水平也就提升了。"这是他一贯的工作思路。在青海工作期间，他

建好队伍，让党组织活起来，让业务部强起来

打造一支"想干事、能干事、干成事"的优秀金融服务团队是业务部高质量发展的关键。在他的带领下，青海业务部以"党员+群众"组建了"客服""智研"和"内检"三个微团队，扎实开展业务攻坚、文稿提升、合规监督等工作。"客服"微团队将碎片化服务举措升级为体系方案，首创"票据一体化"服务模式，成功打造"三日一承兑"的高效运转模式。"智研"微团队积极发挥智囊作用，发表电财内参1篇，党建课题及创新成果2篇，撰写文稿材料36篇。"内部体检"微团队按月进行全覆盖抽检，督促整改55项问题，真正将风险隐患防范于日常。通过组建微团队，充分发挥了党员先锋模范作用，全面激发了队伍活力。

爱岗敬业勇奉献　踏实进取创一流

——记英大人寿滨州中心支公司总经理　杨岩

杨　岩，男，汉族，山东临沂人，1977年9月出生，2000年7月参加工作，2016年8月加入中国共产党。

- 2018年　英大人寿山东分公司党支部优秀党员
- 2019年　英大人寿先进个人
- 2020年　英大人寿山东分公司先进管理者

游子回归　重扛铁军大旗

杨岩的童年在边防部队长大，养成了坚韧不拔的性格。父亲复员回山东临沂老家后，父母及兄长先后进入电力行业工作，深受电力“铁军”精神影响。大学毕业后独自一人来济南闯荡。2008年，英大人寿筹备山东分公司，出于对国家电网回“家”的情结，毅然“回归”，来到英大人寿山东分公司工作。

2008年5月，英大人寿山东分公司筹备工作全面展开，由于当时工作人员很少，杨岩一个人几乎负责了所有的公司基础建设工作，职场装修、机房建设、综合布线等等，每天都能看到他忙忙碌碌的身影。

当时要求尽快开业，而公司职场基础建设成为至关重要的一个环节。“5+2”“白＋黑”成为常态，每天睡觉时间不到5小时，不是在工地上和施工人员在一起，就是在临时办公室里整理材料。

经过艰苦努力，本应该4个多月的职场基础建设工作不到2个月就完成了并顺利通过验收。不足两个月，原本就消瘦的他体重骤减20斤，1米76的身高仅有109斤。但是，杨岩觉得很值。

奉献不言苦　追求无止境

2013年3月，山东分公司需要建设9个四级机构机房，要求20天内建设验收完毕。9个机房，分布在3个市的9个县区内。建设工作千头万绪，而这个项目的负责人就是杨岩。

巨大的压力迎面而来。这时候“特别能担当、特别能战斗、特别能吃苦、特别能奉献”的“铁军”精神又在杨岩身上体现出来。

他立刻登车出发，公司的那辆GL8，就成

杨岩在英大人寿滨州中支总经理接待日接待来访客户

了他这十几天电话调度各相关单位的工作进展的办公室。每到一个地方，不安装调试成功绝对不睡觉。完成了一个机房，只要不是特别晚，会马不停蹄的奔赴下一个地方。为了赶路，很多时候和司机轮番开车。而吃饭，不是在施工现场，就是在车上。

经过十几天没日没夜地奔波和努力，提前圆满完成任务，那天下午，杨岩自己坐在路边，看着人来人往，任凭阳光洒在身上，心里特别的惬意、充实。

临危受命　直面挑战

2018 年 11 月，杨岩临危受命，由分公司办公室经理调任滨州中支总经理。杨岩在英大人寿入职 10 年，一直在办公室工作，这次任命，是一个后援干部到业务干部的转变，变化之大，如同文科转理科。但是杨岩并没有感到畏惧，巨大的挑战反而更激发了他那颗好胜的心。

多年在分公司办公室的工作经验这时候显现出了独有的优势。杨岩迅速进入状态，分析问题，梳理人员。杨岩清楚地知道，人是解决一切问题的根本，因此他果断采取措施，根据每个人的优势迅速进行调整，人尽其用。同时在当地市场摸排优秀人员，三顾茅庐、四次谈判、五回见面，通过不懈努力，引进了一个个优秀的人才。

最终，这个团队给杨岩带来了丰厚的回报。2019 年综合考评全省第二名，2020 年综合考评全省第一名。负重转身，成功转型。

不忘初心，牢记使命，不负韶华，砥砺前行。杨岩，在不同的岗位上，继续书写着他平凡而又不平凡的人生。

扎根国际业务的践行者

——记国网海外投资公司综合管理部副主任　周景龙

周景龙，男，汉族，辽宁沈阳人，1978 年 11 月出生，2005 年 1 月参加工作，2016 年 12 月加入中国共产党。

- 2019 年　国家电网有限公司人力资源工作先进个人
- 2019 年　国家电网有限公司宣传工作先进个人
- 2020 年　国家电网有限公司抗击新冠肺炎疫情先进个人

2011 年，周景龙响应国家电网公司党组号召，作为国家电网公司国际业务战略的践行者，成为首批派驻境外办事处的工作人员。身处境外，心中有党，周景龙始终以一名共产党员的标准严格要求自己，不忘初心，勇担使命，默默为早日建成具有中国特色的国际能源互联企业贡献着自己的一份力量。

黑暴中的坚守

2019 年 6 月开始，香港反对《逃犯条例》修订草案一事已演变成包括各种游行、集会、占领街道、占领立法机关、围堵行政部门与警察总部、冲击中联办及在港中资企业等一系列运动，反修例抗议日渐常态化。不光发生了破坏中资企业财产行为，也有针对不同意见及讲普通话等特定人群的攻击事件。

面对可能危害公司财产及员工的暴力行径，周景龙舍“小家”顾“大家”，在国网海投公司党委的领导下，迅速应对，作为紧急联系人 24 小时提供应急保障，统筹组织日常提示提醒和应急预警、重要设备及档案保管、通勤安全保障等疫情防控工作。加强员工信息沟通，及时关注社会动态，密切与驻港兄弟单位保持联络，确保员工远离危险集会地点；编制《办公场所突发事件应急预案》，对公司和个人应对暴力破坏各项举措作出部署，切实保障公司财产和员工安全。

疫情中的逆行

2020 年春节是个特殊的春节，新冠肺炎疫情来势汹汹，境外疫情防控形势更加复杂。周景龙作为综合管理部负责人，认真学习贯彻习近平总书记关于疫情防控的重要讲话和指示批示精神，严格执行国家电网有限公司相关工作要求，克服身处境外、情况复杂等各项困难，提高认识，迅速行动，始终坚守在自己的岗位上，以自己的行为全面打赢疫情防控阻击战贡献个人力量。

在防控疫情的前沿阵地，在境外特殊的防疫环境中，周景龙冲锋在前，用实际行动诠释了一个共产党员的责任和担当。这个春节，他是“不孝顺”的儿子、“不称职”的丈夫、“不合格”的父亲，在接到总部通知后，周景龙立即结束春节假期，主动值班值守，大年初三即到岗工作迅速投入战斗。新冠肺炎疫情暴发初期，国网海投公司员工大部分均未返岗，值班力量不足，周景龙克服困难，尽管家中有年幼的孩子，依然主动申请延长值班时间，一直坚守在抗疫一线。

综合管理部是疫情防控的责任部门，周景龙组织制定防疫预案，多方筹备物资。在口罩等防疫物资急缺的情况下，利用境外资源进行防疫物资采购，自己垫资1万余元为系统内单位联系购买口罩2万余只，为海投公司境外员工疫情防护提供了有力保障。从疫情开始到现在，500多天每天在公司微信群发布疫情通报、保健信息提示等内容，帮助员工坚定抗疫信心。协助公司领导贯彻落实总部疫情防控和复工复产两手抓、两手硬的工作要求，在一丝不苟防控疫情的同时，协助督导实施年初制定的各项重点工作计划，按照时间节点有序推进，确保完成全年目标任务。

摸索中的创新

国网海投公司作为国家电网有限公司唯一的境外直属二级单位，很多工作无先例可循。周景龙积极协助公司党委开展境外中资企业经营管理模式调研，针对劳动用工管理、三项制度改革、组织构架、薪酬激励体系、档案管理及境外工会等工作提出了适合海投公司发展的建议和方式，在总部相关部门的支持下顺利解决了境外开展相关工作的难题。在有限的资源下，保障海投公司高效运营，员工爱岗敬业。2019—2020年连续两年企业负责人考核A级，公司成立以来未发生人员安全及信访事件。

平凡中的坚持

2021年，是周景龙在境外工作的第十个年头，扎根国际业务的他，用实际行动践行着一名共产党员的初心和使命。

国网海投公司的综合管理部承接着党建、纪检监察、办公室、董秘办、人资、人事、驻港办、物资、后勤、宣传等13个对口管理部门的工作，日常工作十分繁杂。周景龙作为部门负责人，始终坚持在本职岗位中发挥先锋模范作用，克服人少事多的困难，积极主动承担工作，经常加班加点，部门员工休假时主动补位，为群众树立了良好的榜样，带动了身边同志的工作热情，大家都充满热情的投身于平凡的工作岗位中，创造不平凡的业绩。

履职尽责担使命，干好干巧出成效

——记国网华东分部党建工作部副主任　李慧星

李慧星，男，汉族，湖南湘潭人，1979 年 2 月出生，2005 年 7 月参加工作，2004 年 11 月加入中国共产党。

- 2015 年　国家电网公司优秀共产党员
- 2019 年　国网华东分部先进个人

参加工作以来，李慧星先后在调度、文秘、离退休、党建等岗位上任职，积累了丰富的理论知识和实践经验。在新时代党建工作中，他主动思索、带头实践，努力探索党建工作在现代企业中的新方法、新手段、新意义，把党建工作开展得有声有色。

不忘初心，岗位建功

李慧星始终忠诚于党，牢固树立“四个意识”，坚定“四个自信”，坚决做到“两个维护”。认真学习习近平新时代中国特色社会主义思想和党的十九大精神，学习习近平总书记重要讲话和指示批示精神。守初心，担使命，切实将理论学习用于指导学习工作生活的各个方面。积极参加分部各级党组织举办的学习教育活动，精心组织并认真参与分部“不忘初心、牢记使命”主题教育，争做党建工作队伍中的“行家里手”。

履职尽责，做细做精

他坚持履职尽责，服从大局，协助部门正职履行部门日常工作的管理、协调和监督职责。

2018 年起，国网华东分部每个月的党建月度工作推进会上，参会人员手上多了一份五颜六色的工作推进表，用不同的颜色标出各项工作任务的推进情况。党建工作千头万绪，有了这张表，大家对各自工作的完成情况和在分部大集体中所处的位置一目了然。会后，表格还会下发到各基层党支部，让所有党员做到心知肚明，谁都不敢懈怠。为了严格执行分部党委部署，李慧星创制了这份推进表。从 2018 年到现在，他依托公司党建年度重点工作任务，编制分部年度党建工作清单，每月逐个征询基层党组织的意见和反馈，不断深化目的要求，提升管控质量。这张推进表已经成为分部党建基础工作的主要依托，也是分部上下扎实开展党建工作的缩影。

● 李慧星在党员活动室参加活动

抓住“基层党建巩固提升年”的契机，他和部门同事一道，加强基础组织、基本队伍、基本制度的“三基”建设，充分发挥党建在战略落地过程中的引领作用，编制了多项方案。组织开展党建资源共建共享机制的理论探索，汇集2020年分部党委及基层党组织特色主题党日活动精彩片段，编印成画册。

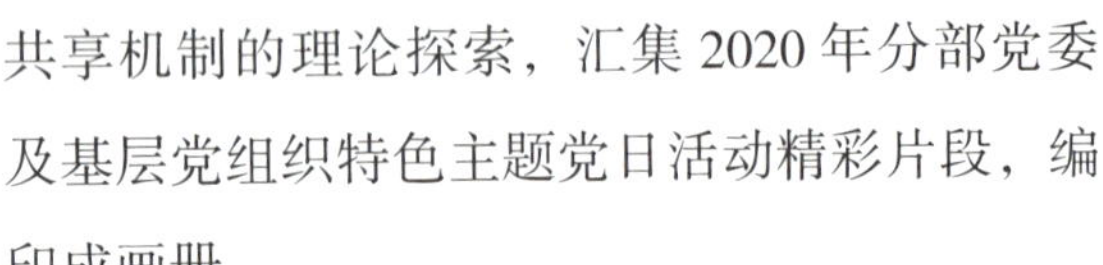

创新服务，干巧干好

他总是发挥主观能动性把工作干巧干好。为贯彻落实分部党委“党建进一线”工作部署，打造一支部一品牌，李慧星带领部门同事深入所有支部，“了”基层党组织之难，“解”基层党组织之忧。

在调研中，他发现许多党员期望能够“走出去”，开拓视野，创新党组织生活的形式内容。同志们的期望就是命令。从2019年开始，李慧星牵头，依托上海优势资源，探索建设了党建资源共建共享平台，打造了富有活力，具有华东分部特色的基层党建运行机制。

他带着同事们参观科学会堂，领略院士风采，与科学对话；赴洋山港四期开展党组织联建活动，近距离感受上海的发展变化和科技发展的新成就；参观特斯拉上海超级工厂，见证上海速度，见识当今最高智能化水平的生产现场……

同事们的眼界开了，心思活了，精神头都提起来了，人人都升起一股建功立业的壮志。

为了让党建引领服务于专业发展，李慧星选取优秀案例编写了《华东分部2020年“党建+”支部特色工作总结汇编》。他还充分利用上海本地资源，持续打造党建资源共建共享平台，精心策划了6次活动，共计310人次参加，覆盖所有支部，活动满意度达95.8%，将党组织活动打造成为基层同志们常念叨、想参加的活动，也将党建部服务于基层组织的理念融进了点点滴滴的工作中。

锐意进取　严谨执着的基层党务人

——记国网北京电力房山供电公司党建部党务管理与党委文秘高级岗　戴静

戴　静，女，汉族，北京房山人，1988 年 7 月出生，2013 年 8 月参加工作，2012 年 7 月加入中国共产党。

- 2015 年　国网北京市电力公司共产党员服务队优秀队员
- 2017 年　国网北京市电力公司工会工作先进个人

戴静，是个从小就受“电力氛围”熏陶的根正苗红的“电三代”，爷爷和爸爸均曾是北京城万家灯火的守护者，他们终身扎根一线，用行动抒写着首都电力人的奉献与忠诚。毕业后她回到家乡房山，立誓要把这份热爱和执着、责任与担当好好地传承下去。

青葱成长：勤奋学习
自我加压修炼“内功”

2013 年，初来乍到的戴静深知中国共产党是团结凝聚强大思想伟力，推动干部职工在急难险重任务中主动迎难而上、奋力实干担当的力量源泉。为了发挥更大的光和热，她毅然决然地选择了为公司发展注入磅礴力量的党建工作。

隔行如隔山，理工科出身的她，对党务工作几乎是一张白纸，工作中时常手忙脚乱，带给她极大挑战。为了快速提升，她向领导请教、跟同事取经，读党史、背党章，学习习近平总书记重要讲话精神、研读 52 项党建规章制度和相关上级文件。刚开始写材料被评价“不接地气”，她就以“不写好不睡觉”的劲头勤学苦练，一份报告经领导指点、反复修磨 12 遍才最终成稿。这个党务“小白”经历了由最初豪情满怀的壮志，到自我否定以泪洗面的痛苦，再到曙光初现小有成绩的喜悦，她在成长，向着党建工作的“内行人”不断挺进。

锐意进取：幕后奉献
与时间赛跑直迎挑战

2017 年，房山地区率先完成“煤改电”工程，全面实现平原地区“无煤化”目标。

用煤改成用电，房山将迎来第一个大负荷

冬季，这是前所未有的挑战。同年10月，公司党委创新思路，计划成立电采暖保障联合党总支，携全区之力共同保障百姓冬季供暖。当时的戴静是党建部代理主任，牵头实施的重任责无旁贷。成立时间仅为3天，她与时间赛跑，梳理党组织体系、编制保障方案、明确保障范围，协同调度、运检、营销等部门细化保障举措，建立各委办局、电力抢修、村委会三级微信群，督促每村的“电力管家”落实到位……当她手里拿着三天没合眼制作出来的“电采暖”联合党支部保障手册时会心地笑了，这不仅仅是一本手册，它是公司聚力营造和谐电力营商环境的现实举措，是党员快速响应、服务群众的行动指南，更是百姓安全、温暖度冬的切实保障。

● 戴静在党员活动室检查支部资料

严谨执着：凝心聚力
思想工作从不敢松懈怠慢

百年庆典供电保障筹备正酣之时，恰逢全国上下如火如荼推进党史学习教育之际。

为了用好红色资源、传承好红色基因，从党的奋斗历史中汲取前进力量，凝聚保电必胜斗志，戴静牵头建设以“四史”为脉络，以电网发展沿革为支撑的数字化党史展厅。她每天不辞辛劳的往返附近各大红色教育基地学习场馆布局，翻阅大量红色历史与电网故事，每一段历史的介绍，每一张图片的摆放，都经过她悉心研磨，为的就是能够让广大党员穿越时空触摸历史，更加真切的追寻党的百年光辉历程和电力发展的辉煌足迹。

与此同时，她还组织党员唱红歌、向党说句心里话、诵读经典400余人次，开展“四史”党课宣讲活动100余人次，通过沉浸式教育和精彩地互动，国企姓党的红色基因从符号理念转变成党员鲜活的日常，转变成职工“保电有我·有我必胜”的坚实行动。

守住宁静的时光，贡献应有的价值。这就是戴静，一名传承着电力血脉、立足工作岗位脚踏实地的共产党员，一名锐意进取、严谨执着的基层“党务人”。

红色支书　信通尖兵

——记国网天津电力信通公司数据管理服务中心主任、党支部书记　江黛茹

江黛茹，女，汉族，江苏苏州人，1982 年 4 月出生，2004 年 7 月参加工作，2010 年 9 月加入中国共产党。

- 2012 年　天津市五一劳动奖章
- 2013 年　国家电网公司优秀专家
- 2014 年　天津市“131”创新人才
- 2015 年　天津市劳动模范

担任党支部书记以来，江黛茹认真履行职责，以党建引领部门整体工作，推动党建融入中心工作，持续把党支部打造成为坚强战斗堡垒，全力为数字化发展赋能。她先后荣获天津市电力公司“十大杰出青年”、天津市电力公司“十大奉献楷模”、国网公司优秀专家、天津市“131”创新型人才、天津市青年岗位能手、天津市劳动模范等荣誉称号。

战疫情，发挥党建优势

2020 年初，江黛茹负责的国网天津电力云平台和数据中台建设先行试点任务突然遭遇新冠肺炎疫情影响。作为支部书记，江黛茹带领全体党员建立包保机制，将工作现场划分为若干个责任区，明确每名党员对责任区内的职工群众、调试厂商及其家属疫情防控负总责，累计包保人员达到 280 人。通过严格入场审核、加强现场防护、普及防疫知识等措施，实现项目全过程疫情防控能控、在控。

为做好防疫期间思想政治工作，江黛茹倡议设立了“阳光心情”咨询点，在每日下午 5 点组织队员填写“心情卡”，及时了解队员们的思想状况，开展针对性的谈心谈话，疏导员工心理压力，帮助解决实际困难，确保队员全身心投入工作。

在江黛茹的组织领导下，项目攻坚团队历时 10 个月圆满完成云平台、数据中台、物联管理平台以及人工智能平台建设，实现 44 套信息系统数据接入，100 余套数据资产目录盘点，支撑 18 个业务场景应用。其中，AI 防疫监控场景有力服务了天津地区供电营业厅的疫情防控管理；“复工复产全景图谱”数据产品为政府部门决策提供了有效信息支撑。

● 江黛茹在数据管理中心研究“党建＋”攻坚任务

带队伍，激发先进动能

江黛茹十分热爱从事的信息通信专业，工作以来一直孜孜以求钻研业务知识，先后考取资深网络工程师、资深互联网专家、系统工程师等资格认证，逐渐成长为专业领域的一名专家。她发挥专业特长和经验优势，累计参与30余项专业制度、流程、规范的编制完善工作，为专业工作高质量发展贡献了自己的力量。

江黛茹不仅重视自身专业能力的提升，更积极参与青年人才的培养工作。2020年，江黛茹所在单位围绕打造一支高素质的专业人才队伍，在青年员工中全面启动人才孵化工程。作为该项工作委员会专家，江黛茹积极参与了72门课程开发工作，为建立人才孵化培训体系作出了积极贡献。

围绕做好部门内部人才培养工作，江黛茹树立了“一年能担当、三年成骨干、五年成专家”培养目标，为部门每一位青年员工建立人才孵化台账，组织大家按照培训体系安排，逐步深化学习。同时，通过展示墙形式，记录培训成长历程，整体推进每位学员能力提升。最终，江黛茹所在部门8名新入职员工全部通过人才孵化考核，2名员工在国网天津电力专业比武中取得状元的好成绩。

“接地气”的基层党建管理创新者

——记国网山西电力忻州供电公司党委党建部党务管理专责　王轩

王　轩，男，汉族，山西五台人，1991 年 5 月出生，2012 年 8 月参加工作，2015 年 12 月加入中国共产党。

- 2015 年　国网山西省电力公司优秀共青团员
- 2017 年　国家电网公司优秀共青团员
- 2018 年　国网山西省电力公司优秀青年岗位能手
- 2019 年　国网忻州供电公司优秀共产党员
- 2021 年　国网忻州供电公司劳动模范

2020 年 12 月，“五轮制”党建管理创新项目被国网山西省电力公司评为年度管理创新成果“特等奖”。这个项目的主创人之一，就是国网忻州供电公司党建部的党务专责王轩。

摸索“网格化、实战式”基层党建管理举措

如何解决忻州公司县级公司党组织党建工作“温差大、落差大、时差大”，党务工作人员“少底气”“少锐气”“少灵气”问题？这个课题落到了身为党务干部的王轩身上。在国网山西电力和国网忻州供电公司党委的支持和指导下，摸索出了提升基层党组织参与度的“轮值、轮巡”党建网格化管理举措，以参与轮值、实地互查倒逼基层党组织提升格局站位，解决党建工作执行力、穿透力不强，上下联动协同不好的问题。探索实践针对基层党务人员的“命题轮讲、选题轮训、出题轮练”党务实战式培训方式，让接触党务业务面窄、实践机会不多的县级公司党组织党务工作者们，能够通过“讲、训、答”解决真实党务问题，以实景实操提升实际工作能力。

基层党建网格“轮值、轮巡”

针对个性问题提出的个性化方案想要真正起作用，还需要沉下身子踏踏实实干。按照“强弱搭配、就近聚合”的原则将 36 个县级党组织分成 4 组党建网格。组织基层党组织季度“轮值”，季度邀请一个网格的基层党组织参与党委层面工作。通过角色互换、深度体验，变被动“垂直管理”为主动“横向共进”。组织基层党组织月度“轮巡”，每月“线上 + 线下”组织党

● 王轩在讲解“五轮制”基层党建创新管理举措

建网格间党组织开展“四不两直”式的交叉互查、轮流巡检，通过网格间的相互督促检点，提升基层党建“工作进度、规范程度、质量梯度”。

基层党务工作者“轮讲、轮训、轮练”

党组织的问题解决了，基层党务工作者能力不够强、人数不够多的顽疾又该怎样应对呢？王轩他们对不同类型党务工作者想出来不同的办法。对基层党组织书记，邀请他们命题“轮讲”。取材基层实际问题开设“党建沙龙”，每月开辟“宣讲台”，让党组织书记公开登台亮相轮流讲出解决方案，潜移默化提升支部头雁履职能力。对专职党务人员进行“轮训”，每两月从两家基层单位分别选取一名党务干部，到市公司党建部跟班操练。通过场景实训，解决真实问题，仅 2020 年一年，王轩就手把手带出了百余名基层党务新力量。对兼职党务人员进行“轮练”，每季度举办党务专业知识练兵，用“视频题、音频题、图片题”开展“业务技能大练兵”，增强党建工作吸引力，为基层党组织储备起强大的“党务预备役”，从源头上解决了“没有人”的问题。

接地气、效果好

通过实施基层党建“五轮”管理，国网忻州供电公司县级党组织党建工作质效明显提升，实现以“五轮”、促“五强”、达“五变”。“轮值”强规范，从“我要他做”变成“我俩协作”；“轮巡”强责任，从“怕我查他”变成“要我查他”；“轮讲”强能力，从“我讲他听”变成“他讲我听”；“轮训”强业务，从“我想他专”变成“我俩都专”；“轮练”强素养，从“我做他看”变成“我俩同做”。国网忻州供电公司党建工作考核排名由之前全省第 9 提升至第 5，6 名基层党务工作者受到省公司级以上表彰。

主动分享基层党建管理“特产”

怎样才能把“五轮制”这个管用的党建管理经验分享出去，让更多的单位也能尝到忻电党建管理成果这一“基层特产”的甜头？王轩他们想到了“管理创新”这个大平台。王轩他们在 2020 年年初申报了党建专业“五轮制”的管理创新项目，得到公司内外党建专家的认可，被评为省公司级管理创新成果特等奖。《以“党建 +”引领模式助推基层党建有效实践》《以“五轮制”为核心的“大党建”管理体系建设》分别入选全国电力行业第二届、第三届党建工作理论与实践创新成果，入编 2019、2020 年《全国电力行业优秀党建成果专辑》。作为中国电力思想政治工作研究会会刊《当代电力文化》编委，他参与总结的基层党建管理创新成果被“学习强国”App 推介，并在中国电力新闻网“全国电力行业优秀党建成果巡礼”专栏展播。

思政工作引路人　党建创新先行者

——记国网上海市电力公司副总政工师　刘营超

刘营超，男，汉族，河南商丘人，1971 年 3 月出生，1992 年 8 月参加工作，1991 年 1 月加入中国共产党。

- 2009 年　国家电网公司纪检监察工作先进个人
- 2011 年　国家电网公司企业文化建设优秀案例一等奖
- 2012 年　国家电网公司创先争优优秀党务工作者
- 2017 年　中国电力企业联合会中国电力创新奖项目牵头人
- 2017—2018 年　上海市优秀思想政治工作者

他 1992 年参加工作，7 个单位 18 个岗位的丰富经历中始终贯穿着一个不变的身份——“党务工作者”。29 年来，他凭着对党忠诚的那份信仰、对专业精益求精的那种执着、对困难永不低头的那股韧劲，成为上海电力党务工作的优秀代表。

强责任，抓住党建工作牛鼻子

“抓党建首先就要抓好责任制、责任人。”刘营超说。2015 年，他调任上海电力思政部主任，针对部分基层单位党建工作存在的“单线作战、统筹不够、协同不强”等问题，多次带队到基层调研，并从党建工作定位、工作方式、工作机制等方面组织专题研讨，寻找解决对策。

刘营超认为：“要深化责任主体、细化责任目标、强化责任管控，推动党建工作与中心任务紧密结合、与各项目标有机融合、与各类资源有效整合。”为更好落实 2016 年全国国企党的建设工作会议精神，在国家电网公司党组党建部指导下和国网上海电力党委支持下，他带领团队着力构建“三化三合”党建工作责任落实机制，创新提出“责任目标化、目标项目化、项目载体化、载体机制化”的工作路径，推动形成党组织抓总、书记负责、各部门齐抓共管、一级抓一级，层层抓落实的党建格局。

五年来，国网上海电力以“三化”促“三合”，以“三合”检验“三化”成效，有效巩固了“明责、履责、考责、问责”的党建责任链，有力促进了党建工作整体格局优化和系统效能提升。该党建课题荣获第四届全国基层党建创新最佳案例，国网上海电力基层党建绩效考核连续四年位列国网系统第一名。

强引领，传承好党的诞生地红色基因

上海是党的诞生地，是电力事业发祥地。2018年，国网上海电力主动响应上海市“党的诞生地发掘宣传工程”，启动“传承红色基因·激发红色动能”主题系列活动。

刘营超说：“用好上海红色资源，让党员听得懂、学得会、用得上。”他带领团队系统梳理全市百余处红色资源，从中精选20处红色场馆汇编成“红色导图”，把97年来中国共产党发展不同时期形成的精神加以整理，汇编成“精神图谱”，并开通“电子导图”。“一图一谱”电子版一经发布，就在国网上海电力和经信系统引起热烈反响，3个月内就有超过70%的党支部开展实地研学，12000余人次在线浏览，200多人次留下学习体会和感言，相关做法得到市委组织部、宣传部的高度肯定。

2019年起，他又主动配合国家电网公司梳理中国共产党35种伟大精神和国网系统内104个红色资源点，研究成果已由人民出版社推广至全国。

强联融，高质量党建引领保障高质量发展

刘营超常说：“党建工作融入生产经营，才更有生命力和战斗力。”2020年，国网上海电力在驻沪央企首创“智慧党建中心”，他和同事们紧扣国家电网公司党组“党建+六大工程”部署，探索“智慧党建+业务”双链融合模式，迭代开发59个智慧党建实战应用场景。

新冠肺炎疫情发生以来，通过“智慧党建+抗疫保电+复工保障”工作模式，各级党组织在全市设立373个党员责任区，精准调配571名党员连续540余天坚守一线，累计开展营销服务15.4万余次，设备特巡36万余次，严守“国门、城门”和“双零”目标。

除了融入融合，他还特别注重联学联建。2018年以来，他大力推广“毗邻党建”模式，积极搭建区域化党组织联动协同的平台，在国网上海电力内形成了五大党建协作区，并动员各级党组织与254家地方党组织共建，把组织覆盖力延伸到组织末梢，把国网服务送进千家万户。

● 刘营超在“四史”讲党课比赛暨浦电“1+N”云展厅观摩指导

海拔五千忙党建

——记国网浙江宁波市奉化区供电公司党委党建部（党委宣传部、纪委办公室）主任、本部综合第一党支部书记　杜亮亮

杜亮亮，男，汉族，甘肃天水人，1979 年 1 月出生，2002 年 7 月参加工作，2005 年 8 月加入中国共产党。

- 2018 年　浙江新荷人才
- 2020 年　宁波好人
- 2021 年　西藏那曲“三区三州”配网建设帮扶表现突出个人

2019 年 6 月 28 日，西藏那曲市比如县供电公司建党 98 周年系列活动隆重启动，杜亮亮为全体党员讲授党课并重温入党誓词。此时，距离他担任国网宁波市奉化区供电公司党建部门负责人已有十年之久，且援藏挂职比如县供电公司综合部主任，也已过去八个月。

在担任国网宁波市奉化区供电公司党建部门负责人的十年里，他不断落实党务工作实务、创新党建工作思路，使得公司党建工作基础扎实亮点纷呈。在援藏岁月中，他发挥党建工作专业特长，在雪域高原展示着一名党务工作者的执着和精彩。

西行八千里创新党建工作新模式

2018 年 10 月，作为国家电网公司 2018—2020 年度“东西帮扶”人才，杜亮亮从低海拔的浙江宁波出发，穿越可可西里、翻越唐古拉山，来到世界上平均海拔最高的地级市——西藏那曲援藏帮扶。在 660 多个工作和生活的日夜中，他不仅遭遇过车祸、地震、泥石流，早起高反流鼻血、夜间缺氧失眠更是援藏的日常。

杜亮亮挂职那曲比如县供电公司综合部主任期间，分管党建、人资、宣传等工作。他以“扶贫先扶智、扶贫先扶志”理念为核心，充分发挥出长期从事党建工作的专业特长，创新富有西藏特色又符合国网标准的党建工作新模式，极大推动了比如县供电公司党建工作走向标准化和特色化。他牵头成立的“奉化—比如小草志愿服务站”共建平安万家，在 2019 年荣获全国最佳志愿服务项目，2020 年入选国务院志愿者扶贫案例 50 佳等荣誉。

跨雪山，越峻岭，他西行八千里，为广阔藏区带去了浙江党建的先进模式，打造了精准

扶贫的“小草”项目，用忠诚担当之精神谱写了新的时代篇章。

海拔五千米引领党建工作新发展

2019年，那曲“三区三州”深度贫困地区电网建设启动，杜亮亮白天跑工地现场，晚上加班加点总结援藏工作。2020年6月，浙江电力援藏帮扶人员提前完成那曲“三区三州”深度贫困地区电网建设，为十余万藏区百姓带去了光明。杜亮亮通过在党建工作中所累积下来的经验，不仅给那曲留下了丰盈的物质财富，更给那曲留下了宝贵的精神财富、一支带不走的党建先锋。

援藏期间，杜亮亮先后创作出多篇共计20余万字的长篇报告文学，其中《天海一线》被评为2019年宁波市文艺创作重点项目，《光耀那曲》被评为2020年浙江省作家定点深入生活项目、国家电网公司职工文学创作重点选题项目。

战缺氧、斗严寒，他攀登海拔五千米，为巍巍雪山铺下了党建工作的可持续发展之路，谱写了浙电铁军的平凡故事，以拼搏奉献之品德奏响了属于党建人的时代赞歌。

天海一线党建相连

2021年6月17日，国网浙江省电力有限公司以电视电话会议直播形式开展“旗帜领航程、永远跟党走”群众性主题宣传教育暨“两优一先”表彰活动。活动现场，杜亮亮从国网浙江省电力有限公司董事长、党委书记尹积军手中接过了“红船 光明宣讲团”大旗，宣讲了主题为《西行八千里》的微型党课宣传。作为光明宣讲团代表，在接下来的一个月时间里，他带领其他宣讲团成员奔赴浙江全省各地做巡回宣讲。此前，杜亮亮先后荣获宁波国资委微党课竞赛、浙江省电力公司微党课竞赛书记组一等奖。

从长期从事党建工作的“宁波好人”，到西藏那曲“三区三州”配网建设帮扶工作的突出个人，他为西藏那曲带去了优秀模式。2020年8月援藏归来，他又将浙江电力在西藏的突出表现，书写为两本援藏长篇报告文学，提炼为一节微型党课，通过巡回宣讲，为建党百年送上一份党务工作者的悉心大礼。

在全面建成小康社会、决战脱贫攻坚的目标之下，他深入“三区三州”，以浙电铁军精神搭建起了连接海天一线的时代桥梁。

杜亮亮在海拔5300米的那曲叶尔拉雪山领誓

心向党旗　坚定前行

——记国网湖北送变电工程有限公司输电运检分公司党总支书记、副经理　段炼

段　炼，男，汉族，湖北武汉人，1983年7月出生，2003年9月参加工作，2003年7月加入中国共产党。

- 2007年　国网湖北省电力公司党建调研成果三等奖
- 2008年　国网湖北省电力公司党内统计年报工作先进个人

段炼，一名“80后”的干练小伙，也是一名在送变电行业风风雨雨工作了18年的老党员，从最初的测量工、技术员逐渐成长为国网湖北送变电工程有限公司党委秘书、办公室主任，时间和历练，给他的感悟是：心向党旗，坚定前行，方能乘风破浪、一往无前。

用一面旗　引领先锋队伍

身为送变电公司输电运检分公司党总支书记，他始终把党员先锋模范的旗帜作用，铭记于心。带队伍时，他秉承“要干就要干成，要干就要干好”的钉钉子精神，做好党的重要理论的宣传者、践行者。

从专业技术人员转型到党务工作者的他，总是能及时将想法付诸行动，实行绩效公示化、管理星级化、考评定量化的管理模式，督促党员发挥榜样力量。他以创新促进落实，以“党建＋生产经营”为载体，打造“金扳手·红帽檐”特色实践品牌，让公司各类劳模、工匠人才“动起来”，以“青工夜校”“师徒结对”“党员帮扶”为平台，将精益求精的“工匠精神”与党员先锋模范作用融为一体。

作为队伍的领路人，他大刀阔斧的创新改革举措，也引起了个别党性意识淡薄同志的抵触情绪，他没有丝毫退缩，一头扎进各巡检站里，深入基层一线与大家交心谈心。时间一天天过去，大家从陌生到熟悉，从看着躲到主动约，都愿意与他谈心谈话，交流思想。深入基层一线，及时与党员群众沟通交流也成为他的工作常态，他以实际行动影响和带动分公司班

子形成合力，严明组织纪律和工作作风。

功夫不负有心人，经过近两年的实践，党员干部职工精神面貌焕然一新。

用一盏灯　点亮坚守之路

他工作起来废寝忘食，熬几个通宵是常事，陪伴他的，就是一盏小灯。段炼到哪里都带着它，看着桌上立着的小台灯，大家就知道段书记又要加班了。

2010—2012 年，他全程参与了国网湖北电力首个鲁班奖的创建工作。在江夏 500 千伏变电站创中国建设工程鲁班奖的申报和迎检复查工作中，他严密组织、精细筹备、面面俱到，唯恐有一丝疏忽和遗漏。工作职责之内，他全过程亲力亲为，认真梳理检查；工作职责之外，他主动负责沟通协调，严丝合缝，力求稳妥对接。迎检工作得到中国建筑业协会专家组和中电建协领导的高度认可。从现场回来的那天，段炼趁热打铁，带着他的小台灯，躲到办公室里，编写了《鲁班奖迎检复查工作方案》，一直被上级主管及业主单位沿用至今。

一个坚毅的身影，一盏小台灯，照亮了这条坚守的路。这条路上，他把工作细化到每一天，跑现场、翻资料、查数据、制方案，他一直踏实地朝前走着，他用坚持不懈、勤奋认真的精神诠释了一个共产党员的责任与担当。

用一颗心　贴近需要的人

他心系群众，用实际行动做职工群众的贴心人。2020 年春节，武汉新冠肺炎疫情暴发，一夜封城。

当得知公司同事由于感染被送医治疗，家中亲属也相继出现疑似症状。在家隔离的他毅然决定为患病同事出份力，担负起协调所在社区街道，为同事家属办理尽快送医治疗的联络工作。他每天为这些事情急得像热锅上的蚂蚁，手机因为打了无数个电话而变得滚烫。他不眠不休的通过网络寻求帮助，千方百计联系社区、街道，自己驾车将单位捐赠的防疫物资和自购的生活物资送到同事家中，解决燃眉之急。

● 段炼在湖北省宜昌市兴山县希望小学开展"我和祖国共奋进、传递爱心助未来"活动

新冠肺炎疫情稍微缓和之后，他又变换身份，成为一名志愿者，把自己的电话号码留给需要的孤寡老人，送菜送药，刮风下雨，随叫随到。把群众的小事当大事，在为民服务中用真心换真情，他真正走进了广大群众的心里。

他坚信心中有光向党旗，肩上有责坚定行。在这平凡的岗位上，他用智慧和忠诚践行着共产党员的初心和使命！

帮助乡亲脱贫是我的责任

——记国网江西电力都昌县供电分公司党委书记、副经理　曾光

曾　光，男，汉族，湖北武汉人，1969 年 2 月出生，1987 年 2 月参加工作，2004 年 4 月加入中国共产党。

- 2015 年　国网江西省电力公司优秀党务工作者
- 2018 年　九江市定点扶贫工作先进个人
- 2019 年　九江市定点扶贫工作优秀第一书记
- 2019 年　国网九江供电公司劳动模范
- 2020 年　国家电网有限公司服务脱贫攻坚突出贡献个人

“土鸡 16 个 64 斤、鸡蛋 200 个，黄师傅请您算一下多少钱？”这是红桥村扶贫第一书记曾光帮助贫困户售卖农产品时的一幕。在他的帮助下，贫困户黄万和家荒山放养的土鸡和鸡蛋，大受餐饮店青睐，年收入增加5万余元。

2017 年 6 月，曾光开始担任都昌县汪墩乡红桥村驻村第一书记。在接到任务的第二天，他就卷起铺盖住进了红桥村部，从此，曾光就成了红桥村的一员。四年来，他沉下心、扑下身，真心实意为村民脱贫，为电力行业争光。

履职尽责强村部

九江都昌县属于省级贫困县，红桥村是“十三五”重点贫困村，也是汪墩乡最大的行政村。2018 年 10 月，村里建档立卡贫困户有 72 户 259 人，占了全村人的近 1/10。

为了尽快熟悉村情民情，曾光不分昼夜走家串户，用不到 1 个月的时间，走遍了全村 22 个村小组。为提高扶贫精准度，曾光坚持“五加二、白加黑”，平均每季度在岗 70 天，多数周末都在村里度过。全村 72 户贫困户，新庙垅村东头的黄世佳腿脚不便，大黄村邵微彬妻子患严重风湿性疾病瘫痪在床……都被他摸了个一清二楚。

数百个日夜，曾光上百次敲开村民的家门。“原以为他也是来走过场的，几个月的朝夕相处，他用行动打消了村民的疑虑。”“曾书记不是半路干部，是实实在在来村里扶贫的。”谈到这个扶贫书记，红桥村村民打心眼里喜欢。

村里有一台电脑，但村干部没人会用，曾光毫不犹豫当起了村里的打字员。村部没有汽车，他的车就成了大家的车。但凡到乡政府开

会、上县城沟通，甚至是村民们进城看病、办事，曾光都是随叫随到。

脱贫攻坚需要党建引领。曾光争取20万元资金实施村部改造，建设多媒体党员活动室和扶志（智）学堂，规范“三会一课”制度，全面完成52名党员信息采集，为加强基层党的建设作出了努力。2018年，村党支部被都昌县委授予“先进党组织”。

逆风防疫勇当先

新冠肺炎疫情发生后，都昌县汪墩乡党委书记在微信群中倡议驻村第一书记参与防疫值班，曾光第一个响应并请战加入。作为一名曾参加过2003年抗非典保供电、2008年抗冰保电的“老兵”，他连夜动身，驱车数百公里赶到红桥村，生怕交通封锁后出不了城。

红桥村人口多、村落分散，这让疫情防控工作变得异常艰难。为此，曾光想出了“接地气”的好点子。他用通俗易懂的都昌快板形式编写《防疫注意事项》并录制成方言，带着便携式“小喇叭”走街串巷，劝导村民少出门、不聚集。

“曾书记，每天看着你拿着喇叭和测温枪在村里逛，就不怕我们有病毒传染给你，真服你！你真‘帅’！”村民詹婕婕接过《健康观察解除告知书》，半开玩笑地说。

曾光发起了“我是党员我带头，我为疫情防控作贡献”活动，带头和工作队员一起，在各进村路口24小时轮流值守，坚决不放过进

曾光在贫困户邵小青家里帮忙喂鸡食

● 曾光在红桥村委会办公室整理资料

出村的每一个人，真正把网格化管理落到实际行动上，让党旗在疫情防控一线高高飘扬。

“你一定要注意，把自身防护做好！”每日天不亮，妻子就会给他发来相同的手机信息。曾光也总是重复地回答：“放心！病菌传染性强，说不怕是假的，但我是共产党员，必须在岗位上！”

在他的带领下，全村实现“零感染”。这位51岁的老党员，也有了新的名字——“帅”书记。

亲力亲为甘奉献

红桥村1个村委会22个自然村共用9台变压器，通往各村的线路老化严重，一遇恶劣天气，断线倒杆现象时有发生，安全隐患突出。

尽快解决用电问题，曾光义不容辞。他争取到137万元农网改造资金，为红桥村增设配电变压器7台，消除了低电压，让村村通上了动力电。协调推动50千瓦和200千瓦两个光伏电站相继建成并网发电，惠及50户贫困户，解决了50个公益性岗位。还争取20万元投资，为三家产业基地架通动力电，带动15户贫困户增收。

红桥村山多地少，拥有丰富的山林资源，却没有得到有效利用。为增强扶贫“造血”功能，曾光带领村干部和村民代表，前往安徽亳州考察中药材种植基地。回到村里，流转开荒80亩荒山，推广种植白芷、丹参和油茶间种产业项目，实现产业“造血”式帮扶。

黄万波是曾光结对帮扶的贫困户。60多岁的老黄身体一直不好，妻子有智力缺陷，全家靠他打零工维持生计。曾光积极奔走，帮助老黄争取到扶贫就业公益性岗位，还自掏腰包让老黄面临辍学的儿子走进了高中校园。

2020年，在产业扶贫的带动下，红桥村72户贫困户已全部实现脱贫。随着50千瓦和200千瓦两个光伏电站项目并网，红桥村集体经济收入从2017年初的空白到现在每年收益将近20万元。用真心换民心，变“输血”为“造血”，产业扶贫项目让红桥村累计增收100余万元。

如今，曾光一如既往，意气风发，带领红桥村奔走在乡村振兴的大路上。

坚持“五唯”绽放人生精彩

——记国网四川电力泸州市泸川供电分公司党委党建部副主任　黄蓉

黄　蓉，女，汉族，四川泸县人，1973 年 3 月出生，1993 年 6 月参加工作，1999 年 7 月加入中国共产党。

- 2018 年　四川省三八红旗手
- 2018 年　国网四川省电力公司优秀党务工作者
- 2019 年　泸州市最美志愿者
- 2019 年　国网四川省电力公司优秀党务工作者

“每天的时间是短暂的，唯有拼命奔跑，追赶时间，才尽可能完成应该做的事情。我在这一过程中不断收获、体会快乐。”黄蓉常常这样说。

黄蓉参加工作 28 年、入党 22 年，一刻也没有停止过奔跑的脚步，总是满怀激情地投入到工作和生活中，在平凡中践行入党誓言，在点滴中传播正能量。先后荣获国网泸州供电公司优秀共产党员、劳动模范，泸州市最美家庭、泸州好人，国网四川省电力公司优秀党务工作者，四川省最美职工家庭、“五好”家庭、三八红旗手等荣誉。

“五唯”标准投入工作

从事党建工作 19 年，黄蓉始终坚持“唯爱、唯诚、唯专、唯新、唯勤”的“五唯”标准，倾注自己的心力，像爱自己的生命一样热爱工作，赋予工作快乐的含义。

2020 年，国网泸川供电公司成功创建第六届全国文明单位。在创建路上，她时常连续几天工作 10 小时以上，看着自己与同事们整理出来的一大堆成果资料，内心总会有一些成就感，也就是这些成就感给了她无穷无尽的力量。

有一次，为了完成紧急工作任务，休假的黄蓉放弃了与家人的约定，立即返回岗位，在办公室从下午 5 点多钟一直坐到第二天凌晨 3 点多钟，回到家看见年幼的儿子已经在沙发上睡着了。睡了不到 3 个小时，她又去单位继续工作。每天的时间对于黄蓉来说实在太短，她想多做一点事情。她经常把自己比喻成一个不停旋转的陀螺。

党建工作“四部曲”

● 黄蓉参加夜间电力线路巡查工作，组织岗位交叉体验

她勤于思考，善于总结，大胆创新，推出党建工作“四部曲”，即跟班培训、跟班指导、定点调研、岗位交叉体验。

国网泸川供电公司代管控股后，为了尽快提高政工人员业务水平，尽快适应新的管理模式，她大胆试行基层政工人员分别到公司机关党群部门学习 2 周，部门人员分别到基层党组织跟班指导 1 周。每月利用 1 天时间组织部门全体人员到基层单位指导党群工作，融入班组，交流沟通；提出岗位交叉体验，利用定点交流的机会组织不同岗位的员工之间进行互换交流，增进了解与理解，促进机关与基层之间的融合。在她和同事们的不懈努力下，国网泸川供电分公司党建工作亮点纷呈。党建工作从最初的在国网泸州供电公司排名靠后，逐渐走在了前列。

历经 10 余年，黄蓉积累了随身携带的小小工作笔记本 38 个，从 2013 年推出“创文点滴 · 每日一记”起，先后通过手机短信、QQ、微信方式向员工推送安全生产、党建等方面的理论知识，特别是在党史学习教育中发挥了积极的作用，目前已坚持 2965 天。

● 黄蓉组织志愿者到泸县中宏特殊学校开展爱国教育主题活动

播撒爱心，传递正能量

黄蓉连续 10 年组织公司志愿团队，坚持服务泸县中宏特殊教育学校，开展“让爱托起你的梦想”“让关爱的阳光温暖你”“爱圆梦想 电亮人生”等主题活动，走访困难学生家庭，用爱关心特殊孩子的成长。黄蓉在工作中始终如一地倾情付出，当选为泸县总工会兼职副主席、泸县妇联执委会委员、泸县残联智力残疾及亲友协会主席。

心有所信，方能行远。时间虽然有限，但黄蓉的激情却是无限的。黄蓉将坚守自己的初心，不惧风雨，勇敢前行，继续与时间赛跑。

坚韧与温暖同行

——记国网重庆电力党委党建部组织建设处政策研究管理　王迴源

王迴源，男，汉族，重庆城口人，1989 年 10 月出生，2012 年 8 月参加工作，2016 年 7 月加入中国共产党。

- 2014—2017 年　国网重庆城口供电公司先进生产工作者
- 2018 年　国网重庆城口供电公司优秀共产党员

从事党建工作以来，王迴源不断探索更有力量、更有温度的基层党建，工作中的韧性与心系群众的温情系于一身，用“韧”与“暖”写下了一名基层党务工作者不悔的初衷。

要倒给别人一杯水，自己先得有一桶水

自 2018 年走上党建工作岗位以来，王迴源深知“打铁必须自身硬”，作为一名新时代的党务工作者，需要具备更高的政治素养和专业水平，倒给别人一杯水，自己先得有一桶水。为此，他下定决心苦练“基本功”，在学懂弄通习近平新时代中国特色社会主义思想上下功夫，认真学习党建制度和党建理论，坚持每日阅读相关书籍，参加“青马工程”强化理论素质；主笔撰写总结报告、实施方案等 200 余份党建材料。同时结合企业实际起草《强化党建引领》《建设和弘扬优秀企业文化》等宣讲材料，既保证科学性和严谨性，又兼顾生动性和实效性。

在从事政策研究工作后，王迴源深刻认识到手中的笔也能变成解剖现实问题的快刀。他说：“政策研究的目的在于准确把握现实问题的本质，形成思想并将其诉诸笔端，以理念与政策的务实创新，推动实践的突破、困境的突围。”他以问题导向组织立项实施 69 项党建研究课题，为“基层党支部组织力建设、党建与业务工作融合、职工思想动态管理”等工作提供理论支撑和实践对策。其中，一项课题被国企党建专委会评为优秀课题二等奖，一项课题获评国家电网公司软科学成果奖，一项课题入选中央企业党建政研会研究课题。

我是共产党员，我热爱这份工作

党务工作时常繁琐，基础性、文字性工作多。但王迴源深知，对于生产经营工作的进步与否，党建工作其实是非常重要的引领，只有把党建工作做出价值，才能真正实现“强党建促发展”的效果。

“只要我们辛苦一点能解决的事情，就绝对不要给基层增加负担。我们除了是党员，还是党务工作者，更要做到行动快一点、担当多一点、标准高一点，输出党建工作价值。”这是部门主任对党建部的要求，也成为了王迴源一贯坚持的工作原则和努力目标。带着这份党建情怀，王迴源结合城口供电公司党建工作实际试点实施党支部量化考评和党员积分管理，打造红色文化品牌，建立“红星”评价创先争优机制，策划组织“青年讲堂”迎新晚会、读书会等党团活动，组织党员、团员结对开展志愿服务……让基层党支部、党员和团员青年既感受到了沉甸甸的责任，也让大家感受到了党建工作的力量和温度。

王迴源在国网城口供电公司青年宿舍为疫情期间封闭青年员工赠送学习书籍

电一刻也不能停，服务和记录一点也不能少

2020 年春节，新冠肺炎疫情暴发。王迴源主动写下请战书，成为“电力逆行者”群体中的一员，承担起发动青年、服务协调、宣传报道等工作，充分发挥战时党建工作的引领作用。他组织青年员工成立抗疫保电青年突击队，率先落实各项防控要求，用实际行动践行“我年轻，我先上”的青春誓言。

电一刻也不能停，记录一点也不能少。在新冠肺炎疫情救治定点医院、大雪覆盖的大巴山区、人员密集的居民小区以及乡镇卫生院和复工复产企业，王迴源用手中的相机和笔把这一切记录下来、传播出去，连续 33 天坚守在岗工作，用真人真事宣传正能量。新华社等主要社会媒体刊载其图文报道共 32 篇，掀起了向身边战“疫”榜样学习的热潮。

“党建部的同事每天都会在我们班组微信群里了解我们的需求，解决我们的后顾之忧。”一名调控值班员说。疫情防控期间，当发现一些员工心理产生波动，王迴源便主动搭建“心理驿站”，为大家舒缓情绪；当了解到调控封闭隔离员工的配餐送达后变冷的问题，他立刻跑去购买保温桶；他还制作防疫知识和返工指南，为外地返回隔离员工配送食品书籍……一件件小事聚沙成塔、聚水成渊，诠释了“与人为善”的价值理念，树立了崇德向善的行动标杆。

“实”当先　“干”当头

——记国网蒙东电力新城区供电分公司党委书记、副总经理　汤静

汤　静，女，汉族，内蒙古通辽人，1973年11月出生，1993年9月参加工作，2001年6月加入中国共产党。

- 2004年　内蒙古自治区用户满意服务明星
- 2009年　东北电网有限公司营销工作先进个人
- 2015年　国网蒙东电力优秀党务工作者
- 2020年　东北电力系统优秀工会干部
- 2021年　通辽市优秀党务工作者

汤静常说自己既是党的女儿，也是草原的女儿。作为祖国北疆一名电力工作者，她坚持党建与企业同频共振、党务与业务同步推进、党员与职工齐头并进，找准结合点，画出同心圆，在科尔沁草原这片土地上种下了光明的种子。

党员心中的“实干家”

从党建部主任到县供电公司党委书记，在工作实践中，汤静发现公司党员人数众多、工作地点分散、学习认识差异化明显。如何改变传统的党员教育管理方式，建立一套客观、民主、公正的考核管理体系，形成高效的监督管理机制，成为汤静思考的重要课题。2019年，汤静头脑中形成了清晰的思路——以“正向激励和反向惩处”为切入点，引入“银行理财”的思维，推行“党员积分银行”管理模式，让党员积分能“储存”、可“兑换”、能“流转”，硬指标对应出公开透明的积分榜，使小积分转化为大能量。在总结经验的基础上，汤静还创新推行“党员积分银行+党员卓越指数”并轨管理，开发线上积分应用平台，减轻基层党组织评分、兑换分值工作压力，强化积分银行实践效率和成果运用。2019年，汤静组织编写的《小积分激发大能量》党员积分银行小故事和党组织书记抓党建案例入选国家电网公司旗帜领航系列丛书。

面对2020年突发的新冠肺炎疫情，汤静积极应对，及时发出倡议和号召，编发《在新型冠状病毒感染肺炎疫情防控工作中充分发挥党组织作用的通知》，建立疫情防控“三表率、保三无”党员责任区，开展“逐鹿新冠疫情、致敬逆行英雄”主题党日，组织61名党员志

● 汤静在办公室修改党委工作报告，检查党委换届筹备工作材料

愿者参与社区联防联控。创新开展党员及党员身边“六无”活动、流动红旗党员责任区、示范岗管理，不断激发党员先锋模范作用。

领导眼中的“实力派”

人人都说党建工作辛苦，费力不讨好，可汤静最不怕的就是辛苦。她常说没有干不好的活，只有干不好的人。为了记录公司成立近50年来走过的奋斗历程，让干部职工、社会各界对公司发展历史有更直接、更全面、更深刻的了解，汤静着手策划建设一体化党建实践阵地。在办公场所和资金受限的情况下，她积极组织有关部门对设计方案、展示内容进行了数十次研讨、反复修改，集中查阅了局志、大事记、人事档案等大量历史资料，多渠道征集老物件、老照片，使展示元素体现了珍贵的历史传承。经过近两年的努力，党建实践阵地于2020年8月落成。

支部书记们有时调侃她是爱较真儿的“铁包公”。在汤静的字典里没有“差不多”“过得去”这些字眼，干就要干好。她先从基层基础上严起来，细化、量化、硬化党建考核指标，加大党建分值在综合目标考核中的比重。现场督导组织生活会、主题党日活动等，从根本上严肃组织生活。每季组织开展党支部书记考试，并将成绩全网公示。开展中心组巡听旁听，建立学习督导联系点，通报评估反馈意见，提升了中心组学习质效。在她的严格要求下，基层党组织严格执行“三会一课”、主题党日、组织生活会等制度，“一支部一品牌”党建特色亮点不断涌现，有效扩大了先进支部增量。

百姓口中的“实在人”

没有不对的客户，只有不好的服务。为摸清供区内用户家底，建立健全特殊用户私人定制服务体系，以亲情特色的服务提升用户电力获得感，汤静带领共产党员服务队以低保户、孤寡老人等特殊群体为服务对象，建立了特殊服务对象台账，定期主动上门为这些特殊用户开展安全用电检查、免费更换漏电保护器、清理易发火灾隐患杂物等服务。组织公司党员为特殊教育学校自愿捐款，普及安全用电常识。“校长，以后不管是用电还是生活中有什么问题都可以随时联系我们。”汤静亲切地握住校长的手叮嘱道。

党员职工，是她的心头肉；基层支部，是她的铁营盘；电网纵横，是她的作战图。汤静说，企业需要全体党员干部共同努力去强根铸魂，强筋壮骨，她愿意一直做那面激发党员群众干事创业热情的旗，启动企业高质量发展的红色引擎。

专业专注推进基层党建工作"别样红"

——记国网陕西电力兴平市供电分公司党委书记 张作鹏

张作鹏，男，汉族，河南周口人，1978年7月出生，2007年7月参加工作，2005年12月加入中国共产党。

- 2017年 陕西省第四届党员教育观摩交流活动二等奖
- 2018年 国网陕西省电力公司管理创新成果三等奖
- 2018年 国家电网有限公司优秀企业文化案例
- 2019年 国家电网有限公司优秀党务工作者
- 2020年 全国电力行业优秀党建成果奖

2007年，张作鹏从西安交通大学硕士研究生毕业后，进入国网咸阳供电公司工作。14年来，从一线班组到党建部门负责人，再到基层党委书记，这位满脸谦和、性格憨厚的70后，十几年如一日，兢兢业业、任劳任怨，被同事们贴上了"业务扎实、能力出众、作风质朴、为人谦逊"的"标签"。

强学习 重实践
练就过硬专业本领

张作鹏始终把学习作为一种追求、一种爱好、一种生活方式，总在工作之余挤时间钻业务，提高自身工作能力，在历年"三严三实""两学一做""不忘初心、牢记使命"等学习教育中，他以高度的责任感和使命感，扎实细致完成好各项目标任务。他参与完成的党员教育项目在陕西省第四届党员教育观摩交流活动中荣获二等奖。

2021年，党史学习教育开展以来，张作鹏组织构建"1+7+3"工作机制，细化分解27项重点任务，突出"学党史，践行初心；敬延安，赋能三秦"党史学习教育工作主线，创新开展的"党史我来讲 红色照我心""党史学习进校园 红色基因代代传""我为群众办实事"等主题党日6次被《人民日报》报道，党建工作先后15次被中央媒体报道。

出亮点 创新意
做党务工作的排头兵

牢牢把握新时代党的建设总体要求，张作鹏工作中总能折射出创新意识和务实精神，探索形成了以"提诺"定目标，"审诺"严把关，

“亮诺”受监督，“践诺”重实效，“问诺”见落实的“五步法”党建工作责任目标公开承诺机制。他始终坚持“三抓一创”举措，以抓基础为前提、抓融合为核心、抓特色为手段、创先争优为目标，有效解决了基层党建工作与生产经营工作“两张皮”问题。

● 张作鹏组织中心组成员重温入党誓词

张作鹏经常深入基层指导各支部结合实际开展党员亮身份、当先锋、作表率，帮助支部出点子、想办法，兴平公司8个供电所入围国网同期线损百强供电所。张作鹏完成的2篇案例荣获中国第二届电力行业党建理论创新成果奖。

抓队伍　提素质
凝聚干事创业精气神

张作鹏把创建学习型党组织与提升队伍素质结合起来，通过实施“党建+”项目，组织党员开展安全用电进校园、疫情防控当先锋等活动，得到了社会群众的广泛赞誉。在重点工程建设中，张作鹏组织各支部常态化开展党员亮身份、党员“带头无违章 带头反违章”等活动，形成一个党员一面旗帜的良好示范效应。张作鹏完成的“党建+”案例入选国家电网公司优秀党建创新实践案例集。

对于青工成长，张作鹏更是牵挂于心，经常组织青工开展以党员业务骨干为技术支撑的“师带徒”“实战练兵”等活动，为青工成长搭建平台，国网兴平供电公司团支部荣获陕西省“五四红旗团支部”“青年安全示范岗”等荣誉。

走基层　解难题
做群众职工的贴心人

作为一名基层党务工作者，他经常深入一线调研。工作中，他从不搞特殊化，认真履行“从我做起、向我看齐、对我监督”三项承诺。张作鹏严于律己、以身作则、处事公正的作风深深地影响着干部职工。

生活中，张作鹏热心助人、以诚相待，群众职工向张作鹏反映的困难和问题，他总是第一时间尽其所能给予帮助和解决。每当职工生病住院、家庭出现困难，他总是第一时间送去温暖。数年如一日，他用耐心平和的心境，热情洋溢的态度，敬业奉献的作风赢得了广大群众职工的认可、尊重和信任。

"炳"持初心　积小为"海"

——记国网甘肃电力玛曲县供电公司党支部书记　黄炳海

黄炳海，男，汉族，河北大名人，1978 年 4 月出生，2002 年 8 月参加工作，2005 年 7 月加入中国共产党。

- 2013 年　国网甘肃省电力公司农电管理工作先进个人

16 年的党龄，他始终严于律己、敬业精业，用工作中的点滴小事铸造信仰的大厦。

平均 3500 米的海拔，他牢记"坚守就是奉献"的信念，扎根雪域高原，无怨无悔。

他就是国网甘肃省电力公司玛曲县供电公司党支部书记、经理——黄炳海。

扎根高原
在履职尽责中践行使命担当

2014 年 11 月，由于工作业绩突出，黄炳海由农电工作部副主任岗位提拔为县公司党支部书记。

针对党员身份意识不够的问题，他从学习融入岗位标准做合格党员、工作融入社会发展做电网先锋、做人融入政治纪律做道德模范三个方面对全体党员提出要求，从内在的驱动力上充分调动党员工作的积极性。

甘南格桑花共产党员服务队是公司系统优质服务的"金字招牌"。为了更好地发挥服务队先锋作用，他将队员选拔由原先的指定任命变为自己申请，并采取"末尾淘汰制"，让原先看似额外增加的"工作负担"，变成只有先进骨干才能参与的"特殊待遇"，党员参与服务队活动的主动性得到显著提升，工作成效更加明显。

精准发力
在重点难点中实现党建价值创造

如何让党务工作和中心工作同频共振，是黄炳海一直以来思考的课题。他带头实践党建价值创造闭环管理体系，引导党员在重点工作中发挥表率作用，牵头成立"党建价值创造工作室"，组织各专业党员骨干集体研究攻克电网建设、运

● 黄炳海前往对口帮扶户家中走访、慰问

维检修等业务工作中出现的挑战与难题。

面对台区线损达标率低这个“老大难”问题，黄炳海率先带领支部委员“下基层、进班站”，组织成立线损治理党员攻坚小组进行“包所、包站”。

通过实地考察每一个高损台区，针对性调整治理方式，国网玛曲供电公司率先20天完成高损台区地埋线治理等电网工程，台区线损合格率始终处于各县市前列。

旗帜领航 在关心关怀中帮助青年员工成长

青年员工是企业发展的关键所在。作为党支部书记，助力青年员工早日成长是他倾注心血最多的工作。

他多方申请建立起职工周转房、“高原氧吧”，切实改善青年员工生活环境；并牵头制定青工成长成才培养计划，围绕筑梦高原、英才强基、精准滴灌三个方面开展青工综合素质培养。

“玛曲是纯牧区，藏族人口占了绝大多数；我们刚来的时候，既听不懂也不会说藏语，特别不适应。”回想起刚参加工作时的困难，玛曲公司团支部书记王麒忍不住地摇头。“后来公司组织了‘藏语培训课堂’，老师在给我们教藏语日常用语的同时，还给我们教了电力服务用语。和当地牧民交流畅通了，误会少了，服务更贴心了。”

“我希望每一位青年人都能尽快成长为独当一面的业务骨干。个人好了，我们的企业才能更好。”黄炳海笑着说。

● 黄炳海带领党员查看光伏设备运行情况

守护特高压　奋斗正当时

——记国网新疆电力检修公司昌吉换流站副站长、党支部书记　殷红霞

殷红霞，女，汉族，新疆乌鲁木齐人，1976 年 5 月出生，1997 年 7 月参加工作，2005 年 6 月加入中国共产党。

- 2018 年　国网新疆电力有限公司优秀党务工作者
- 2021 年　准东经济技术开发区三八红旗手
- 2021 年　国网新疆电力检修公司“巾帼标兵”

她数年如一日，扎根戈壁一线，担当尽责、无私奉献，在世界第一个 ±1100 千伏特高压直流输电工程送端站里，柔肩担重任，谱写新时代特高压芳华。

思想引领　铸魂育人

2019 年 3 月，殷红霞来到 ±1100 千伏昌吉换流站，面对新技术、新领域，责任和压力并重，刚来站里的那段日子，她工作起来常常忘记了时间，每晚两三点休息是常态。面对这样一个对国家、对人民、对能源转型发展意义重大的“大国重器”“中国名片”，党建工作如何深度融入中心工作？没有经验可以借鉴。作为党支部书记的她，通过深入现场、沟通调研，分析研究，最终落定了三个方向——政治引领、带头示范、凝聚队伍。

她先后创建了“直流夜校”，开设了“直流之声”，以新载体、新形式传播党的思想，传递党的声音，从百年党史中汲取奋进力量，赓续共产党人精神血脉，有力提高了全体员工的思想觉悟、责任感和使命感，用坚定的理想信念，为新疆特高压电网事业发展贡献力量。

心系职工　真情奉献

在大伙的眼中，她是大家公认的“好大姐”，她始终把全体员工放在心坎里。“殷姐，我想家了，能不能申请出疆回趟家？”“殷姐，我媳妇又把我拉黑了……”“殷姐，家里催我回去相亲”。站内 64 名员工中 59 人家在内地，面对严峻的新冠肺炎疫情形势，一面是员工的生命健康、一面是后方家庭稳定，哪一个处理不妥都会造成严重的后果，为解决员工的后顾

殷红霞在昌吉换流站极 2 低端阀厅同施工单位一同见证设备实验结果

之忧，切实推进“我为群众办实事”，她创建了“昌吉之家 爱的港湾”微信群，将员工和家属邀请进“家”。在“家”中常态展示员工学习、工作、生活风采，发送各类活动视频，发布上榜新闻，与员工话家常，同家属通电话，赢得家人的理解和支持，“爱的港湾”已然成为联系感情的重要纽带和安全稳定的坚强后盾。

“殷姐，我最近总感觉不舒服，半夜都能疼醒来……”“殷姐，我爱人预产期要到了，可现在出不了五彩湾，怎么办啊……”一个个求助电话接踵而至，面对交通管制的困难，殷红霞第一时间向公司党委汇报，并积极向开发区管委会疫情防控指挥部申请，与国网准东供电公司取得联系寻求援助，最终获批绿色通道，发起了一场“爱的接力赛”，患病员工得到了及时的救治，怀孕家属顺利生产。

逆行出征　抗疫保电

“子晶，这 1700 多人符合进站标准，可以通知参检单位启程出发了，一定要交代好防疫措施。”作为支部的“大家长”，她始终把政治建设摆在首位。在昌吉换流站首次大型综合检修期间，正逢疫情关键期，时间紧、任务重、人员复杂，安全风险形势无比严峻，为了保证检修顺利开展，她创新成立防疫专班，创建外来人员进站“十步法”管理，严把信息筛查、隔离管控、医学检测“三道防线”，科学设置“三区两通道”分级防护措施，带领防疫专班的同志们连续一个月昼夜不息，累计核查 2500 余人防疫档案，全力做好疫情防控和后勤保障，取得了千人作战大环境下安全生产和疫情防控的“双胜利”。

这一年，她 8 个多月未出站，和站内弟兄们并肩作战。也是这一年，她与父母和正在读高中的女儿只见过两次面，每当工作结束，抽空接到孩子的电话，听到电话那头孩子说：“妈妈，你什么时候可以回家，我想你了，我再也不惹你生气了，你快回来吧。”那一瞬间，圆满完成工作后的欣慰与对孩子的愧疚交织在一起，她再也无法控制自己的情绪……

争做表率　护航安全

“殷书记，我是江金成，申请回站保障迎峰度冬”“殷书记，我是任杨，我也申请回

● 殷红霞在昌吉换流站极 2 低端换流变广场监督施工单位开展换流变压器相关试验

站”“我也要回站”……2021 年 1 月 6 日，昌吉换流站环境温度达到零下 45 摄氏度，多个户外式 GIS 气室接连发生压力持续降低、个别气室出现漏气现象。为了及早消除隐患，保障设备安全稳定运行，殷红霞立即召开“应对极寒天气，保障迎峰度冬”动员会，28 名党员和入党申请人员纷纷请缨参与这场挑战极寒天气的攻坚战。全体党员突击队成员在她的带领下，开展了地毯式排查，从直流场到交流滤波器场再到 750 千伏五彩湾区域，逐一检查全站户外机构箱加热情况，对 1300 个气室进行全面细致的排查检漏，经过四天三夜连续奋战，成功解决了危急隐患。

2021 年 7 月 2 日 8 时 11 分，昌吉换流站 7624 小组滤波器正常投入时，第二大组交流滤波器母线差动保护及 7624 小组滤波器差动保护动作跳闸。正值百年保电期间，她再次召集党员突击队迅速集结，休班党员放弃休息回站抢修。不惧高温炙烤，每天坚持到岗到位，带领全体队员鏖战六天五夜，于 7 月 6 日 04 时 40 分一次送电成功。她再次用实际行动守护了电网安全稳定，为“煤从空中走，电送全中国”保驾护航。

她常常说，她所做的一切，不过是许多新疆电网人每天都在做的事，公司授予的这份崇高荣誉，是她个人的荣耀，更是国网新疆电力有限公司这个集体的共同荣誉，这更加坚定了我们广大职工“强国有我”的信心！

● 殷红霞与支部党员一起检查 GIS 设备伸缩节动作情况

旗帜领航程　党建促发展

——记上海置信智能电气有限公司党委书记、副总经理，国网电力科学研究院武汉南瑞有限责任公司执行董事、总经理、党委书记　蔡炜

蔡　炜，男，汉族，湖北武汉人，1974 年 9 月出生，1996 年 7 月参加工作，1999 年 6 月加入中国共产党。

- 2013 年　湖北五一劳动奖章
- 2018 年　湖北省有突出贡献中青年专家
- 2021 年　国务院特殊津贴专家

蔡炜始终认真贯彻新时代党的建设总要求，深入学习领会习近平总书记重要讲话精神，认真履行党建第一责任，提升党建工作质量，发挥党建作用价值，切实把党建优势转化为发展优势，为企业高质量发展、实现“十三五”圆满收官和“十四五”良好开局提供了坚强保证。

坚持党的领导，加强政治建设

蔡炜严格落实“第一议题”、党委理论中心组、“三会一课”学习制度，把深入学习贯彻党的创新理论，与落实党中央决策部署、企业改革发展和党的建设各项任务结合起来，从伟大思想中找方向、找思路、找办法，切实将学习成果转化为推动工作的务实举措。他带头做好电力先行官，认真履行支撑服务电网和公司发展的使命，以专业技术、优质设备和整体解决方案，为电网建设和公司发展提供有力支撑。他带头架起党群连心桥，用心用情用力为员工办实事，坚持用发展的办法解决发展中的问题，让改革的成果惠及更多的员工；同时积极履行社会责任，带领团队参与湖北长阳和秭归村级光伏电站等扶贫项目建设，不断提升对地方经济发展的贡献度。

履行“第一责任”，自觉强根铸魂

蔡炜全力保障党的建设与企业生产经营管理目标同向、发展同步，扎实推进基层党建巩固提升各项工作，上海置信智能电气有限公司党委先后获上海市党建工作阵地建设示范窗

口、长宁区先进基层党组织、长宁区党建工作“五星奖”等荣誉。他善于做好新形势下的宣传思想工作，带头深入开展党史学习教育，深化“红色基因、电力传承”实践，创新开展企业文化传播与建设，加强舆论宣传引导，在他的带领下，“十三五”以来，企业上下涌现出了全国五一劳动奖章、全国青年岗位能手、全国疫情防控最美志愿者、国网工匠以及省市劳模、工匠等一大批先进典型。

● 蔡炜讲授“弘扬'红船精神'坚定使命担当”党课

突出党建价值，服务发展大局

蔡炜是全面实施“党建+”工程的创新者，牵头与20余个党组织建立联学联创关系，构建开放、共享、融合、发展的党建工作新格局。他是深入推进党员服务队建设的实践者，成立国家电网南瑞集团（兆晖）共产党员服务队，公司金牌共产党员服务队——谷山强共产党员服务队创建了世界首个电网雷击风险预警系统，多次圆满完成迎峰度夏等重大保电任务，党旗在基层一线高高飘扬。他还是积极服务“一带一路”建设的传播者，党员服务队专业支撑默拉直流、土耳其凡城项目等重点项目建设。

● 蔡炜在建党100周年主题活动上致辞

坚持战略引领，加快转型升级

全力以赴、不讲条件地支撑服务电网安全稳定运行是蔡炜一直以来的使命和信仰。在他的带领下，武汉南瑞高质量支撑总部变电技术中心建设和总部特高压输变电设备运检管理，参与完成藏中联网、抗疫保电等重大任务。他始终把创新作为发展的根本动力，积极融入公司“一体四翼”发展布局，加快推进特高压套管、直流支撑电容器等“卡脖子”电工装备国产化进程，依托特高压设备监测预警等平台，积极推进电网运维业务数字化创新应用，提升电网设施精益化、数字化管理水平，同时优化纳米改性铝合金等新材料研发，主动服务公司双碳目标实现。

勤勉务实　坚守运行一线的实干者

——记国网电动汽车公司智慧车联网平台中心（营销中心）副总监、党支部书记　项冰

项　冰，男，汉族，山东沂水人，1986 年 11 月出生，2009 年 7 月参加工作，2008 年 3 月加入中国共产党。

- 2015 年　国家电网公司信息工作先进个人
- 2017 年　国家电网公司品牌建设先进个人
- 2017 年　国家电网公司优秀团干部
- 2019 年　国家电网有限公司宣传工作先进个人

项冰在担任国网电动汽车公司智慧车联网平台中心党支部书记期间，时刻牢记公司党委重托，牢记肩负的使命和责任，勤勉履职、攻坚克难，坚决贯彻落实公司党委各项决策部署，将党建工作与业务工作紧密融合，很好地完成了工作任务。

不忘初心　坚定不移党建引领工作

作为支部书记，项冰始终把政治建设摆在首位，带头增强“四个意识”、坚定“四个自信”、做到“两个维护”，把旗帜鲜明讲政治的要求融入支部和部门各项工作，确保公司党委各项决策部署不折不扣落地见效。坚持党建引领，带头自觉把工作放到大局中去审视、去部署、去动员，推动智慧车联网平台自主研发能力、安全保障能力、物联接入能力、数据分析能力显著提升，截至 2020 年年底，平台接入充电桩 103 万根，年充电量 15 亿千瓦时，注册用户数 519 万人，成为覆盖面最广、数量最多、服务能力最强的充电服务网络。牵头组织国家电网“新基建百万接入新动能能源互联”主题发布活动，直接负责活动策划、主题发布、新闻宣传等工作。国家部委、产业链上下游企业代表 200 余人参会，中央电视台、新华社等主流媒体对活动进行报道，《新闻联播》播发《超百万充电桩互联互通充电网络建成》，展现了公司在党委领导下的担当和作为，切实把党的政治优势和组织优势转化为车联网平台的发展优势。

狠抓基建　坚实保障一线运行稳定

项冰严格履行党内组织程序，成立支部委员会，配优配强支部委员，持续推动党支部标准化、规范化建设。推动党建与平台业务融入融合，将部门例会与支部会议合并召开，建立部门内部重点工作销号制度，全年处理事项2300余项，着力加强督办考核，形成上下贯通、横向联动的良好局面。将为群众办实事解难题作为党支部解决实际问题的落脚点，牵头研究建立平台业务需求快速响应与优质服务机制，完成车联网平台需求中心团队组建，提升对公司各业务版块的服务支撑，开展面向各省电动线上线下培训31期，年度累计完成1000余项需求上线，以用心的服务增强群众获得感和满意度。与南瑞集成公司开展支部共建，成立抗击疫情平台运维青年服务队，发挥5名党员青年骨干的示范带头作用，克服新冠肺炎疫情影响和平台系统迭代倍增的严峻挑战，通过精细化及规范化运维工作，系统稳定运行率达到99.92%，为外部生产系统和内部办公系统提供坚实保障和优质服务。

牢记使命　坚持攻坚克难改革创新

项冰还能够很好地加强支部思想政治工作，注重通过讲党课、集中观看教育影片、集体学习等多种方式，凝聚思想共识。在办公区域打造平台发展荣誉墙和百万桩达成地标，营造创先争优的部门文化氛围，形成团队合力，带动支部党员和全体员工勇于直面问题，不断解决问题、破解难题。规范设立车联网平台网络安全党员责任区和示范岗，持续提升安全保障能力，保持了网络与信息安全的平稳态势，班组获评国家电网公司工人先锋号荣誉称号。实施“党员+骨干”双培养，吸收2名入党积极分子，获评国家电网五四青年奖章候选人。深入实施“党建+科技”工程，带头推进平台科技创新工作，编发《前沿技术研究简报》38期，作为第一设计人申报两项外观设计专利，获得公司年内首批专利授权。加强正面宣传和舆论引导，不断营造良好外部发展环境。

● 项冰主持平台中心党支部与国网南瑞集团公司党支部结对共建活动

实干笃行　不负炙热初心

——记中电装备公司党委党建部（党委宣传部）主任　李鸿雁

李鸿雁，女，汉族，山东茌平人，1975 年 4 月出生，1997 年 7 月参加工作，2006 年 12 月加入中国共产党。

- 2017 年　国家电网公司物力集约化管理先进个人
- 2019 年　国家电网有限公司物资管理先进个人
- 2021 年　中国电力技术装备有限公司董事长特别奖

李鸿雁曾从事物资岗位多年，先后获得国家电网公司物资集约化管理先进个人、物资管理先进个人等荣誉，并从 2012 年起承担所在党支部党务工作。2019 年 3 月，李鸿雁调任党委党建部（党委宣传部）负责人，成为一名专职党务工作者。新的岗位，新的形势和要求，李鸿雁始终秉持着“干一行、精一行”的钻研尽头，“我觉得万事只怕‘用心’二字，只要保持专业专注的工作态度，出思路、想办法、勤作为，不管在什么岗位都能干好。”

强基础　让党建管理实起来

成事必有其道，干事须得其法。面对新的环境和职责，李鸿雁逐步厘清了工作思路，从“基层巩固提升年”要求入手，抓基本组织、基本队伍、基本制度，全面严实党建工作管理。

结合公司国际业务实际，李鸿雁着力健全国内外党建工作联系点，部署工作“面对面”，成绩好坏“看数据”，全面加强党支部标准化规范化建设，同时组织制定了发展党员、组织生活会等各项党务工作标准化流程，为基层党务提供了翔实具体的工作指引，使每个党支部、每项具体党务工作建有标尺、抓有方向，有效促进基层党务工作人员工作提升。

李鸿雁带领部门团队，认真梳理全年党建工作要点和党建工作责任清单，细化党建量化管理具体任务，定期召开基层党建工作推进会，从严落实党建工作责任制度、“三会一课”组织制度等，加强党建重点任务的日常监测和督导，切实“抓推进、勤督查”，做到提前谋划到位、思路方向清晰、举措落实得当。

抓创新　让党建业务亮起来

中电装备公司作为落实国家电网公司“一体四翼”战略布局、服务“一带一路”建设的外向型市场化企业，党员分散在世界各地，社会环境迥异，党建工作的实施面临许多国内没有的困难。李鸿雁说：“境外党建工作缺乏参考，大家都是摸着石头过河，这就需要我们大胆创新，不断探索新路子、新办法。”

结合海外工程建设，李鸿雁提出“支部建在项目上”，在巴基斯坦、老挝设立两个海外党支部，因地制宜规范境外党建工作，面向业务一线加强党员发展和培养。同时坚持“业务开展到哪里，学习教育就覆盖到哪里”，结合公司国际业务特点和海外疫情的影响，建立“线上＋线下”“个人自学＋专家辅导”等立体式学习新体系。充分利用国网大学教育平台分层分类开展集中培训；利用“青年学习微平台”公众号等新媒体，创建云端微党课、开展每周一测党史知识问答；利用视频会议方式连线国外现场，组织海内外党员集中学习研讨，线上线下联动学、国内国外同步学，保障学习教育全覆盖。

促融合　让“红色引擎”强起来

在做好“规定动作”的基础上，李鸿雁一直在思考如何强化党建与业务的双向融入，如何将基层党组织的政治优势、组织优势转化为企业发展优势，提升党建价值创造力。

李鸿雁以“党建＋”工程为抓手，围绕安全生产、市场开发、项目建设、提质增效等内容，以党员责任区、示范岗和党员先锋队为载体，以参建单位“联动共建”为特色，创新境外党员活动形式，突出国际业务特色，实现“一个支部一个品牌”，有效激发党员队伍内生动力。2020年，中电装备公司两个党支部分别获评国家电网公司思想政治建设、党员教育管理专业标杆。

李鸿雁还格外注重青年党员、团员的培养，组织巴基斯坦默拉直流项目和沙特智能电表项目成立青年突击队，举办“青年员工风采大赛”，开设“青春e站”，访谈青年员工海外奋斗故事，引导青年员工提升国际业务能力，为公司全球化发展凝聚青春力量。

自2020年以来，中电装备公司面临着境外疫情防控和业务逆势推进的双重

● 李鸿雁梳理党务工作资料

考验，李鸿雁的工作成果也在此时得到深刻检验。在党建引领下，中电装备公司上下凝心聚力，党员干部坚守一线、敢打头阵、无一退缩，3个批次队伍逆行海外支援现场建设，做到关键时刻站得出、顶得上、打得赢，带领全体员工共克时艰，创造了在疫情大考面前海外工程按期履约、安全生产可控、人员队伍稳定的新局面，在海外市场普遍萎缩的情况下站稳了脚跟。中电装备公司1人获国资委抗疫表彰，2个集体、1个党组织、9人获国家电网公司抗疫表彰，1人获评国网楷模荣誉称号。

● 李鸿雁在党务公开栏张贴预备党员转正公示

从一名普通党员到优秀党务工作者，李鸿雁始终把初心放在心上、融入日常、落到实处，以她的务实、敬业在党建工作的道路上越走越稳、越走越好。前路漫漫，李鸿雁心中坚定，“不断发挥企业特色，坚定广大干部员工听党话、跟党走的决心和信心，以一流党建保障和引领国家电网公司‘一体四翼’布局落实和一流能源互联网企业建设，就是我工作的意义和价值”。

一种信仰　无限力量

——记国网通航公司团委副书记、工会女工主任、党建部党建管理专责　赵悦

赵　悦，女，汉族，天津东丽人，1983年1月出生，2009年4月参加工作，2011年11月加入中国共产党。

- 2015年　国家电网有限公司企业文化建设优秀案例三等奖
- 2016年　全国民航优秀共青团干部
- 2017年　国网通航公司先进生产（工作）者
- 2018年　国家电网有限公司第四届青年创新创意大赛银奖
- 2019年　国家电网有限公司优秀团干部

她曾是哲学专业的一名优秀学生，本着一份对党的事业的热爱和对专业学科的执着，放弃了海外移民的身份，选择做一名基层党务工作者，并坚持不懈、孜孜不倦、忘我工作，一干就是十几年。无论单位的工位上还是家里的书架中，满满的党建规则、制度、汇编永远都是她手中的宝。

恪尽职守　履职尽责

近年来，党的建设迈进了新时代，各项工作标准高，要求严，对党务工作者来说无疑是个艰巨的挑战。与她接触，第一感觉总是忙而有序的工作节奏、疾步如飞的办事脚步和服务基层时耐心解答的语速；周末办公室的门总是开着的，深夜电脑前的灯经常是亮着的，键盘永远不停歇地敲打着滴滴答答的“交响乐”，加班已成为她常态化的工作模式，她将全部的热情都倾注在党建事业上。

多年来，高效参与并完成了“群众路线教育”“三严三实”“两学一做”“不忘初心・牢记使命”主题教育、“党史学习教育”等党内重大政治任务，迎接了政治巡视和多次党建绩效考核。虽然连她自己都记不清有多少日夜为了完成重要使命、坚守岗位而不曾回过家了，但是她仍然矢志不渝，用实际行动进一步坚定了党员信念，坚决做好党务工作的坚守者。

创新拼搏　匠心履责

创新是国有企业党建的活力源泉。国网通航公司多年来致力于打造航空电力特色党建之

● 赵悦组织国网通航公司全体女职工开展爱党活动

推进国网通航公司党建工作从“三年登高”到“提质登高”，从“巩固提升年”到“创新拓展年”，从“夯基固本”到“强根铸魂”。她已把对初心的坚定融入实践中，把使命的执着转化为实际行动上，在不断加强党性修养中，坚决做好党务工作的执行者。

风雨兼程，不忘来路，提出建设“雄鹰”党建品牌。在“雄鹰”党建品牌和航空电力特色道路的建设上，赵悦坚持不断深耕自作，连续四年深入西藏、新疆无人区机组临时党支部，宣传党的思想，开展党的活动，挖掘党员事迹、创新建设标准化机组临时党支部。边疆藏区条件艰苦，每次机组党建活动都是时间紧任务重头绪多，在克服高原反应的同时，是坚持几夜不眠的工作。

目前“雄鹰”机组脱贫攻坚事迹已被央视、人民日报等多家主流媒体广泛报道，“雄鹰”机组创新项目《守护电力天路的智能雄鹰》荣获了国家电网公司第四届青创赛银奖，赵悦用实际行动保持了共产党员本色，坚决做好党建品牌的守护者。

不懈求索　勇于担责

赵悦始终坚持以党风党纪为“镜子”，不断修身律己“正衣冠”，先行一步、干在前列，多年来制定党建相关方案措施 50 余项，助力时的路，一份对党的信仰，一份对国网的情怀，迸发出无限对党的事业的奋斗力量。这种力量是党务工作者的底色，更是对党务工作不悔的选择。

● 赵悦参加国家电网有限公司第三次代表大会暨纪念五四运动 100 周年大会

架起协同高效的业务连心桥

——记国网综能服务集团赋能工作办公室主任　范滢

范　滢，男，汉族，山西代县人，1974 年 8 月出生，1997 年 7 月参加工作，2004 年 10 月加入中国共产党。

- 2015 年　国网节能服务有限公司优秀共产党员、先进工作者
- 2016 年　国网节能服务有限公司优秀共产党员
- 2017 年　国网节能服务有限公司先进工作者
- 2018 年　国网节能服务有限公司优秀共产党员
- 2020 年　国网综合能源服务集团有限公司劳动模范

2020 年，国网综能服务集团完成与 27 家省综合能源公司并表，调整集团化组织架构体系，为精准对接赋能需求，实现赋能业务平台化、区域服务实体化的目标，成立了集团赋能工作办公室（以下简称赋能办），集合集团前、中、后台力量，面向 27 家省综合能源公司提供技术服务。范滢，作为国网综能服务集团电网节能、电力电量测量和能效测评、综合能源服务业务的技术型干部，成为这个新部门的负责人兼党支部书记。

树人先树德　培根先固本

面对集团改革发展新形势需求、新外部环境、赋能战线新员工队伍，如何聚合团队的集体智慧，发挥赋能办的最大效率，范滢运用党建领航的法宝，创造性开展支部工作，实现了党建与业务工作的相融并进。

自开展党史学习教育活动以来，赋能办利用支部学习、周例会、专题学习、主题党日等机会，系统学习了《论中国共产党历史》《中国共产党简史》等书籍，部门党员、员工政治素质显著增强。

在他的带领下，部门员工政治素质、业务能力迅速成长，部门共 6 名员工中，3 名党员 3 名非党员，2020 年，1 名员工光荣加入中国共产党，2021 年 2 名员工列为发展对象。2021 年，1 名员工因工作出色，被国家电网有限公司选中培养锻炼，1 名员工专业论文入选国家核心期刊，1 名员工科技成果获得集团青创赛银奖。

从“第一个吃螃蟹”到“串联起多米诺”

作为国家电网公司系统成立的第一个“赋能”业务部门，没有可以学习借鉴的先例，带着技术人设的光环，内敛、严谨、踏实的他，能否发挥

好沟通纽带作用，架起与省综合能源公司的服务桥梁，范滢经常挂在嘴边的一句话就是：要以功成不必在我，功成必定有我的担当，勇做“第一个吃螃蟹”的团队，创新工作方式方法，串联起各省综合能源公司的“多米诺骨牌”。

工作业务新，那就从头学起。系统内没有赋能经验可循，那就目光向外对标。为了满足各省综合能源公司赋能线上需求，他带队到国网客服中心、国网电动汽车公司学习热线建设管理经验。在他的带领下，部门成立 3 个月，即印发《国网综合能源服务集团赋能工作管理办法》等 3 项制度；成立 6 个月，赋能热线上线运行；成立 15 个月，完成了国网、南网、内蒙古电力公司所属综合能源公司走访交流全覆盖，编制完成了《省综合能源公司业务赋能调研分析报告》；征集各省综合能源公司技术赋能需求 90 余条，统筹解决了各省综合能源公司赋能需求；完成典型案例征集评审 26 个，并予以完善推广，为各省综合能源公司开拓市场起到了积极的推动作用。2021 年他又以国家电网公司“十四五”发展规划为蓝本，主持编制了集团业务赋能三年发展规划，超前谋划赋能业务发展工作。

在范滢及其带领团队以及集团前、中、后台各部门、单位的努力下，国网综能服务集团与各省综合能源公司已经基本形成了“一家人”的良好局面，串联的“多米诺骨牌”已经铺就，进阶的综合能源服务产业发展硕果已结出。

● 范滢组织赋能办党支部全体党员及入党积极分子前往陶然亭慈悲庵，寻访红色地标，开展主题党日活动

不忘初心 牢记使命

熟识范滢的人都知道，他的微信名叫做“不忘初心”，“这是我的座右铭，作为一名共产党员，作为一名党务工作者，这是我永恒的课题”。

在国家电网公司提出“双碳”行动方案之后，他迅速组织团队参与到集团任务清单、能源消费侧“双碳”工作方案的编制中来，先后建立了“双碳”联系人制度，组织召开了贯彻落实能源消费侧“双碳”工作指导意见月度例会，目前，已累计向国网营销部报送“双碳”工作周报 17 期、月报 4 期，及时将国网综能服务集团在能源消费侧的“双碳”工作进行了总结反馈。

2021 年，根据国家电网公司差异化赋能工作要求，范滢及其同事们组织开展了服务省综合能源公司的结对发展工作，促成了东西部 10 家省综合能源公司签署结对发展协议，推动了各方在技术经验交流、重点领域项目、人才联合培养、科研项目申报等方面开展实质性合作。

此外，他还组织开展了落实《国家电网有限公司“优质服务惠民生”专项行动实施方案》研讨会，组织各相关部门围绕提升客户用电深度与用能效率、引导用户侧可调节负荷参与电网互动等重点任务进行专题讨论，为服务民生、惠及民生，出真招，办实事。为巩固拓展扶贫攻坚成果，他还参加国家电网助力乡村振兴现场推进会，学习总结乡村电气化经验，提高用电服务水平，将党的电力事业发展成果惠及更多客户。

坚守平凡岗位，铸就不凡人生

——记国网直流中心副总经济师兼综合部主任，党支部书记　刘涛

刘　涛，男，汉族，北京西城人，1977年5月出生，1996年7月参加工作，1997年10月加入中国共产党。

- 2018年　国网运行公司先进工作者
- 2018年　国家电网有限公司后勤工作先进个人
- 2018年　国家电网有限公司人力资源工作先进个人
- 2019年　国网直流中心先进工作者
- 2020年　国家电网有限公司抗击新冠肺炎疫情先进个人

白墙上，秒针在滴答滴答地转动，眺望窗外，远处是漆黑的夜空和亮着几盏微弱灯光的居民楼，他往杯里续了点水，又把精力集中在了疫情防控应急预案上。

他就是刘涛，自1996年参加工作以来，先后从事人力资源、党群和行政管理工作，长期担任党支部书记，始终奋战在党建工作最前沿。他政治立场坚定，思想理论武装过硬，恪尽职守、默默奉献，用实际行动展现了一名新时代优秀党务工作者的责任与担当。

扎实苦干，心系基层好干部

2010年初，原运行公司党组选派刘涛挂职上海管理处党委书记、副经理。到达上海后，他迅速投入工作，与员工深入沟通，广泛开展一对一、面对面谈心谈话，了解员工诉求、倾听职工声音，积极协调解决落户、子女入学等问题，常常工作到深夜。加强青年员工培养，举行导师带徒签约仪式，充分发挥骨干员工“传帮带”作用。采纳“合理化建议”，成立“职工之家”，努力提高员工的凝聚力和归属感，深受上海处干部员工称赞。

拼命三郎，关键时刻顶得上

2018年4月，在运行公司遇到前所未有的困难时刻，他以高度责任感投入到应急处置各项保障工作中，带领办公室和人资部同志“哪里需要哪里上”，告诫大家与公司共进退，不能因为不在生产部门就置身事外。为便于随时顶得上，那段时间他干脆住到了单位。国务院调查组在京集中办公期间，他克服人手少、规格高、协调难等困难，周密策划、主动

● 刘涛在国网直流中心主持召开 2020 年度专题组织生活会

对接，担当履责态度获得调查组和公司干部群众一致好评。2019 年 5 月，国网运行公司面临更名及职责调整，他带领部门同志加班加点，在短短一个月时间，圆满完成机构调整各项工作。

使命在肩，守初心奋战“疫”线

庚子伊始，新冠肺炎疫情肆虐蔓延，大年初二，他立即赶赴单位，确保公司部署第一时间传达到位。新冠肺炎疫情初期，他克服货源紧张、物流停运等困难，在全员上班前抢购了一批口罩、消毒液；因防控要求，物流不能进入办公区，他气喘吁吁、汗流浃背地将物资从院外拖到仓库，清点后及时分发。新冠肺炎疫情严重期间，刘涛每天在单位忙碌，妻子奋战在医院，孩子无人看管，他只能做好一天饭菜匆匆奔赴单位。有次晚上十点到家，看到儿子在客厅写作业他忍不住流下泪来。他把对家人的愧疚化作工作动力，积极开展常态化疫情防控，组织全员核酸检测和疫苗接种，因表现出色，获得国家电网公司抗疫先进个人称号。

把平凡的事情一件件做好就是不平凡。作为基层党务工作者，刘涛的工作少有惊心动魄，难见鲜花掌声，但他对待工作尽职尽责，对待同事无微不至，怀揣梦想，默默奋斗，用实际行动践行着自己的初心与忠诚。

责任写在岗位　担当刻在心中

——记国网信通公司党委党建部党建管理专责兼团委书记　耿海洋

耿海洋，男，汉族，江苏徐州人，1988 年 7 月出生，2014 年 7 月参加工作，2007 年 6 月加入中国共产党。

- 2018 年　国网信通公司优秀青年岗位能手
- 2019 年　国网信通公司优秀共产党员
- 2019 年　国网信通公司先进工作者
- 2020 年　国网信通公司先进工作者
- 2021 年　国家电网有限公司优秀共青团干部

“用心想事、用心谋事、用心做事”，这是耿海洋的党员示范岗承诺，也是他一以贯之的自我要求。2018 年从业务岗调至党建管理岗后，耿海洋从零学习，以高度的责任感和精益求精的作风，迅速成长为能够独当一面的党务工作者。

用满腔热忱彰显“赤子心”

2018 年，清明节后的第一个工作日，耿海洋就被通知到党建部报到。由于上一任党建专责被临时调往其他单位，两人连面都没见到，所有的交接工作只有一个压缩文件。面对这个情况，耿海洋没有丝毫顾虑，也没有丝毫胆怯，凭借着坚定的信念和不服输的韧劲，通宵达旦，阅读各种材料、查阅各种书籍，从中寻找工作方法和思路。

刚开始的这段时间是最艰苦的。除了承担党建工作，耿海洋还同时兼任着通信调度员的工作，没有休息日，平均每天睡眠时间不足 5 小时，有时值完夜班最多回家洗个澡就赶回党建部工作，前后持续了 100 多天。这期间，他消瘦了 20 多斤，但从未因他个人原因产生一起安全生产事故，也从未因他个人原因延误一项工作。同事们都说，耿海洋实现了他个人的“百日安全”。

2020 年 9 月，在参加为期 20 天的“青马工程”集中培训前期，本着对党务工作的高度责任感，耿海洋连续 3 天加班到凌晨，精心制作了 100 多页 PPT，只为了在封闭培训前给支部党务工作者进行系统培训。这个培训课件，经过多次完善，已成为党务工作实用化手册。

用理论素养驱动“专业化”

耿海洋在高三时就加入了中国共产党，那时还不满 19 岁。从入党第一天起，他就深刻明白理论指导的重要性。

在慢慢熟悉党务工作之后，耿海洋尝试把党务工作做的专业化，他把突破口放在了提高理论修养上。他反复阅读《习近平新时代中国特色社会主义思想学习纲要》《习近平新时代中国特色社会主义思想基本问题》以及《共产党宣言》《毛泽东选集》等理论著作，即使是每天通勤时，也会随身携带一本理论书籍翻阅。仅 2021 年上半年，耿海洋就阅读了超过 10 部理论书籍，目的是从中学习党的创新理论的精髓，探求党务工作的方法论。

2021 年初，得知即将启动党史学习教育，耿海洋利用春节 7 天假期，通读细读了《中国共产党九十年》三册，并作了数千字的笔记，为服务好党史学习教育打下了坚实基础。

耿海洋一直说，如果你想给别人一杯水，那自己最少要有一桶水。工作中也是这样，他不满足于只作“搬运工”“传声筒”，更想把分内事做专做强做优。

用理性思维探求“最优解”

2007 年，耿海洋以徐州市高考状元的身份考入北京大学，并取得了理学、经济学学士学位和工学硕士学位。作为一位典型的“理工男”，加上 4 年的专业工作经历，耿海洋深刻明白换位思考的重要性，面对大家普遍反映的党务工作点多面广等问题，他一直努力用理性思维来寻找党务工作的“最优解”。

发现有些下发的文件基层看不懂，他不断优化行文风格，力求把工作方案写得目标明确、路径详细、验收具体。为了减轻基层负担，他梳理整合基层支部报表项目，通过合并、降频、取消等方式减少报表数量。借鉴党建量化管理思路，他从党委、职能部门、基层支部 3 个层次提炼 100 多项关键指标，制定党建工作“一本账”，梳理 62 项党内制度，汇编形成工具书。创新开展“场景化”培训，他制定发展党员 18 个规范化模板，为基层提供极大便利。

● 耿海洋在国网高培“青马培训”期间阅读理论书籍

把责任书写在岗位，把担当镌刻在心中。作为党务工作者，干一行、爱一行、成一行、精一行，耿海洋以朴素的情怀始终践行。

旗帜领航　用心筑梦

——记国网能源院党委党建部（党委宣传部、纪委办公室、合规审计部、巡察办）专责　雷杨

雷　杨，女，汉族，山东德州人，1985年12月出生，2011年7月参加工作，2007年11月加入中国共产党。

- 2018年　国网能源院先进工作者
- 2019年　国网能源院"党员示范岗"
- 2020年　国网能源院优秀青年岗位能手
- 2021年　国网能源院优秀党务工作者

"这份荣誉不仅属于我个人，更属于我们院全体党务工作者，是他们的支持，才让我的工作更有干劲。"在得知自己获得国家电网有限公司优秀党务工作者时，雷杨情不自禁地说。

用心谋事　勇于开拓创新

党支部标准化建设抓实抓细，就是要明确到底要"抓什么""怎么抓""抓出什么成效"，更是要明确党支部具体要"做什么""怎么做""如何做到位"。这是雷杨在开展党支部标准化建设工作时反复提醒自己的几句话。

雷杨认为，勇于开拓，不断创新，才能让工作更高效。为此，她组织制定《党支部标准化建设实施方案》，设置6大类25项指标；组织制定《党支部党建工作标准化建设推进自查方案》，明确12大类81自查任务，通过党建专业管理、党建督查等方式跟踪指标数据，确保标准化建设各项任务落地落实。

一心干事　发挥带头作用

"凡是要求别人做到的，自己必须先做到。"在日常工作中，雷杨这样要求自己。

2021年，在国网能源院党委的部署下，雷杨创新党员教育模式，坚持用新媒体赋能智库党建工作，组织各党支部开展"守初心、担使命"党课微视频创作活动。她率先垂范、以身作则，积极承担党建部党支部的微视频创作。"雷杨姐，我们支部的微视频声音有问题。""小雷，我们的微视频声音和文字不匹配。""雷

● 雷杨在办公室审阅支部材料

杨姐，我们 PPT 转视频画面比例不对。”一声声小雷，一声声姐，让她从一个微视频制作“小白”变成了“高手”。当所有党支部的微视频都展示在“能源院和谐家园”公众号上，职工争相转发，积极点赞时，雷杨的眼睛笑弯了。

全心成事　践行初心使命

“小雷，干得漂亮呐，这‘三家’让你归置后，大家都更愿意来了。”“三家”（党员之家、职工之家、青年之家）重新开放后，办公室饶大姐对雷杨说。

“三家”是国网能源院的职工活动空间，因原装修分区不合理，且办公家具和健身器材年久失修，逐渐闲置起来。院里多次想重修“三家”，但因各种原因一直未能实施。“让我来试试。”雷杨主动承担起这项工作。如今，这个集多媒体会议、健身休闲、图书阅览等功能于一体的“三家”活了起来，火了起来。2021 年春节，因为新冠疫情，许多员工不能回家过年，国网能源院领导牵头在“三家”贴春联、吃饺子、猜灯谜、看电影、学茶道……，站在“三家”门口的雷杨开心地笑了。

“我很平凡，但是我从事的党建工作特别不平凡。”这份不平凡来自对党忠诚、积极工作的铮铮誓言，来自全院上下对党建工作成效的监督和期盼，更来自人民电业为人民的初心。

在党建和培训路上卓越前行

——记国网大学（国网高培中心、国网团校）四级职员　周密

周　密，女，蒙古族，辽宁朝阳人，1983年12月出生，2013年7月参加工作，2009年6月加入中国共产党。

- 2015年　国网高培中心新闻宣传工作先进个人
- 2017年　国网高培中心优秀共产党员
- 2019年　国网高培中心先进个人

立足岗位发挥党员先锋模范作用

“做合格党员，爱岗敬业，就是要高标准严要求自己，就是要从认真做好一点一滴的小事做起。”这是周密说。国网高培中心党建工作处处长淡杰明这样评价：“周密是这样说的，也是带头这样做的。”

周密很重视培训班党的建设，在中长期培训班和重点培训班探索建立临时党支部，充分发挥党支部的战斗堡垒作用和党员的先锋模范作用。在承办国家电网有限公司青马工程培训班期间，面对培训项目时间紧、任务重、要求高、细节多等巨大挑战，她精心把控课程和活动每一个环节，事无巨细、精心筹划。教学培训处处长陈东平说：“她是培训班学员，要天天听课学习、完成各项作业；是半个班主任，要把控培训各方面情况、引导学员遵守培训纪律；是党建工作专责，要同时完成公司党建部和国网高培中心党委安排的各项工作。”国网高培中心党建工作处副处长王长春回忆：“她家离单位远，孩子又小，还得很晚赶回家。那期间，她累病了，但稍做休息又很快投入工作，每一件事都力求做到最好，让大家心生敬佩。”周密获得的“共产党员示范岗”标牌一直摆放在办公桌上，对她来说，这份荣誉时刻激励自己坚守岗位、担负责任。

周密曾受邀为多家单位党支部书记、党务工作者、党员培训班讲授基层党建工作实务课程，深受培训学员好评。

潜心研究党建专业培训

“党建培训工作不仅要提供高效的管理和

● 周密为原国网运行公司授课

优质的服务，还要研究探索怎样最大限度发挥党建培训的价值。”周密在加强党建前沿理论研究的同时，紧跟国内企业领先实践，深化党建培训研究，积极为国家电网有限公司各级各类党建专业培训贡献力量。

周密完成了国家电网有限公司处级干部轮训、国家电网公司宣传及企业文化干部培训、国家电网公司在京直属单位党支部书记培训等党建培训项目的设计策划。她自主开发了《为什么要坚持“三会一课”》等多门党建课程，受邀赴国网物资公司等多家直属单位授课，授课满意率均在95%以上；构建6类党务工作者能力素质模型和课程体系；参与了国资委党建重大课题，完成了10余个党建和企业文化研究项目……

周密非常重视研究成果的落地和应用，正式出版10万字个人专著，编写4本党建特色教材，在《中国电力教育》等国家公开发行的期刊发表多篇党建学术论文，在人民网、《经济参考报》分别发表了党建理论文章。获得2项专利。她将研发构建的公司党员分层分类课程体系应用于培训项目的策划实施中，自主开发的课程，获得央企“联盟杯”微课大赛最佳创新奖、“国家电网第三届网络大学微课大赛”特优微课奖、优秀标课奖等奖项；主持的《着力发挥“四个课堂”作用 大力弘扬企业文化》获中国电力思想政治工作研究会首届全国电力行业企业文化创新征文大赛一等奖，被授予国家电网有限公司首批“青马讲师”、系统党校首批“党建研究专家”称号。

坚守初心十载　一片丹心向党

——记英大财险党委党建部（党委宣传部、纪委办公室、巡察办）企业文化建设专责　孙雅薇

孙雅薇，女，汉族，黑龙江哈尔滨人，1989 年 6 月出生，2012 年 7 月参加工作，2010 年 11 月加入中国共产党。

- 2015 年　英大财险黑龙江分公司优秀员工
- 2016 年　英大财险优秀党务工作者
- 2017 年　国家电网公司优秀党务工作者
- 2018 年　英大财险优秀团干部

忠诚奉献，无怨无悔；勤于学习，自觉锻炼；恪尽职守，勤奋求实……这就是英大财险党建部的孙雅薇。10 年来她始终以饱满的热情做好每一件工作，先后荣获优秀团干部、工会活动积极分子、优秀党务工作者、先进工作者、优秀员工等 14 项荣誉。

拒绝“躺平”　做“较真儿”的党建行内人

虽然工作时间不算长，但 10 年来孙雅薇一直都在做党建工作这“一件事”。为了干好这件事，在直属单位工作任务繁重，人手不足的情况，5+2，白加黑，早八点上班晚八点下班是她的工作常态。2018 年习近平总书记在全国组织工作会议上提出，“要加强党支部标准化、规范化建设”。她认真学习文件，逐个领域、逐个政策研究。基层党建工作不仅要自己会干、更重要的是教会别人怎么干，她参与修订完善《党员积分管理办法》、发布《关于进一步规范公司党费收缴、使用和管理的通知》《关于进一步规范党建信息化综合管理系统使用的通知》《关于进一步规范党员组织关系转接的通知》等文件，梳理了《基层党组织党建工作常见问题》，将各类常规工作逐一规范，有基层的党务工作者说：“有了这些文件，像我们这种刚工作的‘菜鸟’，一看也能找到党建工作的门道。”

思想引领　让企业文化活跃在基层

刚到总公司党建部的时候，部门领导就告诉她：“目前，公司企业文化这块算是个软项，要多用心，把工作扎实地抓起来。”她在心里

默默地记住了这些话，探索企业文化的着力点。参与制定《“163党建聚力·先锋引领”工程方案》，组织开展“一支部一对策”“三结对三提升”（党支部结对共建、党务工作者结对帮扶、党员群众结对服务）活动，将党的思想优势与企业文化建设融合起来，推动“两个平台”（舆论引导平台和文化传播平台）建设，促进社会主义核心价值观和公司价值理念体系更加深入人心。2020年，指导基层党组织在各媒体刊发正面报道588篇，充分反映公司广大党员群众在抗击疫情、复工复产、提升服务等方面的责任担当，获得良好反响，推动公司企业文化落地。2021年公司首获“首都文明单位”荣誉。

● 孙雅薇在为巡回指导组介绍英大财险党史学习教育开展情况

勤勉奉献　把责任扛在肩上

从2012年参加工作以来，孙雅薇没有因为自己的私事请过一天事假。2020年的366天，她有348天都是独自在异乡工作中度过的。每次打视频电话，年过花甲的父母问她最多的一句话就是什么时候回家。新冠疫情的爆发让哈尔滨与北京1200公里的距离变得遥不可及。身为家中的独生女，她深知父母对她的依恋和牵挂，可作为一名党务工作者她更知道这种时刻作为一名党员应当做出的选择。2021年春节孙雅薇选择坚守在北京，12期中心组学习资料的准备，17份思想宣传简报的起草、30个思想文化项目的推动、41个基层党组织换届选举的指导、56份发展（预备）党员材料的审核、81件公文的起草、119个党组织在疫情防控中作用发挥情况统计分析……她把对家人的思念化作工作的动力，笑着说：“努力工作，也算是对父母养育之恩的一种报答吧。”坚守岗位，是担当，也是责任。

无论是在管理部门还是在业务部门，无论是在分公司还是总公司，无论是兼职还是专职，她总是甘为平凡事，永葆敬业心。充分发挥共产党员的先锋模范作用，让初心闪耀在实干之路上，用一名基层党务工作者的责任担当和继续奋斗，为组织添彩、为党旗增辉。

国家电网公司优秀党务工作者先进事迹

——记英大证券党委党建部（党委宣传部、纪委办公室、巡察办）主任 邵明山

邵明山，男，汉族，黑龙江肇东人，1976 年 2 月出生，1999 年 7 月参加工作，1998 年 5 月加入中国共产党。

- 2018 年 国家电网有限公司纪检监察工作先进个人
- 2019 年 国家电网有限公司总部巡视工作先进个人
- 2020 年 英大证券优秀领导干部

邵明山于 2016 年 6 月开始从事党务工作，至今已有 5 年时间。多年来，邵明山坚持认真学习党务知识，不断提高党性修养，加强党性修炼，努力使自己在政治上不断成熟，恪尽职守、竭诚奉献、辛勤工作，认真履职尽责，受到公司党委和领导同事的一致好评。

带头学习提高、刻苦钻研，党务工作水平取得新提升

只有理论上的清醒才有政治上的坚定。说到理论学习，邵明山常说"党务干部要有本领恐慌意识，要以时不我待的精神，一刻不停地增强本领"。作为一名长期工作在党务战线上的干部，邵明山深知加强政治理论学习的重要性，一直把学习党的路线方针政策和马克思主义理论作为必修课。他热爱和熟悉党务工作，刻苦钻研党务知识，充分运用党的创新理论成果武装头脑、指导实践、推动工作，始终保持共产党员的先进性和纯洁性。积极参加国家电网公司组织的业务培训，持续提升业务能力水平，学习和实践中坚持融会贯通、准确运用，提高了个人思想政治素质，锤炼了忠诚干净担当的政治品格。

带头履职尽责、锐意进取，党建工作思路实现新突破

作为党建部负责人，邵明山以初心不改、使命在肩的责任担当，认真对待党建工作。落实公司党委决策部署，深化"不忘初心、牢记使命"主题教育成果，扎实推进"基层党建工

作拓展年”各项工作措施，认真开展党史学习教育。善于结合公司发展的新形势和员工队伍的新特点，探索运用基层党建工作的新途径新方法，创造性地开展党建工作。坚持从理念到机制再到方法的创新，分层分类开展党员教育工作，以提升党员干部思想政治综合素养为基础，以推动国家电网公司党组各项部署要求在公司落实落地为目标，以开展“党建+”工程，推动党建融入中心工作大局为重点，在推进公司党建工作高质量开展方面进行了卓有成效的探索和实践。创造性开展了公司“企业—社区”党建共建模式，推进公司同系统内单位和华强北街道社区搭建党建共建平台，为公司党建与业务工作深度融合提供坚实基础。

邵明山在东江纵队纪念馆参观学习时重温入党誓词

带头爱岗敬业，严于律己，基层党员队伍展现新风貌

邵明山始终爱岗敬业，埋头苦干，勇于担当、甘于奉献，带头讲党性、重品行，坚持原则、廉洁奉公，在日常工作和生活中注重提高自身修养，坚持党的群众路线，持续加强作风建设，积极带领基层党组织和全体党员践行国家电网公司优秀企业文化，贯彻落实“六坚持”经营思想、“五倡导”企业文化理念，近年来公司基层党建焕发新气象，党员队伍不断展现出新风貌，助力公司干事创业的氛围日渐浓厚，党建工作质量不断提高。

党建“三色矩阵”电靓河东大地

——记国网山西电力运城供电公司党委

成立时间：1973年5月

党员人数：1333人

书　　记：罗思霈

委　　员：李　黎　李继东　李建宏　李望增　郭红权　赵培峰

- 2015年　全国文明单位
- 2016年　山西省五一劳动奖状
- 2017年　国家电网公司文明单位
- 2020年　全国厂务公开民主管理先进单位
- 2020年　山西省干部驻村帮扶工作模范单位

“供电服务真好，这个台区经理公示牌挂在楼梯口显眼，字大，看得清，上面还有台区经理的微信二维码、联系电话和监督电话，以后我们咨询用电问题就方便多了，这才是为百姓办实事呢……”，6月15日，几名围观群众对运城绛县公司张贴的一张显示党员身份的“台区经理公示牌”拍手称赞。

国网运城供电公司党委始终坚持以习近平新时代中国特色社会主义思想为指导，坚决落实国网公司“一体四翼”发展布局和省公司工作部署，高质量开展党史学习教育，以“基层党建创新拓展年”为主线，创建“三纵五横”党建规范新体系，分层明确三纵责任主体和五横落实主体，分维度梳理党建责任和岗位责任528条，覆盖全体61个党组织和1333名党员，成立红色党建连心桥、蓝色生产不停电、绿色服务全满意“三色”矩阵黎明共产党员服务队，推动党建与中心业务融入融合，用心用情守护河东大地470余万人民万家灯火明。公司党委工作获得国家电网公司党组表彰，党建品牌荣获当地优秀党建品牌称号。

党建“连心桥”矩阵，先锋引领促发展

在晋陕豫黄河金三角，华夏文明发祥地的河东（运城）大地，活跃着一支支“连心桥”网格黎明共产党员服务队。“真是谢谢你们了，这么快就给我家的故障解决了！从我拨打服务电话到上门检查故障、维修送电只用了25分钟，服务效率真的很高啊！”3月8日，家住运城市夏县圪塔村的用户周保珠对党员服务队称赞不已。

运城公司党委创新实行网格化对标和资源整合型的党建管理新模式，按照“大党建、全覆盖、精细化”原则，将专业相同、业务相通、领域相近的基层党组织划分为252+N个科学规范、扁平管理、灵活机动、资源共享、结对共建的党建“连心桥”网格，实现党委、党总支、党支部、党小组四级党组织全覆盖，明确党建责任和标准，对内持续强根铸魂，对外彰显服务品质，实现“网格对标”促党建、促了解、促合作、促发展目标。

“网格对标”党建管理模式运行以来，对内建立基层党支部标准化规范化建设长效机制，成立6个指导督导组，制定56项提升措施，规范化台账95项内容，明确135个模板和风险点，推动党的“三基建设”领先发展；对外成立17个党员“连心桥”服务、爱心驿站，开展“党员走访问需求，当好暖心电红娘”等主题实践活动、志愿活动220余次，惠及1.12万群众。“连心桥”服务驿站万达智慧营业厅被授予运城市首个青少年能源互联网科技实践基地，建成以来开展联创志愿活动32次，服务中小学生1254人次，进一步提升党建阵地的价值创造能力和影响辐射范围。

生产“不停电”矩阵，可靠供电惠民生

“穿上绝缘服在36度的气温下高空作业，这感觉和在桑拿房穿着羽绒服一般。”带电作

国网运城供电公司青年志愿者在“连心桥”服务驿站万达智慧营业厅开展志愿活动

● 国网运城供电公司生产不停电黎明共产党员服务队在 35 千伏李店变电站开展专业化联合巡检

业中心员工裴鹏飞作业完后感慨道。变形金刚式的绝缘作业车、全副绝缘服武装的“小黄人”等高科技十足的现场，多次出现在河东大地，为全市配网不停电检修作业保驾护航。

今年以来，运城公司党委坚持把设备健康运行、客户放心满意、现场安全有序，作为公司发展的“三个基本盘”，作为为民办实事主抓手，打破专业壁垒和地域界限，创新成立带电（保电）作业中心，发挥党员示范作用，秉承“宁可我带电，不让您停电”的服务理念，对 13 个县市区提供不停电作业专业服务，上半年完成 683 次不停电操作，减少配变停运 72982.5 小时，多供电 164.23 万千瓦时，作业量居全省第一。

来自“三甲医院”的一队 220 千伏电压等级的变电运维、保护等各专业专家穿梭在 35 千伏李店变电站设备区，聚精会神的仔细巡视着每一台正在运行的设备。这是运城公司为帮助县公司解决技术瓶颈，切实为基层办实事，开展的专业化联合巡检现场。生产不停电黎明共产党员服务队累计出动 715 人次，完成 158 座变电站专业化联合巡检工作，共发现缺陷 1323 条，消除 204 条，实现境内全电压等级变电站全覆盖，圆满完成建党 100 周年等重大政治保电任务 109 次，为河东大地提供安全可靠供电。

服务“全满意”矩阵，三心服务暖人心

盛夏时节，风吹麦浪，河东大地处处呈现出一派生机勃勃的景象，稳定的电力供应，在

● 国网运城供电公司服务全满意黎明共产党员服务队服务乡村振兴

河东大地交相辉映。运城公司创新制定《进一步提高党的建设质量 旗帜领航优化营商环境》党委一号文，带领党员争当服务先锋，全员创优营商环境，开展贴心、舒心、暖心“三心服务”，建立“15分钟党员供电服务圈”，党员干部对528户重点客户包干到户点对点服务，现场解答用电方面问题332条。

北纬37度，是世界上公认的最佳适合种植苹果的黄金地带，运城万荣县正处其中，然而这里过去曾是一个因干旱缺水“宁给一口馍，不舍一口水”的地方，要想种苹果致富，必须解决水的问题。运城公司急农民所急，积极落实惠民政策，对全县638眼机井实施通电工程，全县102万亩耕地中82万亩耕地变成了水浇地，充足稳定的电力供应和优质服务为果农增收致富提供了稳稳的保障。

“十三五”期间，运城供电公司电网建设总投资67.86亿元，实施新一轮农网改造升级工程，实现村村通动力电和井井通电，有力地促进了农村经济社会繁荣发展和美丽乡村建设。2020年“中国农民丰收节”成功在万荣县举办，这丰收景象的背后，电力发挥了巨大作用。

“你们采用的联动协同模式真的是服务到我们心坎上了，给你们点赞！”芮城宏光医药玻璃有限公司负责人张怀民称赞道。为了缩短客户办电时长，实打实为群众办实事，运城公司创新成立业扩联合作业中心，设立共产党员示范岗、责任区，实行办电服务我来跑，党员带头一次办的工作机制，累计办理专线用户18户，建设配套工程项目155项，协调解决用户诉求10项，供电方案答复效率提升42%，业扩配套工程整体建设时长缩短75%，竣工验收及送电效率提升50%，办电内部时长压降4.6天，工作经验得到国家电网有限公司采纳。

百尺竿头，更进一步。国网运城供电公司党委将以学习贯彻习近平总书记“七一”重要讲话精神为首要政治任务，在奋进新的赶考之路上，实干为要、接续奋斗，说实话、谋实事、出实招、求实效，积极推动构建以新能源为主体的新型电力系统，为实现公司战略目标和“一体四翼”发展布局，实现第二个百年奋斗目标、中华民族伟大复兴的中国梦作出新的更大贡献。

启初心　亮明灯　红色血脉永传承

——记国网上海电力市区供电公司党委

成立时间：2010 年 1 月

党员人数：345 人

书　　记：陶梅玉

委　　员：周　翔　姚丹靖　何　蓉　康继光　卫振宇　顾　俊

- 2018 年　上海市五一劳动奖状
- 2019 年　全国文明单位
- 2020 年　国家电网党建责任落实标杆

2021 年是建党 100 周年，盛夏酷暑也挡不住民众热情的脚步。中共一大纪念馆自 6 月 3 日正式开馆以来，迎来一批又一批的初心寻访者前来瞻仰参观。7 月 14 日，中心城区用电负荷创下今年新高；7 月 16 日，国家电网上海电力明灯（市区）党员服务队队员们再度上门提供用电服务，协助巡查、排除隐患，守护好"共产党人精神家园"。

守护红色基因　提供卓越供电服务

国网上海市区供电公司服务区域内遍布

中共一大、二大、四大纪念馆等红色教育基地，今年年初公司党委启动实施“坚守初心再出发　电力服务再起航”党员专项服务，为红色教育基地提供“四个卓越”的供电服务。

● 国网上海市区供电公司党员服务队队员为中共一大纪念馆提供服务

2019 年 8 月底，中共一大纪念馆实施扩建，市区公司开启绿色通道，快速安装一台 1250 千伏安临时箱变，接电时间缩短十几天；2020 年 10 月，新馆 10 千伏地下用户变配电站工程启动，市区公司牵头多方例会，为一大新馆设计敷设双回路 10 千伏电源；2021 年 1 月 15 日，一大新馆客户配电站成功送电；同年 7 月 6 日，以“为人民谋幸福：政党的责任”为主题的中国共产党与世界政党领导人峰会以视频连线方式举行，中共一大纪念馆是峰会视频连线的重要分会场之一，国网上海电力各专业条线党员冲锋在前，提供用电保障。

“中共一大纪念馆是市区公司重要用户，我们对口负责，‘点对点’‘长陪护’地提供用电服务。”国网上海市区供电公司党员客户经理赵艳敏说。

擦亮世界窗口　重要保电“零闪动”

越来越多的重要活动在上海举办，上海已成为“世界观察中国的窗口”。

2021 年 6 月 16 日，北外滩灯火辉煌，“中国共产党的故事——习近平新时代中国特色社会主义思想在上海的实践特别对话会”举行。这是世界会客厅落成后的首次接待任务，也是一场大规模、高规格的国际交流活动，保电重要性不言而喻。市区公司党员客户经理陈博、杜庆国等巡查排除隐患、督导客户制定应急预案、全程参与三次彩排和当晚正式活动的保电行动，管理精细到每一个配电箱、每一盏灯、每一处墙上插座……成功确保电流电压稳定可靠、所有用电设备“零闪动”，北外滩世界会客厅完成惊艳首秀。

6 月 30 日 19 时 30 分，黄浦江畔，一道红色光束照亮上海市人民英雄纪念碑，庆祝中国共产党成立 100 周年“永远跟党走”黄浦江主题光影秀拉开序幕。接下去的一周里，在北外滩、人民广场等处有数项重要保电使命需要履行。国网上海市区供电公司党委科学划分党员责任网格，精准调配党组织党员开展应急值班值守，圆满确保庆祝建党百年电力保障工作“万无一失”。

坚持内嵌融合　助力世界一流电网建设

近年来，国网上海市区供电公司党委坚持服务生产经营不偏离，紧紧围绕安全生产、电网建设等年度重点任务，深入实施“智慧党建+”工程，有力推动党建格局整体优化、党建优势融合转化，为公司加快建设具有中国特色国际领先的能源互联网企业提供坚强政治保障。

2018年初，上海市住建委提出“架空线入地三年行动计划”。国网上海市区供电公司党委第一时间成立架空线入地工程临时党支部，加强对重点工程的组织引领，各方协同、压实责任，形成强大合力，三年顽强推进占全市40.4%、108公里的入地工程。

盘悬头顶的“黑色蜘蛛网”消失不见的同时，以开关站双环网为特征的新一代“钻石型”配电网加速构建。市区公司党委引领带动278名党员参与供电可靠率攻坚工程，配电网提升让“最后一公里”电能畅通无阻地落地，供电保障强化到“神经末梢”。

2020年，上海城市核心区的市区电网整体供电可靠率达到99.9991%，在国内地市级电网中率先迈入“五个9”时代，跻身国际领先行列。

1882年7月，第一批15盏弧光灯在上海南京路至外滩沿途点亮，照亮了围观人群惊奇的眼。1921年7月，望志路石库门建筑一间18平方米的客厅内，一盏百合花形的电灯照耀下，中共一大召开，中国迎来了民族伟大复兴的曙光。

翘首未来，国网上海市区供电公司党委将把“点亮第一盏灯”的首创精神发扬光大，推进城市电网高质量发展，冲刺更高目标，增进民生福祉，鼎力支撑“人民城市”经济社会发展。

● 国网上海市区供电公司在江西中路南京东路实施不停电拔杆作业

创新创效的领跑者

——记国网江苏电力科学研究院党委

成立时间：2011 年 4 月 28 日

党员人数：228 人

书　　记：王　海

委　　员：李来福　黄　强　李　群　蔡志慧

- 2018 年　江苏省五一劳动奖状
- 2018 年　江苏省十佳模范职工之家
- 2019 年　江苏省文明单位
- 2020 年　全国文明单位
- 2020 年　国网江苏省电力有限公司“组织建设标杆”

国网江苏电科院党委以习近平新时代中国特色社会主义思想为指导，深入实施“旗帜领航·提质登高”行动计划，以“外塑形象、内聚人心、建强队伍”为抓手，奋力建设“党建价值高地”，以高质量党建引领保障电科院高质量发展，政治建设成效显著，党建引领成果突出，“党建+”工程成绩斐然。近年来，先后荣获全国文明单位、国家电网有限公司文明单位、国网江苏省电力有限公司党建工作先进单位和组织建设标杆等称号。

电亮能源　护航电网使命在肩

7 月 14 日 13 时 20 分，迎峰度夏期间，江

● 国网江苏电科院“电博士”共产党员联合攻关队参加国际标准编写讨论会

苏电网负荷达到1.204亿千瓦，首次突破1.2亿，创历史新高。

国网江苏电科院党委坚持以护航迎峰度夏等重要时间节点能源供应安全、保障人民美好生活为首要使命。自2017年起，积极响应江苏公司党委“党委委员复合式分工”管理要求，试点先行建立5个“职责、片区、项目”复合式分工片区，分别由5位党委委员“挂帅”，联系指导基层党支部、党员先锋队开展各领域保电工作，充分发挥党委把方向、支部战斗堡垒和党员先锋模范作用。

近年累计圆满完成重大保电任务300余次，持续供给核心技术300余套，输出关键装备26套，护航10余项国家重大工程和世界首台首套工程建设，为电网安全运行提供坚强技术保证。

在保障“可靠电”的同时，国网江苏电科院党委将供应“优质电”作为科研企业的创新追求。今年2月7日，主动响应国网公司“碳达峰、碳中和”行动方案，自主研制的国内首套变电站超级电容微储能装置在南京江北新区110千伏虎桥变电站投运。自投运以来，虎桥变电站供电电压合格率始终保持在100%，谐波含量降低15.6%，电压闪变现象也得到根本抑制，为提升南京江北国家级开发区电能质量和供电可靠性发挥了重要作用。

“有了这套装置，我们再也不用担心客户反映电能质量问题了。”国网南京供电公司运检部副主任何萍说。

创新示范　世界舞台有我发声

3月19日，IEC官方网站首页推出《IEC发布低压直流技术报告》的专题报道，深度解

● 国网江苏电科院“电博士”共产党员服务队研究输变电设备传感器低功耗安全连接技术

● 国网江苏电科院“电博士”共产党员突击队在 500 千伏笠泽变开展启动调试

读、高度评价了国网江苏电科院主导编制的《低压直流系统－标准电压和电能质量要求评估》标准。

“将‘中国标准’升级为‘国际标准’，是我们这支‘全党员’团队坚持搞创新的坚定信念！”国网江苏电科院“电博士”共产党员联合攻关队负责人袁晓冬表示。

为攻克世界电力前沿领域难题直流配用电技术，国网江苏电科院成立由 16 名党员专家组成的技术攻坚团队，联合业内的数家企业研制了直流变压器、直流断路器等 27 项关键装备及 15 种直流家电。在全力开展国家重点研发计划的同时，推进科研成果落地应用。2018 年，建成以电为中心的多种能源互联互通平台，并在“一带一路”能源部长会议上成功亮相，为全球能源技术变革提供了“中国样板”！

截至目前，国网江苏电科院已牵头国际标准 13 项，成功发布 4 项，发布国际专利 7 项，英文专著 2 本，推动中国能源技术“走出去”，带动出口相关装备 10 余亿元，在“一带一路”多个国家架起了一条条带着“中国印记”的“电力巨龙”。

激活动能　成果转化科技惠民

7 月 10 日，江苏教育频道《劳动故事》栏目播出自主研发装置“电网异物远程清除器”。作为国网江苏电科院首批转化成果之一，此装置已广泛应用于公司系统 140 个输电运检班组，利用高能红外激光束，将异物清除工作效率提升 24 倍。

国网江苏电科院深化“党建 +”工程，制定“党建 + 科技创新”工程 10 项推进举措，形成“党建领航指方向、支部领路做指导、党员领衔当榜样、专家领军增力量”的生动局面，创新成果层出不穷。近年来突破前瞻技术 32 项、攻克实用技术 47 项，牵头国家重点研发计划 2 项、省部级科技项目 96 项，荣获省部级及以上科技奖 90 余项，成功转化推广科技成果 17 项。

此外，国网江苏电科院自主研发的输变电物联网管理与应用系统减少成本 90% 以上；便携式成盘电缆检测仪提高检测效率 24 倍；新一代柔性检测工位能满足 19 类 104 项试验检测需求……这些“自主研发”用科技惠民的实际成效践行了“人民电业为人民”的企业宗旨。

弘扬光荣传统，赓续红色血脉。在新的征程上，国网江苏电科院党委将在公司党组的坚强领导下，团结一心、攻坚克难，充分发挥能源技术智库和科技创新顶梁柱作用，在支撑建设具有中国特色国际领先的能源互联网企业中再创新佳绩、再作新贡献！

传承红船精神，为美丽中国“赋能”

——记国网浙江电力科学研究院党委

成立时间：1979 年 9 月　　**党员人数**：328 人

书　　记：朱金华　　**委　　员**：吴俊健　包志法　胡建根

- 2018 年　国家电网有限公司科技工作先进集体
- 2018 年　国网浙江省电力有限公司先进基层党组织
- 2019 年　国家电网有限公司先进集体
- 2020 年　浙江省青年文明号
- 2020 年　国网浙江省电力有限公司“党建工作标杆”

“7月13日，浙江用电负荷突破1亿千瓦。”中央电视台《晚间新闻》及人民日报等多家主流媒体争相报道。

在这一历史性数据的背后，近年来浙江电力通过构建多元融合高弹性电网，加快源网荷储柔性互动，取得了明显成效。作为浙江电力科技的重要支撑单位，国网浙江电科院党委聚焦各级党组织和党员发挥战斗堡垒和先锋模范作用，深化“红船精神、电力传承”特色实践，打造“红船引领、科技赋能”先锋高地，为全力保障电网安全稳定、服务人民美好生活提供了强有力的支撑。

● 党员积极投身舟山柔直工程试验

敢为人先，电力科创事业的“先行官”

东福山岛，位于东海东极列岛最东端，远离大陆海岸线 65.4 公里。10 年前这里只能靠柴油发电机发电，被渔民戏称为“风的故乡、雨的温床、雾的王国、浪的摇篮”。而今一座座风力发电机拔地而起，建成了国内首个离网型供电系统。昔日偏僻的小岛已然成了旅游胜地。

国网浙江电科院党委还组建红船党员科技攻关和工程攻关团队，推进国网首个氢能国家重点研发计划、柔性低频输电科技示范工程等，在浙江三岛、西藏阿里等偏远地区，建设了一个个造福于民的新能源微电网工程；主导浙江公司高弹性电网技术研究，承担国家级研发项目 6 项，取得国家科学技术进步二等奖及其他各类高等级奖项 299 项。

勇立潮头，推动“双碳目标”的“探路者”

2021 年 3 月，位于浙江舟山的世界首个五端柔直工程大功率试验圆满完成。

“此工程是目前世界上运行端数最多的柔性直流输电工程，将风电、光伏、潮汐等绿色能源全额接收，确保用能安全低碳。”试验项目负责人、国网浙江电科院设备技术中心党总支书记刘黎说。

为推进重大工程突破，解决卡脖子难题，国网浙江电科院党委连续多年开展“党建 +”工程等多形式岗位实践，以支部书记负责制、项目化管理方式、团队化攻关机制“三要素发力”，实现党建与业务深度融合，引导青年党员、博士党员主动亮旗践诺，争做“一眼就能认出的共产党员”。

近期，国网浙江电科院党委还组建红船共产党员项目攻关团队，开展“供电 + 能效服务”，走进工业园区，开展设备全科体检、能效能耗分析、环保减排评估，助力“3060”双碳目标顺利实现。

海外建功，世界疫情下的“逆行者”

“168 小时满负荷试运圆满结束！”北京时间 2020 年 9 月 23 日 1 时，印度尼西亚爪哇 2 号火电机组主控室响起了热烈的掌声。

印尼爪哇 2 号机组建设是中国“一带一路”战略与印尼“全球海洋支点”战略对接示范项目。新冠肺炎疫情暴发以来，国网浙江电科院党委制定详细的复工方案和紧急预案，广泛开展员工思想调研和复工复产动员。

“没什么好说的，我是入党积极分子，我第一个报名！”当时还是入党积极分子、现在已经是预备党员的章鹏第一个响应。

“我是党员，我也上！”

● 国网浙江电科院印尼爪哇项目调试成员全副武装踏上征程

很快，50余人的专业团队组建完成。2020年6月逆“疫”而行，赶赴印尼项目现场。调试期间，克服重重困难，两班倒模式连续奋战50余日，最终试运行各项指标均达到优良水平。

印尼爪哇2号机组的顺利投产，现已成为响应国家号召，加强中方与印尼方电力领域合作的典范，将为印尼社会用电提供有力支撑。

公益助学，照亮孩子心灵的“守护者”

“我代表孩子们感谢你们！”2020年11月，甘肃省通渭县，孟河村第一书记谷双魁向国网浙江电科院党委公益扶贫团队表示感谢。

通渭县2011年被国家列入六盘山区集中连片特困地区。扶贫先扶智，国网浙江电科院党委联合中国自动化学会、智航教育基金会，设立专项助学金及奖学金，建立电力智航图书馆，联合开展科学兴趣训练，培养创新精神和实践能力，开拓学生视野。

国网浙江电科院党委连续多年开展公益活动和志愿服务，2018以来，先后向云南弥勒五山乡中心学校捐资约9万元建设图书馆；为来杭留守儿童开办“小候鸟”夏令营；向甘肃通渭徐家川捐资18万元用于改善学校设施及学生营养午餐；在西藏美玉乡小学开展帮扶活动等。

● 国网浙江电科院在西藏美玉乡小学开展帮扶和志愿服务

充分发挥“三个作用”，践行初心奔跑逐梦

——记国网湖北电力咸宁供电公司党委

成立时间：2004 年 5 月

党员人数：1377 人

书　　记：祝勇刚

委　　员：林文华　张锦文　李晓彪　李晖照　徐满清　费　清

- 2019 年　咸宁市最美扶贫单位
- 2019 年　国网湖北省电力有限公司最佳文明单位
- 2020 年　全国文明单位
- 2020 年　湖北省文明单位
- 2020 年　国家电网有限公司抗击新冠肺炎疫情先进集体

近年以来，国网咸宁供电公司党委坚决执行上级党委决策部署，带领 156 个党组织、1377 名党员，务实进取、开拓创新，确保党组织战斗堡垒作用、党员先锋模范作用充分发挥，面对新冠肺炎疫情、历史罕见的洪涝灾害、严峻复杂的经营形势等一系列大战大考交出了高质量答卷。

三面锦旗一封感谢信：是对战“疫”成果的最好注解

“感谢你们为保障医院疫情用电所作的努力！”2020 年 3 月 17 日，咸宁市中医医院送来锦旗表示衷心感谢。

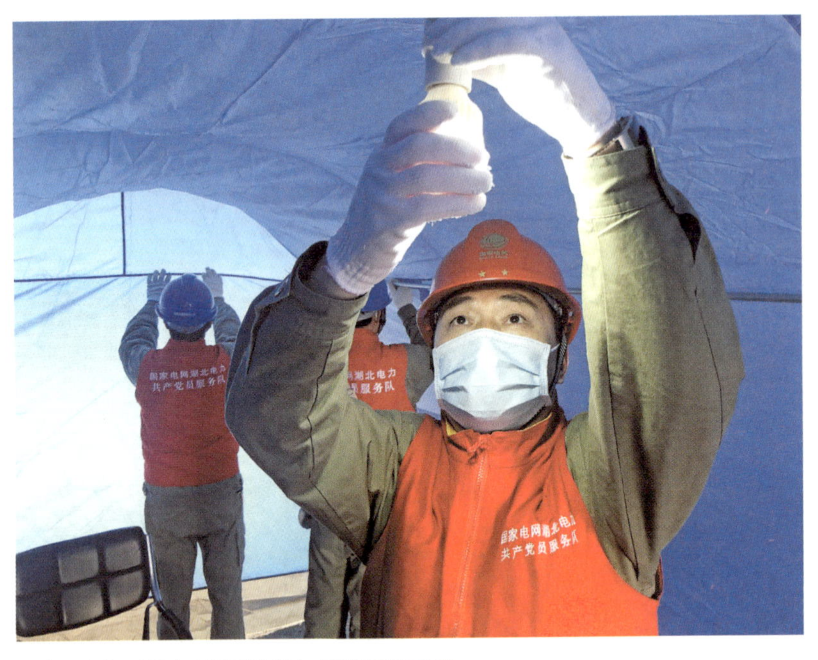

● 党员在新冠肺炎疫情防控值守点接通照明电源

力确保了184家重要用户、248处重要场所和300万居民生活电力持续可靠供应，共计为复工复产企业减免1.23亿元用电成本，捐赠爱心资金22万余元，实现湖北省首批营业厅恢复营业，收到了定点医院、复工复产企业的3面锦旗和赤壁市委市政府的1封感谢信，荣获国家电网有限公司抗疫先进集体、咸宁市先进基层党组织荣誉称号。

面对这场突如其来的新冠肺炎疫情，国网咸宁供电公司党委充分发挥电网铁军精神，坚持把习近平总书记“疫情就是命令，防控就是责任”的指示精神落实到实际行动中，第一时间成立疫情防控指挥部，出台十条具体举措，每日召开线上会议，及时研究解决重大问题，确保各级党组织和全体党员思想认识、行动步调高度一致。

公司各级党组织扛旗冲锋，全体党员担当作为，构筑疫情联防联控、电力稳定供应的坚强网络。在保障供电、入户排查等疫情防控一线成立24个临时党支部，把“堡垒”筑在最前沿。

疫情防控期间，全

长江干堤上的“19号哨所”：是防汛抗洪的坚定旗帜

“这是我连续六年参与长江干堤防汛保障工作。”2020年7月5日，随着汛期来临，“跑山电工党员服务队”队员宋林海按照惯例加紧

● 党员为12千米长江大堤架设照明灯具

长江干堤巡视工作。

长江过境赤壁江段共设置固定哨所 18 个，从 2014 年起，为了强化防汛用电保障工作，当地供电所党员服务队专门新设了一个“供电哨所”，随时提供电力保障服务，确保防汛安全。这个以巡查、检修为主要职能的流动哨所，也被江堤值守人员亲切地称作“第 19 号哨所”。

● 党员为通山县大畈镇养殖场用电设备进行安全检查

与宋林海一样奋战在防汛抗洪保电战场的每一名党员用实际行动践行初心使命，守住武汉安全的最后一道屏障。面对不亚于 98 年洪水的汹涌势头，国网咸宁供电公司党委第一时间发出倡议书，明确“七个不发生”“七个到位”目标，先后发动 11 支党员服务队、553 名党员分秒必争、驰援一线，确保了咸宁长江段 128 公里大堤 146 个哨所电力供应充足，成功应对 8 轮强降雨和 4 次长江洪峰考验，真正做到哪里最危险、哪里群众最需要，哪里就有共产党员。

“三县三零”之后：
驻村书记们开启乡村振兴新征程

2020 年 10 月 16 日，咸宁市 3 个贫困县、192 个贫困村全部出列，正式宣告了咸宁市脱贫攻坚任务的全面完成。

“十三五”以来，国网咸宁供电公司党委坚持发挥“把方向、管大局、保落实”作用，健全完善公司周例会、扶贫部门月沟通的工作机制，快速响应脱贫攻坚对电力的需求。先后选派 51 名驻村“第一书记”到 16 个村开展定点帮扶，帮扶贫困人口 3430 人，做到脱贫“零留存”。完成光伏扶贫配套项目建设，做到上网电量电费及补贴结算“零延迟”。大力实施电网升级改造工程，惠及 38.3 万贫困人口，在历次国家、省级脱贫攻坚成效考评中做到涉电指标“零失分”。

进入新阶段，国网咸宁供电公司党委持续巩固拓展脱贫攻坚成果，以“一县一品”乡村电气化项目、“渔光互补”等新模式持续为乡村振兴续航充电。

“我可是经验丰富的‘虾农’‘牛倌’！”带着丰富的产业发展经验，原赤壁市官田村驻村第一书记魏碧涛这一次来到了通城县纸棚村，开启了他的乡村振兴之路。

党员前往定点帮扶贫困村赤壁市官田村开展义务安全用电检查

“跑山电工”特色品牌：跑出为民服务良好形象

“这部作品底蕴深厚、内涵丰富，是一部质量上乘的佳作！”2020年8月26日，咸宁公司作品《什么是“跑山电工”》一登上湖北日报新媒体平台就广受好评，并被人民日报、新华社等中央媒体转载，当日阅览量就突破100万人次。

近年来，国网咸宁供电公司党委把品牌建设融入发展全局，植入“企业识别系统”（CIS）理念，科学推进品牌建设“十三件实事”，一体化打造“跑山电工”LOGO、主题曲、专题片、画册等文化作品集，并将这些文化产品植入生产生活的各个场景，公司每名员工都以自己是“跑山电工”而自豪，每一支党员服务队都将“跑山电工精神”贯彻到为民服务的具体举措中，展示了良好的责任央企形象。真实反映咸宁电力人特质的“跑山电工精神”得到广泛认可，“跑山电工”社会责任根植项目入选国网公司重点项目库。

此外，国网咸宁供电公司党委牢牢把握“融入中心抓党建、抓好党建促发展”主题，谋划“跑山电工+”十大工程40余项重点任务，推动品牌价值创造力持续提升。

旗帜领航聚力量　红色引擎促发展

——记国网江西电力赣州供电分公司党委

成立时间：1954 年 9 月

党员人数：2667 人

书　　记：金学成

委　　员：谭黎明　李　凡　郑山海　周　琦　易雪松　余　炜　赖文群

- 2013 年　赣南苏区振兴发展工作先进集体
- 2020 年　全国文明单位
- 2020 年　江西省文明单位
- 2020 年　赣州市直机关党建红旗单位

赣州是著名的革命老区和共和国摇篮，是中央红军长征出发地，被誉为“红色故都”。身处这片红色的革命热土，国网赣州供电公司党委守初心担使命，带领广大干部员工积极践行“人民电业为人民”，以红色引擎赋能赣州电网高质量跨越式发展。

筑牢思想根基的“基因红”

悠悠古镇，赤诚红村。置身于红土地，谢慧那带有浓重乡音的话语，仿佛带我们回到了那个战火纷飞的年代。

● 党员在寻乌调查纪念馆重温入党誓词

在于都县谢屋村，老红军谢宝金背着发电机走完长征路的故事，十里八乡耳熟能详。村前长征广场上，国网赣州供电公司新党员三两围坐，聆听谢宝金孙女谢慧诉说那一段难忘的历史。

赣南有着无可比拟的资源优势。国网赣州供电公司党委通过建立“个人抓自学、中心组研讨学、读书班专题学、大讲堂辅导学、红色资源沉浸学”的党史学习教育“五学”机制，推动各级领导干部先学一步、深学一步。

为充分发挥地域优势，挖掘红色资源，国网赣州供电公司党委利用遍布“没有围墙”的博物馆，建立了“跟着书本学、实地感悟学、亲身体验学、对话交流学”的学习模式。基层讲党课、重温入党誓词、党史知识竞赛、“红后代红色故事分享会”“颂歌献给党”歌咏会、庆祝建党100周年摄影书画展等活动百花齐放，使广大党员干部和员工理想信念的“基因红”永不褪色、更加鲜亮。

在这片红色热土上，每个人都是“红色后代”。

淬炼电力铁军“队伍红”

学习党史，不仅要“内化于心”，更要“外化于行”。国网赣州供电公司党委积极开展“学战略、讲担当、干精彩”实践活动，深化“红色基因、电力传承”实践。

“过去我们存在困惑，党建怎么融入中心工作，现在有了指导方案，我们明白‘党建+’就是充分运用党组织‘集中力量办难事’。”供电服务中心党支部副书记邹静说出了心声。

她口中的指导方案，就是国网赣州供电公司《关于开展党支部项目攻关行动和党员先锋工程的通知》和《"党支部项目攻关"行动方案汇编》。作为实施"党建+"的纲领性文件，充分明确了党支部作为攻关主体，项目化开展攻关行动。从创建示范类、提升类、责任类等角度出发，共设置党员先锋岗606个，党员提升线路338条，党员提升台区92个，精准攻关项目202个。

"支点"选的好，辅以党建载体"杠杆"，就能排除难点痛点问题带来的阻力。

2020年，国网赣州供电公司供电服务中心党支部重点攻关"跑冒滴漏"，直接取得成效1543万元。各供电所党支部实施第一批"自己干"配电网项目301项，规模达到9696万元，106个供电所党支部实现"零投诉"攻关目标。

党史学习教育期间，以"长征路上用电调研"等活动为载体，解决基层群众急难愁盼实事457件，义务帮助解决客户侧用电问题616个，成效惠及千家万户，真正实现"为群众办实事"。

创造经营管理"业绩红"

人心齐、泰山移，在公司党委的坚强领导下，通过深入开展党史学习教育和发挥党建引领，广大员工不用扬鞭自奋蹄，奋战在电网建设第一线、为民服务前哨站、急难险重最前沿。

新冠肺炎疫情期间，国网赣州供电公司党委出台"抗疫情、保供电、稳经济、为人民"十六项举措，组建共产党员服务队、突击队，全力做好106家重要企业、203个疫情防控检查站的用电保障，以电网率先复工助力全市2077户大工业企业复工复产，坚定履行了央企社会责任。

赣州是江西省脱贫攻坚主战场，贫困人口占全省的40%。国网赣州供电公司党委组织党员干部深入贫困村开展"供电服务·连心连情促脱贫"活动，结对挂点帮扶贫困户2993户，帮助脱贫11693人。通过农村电网升级改造，光伏扶贫等一系列举措，让赣南苏区近70万农户用上了"放心电、舒心电"。

高质量党建引领高质量发展。2020年，国网赣州供电公司供电保障更加有力，服务品质不断优化，群众电力获得感大幅提升，经营质效稳步提升，实现了市、县公司同业对标"双第一"，企业负责人业绩考核A级的历史最好成绩。

共产党员突击队在兴国县开展"迎峰度夏"线路特巡工作

高举红旗耀江南　一心向党写忠诚

——记国网重庆电力市南供电公司党委

成立时间：1998 年 2 月

党员人数：593 人

书　　记：韦成国

委　　员：李东华　陈天旭　陈　铁　伍福平　邓小勇　胡　林

- 2015 年　全国文明单位
- 2020 年　国家电网党建工作“组织建设专业标杆”
- 2021 年　全国五一劳动奖状
- 2020 年　国家电网有限公司抗击新冠肺炎疫情先进集体
- 2020 年　国家电网有限公司先进集体

一直以来，国网重庆市南供电公司党委坚持以习近平新时代中国特色社会主义思想为指导，切实将党的领导有机融入公司发展各环节，聚焦国网“一体四翼”发展布局，成为大战大考“逆行者”，当好急难险重“桥头堡”，争做服务大局“主力军”，勇当改革发展“领头雁”，敢为思想建设“排头兵”，在安全生产、提质增效、获得电力、乡村振兴等工作中成效显著。

履职当先，在大战大考中体现政治担当

以护航发展、服务民生的站位，面对疫情防控、抗洪抢险等大战大考任务，冲锋在前、使命必达，承担起大国重器的责任。战疫情坚强可靠，211 名党员坚守防疫保电一线，完成佰纳医疗口罩扩产、南帝山庄临时隔离点紧急增容等紧急工程，为 38 家企业复工复产提供用电服务，得到吴存荣副市长高度肯定，公司获评国网公司抗疫先进集体。战洪峰及时高效，1213 名干部职工昼夜奋战、精准抢险，确保“水涨人退电停”，实现 31 小时提前恢复南岸区 1.8 万户、66 小时恢复全部 3.8 万户居民用电，得到陈敏尔书记现场表扬和两区政府高度肯定，公司获市公司和南岸区抗洪先进单位。

实干当先，在急难险重中体现责任担当

将党建工作核心定位于强根铸魂和价值创造，务实创新做好“党建 +”。实施“党建 + 攻坚克难”，成立鸡冠石变电站改造攻坚临时党支部，以“五个一线”为抓手，按照“一小组一责任区”划分 6 个党员小组，探索出“党建引领、服务驱动、运检融合”多措并举的管理模式，按期完成四大攻坚任务。实施“党建 + 护线”，成立共产党员突击队，开展“党建 + 护线”外破隐患巡查行动 20 余次，巡查督导 20 处外破隐患，制作《小红帽电力防外破》系列动画，用党建优势推动防外破工作取得实效。

示范当先，在先行先试中体现使命担当

弘扬“点亮第一盏灯”的首创精神，带动形成“勇争第一”的干事创业氛围。建成重庆首座变电集控站。成立 15 人的党员攻坚小组，安全平稳的完成监控职责移交，成功拉开了“无人值守 + 集中监控”的新篇章。建成重庆首个“农村安全用电示范镇”。与巴南区镇街共产党员服务队结对共建，定期联合开展服务群众和用电宣传活动，逐步构建起安全用电群防群控机制，3 年内安全用电示范镇（街）覆盖率将达 80% 以上。建设重庆首个“火线行动”示范项目。与南岸区经信委、消防救援支队联动，开展高层建筑电气火灾防控攻坚。举办各类安全用电宣传活动 30 余次，发放宣传手册 3000 余份，完成辖区

● 党员在南山电火锅小镇开展“我为群众办实事”活动，推广清洁能源

内737栋高层建筑用电用气安全隐患排查，查出隐患共计729处，消除隐患101处，构建起电力消防安全“防火墙”。

● 国家电网红岩共产党员服务队支援河南应急保电

服务当先，在改革发展中体现价值担当

把“做好先行官、架起连心桥”作为政治使命。聚焦服务品质，持续优化营商环境。持续优化营商环境，大力推广“网上国网”App，线上办电率达100%，前移服务关口，设立“党员专属客户经理示范岗”，入驻市政一站式服务中心，主动提前对接483户企业用电需求，实现从“企业等电用”向“等企业用电”转变。聚集民生保障，架起党联系群众的“连心桥”。推动巴南区将12.9万户保安装纳入“十大民生实事”，红岩共产党员服务队走企入户，排查治理安全隐患，引导13.19万低压客户安装户用漏保，让走访不仅走过“门槛”、更走进“心坎”。

文化当先，在思想引领中体现精神担当

牢记初心使命，打造牢固思想阵地。抓实“逐梦江南”特色文化品牌，设置“党建引领”“创新示范”等七大站点，内聚力量、外展形象，增强全员凝聚力。抓建党百年系列活动，开展“党建双晒”主题活动，推出《信仰》《忠诚》《践行》三大篇章，讲述将红岩精神等中国共产党伟大精神贯彻在公司生产经营各项任务中的具体举措。抓实高素质技能人才培养，通过张毅劳模创新工作室、好工匠三部曲、青培班等载体，开展创新攻关活动和多渠道的技术技能人才培养，培养出省部级及以上劳模8人，省部级及以上技术技能人才11人次。抓实党的宣传思想工作。公司开展各类主题策划宣传110项，发稿900余篇。微信公众号和视频号发表推文、视频作品150条，讲好国网故事，筑好干部职工同心圆。

立足新时代，迈向新征程，市南公司党委将继续以党建为引领，以高质量发展为目标，合力服务社会经济发展和人民美好生活需要。

“党建 +”工程让红色旗帜高高飘扬

——记国网辽宁电力沈阳供电公司党委

成立时间：1952 年 12 月　　党员人数：3370 人

书　　记：王向臣　　委　　员：辛国良　旋国利　杨昕宇　原　晨　杨　勇　李　健　马元生　许文达

- 2017 年　沈阳市先进基层党组织
- 2018 年　沈阳市央企先进单位
- 2019 年　辽宁省先进党组织
- 2020 年　国家电网有限公司抗击新冠肺炎疫情先进集体

围绕中心、服务大局始终是党建工作永恒不变的主题。近年来，国网沈阳供电公司党委深入实施“党建 +”工程，在抗疫保电、电网建设、优质服务等重点工作中找准“融合点”，实现了党建工作与生产经营相融互促、持续提升。

党建＋抗疫保电　筑牢“红色堡垒”

“党员骨干全员上岗，保障人民群众可靠供电！”面对突如其来的新冠疫情，国网沈阳供电公司党委向所属全体共产党员吹响了“疫情就是命令”的集结号。2月27日辽宁新冠肺炎集中救治中心（沈阳中心）发来紧急需求——在原有1255千伏安用电容量的基础上，4天内紧急增加1260千伏安用电容量。面对工程规模大、时间紧、风险高等困难，20余名共产党员在《请战书》上签字主动请缨，主动承担距隔离病房近、作业强度大的工作点位……经过30个小时的连续奋战，一座1260千伏安箱式变电站建成并一次送电成功。

经统计，自新冠疫情发生以来，国网沈阳供电公司各级党组织累计投入党员1万余人次，完成了5家防疫重点企业的紧急增容任务，保障73家重点单位可靠供电，打造出一座座旗帜领航、党建引领、全员防控的整体合力，携手筑起坚强的防疫“红色堡垒”。

党建＋降损增效　提升经营质效

“尽管底子薄，困难多，但我们都签了《军令状》，唯有开动脑筋，带着大家群策群力地往前冲。”2020年11月30日，光辉街道供电所共产党员王维禹回忆起“百强供电所”创建之初的情形，感慨万分。在2020年6至11月国网公司通报的同期线损“百强供电所”榜单上，国网沈阳供电公司先后有6个供电所10次进入“全国百强供电所”，其中光辉街道供电所6月总体达标率99.97%，排在第11位。

业绩的大幅提升源自国网沈阳供电公司党委推行的“党建＋降损增效”模式和“旗帜领航·降损增效”百日攻坚专项行动。在专项行动中，以党员和入党积极分子为主组建了34个攻坚小组，党员以身作则，带头对采集漏抄、表计故障、窃电等原因导致的异常台区开展专项治理。公司整体同期线损监测达标率提升至96.07%，台区同期线损和达标率较年初提高了10.73个百分点。

党建＋电网建设　攻坚重点工程

2020年11月23日10时30分，随着“盛

国网沈阳供电公司220千伏盛京—滂江电缆线路工程临时党支部党员在工程现场研究工程创优工作

学雷锋日当天，国家电网辽宁电力（沈阳梁洪春班）雷锋共产党员服务队为居民楼排查电表箱安全隐患

京号”盾构机在二号盾构井缓缓破土而出，到达指定位置，标志着220千伏盛京—滂江电缆线路工程第一盾构区间顺利贯通。这条电缆线路工程，是东北地区首条采用盾构法施工的电缆线路工程。作为承担工程建设任务单位的党组织，国网沈阳供电公司党委弘扬“支部建在连上”的优良传统，联合建设、监理、施工三方成立工程临时党支部，带领党员握拳发力，直击项目“硬骨头”。

2020年5月，“盛京号”盾构机在2号盾构井主体结构施工过程中出现“涌沙”现象，易引发地表塌方。各专业部门党员发挥“不怕劳苦、创新实干”的精神，先后破除了盾构井杂填土地质不稳定、深基坑降水等技术难题，保障了工程的高标准推进。自2020年以来，在党建与电网工程建设充分的融合下，沈阳电网顺利开工4项里程碑工程，累计完成投运13项，累计完成投资4.9亿元。

党建 + 安全生产　保障可靠用电

2020年9月28日，第七批在韩117位志愿军烈士遗骸迎接安葬仪式在沈阳抗美援朝烈士陵园举行。国家电网辽宁电力（沈阳皇姑）共产党员服务队负责承担本次活动供电保障任务。“当发生用户侧用电设备故障下，用户现场电气操作人员立即按以下步骤执行：第一步，对故障设备进行隔离……”为了确保活动供电万无一失，服务队队员主动向活动方讲解保供电知识，服务队还提前进行巡视确保没有任何安全隐患和供电薄弱点。

国网沈阳供电公司党委32支共产党员服务队平时常态化走访党政机关、部队、新闻媒体、交通枢纽等重要用户，定期开展应急预案并组织演练；在保电任务中科学部署抢修队伍值守，快速、有序的响应和处置突发停电事件。

人民电业为人民　党的旗帜红边疆

——记国网吉林电力延边供电公司党委

成立时间：1958 年 7 月　　**党员人数**：1149 人

书　　记：金雷雨　　**委　　员**：刘　鑫　张志强　江富春　张忠锋

- 2017 年　国家电网公司文明单位
- 2018 年　国网吉林省电力有限公司先进单位
- 2019 年　国家电网有限公司先进集体
- 2020 年　吉林省五一劳动奖状
- 2020 年　全国文明单位

2020 年，是极不平凡的一年、极具挑战的一年，也是极富成效的一年。面对突如其来的新冠肺炎疫情和巨大的经济下行压力，面对“三台叠加”和“冰冻暴雪”自然灾害，国网延边供电公司党委将“守土有责、守土担责、守土尽责”落实到具体行动中，立足边疆强服务，履责担当助振兴，全力以赴保一域光明、促一方发展。

战疫情
逆行而上践初心

2020年4月，俄罗斯新冠肺炎疫情暴发，大批中国公民自俄罗斯涌入延边珲春口岸，珲春的疫情防控形势陡然严峻起来。

4月22日，国网延边供电公司接到《珲春市人民政府关于对项目建设给予支持的函》，要求在4月30日前完成珲春市国际货运枢纽站内应急安置点的通电任务。

“为了保护人民生命安全，我们什么都可以豁得出来，保证完成任务！”应急安置点项目负责人、党员刘宇坚定承诺。他不惧危险，立即安顿好刚刚做完肿瘤手术的母亲，动员组织党员骨干迅速投身到项目建设中。

4月22日，两期建设供电方案制定完成；

4月23日，施工方案、应急预案制定完成，物资和施工人员全部到岗到位；

4月24日凌晨4时30分，刘宇带领团队进入施工现场，打响了应急安置点建设的“第一枪”；

4月24日12时，第一期高压送电建设任务顺利完成。

应急安置点通电了，这比珲春市政府要求的送电时限整整提前了6天。

刘宇带领团队继续和时间赛跑，仅用18天双电源供电专线建成，确保了应急安置点的可靠供电。

57基15米水泥杆，2基铁塔，2.6千米双回线路，1.38千米高压电缆……这一连串的数据，是刘宇和他的团队代表公司所有坚守在抗疫一线的党员们向祖国、向边疆人民交出的答卷。

抗冰雪
向险而行显担当

“66千伏靖金甲线6633开关试送成功。”2020年11月22日16时48分的这一声回令，标志着经过连续81小时艰苦奋战，国网延边供电公司应对“11·18”强冻雨暴雪自然灾害取得了决定性的胜利。

受历史罕见冻雨暴雪大风天气影响，延边地区电力供应设备设施遭受严重破坏。国网延边供电公司党委第一时间发出成立党员突击队的倡议，要求广大党员以“困难面前有我们，我们面前无困难”的决心和信念，勇挑重担，主动作为，共克时艰。一时间，一股力量以党员为中心在抗冰抢险战场全面汇聚。

11月19日3时，调度通信运检二班党员陈磊被电话惊醒：“公司通信网12条光路中

● 国网吉林敦化市供电公司党员突击队奋力抢修66千伏贤江线倒杆故障

断……信息业务通道全部中断。”陈磊等人冒着大雪赶赴敦化抢修故障光缆，运送抢修材料的车辆没办法进入现场，他们就用肩抗、用手抬，寒风暴雪模糊了他们布放、紧线、熔接的身影。

● 国网延边供电公司共产党员服务队帮助老人收水稻

19日6时，珲春市供电中心党员突击队紧急集合赶往高寒山区的66千伏靖金甲、乙线故障区域清理倒伏的树木和覆冰。夜色慢慢降临，由于地处东北虎豹园区内，队员们不仅要克服低温寒冷，还要时刻警惕猛兽的袭击，即便如此也没有一人退缩。23点30分，清障工作顺利完成。

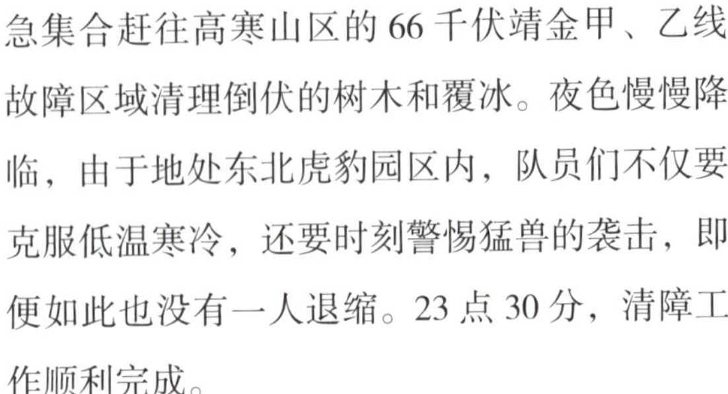

在各支部党员突击队的努力下，1414基杆塔巡检排查、139基覆冰清理等抢险任务高效完成，19日，成功恢复灾区供电70%。

覆冰除掉了，倒树清理了，断线接通了，居民家里的灯亮起来了……

践宗旨
党的旗帜耀边疆

近年来，国网延边供电党委充分分析边疆特征，围绕党中央工作部署，把服务边民、边贸、边防作为党建引领推动国网战略目标在民族边疆地区落地的重要抓手，着力“固边、兴边、强边”，让党的旗帜在祖国边疆高高飘扬。

为了更好地服务“三农”，国网延边供电公司党委推动乡镇供电所党员挂职村长助理，微信预约咨询、面对面指导沟通，定期排查用电隐患，常态组织服务春耕春灌、秋收冬藏，把“一次都不跑”做到了极致。不仅如此，供电所党员还会帮助推广扶贫产品，敬信供电所所长张沼辉就是一名“带货郎”。他在“抖音”介绍当地蜂蜜、咸鸭蛋、大马哈鱼等产品，硬是把“土货”卖成“爆款”，为贫困户增收7万多元。

服务延边旅游经济是共产党员服务队每年的重点工作。“东方第一村”全电景区是敬信供电所共产党员服务队的重点服务对象，在三国祈福节、防川旅游节活动期间，服务队会提供“保姆式”上门服务，保证朝鲜族民居空调、热水器等电器设备正常使用，游客们宾至如归，用小细节促进延边旅游经济繁荣发展。

“你们负责守护国门，我们负责用电安全。”这是国网延边供电公司共产党员服务队对边防部队的承诺。2020年，边防部队煤改电工程顺利完工，彻底结束了“雪飞风劲边塞寒，添煤围炉守边疆”的苦涩历史。共产党员服务队主动担负起了工程前期协调联络、后期安全用电培训等工作，积极与边防部队开展文化交流，成功打造出“能源军企融合”样板，为祖国边防稳固贡献电网力量。

夯实基层基础　强化典型引领 推动党建优势转化为企业发展合力

——记国网蒙东电力检修公司党委

成立时间：2012 年 4 月　　**党员人数**：243 人

书　　记：曹永东

委　　员：陈远东　陈　辉　李猛克　孟　辉　魏立峰　史文江　郭　凯

- 2016 年　内蒙古自治区先进基层党组织
- 2017 年　内蒙古自治区五一劳动奖状
- 2017 年　内蒙古青年创新创业创优标兵集体
- 2019 年　国家电网有限公司先进集体
- 2017 年　国家电网有限公司先进集体
- 2017 年　内蒙古自治区和谐劳动关系单位
- 2017 年　国家电网有限公司文明单位
- 2019 年　中央企业先进集体

一直以来，国网蒙东电力检修公司党委始终把党的政治建设摆在首位，切实履行管党治党责任，全面贯彻落实国家电网公司党组决策部署和国网蒙东电力党委工作安排，创新管理推动发展的工作理念，坚持旗帜领航、着力强根铸魂。

党建引领凝聚发展合力

“我为我们所从事的工作感到自豪。在全国上下共同抗击疫情的关键时刻，通过坚守岗位保障特高压工程安全可靠运行，为远方送去源源不断的电能，为打赢疫情防控阻击战，我们再多付出一些也值得。”在疫情防控期间连续值守60余天的温强说。

八年来，国网蒙东电力检修公司党委实现了运维范围从蒙东地区到自治区全境的历史性转变，见证了内蒙古特高压时代的来临。由国网蒙东电力检修公司负责运维的“三交三直”六条特高压外送通道，每年将内蒙古清洁能源电量送往北京、山东、江苏等地区，为破解内蒙古“窝电”难题、治理京津冀地区雾霾、助力全球能源互联网建设作出了积极贡献。2020年1月，新冠肺炎疫情暴发，国网蒙东电力检修公司党委迅速建立“公司、站线、班组”三级防控体系，主动适应常态化疫情防控新形势，采取“一单位一策略、一人一策略”，全力确保“双零”态势。各级党组织和广大党员积极响应号召，主动签署“请命书”，全封闭守护特高压“孤岛”安全，牢牢守住“电网安全”生命线，把战略目标落实到具体行动上。

融入中心夯实安全基础

安全生产不仅关乎企业效益，更牵动着职工的幸福生活。国网蒙东电力检修公司党委把党建工作融入安全生产全过程，引导全体党员干部强化责任担当和争先意识，充分发挥党支部战斗堡垒和党员先锋模范作用，使党建工作在安全生产中真正看得见、摸得着，助力安全生产新局面。

国网蒙东电力检修公司党委实施“党建+”工程，创新开展“党建+安全督察”“党建+防疫”等专项行动，通过党员活动载体跨区域开展前期验收、包联帮扶，保障特高压安全稳定运行。推广“文化筑安全、亲情固安全、党建保安全”系列活动，开展“安全家书”“亲情寄语”等活动，建立职工、家庭和单位之间的“桥梁纽带”，将硬性的制度管理转化为柔性的安全文化。开展提升党建工作质量“百日攻坚”专项行动和“最强党支部”创建，全面提升党建工作质效。强化党建与生产经营深入融合嵌入，规范党员服

● 党员在工作现场开展无人机巡线

务队、党员示范岗、党员责任区等载体活动建设，着力打造特高压活力党建。

强化教育打造国网品牌

“全国五一劳动奖章”“全国最美职工”获得者包文杰说：“作为一名普通党员，我只是在岗位上做了自己该做的工作，这份荣誉来自公司战略目标的指引、公司企业文化的熏陶，这份褒奖得益于单位搭建的平台、组织体系提供的渠道，归属于不计其数的在岗位上默默耕耘、无私奉献的电力人。”

近年来，国网蒙东电力检修公司先后涌现出了包文杰、北疆工匠许政超等先进典型。他们的先进事迹被新华社、人民日报等中央权威媒体广泛报道；创建党代表工作室、积极破解党建“三化”难题等典型做法被新华社内参和内参选编相继刊发。

这些先进典型和典型经验，离不开国网蒙东电力检修公司党委的思想建设成效。国网蒙东电力检修公司党委创新开展“六学”模式（中心组集中领头学、专题讲座深入学、党支部宣讲广泛学、党员交流精细学、考试竞赛验证学、手机微课堂随时学），开展党史故事分享汇、党史故事100讲等活动，实现党员教育多层次、全覆盖。

国网蒙东电力共产党员服务队在伊敏换流站开展保电特巡

砥砺奋进正当时，风正帆满在起航，国网蒙东电力检修公司党委将一如既往地助力内蒙古自治区构建绿色电力双循环格局，为建设具有中国特色国际领先的能源互联网企业贡献红色检修力量。

初心 镌刻在陇原大地

——记国网甘肃电力检修公司党委

成立时间：2012 年 3 月　　**党员人数**：323 人

书　　记：王德波　　**委　　员**：唐兴祝　王小虎　王胜利　李晓鹏　拜润卿

- 2018 年　国网甘肃省电力公司先进党委
- 2018 年　国网甘肃省电力公司党建工作先进单位
- 2019 年　国网甘肃省电力公司“党建责任落实标杆”

国网甘肃电力检修公司党委“强引领、凝共识”“夯基础、强素质”“聚重点、抓融入”，全力守护甘肃超特高压电网“西电东送、风光互补”能源运输“主动脉”的安全稳定运行。

旗帜领航“守初心”

“经过交流，我的思路更加清晰了，今后

要不断创新方式、方法，拓展党史学习教育阵地，通过党员主讲、穿插互动等模式，促使党员在学习前自主思考，确保每位党员都熟知党史。”2021年5月17日，国网甘肃电力检修公司组织党建工作柔性团队开展党史学习教育“互查互学互促”活动，一边查看基础资料，一边分享经验做法。

● 国网甘肃电力检修公司“青马”学员开展学习讨论

走进国网甘肃电力检修公司企业文化展厅，“不忘初心、牢记使命”八个红色大字格外醒目。近年来，国网甘肃电力检修公司党委始终把旗帜鲜明讲政治融入公司治理各个环节，坚决贯彻“两个一以贯之”要求，把方向、管大局、促落实，动态修订党委工作规则、“三重一大”决策实施细则，建立三层五类党组织决策及前置研究重大事项清单。总结凝练学习教育“5学法”，高质量开展“不忘初心、牢记使命”主题教育。明确党史学习教育“1757”学习思路，举办读书班，在微信公众号持续推送“有声党史”“党史故事会”“党史周周学”连载，深入开展集中学习和交流研讨，教育引导广大党员立足本职将责任扛起来、把任务落下去、把工作做扎实。

激流勇进“担使命”

“安全生产是我们的生命线。当前，公司生产工作正值高峰期，作业现场点多、线长、面广，每一名党员必须要勇敢面对各种困难与挑战，将初心使命永远铭刻于心、落实于行，全力确保主网安全，助推新能源外送通道畅通无阻。”国网甘肃电力检修公司总经理刘罡在±800千伏祁连换流站年检现场指出。

● 国网甘肃电力检修公司“青安先锋”在行动

国网甘肃电力检修公司党委突出政治统领，构建“四型一化”大党建工作格局，多维度夯实一线党支部建设，切实发挥基层党组织的“主心骨”作用。从新冠肺炎疫情暴发时的58天封站值守，到复工复产中完成参检人员最多、工作任务最重、安全压力最大、疫情防控最具挑战性的大型年度检修，再到迎峰度冬时精心运维千里驰援湖南用电，急难险重面前，公司全体党员无惧无畏、冲锋在前。

● ±800千伏祁连换流站年检现场

2020年7月，数字化班组建设在兰州东变电站迅速启动，智能运检、安全准入等13套系统实现融合贯通，数字化班组技术体系构建完成。一线班组由末端业务单元向前端价值创造单元转变，由专业精细分工向一专多能、高效协同队伍转变，由劳动密集型向科技、知识密集型转变，新一代的“全能型”数字化班组和一线业务“全科医生”茁壮成长。

热浪滚过武威古浪县土门镇外的沙漠，世界首条±1100千伏输电线路工程吉泉线反射着耀眼的银光。新华社和央视记者的镜头对准南江。南江，这名有着15年党龄的陇电工匠，面对镜头激动地说：“作为一名共产党员，在这个特殊的日子里能应用‘无人机+小飞人’带电作业工法刷新世界最高电压等级输电线路高海拔带电作业纪录，用实际行动向党的生日献礼，我无比自豪。”

现在，这项工法已开展百余次各电压等级的带电作业，产生直接经济效益6000余万元，间接经济效益800余万元，并向全国范围推广应用。

传承荣光“勇向前”

“我们只有通过抓班子、带队伍、强素质，才能战胜一切困难，赢得一切挑战，抓住一切机遇，为全面建设社会主义现代化国家开好局、起好步贡献检修力量。”国网甘肃电力检修公司党委书记王德波介绍道。

一直以来，国网甘肃电力检修公司党委不断从党史中汲取营养，深入实施“为职工办实事”项目，搭建常态运行的“1+N”职工诉求“三级服务网络”平台，建设职工活动中心、职工之家、职工“医疗角”、心理调适室，并开通“法律咨询热线”等，最大限度满足职工需求。全力服务青工成长成才，率先启动“青马工程”，开辟“青马”教育基地，打造青年之家，出台青年员工关怀成长培养实施方案，持续深化青年政治人才培养，打造“甘电青马”品牌。

强根铸魂聚合力　融入融合促发展

——记国网青海电力西宁供电公司党委

成立时间：1971 年 6 月

书　　记：辛志刚

党员人数：554 人

委　　员：刘文泉　陈　琳　李　磊　徐世山　薛　辉　杨海林　景兆辉

- 2018 年　青海省首届文明企业
- 2019 年　国家电网有限公司先进集体
- 2019 年　青海省文明单位
- 2020 年　国家电网有限公司“党建责任落实标杆”

国网西宁供电公司党委坚持以政治建设为统领，以提高党的建设质量为主题，以党的领导融入公司治理、党建工作与生产经营深度融合为主线，持续拓展标准化建设成果，探索创新特色化实践，以高质量党建引领保障公司高质量发展。

思想引领，强根铸魂

“刚开始打仗的时候害怕，后来打着打着就不怕了，就跟庄稼人拿着铁锹、榔头出门干活一样。养兵千日，用兵一时，把你分配到哪里，你就得完成任务。"抗美援朝老战士祁富德说。国网西宁供电公司员工来到祁富德家中，近距离聆听老战士讲述革命故事。一个个惊心动魄的战斗故事和感人至深的战友情，令在场人员无不为之动容。

● 国网西宁供电公司开展"学习百年党史、我为群众办实事"主题党日活动

党史学习教育开始后，国网西宁供电公司党委不断创新学习方式、丰富学习载体，通过每月一次专题理论学习、每周一次主题实践掌上学习、每日一次红色历史云课堂学习，以交流互动掀起观点输出、思想交互、价值共享的学习浪潮。领导干部以中心组集中学习研讨、一区两县公司领导班子成员以支委扩大会议集中学习的方式，深入研学指定内容，保证领导班子每周开展一次集体学习、班子成员讲授一次专题党课、进行一次研讨发言、形成一篇体会文章。在党支部层面，以"微党课＋微分享"的方式，引导党支部书记每月讲一次"微党课"，每名党员分享一次学习感悟、形成一篇学习心得，有效提升学习吸引力和实效性。在党员自学方面，通过"线上＋线下"方式深化应用国网大学"云课堂"党史学习教育专区、"学习强国"App等线上资源，并在办公楼宇大屏和电梯电视中循环播放党史学习教育视频，引导党员利用碎片时间延伸学。

目标引领，协同联动

"作为基层党支部要将学习党史同我为群众办实事相结合，电靓夏都服务队总队在深化'五三服务'的特色实践的基础上，创新实施'六步六靓'工作法，提升抢修报修、营销服务的品质。"在"党课开讲啦"活动中，国网西宁供电公司供电服务部党支部书记马丽虹向全体中层领导干部讲党课。这是国网西宁供电公司树立目标导向、构建党建责任落实全过程履责评价机制的一个缩影。

国网西宁供电公司党委压紧压实全面从严治党责任，构建党建责任落实全过程履责评价机制，明确责任体系、督责机制、履责方式、评责模式，逐级锁紧管党治党责任链条；强化主业主责，强化主角主动意识，加强党支部书记能力建设，结合"周一讲规矩"促进支部书记既讲业务又讲党建，压紧压实委员协同作用，形成书记表率、支委推进、党员实践的支部履责协同联动机制。

为了扎实推进基层党组织标准化建设，国网西宁供电公司党委聚焦政治、思想、组织、作风、纪律、制度、廉政建设七个方面，不断夯实基层、基础、基本功，按照各领域统筹、多方面联动、全业务推进的融合党建思路，跨层级、跨专业打造融合党建联合体，形成以强带弱、以上带下、相融共生的党建工作新格局。

价值引领，党建 + 赋能联动

国网西宁供电公司变电运检中心的工作人员郭煜等人在 110 千伏兴旺变电站 2 号主变准备进行停电倒闸操作。操作前，党员示范岗郭煜召开班前会，交代安全注意事项。这是开展“党建 + 安全生产”行动的一个缩影。

国网西宁供电公司党委紧密围绕“党建 + 安全生产”工作主线，倡导党员在工作现场“亮身份”“亮承诺”，充分发挥共产党员示范岗的监督示范作用，做到关键任务有党员引领，关键环节有党员盯守。

深化党建引领赋能，精准策划实施“党建 +”工程，围绕“党建 + 安全生产”“党建 + 优质服务”等内容，从党委指定、支部揭榜和支部策划、自主实施 2 个层级做实做准党支部项目化载体策划设计，制定项目化载体实施 3 年里程碑计划，构建企业党委抓统筹、业务部门抓融合、党支部抓落实的“党建 +”工作体系，在深度融合上下功夫、出实招，推动“党建 +”在各专业领域落地生根、开花结果。

● 国网西宁供电公司开展“学习百年党史、我为群众办实事”主题党日活动

党旗引领　电靓庭州

——记国网新疆电力昌吉供电公司党委

成立时间：1984 年 4 月　　**党员人数**：709 人

书　　记：王逸军　　**委　　员**：罗立波　祁灵军　谭　栋　杨西成

- 2019 年　国网新疆电力有限公司先进企业
- 2020 年　昌吉州民族团结进步示范单位
- 2020 年　昌吉州“访惠聚”驻村工作优秀组织单位
- 2020 年　国家电网有限公司信访工作先进集体

“今年是建党 100 周年又是‘十四五’开局之年，开展电企支部共建是学党史的新方法，也是零距离服务企业的新举措。”2021 年 3 月 30 日，国网昌吉供电公司营销服务中心与新疆宜化化工有限公司签订了“电企共建”协议，实现支部建设互学互促、业务工作互帮互助。

国网昌吉供电公司党委为全面落实“基层党建创新拓展年”各项任务，积极推进党支部“1+1”联建联创，通过公司各单位之间、各单位与政府部门、产业链上下游企业、军队间联建联创，着力打造对外优化营商环境，对内服务基层促进业务的“疆电红立方”党建联盟品牌。

一直以来，国网昌吉供电公司党委牢固树立“抓好党建是最大政绩”理念，在夯实基层党建基础提升党建整体水平上持续发力，形成了“1+2+4+6”抓党建工作机制、党员红色教育平台、发展党员可视化管理等一批管理成果和实践经验。结合示范党支部创建，开展“达标创优”党建流动红旗竞赛，着力补短板、强弱项、固根基、扬优势。充分发挥党委把方向、管大局、促落实的重要作用，以高质量党建引领服务高质量发展，实现昌吉州在电网发展、售电量等关键业绩方面领跑全疆。

强化党史学习　筑牢思想基础

2021年3月5日，国网昌吉供电公司党委书记以“学党史、感党恩、跟党走”为主题，为党员干部讲授专题党课，开启了党史学习教育第一课。

国网昌吉供电公司党委坚持把政治建设摆在首位，把党史学习教育作为贯穿全年的一项核心任务，严格落实“第一议题”制度。领导班子带头开展学习研讨，带头下基层讲党课做宣讲，举办“建党100周年电力发展成果回顾展”，广泛开展“疆电胡杨讲堂”“百名党员颂党恩”等活动，筑牢员工思想基础。2021年年初以来，国网昌吉供电公司党委理论学习中心组集中学习6次、举办读书班2期、开展党课12人次。

在党史学习教育中，国网昌吉供电公司党委注重调动各级党组织、党员干部的参与热情，开展微朗读、微党课、微故事、微分享的“四微”活动，鼓励开展支部书记带头讲、党员干部跟进讲、先进典型轮流讲、普通党员侧重讲“微党课”活动。同时，设立VR党史学习角，使用VR虚拟现实技术开展红色教育之旅。目前，各党（总）支部共开展“四微”活动1181次，参与人员接近9203人次。

红课送现场　助推工程建设

国网昌吉供电公司党委找准党建与电网建设、安全生产的切入点，推进“党建+”工程实施。2019年以来，先后成立克州阿克陶县农配网工程项目部等三个临时党支部，将“三会一课”主题党日活动开到施工现场，并实现长周期安全运行3336天。

为提高工程质量，共产党员服务队深入工程现场，推进基建工程、农网改造升级工程

● 国网新疆电力（昌吉）天山雪莲共产党员服务队检查电动船充电桩

● 国网新疆电力（昌吉）天山雪莲共产党员服务队为客户检查机井用电情况

建设和新能源建设，服务“碳达峰、碳中和”。2021年上半年，国网昌吉供电公司售电量达178.45亿千瓦时稳居新疆第一。其中，新能源装机容量为712.3万千瓦，发电量66.99亿千瓦时，较2020年30.99亿千瓦时电量翻一番，电“靓”了丝绸之路上的美丽庭州、花儿昌吉。

拓展学习实践　优化供电服务

“这么热的天，还给我们检查用电设备，服务真给力！”2021年7月10日，新疆协鑫科技公司电气工作人员马志伟对前来用电检查的国网昌吉供电公司共产党员服务队队员说。

2021年，国网昌吉供电公司开展“优质服务惠民生”专项行动，惠及各族群众近16万户，服务大中型和小微企业3306家。同时，结合党史学习教育实践，积极优化营商环境，在办电环节、成本上做“减法”，深入实施“阳光业扩”，为特殊办电诉求开通绿色通道，共处理客户用电问题150余件。

国网昌吉供电公司党委始终把着力解决好基层职工群众“急难愁盼”问题作为“我为群众办实事”实践活动的重要内容。创建职工“健康小屋”，定期聘请医疗健康专家坐诊咨询，下基层一线巡诊，并与三家三甲医院签订职工就医绿色通道协议。举办“昌电少年”暑期训练营，邀请专业师资举办篮球、羽毛球、乒乓球、舞蹈、绘画等文体培训班，切实解决了暑期职工子女托管难题，受到干部职工广泛好评。

旗帜领航力量　写就电力辉煌

——记国网西藏电力拉萨供电公司党委

成立时间：2007 年 4 月　　**党员人数**：342 人

书　　记：周勇军　　**委　　员**：蔡德峰　次　仁　次仁玉珍　廖显春　张永华　达娃伦珠　邢国辉　陈永立

- 2018 年　国家电网公司安全生产工作先进集体
- 2019 年　国家电网有限公司物资管理、经济法律工作、人资工作、财务工作先进集体
- 2020 年　国家电网有限公司党建工作专业“政治思想建设专业标杆”

2021 年，国网拉萨供电公司已经走过了 60 个春秋。60 年前，拉萨电力植根圣地拉萨，开启了为圣地高原播洒电力光明。60 年，“藏电”精神滴滴浸润，为客户，披星戴月，服务地方经济发展，呕心沥血、勇当先锋。

六十载峥嵘岁月，八百里风雨兼程

国网拉萨供电公司几经嬗变，但红色基因未改，为民宗旨未变。以“为美好生活充电，为美丽中国赋能”为使命，以“人民电业为人民”为企业宗旨，始终坚持把习近平新时代中国特色社会主义思想作为党组织开展工作、发挥作用的指导思想和行动纲领，树榜样、立标杆，强化党员意识。坚持将党组织的政治优势、组织优势和群众工作优势转化为企业的竞争优势、发展优势，为拉萨公司高质量发展提供强有力的思想、政治和组织保证。

注重政治引领，做好“压舱石”

牢固树立“四个意识”，坚定执行党的政治路线，在政治立场、政治方向、政治原则、政治道路上同党中央保持高度一致。严格执行新形势下党内政治生活若干准则，巩固提升“不忘初心、牢记使命”主题教育和“旗帜领航·三年登高”计划成果。每年度滚动发布党委1号文；党委、总经理两个议事规则；党建、党风廉政、意识形态三个工作要点。严格落实“三重一大”集体决策制度，修订完善决策议事规则。

聚焦思想引领，当好“主心骨”

一是狠抓两级（党委、支部）理论学习，在提升政策理论水平、驾驭复杂局面和解决实际问题能力的基础上，把广大干部职工的思想统一到上级党组织统一部署上来，用发展的办法解决发展中的问题。二是创新理论学习的方式方法，通过“线上＋线下”方式，扎实抓好理论学习，坚持“第一议题”制度。三是促进政治理论学习往实里走，运用学习、培训和微信公众号等，弘扬主旋律，让科学理论、先进思想占领高地、成为主流，以党建力量汇聚企业经营管理新动能。

聚力组织引领，建强“战斗堡垒”

以提升组织力为出发点，围绕“三基建设”持续发力。一是严格履行党的组织生活，认真落实“三会一课”等基本制度，领导班子自觉过好双重组织生活。二是深入推进党建联系点制度，鼓励支部特色创建，以强有力的组织建设规范，促进公司经营管理。三是深入开展基层组织标准化建设，狠抓党建信息化系统应用，落实23项量化计划。在疫情防控中，党委书记下沉党支部开展现场述职评议，用述职“小考”凝聚基层党组织硬核力量。

国网拉萨供电公司共产党员服务队开展电力知识入校园服务

强化舆论引领，当好“播种机”

坚持党管意识形态，将意识形态工作纳入党建工作责任制，协调组织意识形态阵地管理、新闻宣传、舆论引导工作，确保舆论方向与党中央决策部署同向，同国网公司党组要求同步。编制公司宣传工作三年规划和“一部一策”年度重点宣传计划，制定公司通讯员评价激励工作方案。

国网拉萨供电公司共产党员服务队赴老城区进行隐患排查治理

持续聚力服务职工，做好“娘家人”

以职工美好生活需要，全面加强和谐企业建设。坚持党建带工建、党建带团建和企业和谐共建，充分发挥各级群团组织联系职工群众的桥梁纽带作用。充分发挥工会组织优势，定期开展各具特色、寓教于乐的文体活动。大力弘扬劳模精神、工匠精神，让“劳动光荣”“向先进学习”蔚然成风，激发青年员工干事创业热情。

国网拉萨供电公司党委将继续认真贯彻习近平新时代中国特色社会主义思想，不忘初心、牢记使命，不断努力、甘当基石，为实现“十四五”奋斗目标提供坚强的政治保障，为建设具有中国特色国际领先的能源互联网企业贡献力量，为服务全面建设团结富裕文明和谐美丽的社会主义现代化新拉萨再立新功。

擎旗聚力 赋能高质量发展

——记南瑞集团南京南瑞水利水电科技有限公司党委

成立时间：2010年5月　　党员人数：348人

书　记：赵　斌　　委　员：徐　青　吴正义　余有胜　王亦宁

- 2018年　江苏省青年文明号
- 2020年　江苏省五四红旗团委
- 2020年　国家电网有限公司“党建责任落实专业标杆”
- 2021年　国家电网有限公司文明单位

2021年6月28日，南瑞集团水电公司营销中心党支部开展“学党史　悟初心”主题党日活动，水电公司党委书记、副总经理赵斌讲授党史学习教育专题党课，并安排了“我为群众办实事”志愿服务活动。

“要把加强政治建设贯穿工作的各方面和全过程，自觉坚持党的领导。”近年来，南瑞水电公司党委全面落实管党治党责任，认真贯彻落实国家电网公司党组、南瑞集团党委的决策部署，将党建工作融入经营管理全过程，以高质量党建引领企业高质量发展。

强根筑魂，把牢政治引领“主方向”

“党建工作做实了就是生产力、做细了就是凝聚力、做强了就是竞争力。”南瑞水电公司党委牢记国企姓党，严格落实“第一议题”制度，扎实推进党史学习教育，突出思想建党、理论强党、制度治党。坚决服务国家重大发展战略，在水力发电、新能源、抽水蓄能、民生水利、生态环保等领域开展预测预报、监测控制、信息应用等业务，承担三峡、小浪底等一大批重大工程建设，有效服务绿色低碳转型，助力美丽中国建设。

“谢谢叔叔阿姨，我特别喜欢这些文具和书包，我会好好学习。”在新疆莎车县霍什拉甫乡尧玛村幼儿园“爱心捐赠”活动现场，一位维吾尔族小朋友用稚嫩的不太熟练的汉语表达着自己的喜悦和谢意。

南瑞水电公司党委连续 8 年组织“再小的力量也是一份支持”爱心捐赠活动，开展青春光明行、地铁站志愿服务等各类公益活动，累计捐赠 18.7 万元，帮助困难人群 3000 余人，为“三区三州”脱贫攻坚贡献力量，彰显企业良好形象。

固本强基，夯实党建工作基础

在南瑞水电公司党建交流会上，内容丰富、记录规范的党建资料吸引了参加交流观摩学习的党员干部。大家一边阅览支部工作台账，一边互相交流相关方法和经验。

强党建首先要强堡垒，南瑞水电公司党委坚持抓实党建基础。构建与经营管理机制相契合的“五强五抓”党建责任落实体系，将党建与生产经营工作同安排、同落实、同考核。同步完善与经营管理机构相对接的基层党组织设置，选优配强党组织书记，确保基层党建“无死角”。深入开展标准化建设，加强对标管控，常态化开展党建观摩交流、党建检查督导，提升基层党建工作水平。

深度融合，赋能高质量发展

“在急难险重任务面前绝不退缩是我们每个党员服务队员的庄重承诺。特殊时期，我们必须冲在前线！”2020 年 2 月，国家电网南瑞

● 水电公司与新疆额尔齐斯河流域开发工程建设管理局开展“一联双促”联建共建捐赠活动

● 徐洁党员创新工作室成员在进行产品开发

集团（江河明珠）共产党员服务队在全国按下“暂停键”之时，主动申请逆行前往乌东德水电站工程现场。

在大战大考中，南瑞水电公司积极支撑抗疫保电、民生水利及生态文明建设，成立多个党员突击队及党员攻关小组，逆势攻坚，保障重点项目及民生工程建设运行。广西大藤峡水利枢纽首台机组顺利投产发电，安徽绩溪抽蓄电站“一年五投”，三峡乌东德水电站“一年八投”。在新冠肺炎疫情面前挺身而出，在风雨中勇往直前。多名员工先进事迹被“学习强国”、新华日报等媒体平台报道，1 人获国家电网公司抗疫先进个人。

坚持高质量党建引领高质量发展，南瑞水电公司党委不断深化建功载体建设，积极打造“徐洁党员创新工作室”“江河明珠”党员服务队等党建品牌，紧抓智能绿色、安全可控等机遇，积极推进科研生产创新创效。“十三五”期间，累计获专利授权 86 项，省部级科技奖励 22 项。聚焦产业发展大力实施“党建 +”工程，积极与乌东德水电站、新疆额河建管局等重点客户党组织开展“一联双促”联建共建，以党建活动汇聚发展合力。2018 年以来，南瑞水电公司主要经营指标均以两位数实现正增长，盈利能力持续增强，获国家电网有限公司（2017—2020 年度）文明单位，连续三年获评南瑞集团先进集体。

“四化四力”打造“芯”党建

——记国网信通产业集团北京智芯微电子科技有限公司党委

成立时间：2016 年 9 月　　**党员人数**：462 人

书　　记：赵东艳　　**委　　员**：王于波　李世军　刘　浩　贺成功

- 2018 年　国网信通产业集团先进集体
- 2019 年　国网信通产业集团红旗党委
- 2019 年　国家电网有限公司先进集体

近年来，国网信通产业集团智芯公司党委坚持以习近平新时代中国特色社会主义思想为指引，结合混合所有制高新技术企业实际，坚持“四化四力”打造“芯”党建，即沉浸化学习，提升“芯”党建吸引力；标准化管理，提升“芯”党建组织力；品牌化融入，提升“芯”党建价值力；精准化关怀，提升“芯”党建凝聚力。党建质量持续提升，“闯”出了一条党建业务同向发力、同频共振“芯”路子。

沉浸化学习，提升“芯”党建吸引力

智芯公司党委着眼青年党员比例大、高学历党员多等队伍特点，构建“集中学习 + 专题

研讨+理论宣讲+支部联学+网络学习”的“芯”学习模式，创新沉浸体验式教育。组织青年员工用乐高积木搭建南湖红船、井冈山、贵州遵义、延安宝塔山等在党史上具有重要意义的标志性地点。与国家知识产权局专利局审查业务管理部党总支共同举办“传承红色基因、坚持党旗领航、科技创新有我”主题党日活动，以沙盘模拟回顾血战湘江。牵手内蒙古电力营销服务公司开展党建联学，邀请李大钊后人以“铁肩担道义—精神永存的李大钊”为题，讲述革命先驱李大钊的光荣事迹。通过这些举措，引导广大党员干部以感知体验摄取综合信息，以多元叙述主体构建知识图谱，以政治仪式规范角色行为，以信息符号强化身份认同，传递真理力量、道德力量，催化情感共鸣，切实做到学党史、悟思想、强信念。

● 智芯公司开展“青年学党史，激扬芯力量”主题活动

标准化管理，提升“芯”党建组织力

面对基层党组织成立时间短、党建基础工作薄弱、党建工作者工作经验不足等突出问题，智芯公司党委把大力推进标准化党支部建设作为提升党建工作质量的重要抓手，开展“党支部星级体系”等党建重点课题研究，结合业务、机构变化，新建公司与党组织同设置、同调整，组织覆盖率和标准化达标率均达到100%。进一步规范党员发展工作流程，严格党员教育管理。制定《领导人员任职试用期办法》等，严格落实干部选拔任用工作规程。举办中高层领导人员履职能力提升培训班，开展“芯管理·芯素养”管理能力提升培训。一人入选“百千万人才工程”国家级人选、有突出贡献中青年专家，为智芯公司高质量发展厚植人才根基。

品牌化融入，提升“芯”党建价值力

智芯公司党委坚持把方向、管大局、促落实，明确“建设具有中国特色国际领先的工业芯片企业”的战略目标，强化顶层设计。大力推进混合所有制改革，成功引入战略投资者，通过股权投资、联合攻关等方式，与二十余家头部企业形成战略合作伙伴关系。加强“红芯”等三支共产党员服务队建设，深入实施“双+”工程（“党史学习教育+”“共产党员服务队+”），技术攻关取得积极进展。智芯公司研发的枢纽操作系统2.0跻身国内领先水平，推出安全芯片、能源控制器核心板、人工智能核心板、边

● 信芯共产党员服务队开展台区智能融合终端试点工程实施服务

缘计算核心板、HPLC（高速电力载波通信模块）等一大批产品模组，在能源行业内外实现规模化应用，有力支撑能源互联网建设。

精准化关怀，提升“芯”党建凝聚力

智芯公司党委立足混合所有制高科技企业实际，创新人文关怀模式。创作企业文化宣传片《未来之芯》、企业之歌《芯声》，推进“文化+”系列活动，举办“最美科技工作者”事迹巡回展，促进“团结、高效、专业、互通”核心价值观深入人心。举办“芯声”系列座谈会，深入推进“我为群众办实事”实践活动，实施“为科技工作者办实事”专项行动，逐步解决提升员工餐厅就餐体验、优化班车线路等事关科技工作者切身利益的难题，持续提升员工获得感，增强队伍凝聚力、向心力。

下一步，智芯公司党委将以荣获国家电网有限公司红旗党委为契机，持续深化以“四化四力”为基础的“芯”党建模式，推动党建工作与生产经营深度融合，为落实国家电网公司“一体四翼”发展布局，加快建设具有中国特色国际领先的工业芯片企业注入强劲红色动力。

让党旗高高飘扬在电站一线

——记国网新源辽宁蒲石河抽水蓄能有限公司党委

成立时间：2008 年 3 月　　**党员人数**：56 人

书　　记：谢明杰　　**委　　员**：潘立刚　李占海　袁　波

- 2017 年　国家电网公司科技工作先进集体
- 2019 年　国网新源公司文明单位
- 2019 年　辽宁省模范职工之家
- 2021 年　国网新源公司先进集体

国网新源蒲石河公司党委团结带领全体党员干部站排头、亮身份、作表率，积极奋战在防疫保电、项目建设、防洪度汛等重大工作最前线，用责任与担当让鲜艳的党旗高高飘扬在电站一线。

疫情来袭，共产党员显担当

2020 年伊始，一场突如其来的新冠肺炎疫情让全国上下进入全面抗疫的紧张时刻。

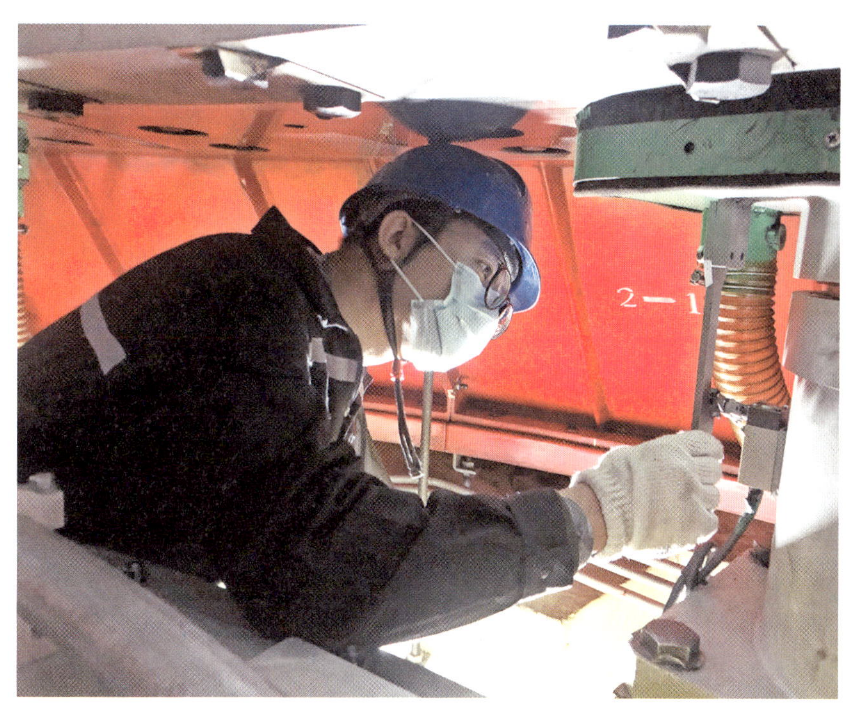

● 党员在 40 摄氏度的 2 号机组风洞内检查发电机机械制动器

疫情就是命令。国网新源蒲石河公司党委书记谢明杰第一时间来到电站现场，成立疫情防控领导小组，研究制定防疫保电方案，部署防疫保电措施。2020 年 2 月 27 日，电站所在村庄实施道路封闭，但安全生产不能停，他积极与县政府、村委会沟通，建立联防联控机制，实施管理人员弹性工作制、生产人员大倒班模式，做员工思想动员，一边抓疫情防控保员工生命安全，一边抓安全生产保电网稳定运行，充分展现了一名基层单位负责人的使命担当和“领头雁”作用。

为保障电站现场生活和防疫物资供给，党委办主任赫岩松当即请缨组织党员服务队多方筹集物资。食品储备还算顺利，但防疫物资采购却遭遇了前所未有的艰辛。三名共产党员服务队成员一周内累计拨打了两千多个电话，从本地到本省、再到全国，从合作伙伴到亲朋好友、再到供应商，终于买到了第一批口罩、体温计、消毒液，解了燃眉之急。

生产人员大轮换倒班期间，人员一半在岗，一半离岗待命，原本每次二十多人的机组检修任务，只能由 10 人完成，任务之重不言而喻。2020 年 2 月 27 日，国网新源蒲石河公司 2 号机组风洞门前，机电一班副班长、党员任青旭把作业工具整齐摆放在检查台上，接受登记人员的检查和清点。“非常时期，但设备安全不容有失，我有发电机检修经验，这次我负责。”作为水轮机设备主人，他主动承担了发电机的检修任务。在他的带动下，班组人员纷纷主动担责，化解人手不足困局，保质保量完成一次次检修任务，保障了电站的安全稳定运行。

疫情防控期间，电站全体党员扎根防疫保电第一线，实现了防疫“双零”和机组抽水、发电启动成功率“双百”的保电目标。

咬定青山，不达目标不罢休

国网新源蒲石河公司是辽宁庄河抽水蓄能项目依托单位。“只要我们坚定信心、振奋精神、卯足干劲，就一定能完成今年达到核准条件的目标。”党委书记谢明杰多次在会议上为员工们鼓舞士气。

时间紧、任务重，为顺利推进项目进度，

2020年6月下旬，庄河项目部主任、党员刘洪军连续"驻扎"省政府两周，密切跟踪相关部门"封库令"会签情况，最终提前20天取得省政府批文。

2020年7月17日，移民安置实物调查工作启动。庄河项目党员突击队5名党员连续两个月放弃休息时间，会同设计院深入现场，实地踏勘，提出科学优化方案，减少占用基本农田约380亩，减少搬迁安置人口84人，节约投资约6800万元；深入研究政策，统一实物指标调查标准，协调专业队伍进场，将原本计划调查时长缩短了近一半。

2020年12月初，庄河项目完成可研审查、具备核准条件。

水工班党员在检查下库坝排水廊道

敢于亮剑，打赢台风"三连击"

2020年8月22日，地方防汛抗旱指挥部发布强降雨和第8号台风预警，国网新源蒲石河公司迅速启动防汛应急三级响应，周密部署、严阵以待。

"气象小组24小时做好气象信息实时监测，机械小组做好启闭机、门机等设备检查，水工小组做好生产区域道路、边坡、截排水沟等巡视"，在防汛"战役"最前线，水工班班长、防洪度汛党员责任区负责人高玺炜正在下达一项项指令。8月25日，电站迎来年度第一场洪水，最大流量每秒1301立方米，7孔泄洪闸门全开。高玺炜一天一夜未合眼，确认第一波洪水消退后，组织区外巡查，统计水毁情况，经过短暂休息又开始准备迎战下一场暴雨。

2020年8月27日—9月7日，十余天内蒲石河电站接连遭受"巴威""美莎克""海神"台风三连击影响，电站流域多次经历强降雨大风天气。防洪度汛党员责任区4名党员、1名积极分子，平均年龄不到26岁。他们发扬能吃苦、能战斗、能奉献的精神，连续坚守岗位半个多月，精准调度启闭弧门泄洪38次，实现过闸水量2.64亿立方米，组织完成下库漂浮物打捞2224立方米，实现了平稳度汛，保障了电站和下游百姓安全。

旗帜领航凝聚红色力量　“四维融合”书写精彩盛达

——记山东电工电气浙江盛达铁塔有限公司党委

成立时间：2013 年 11 月　　**党员人数**：73 人

书　　记：戴刚平　　**委　　员**：钱　伟　何旭光

- 2016 年　山东电工电气集团有限公司先进单位
- 2018 年　杭州市青年文明号
- 2019 年　山东电工电气集团有限公司红旗党委
- 2021 年　国家电网有限公司红旗党委
- 2021 年　国家电网有限公司先进集体
- 2021 年　杭州市萧山区先进基层党组织

浙江盛达铁塔有限公司是一家集铁塔、钢管塔、钢管加工、钢结构制造、热浸镀锌防腐等产品为一体的综合性大型企业集团，曾获中国钢结构金奖、浙江省钢结构金钢奖、浙江省科技进步二等奖、国家电网有限公司先进集体、杭州市百强企业、萧山经济技术开发区先进基层党组织等荣誉。浙江盛达党委坚持以习近平新时代中国特色社会主义思想为指导，把

● 共产党员服务队队员在管塔车间检查英国工程试验件的加工质量

党建作为企业发展壮大的旗帜和灵魂，守初心担使命，创新推进"四维融合"党建模式，进一步激发基层党组织活力，扎实推动党建全面进步、全面过硬，以红色引擎赋能企业高质量发展。

组织融合 烙深红色印记

坚持"业务发展到哪里，党组织就覆盖到哪里"，把党的领导融入公司治理体系各环节。实行党组织班子与企业高管"双向进入，交叉任职"，执行董事戴刚平担任党委书记。践行"搭班子、促改革、带队伍"理念，以三厂区和国内、国际营销为基础构建角钢塔厂区、江东厂区、管塔厂区、市场部四套管理班子，产生新一届支部委员会，真正把"支部建在连上"落到实处。

管理融合 创建红色机制

把党建引领融入企业日常生产经营管理各环节，扎实开展党组织书记抓党建工作述职评议考核、党建工作绩效考评、党建工作年度报告等工作，全面推进党建工作高质量发展，为提升基层党建工作质量夯实了基础。围绕打赢疫情防控阻击战、加快推进复工复产各项工作，浙江盛达党委发布了《新型冠状病毒肺炎防控工作实施方案》《浙江盛达铁塔有限公司党委工作规则》《浙江盛达铁塔有限公司"三重一大"决策管理办法》《党员教育培训工作计划》等制度，为夯实党建工作基础、促进党建工作与中心工作深度融合提供了制度保障。

生产融合 汇聚红色力量

7月的高温天，炽热的阳光炙烤着大地。在试组装场地上，几个穿着红马甲的人员显得格外显眼。服务队队员贺磊说："这暴晒过的塔料，温度还是有点高的，隔着手套都能感觉到它的热度。"共产党员服务队队员们正对500千伏南南工程FZBC2塔进行包装作业。

"工人们确实非常不容易啊，我们干了这

么一会儿已经汗流浃背了，每天这样真的非常辛苦。”贺磊感叹道。面对极其繁重的生产交货压力，各级管理人员带头，全体党员亮身份作表率，积极深入生产现场，支援一线生产，切实将党史学习教育成果转化为办实事得实效的行动表现，以实际行动架起党群连心桥。设立国家电网公司“三区三州”项目党员突击队，党员服务队，发扬铁军精神，抢抓建设工期，推动责任落实，最终提前 17 天交付，有效助力脱贫攻坚任务。

● 共产党员服务队队员顶着酷日支援一线

文化融合
彰显红色形象

依托红色资源，深化红色教育，举办庆祝中国共产党成立 100 周年主题活动。开展“永远跟党走·奋进新征程”歌咏比赛、“两优一先”评选表彰、重温入党誓词、“学党史 强信念 跟党走”党史知识竞赛、“学好杭州党史 凝聚奋进力量”主题党日、“学党史 守初心 促廉洁”主题党日等系列红色活动。利用“电网头条”App、山东电工电气集团内网，以及企业微信公众号、视频号、抖音号等自媒体平台，精心策划“创一流业绩”“模范风采”“庆建党百年”等主题宣传，管塔党支部典型经验做法在《杭州日报》刊登。在基层广泛传播由属地政府、国家电网公司、山东电工电气集团评选出的“两优一先”“劳动模范”等优秀党员的事迹，进一步凝聚干部群众奋进新征程的强大力量。

点点滴滴做事　踏踏实实服务 为电网高质量发展贡献力量

——记国网华北分部办公室党支部

成立时间：2012 年 2 月　　党员人数：14 人

书　　记：谭国志　　委　　员：臧爱中　丰　华　于　戎　马剑平

- 2017 年　北京市机要工作优秀集体
- 2018 年　国家电网有限公司办公室工作先进集体
- 2019 年　国网华北分部电网先锋党支部

在国网华北分部党委的坚强领导下，办公室党支部坚持以习近平新时代中国特色社会主义思想为指导，全面贯彻落实公司建设具有中国特色国际领先的能源互联网企业的战略目标。紧紧围绕分部重点工作，认真履行职责，充分发挥党支部的战斗堡垒作用和先锋模范作用。

谭国志带领疫情防控小组研究防控措施

发挥组织力量，有力抗击新冠疫情

仁以为己任，不亦重乎？新冠肺炎疫情暴发后，办公室迅速组织开展国网华北分部疫情防控工作，扛起了分部疫情防控重任。

“我们马上构建了‘211’工作模式，强化数据统计和报送，利用微信、在线文档等工具，建立畅通的信息渠道，调动全员参与”。支部书记谭国志凭借多年办公室工作经验，第一时间启动应急预案，建立防控工作机制，成立工作机构，强化统筹协调，积极落实疫情防控组织职责，确保了防疫信息及时准确。建立“五＋五”评估体系。强化责任担当，及时建立全员信息台账，开展行踪管理、健康监测和风险排查，不留死角。积极宣传抗疫精神，及时报道疫情防控最新工作，完成疫情防控和先进事迹等报道80余篇。推进复工复产，坚持疫情防控和复工复产“两手抓、两不误、两促进”，全力确保重点工作任务完成。服务召开疫情防控领导小组会议19次，工作小组会议82次，为分部疫情防控保持“三零”态势做出重要贡献。

聚焦精神洗礼，增强支部凝聚力

把学习贯彻习近平新时代中国特色社会主义思想、党中央会议精神、公司和分部重要会议精神和工作部署作为重要政治任务。深入落实三会一课要求，严格落实分部党史学习教育方案，坚持集中学习和自主学习相结合，坚持规定动作和自选动作相结合，深入学习领会习

社保处审核社保业务材料

● 文秘处研究战略部署

近平总书记重要讲话精神，认真研读《中国共产党简史》《论中国共产党历史》等书籍，分专题开展多次学习研讨，组织支部书记和优秀党员开展党史专题党课，重温党的长征征程和长征精神，支部全体党员干部"四个意识"更加牢固、"四个自信"更加坚定、"两个维护"更加坚决。

强化实践教育，开展"缅怀革命先烈，弘扬民族精神"主题党日活动，组织全体党员到"一二·九运动"纪念地开展"清明祭英烈"活动，实地学习历史事迹，弘扬革命传统精神。强化专题培训，运用"学习强国"、国网大学"云课堂"等平台，参加党史教育公开班，加强线上学习培训，不断凝聚迈进新征程、奋进新时代的精气神。

发挥党建优势，紧密融合中心工作

党建与中心工作紧密融合，队伍组织力、凝聚力、战斗力显著增强，在疫情防控、公司战略衔接落实、服务保障等工作中充分体现党建优势，推动各项工作取得新成效。服务中心工作取得新进展，深入贯彻分部党委关于战略落地的工作部署，组建柔性研究团队，把开展党史学习教育同落实公司"一体四翼"发展总体布局结合起来，同分部党委"打造两个平台、办好两件大事、打赢两场战役"结合起来，进一步提升工作的针对性和实效性。组织专业部门深入分析美国得州停电事件，形成《美国得州电网停电事件对华北电网高质量发展的启示研究》报告，并上报总部，得到公司主要领导的批示肯定。加强研究分析，分部《能源转型发展与京津冀协同发展研究》等2个项目荣获公司软科学成果二等奖。

内质外形建设取得新成效。提升新闻宣传工作质效，办公厅信息上报排名位列分部第一。加强工作纪律管理，强化六项纪律、两项监督。组织开展网络保密检查集中整治周和双月检查活动，建立常态化网络保密检查工作机制。持续精益合同案件管理，扎实推进合规管理常态化运行，切实防范法律合规风险。人力资源管理展示新气象，围绕落实公司战略对队伍建设提出的新要求，提出"党建+战略+队伍建设"工程，优化干部员工队伍结构，探索柔性团队工作机制，培养复合型专业人才，加强绩效过程管控。用足用好政策红利，积极申办社保费减免，为代管单位节省社保费3.4亿元。

服务新格局　建功新征程

——记国网西北分部规划统计部党支部

成立时间：2018 年 9 月 18 日　　**党员人数**：12 人

书　　记：李庆海　　**委　　员**：孙骁强　段乃欣　窦效禹

- 2018 年　国家电网有限公司先进班组
- 2019 年　国网西北分部先进集体
- 2019 年　国网西北分部电网先锋党支部
- 2020 年　国网西北分部工人先锋号

国网西北分部规划统计部党支部以习近平新时代中国特色社会主义思想为指引，充分发挥战斗堡垒作用，守正创新、担当作为，持续提升西北电网安全保障能力、资源配置能力和价值创造能力，以高质量党建引领电网高质量发展，先后获得国家电网公司 2018 年度先进班组，国网西北分部 2019 年度先进集体、电网先锋党支部和 2020 年度工人先锋号等荣誉称号。2021 年 7 月，在庆祝建党百年之际，支部被评为国家电网公司先锋党支部，这一殊荣激励着支部全体党员以更加昂扬的姿态，服务新格局，建功新征程。

强根铸魂，深植“红色基因”

支部高度重视党员的政治理论教育，严格按照分部党委要求，制度化、规范化开展相关学习教育活动。每次集中学习都做到“提前布置，深入思考，积极发言，相互教育”，注重学用融合、学以致用，切实用党的科学理论武装头脑、指导实践、推动工作。同时，加强党建工作标准化规范化管理，落实落细国有企业基层党组织工作条例规定，严格党支部七项组织生活制度，完善“三本六盒一证”，扎实做好党建综合管理系统应用，从严从实抓好党支部建设，夯实支部基础，充分发挥党员先锋模范作用，用组织凝聚人心，用榜样鼓舞力量，为各项工作胜利完成提供了强大力量。

党建领航，赋能电网发展

立足分部电网规划职责定位，布局规划“主战场”、演好发展“重头戏”，实施“党建＋‘十四五’电网规划”，克服新冠肺炎疫情，历经四次、历时 5 个月开展集中工作，高质量编制“十四五”规划，获得总部高度评价和充分肯定，相关专题报告由总部安排在全系统汇报交流。

加强顶层设计，围绕“双碳”目标落实，深入研究西北电网新能源与电网协调发展，绘制新能源发展地图，此项专题纳入总部重点工作，被国家能源局纳入中国可再生能源规模化发展项目，获得世界银行 100 万美元资助，是

● 支部赴西安八路军办事处旧址参观学习

世界银行迄今为止资助费用最多的单个项目，研究成果也获得国家能源局、世界银行等各方面认可，为国家能源局制定西北新能源规划提供技术支撑。

开展光热发展及电网调峰能力提升研究，建立光热电站优化运行数学模型，编制《光热发电站接入电力系统设计技术规范》，并通过电机工程学会立项评审；开展新能源送出通道建设相关标准的研究，为新能源健康有序发展提供技术支撑和标准依据；开展西北短路电流直流分量超标问题专题研究，成果经国家短路电流计算标准委员会认可，纳入常规电气计算。同时筹资2000万元，与设备制造厂商联合开展363千伏大时间常数断路器（首台首套设备）的研制。

提出保障网内在运、在建直流输送效率的规划措施，提升直流利用小时数约1000小时；服务重点工程建设，圆满完成甘青加强工程前期工作；优化陕武直流配套电源接入方案，加快陇东、哈密北直流可研工作；提高综合计划精益管控水平，分部层面率先完成资本性投资项目向政府部门的备案，为输配电价核定工作打好基础。

围绕中心，丰富组织生活

坚持开展特色鲜明的主题党日活动，将政治学习、践行公司战略、弘扬伟大抗疫精神等主题与发展规划工作结合，通过主题党日和交流畅谈，进一步增强党性修养，激发党员“学战略、讲担当、干精彩”的使命担当。丰富支部组织活动形式，组织参观教育基地、现场扶贫慰问，开展“读书周”等活动。积极参加分部活动，支部选送作品分别获得“奋斗的青春最美丽”微视频比赛二等奖、诗词比赛一等奖。开展统计数据质量治理提升协同监督，总部考核指标获得满分。展现了支部良好精神风貌，凝聚力、战斗力显著增强。

追求无穷期，奋斗无止境。规划统计部党支部将继续以党的政治建设为统领，深入贯彻习近平总书记“七一”重要讲话精神，以“严、细、实、新、高、快”的工作作风，奋勇拼搏，在落实“碳达峰、碳中和”目标、构建新能源为主体的新型电力系统新征程中开新局、办实事，为建设具有中国特色国际领先的能源互联网企业作出新的更大贡献。

支部开展党史学习教育

党建引领创佳绩　砥砺前行谱新篇

——记国网北京电力城区供电公司天安门政治供电服务中心党支部

成立时间：2012 年 5 月　　**党员人数**：24 人

书　　记：李　冰　　**委　　员**：王　朴　毋　凡　徐奕昕　李　想

- 2017 年　国家电网公司电网先锋党支部
- 2017 年　国网北京市电力公司先进基层党组织
- 2020 年　国网北京市电力公司抗击新冠肺炎疫情先进集体

国网北京城区供电公司天安门政治供电服务中心党支部成立于 2012 年 5 月，是国家电网公司服务党中央最近的基层党组织，肩负着为重要客户提供电力服务保障的重要职责和神圣使命。

党支部自成立以来，坚持"看北京首先要从政治上看"，牢牢把握政治供电主线，持续推进学习型、服务型、创新型党支部建设，守初心、担使命，以高质量党建引领高质量发展。

坚持最高站位 树立政治保电先锋旗帜

“大战大考在即，作为建党百年庆祝活动供电保障的前沿，我们要把党员保电责任区作为自己的主场。”2021 年 6 月 9 日上午，天安门党支部正在政治保电党性教育基地开展“保电有我、有我必胜”主题党日，支部委员王朴结合“迎建党百年·创首善先锋”主题实践，为支部党员作战前动员，希望党员们在政治保电中不断磨炼，早日成为保电的先锋力量。

● 支部开展“保电有我、有我必胜”主题党日

随着党史学习教育不断深入，天安门党支部将政治保电服务日常化与党员学习教育日常化同步开展，组织党员到毛主席纪念堂瞻仰，到国家博物馆、国家大剧院、故宫等参观学习，开展“七个一”系列主题实践活动，为建党百年供电保障万无一失凝聚组织保障和精神动力，把政治保电成效作为检验党史学习教育开展情况的主战场。

一直以来，天安门党支部的党员都冲锋在政治保电第一线，2020 年，面对突如其来的新冠肺炎疫情，支部党员杜海涛临危受命，放弃了与家人团聚的机会，在重要政治客户站室封闭值守数月，他说：“作为共产党员，我义不容辞。”在大战大考中树立了政治供电保障的先锋旗帜。

服务重要客户 打造政治过硬战斗堡垒

支部工作的落脚点就是为客户办实事，通过交流互鉴共同提高用电管理水平。2021 年 4 月 28 日，支部党员技术骨干来到新华社，与这里的党员共同开展“学党史、悟思想、办实事、开新局”主题党日。

● 支部走进新华社联合开展“学党史、悟思想、办实事、开新局”主题党日

支部青年党员在重要站室开展建党百年供电保障设备巡视工作

在客户配电室内，支部党员技术骨干使用红外热成像仪、超声波成像仪及局部放电检测仪等设备对高压柜、高压开关、电缆夹层及配电变压器进行了全方位状态检测和内部隐患排查，并开展专业用电指导，保障设备安全稳定运行。

立足重要客户服务，天安门党支部积极践行“我为群众办实事·红马甲在行动”，发挥地处政治核心的独有优势，与重要客户积极开展党建共建，强化沟通联系，响应客户需求，与重要客户构建“党建同心圆”，将党旗高高飘扬在为客户服务的第一线。

发挥创新驱动
建设政治供电智慧平台

在建党100周年庆祝活动供电保障工作中，涉及重要客户、站线数量远超历次保电任务。面对数量庞大的电网设备和最高标准的保障需求，支部发挥最优的创新驱动，应用最先进的技术装备确保供电保障万无一失。

在支部所辖某重点保障10千伏开闭站内，小巧的智能巡检机器人沿着预定轨道平稳前行，24小时对站内设备开展红外测温和超声波检测。“电流正常，电压正常。”鼠标轻点，智能监控室班长、青年党员陈泽西通过政治供电服务保障智慧平台，即可对电力设备实现全量监视。通过AR精准建模，叠加实时电气数据，还可全景视频智能“捕捉”每一台设备，让保障指挥人员投入到沉浸式指挥中。

“我们还主动服务，全面接入重要客户内部电力监控系统，提升对末端负荷供电异常的感知研判能力，小到一个灯泡、一支话筒出现供电异常，我们都可以监测到并提供‘管家式’服务。”陈泽西自豪地说。

党支部以能源互联网落地示范为激励，党员骨干带头开展机器人、固态开关、智能监测等先进技术装备应用拓展，充分运用“大云物移智链”技术构建智慧管理体系，推动电网设备数字化转型，为政治供电赋能，发挥党支部在科技创新中的引领作用。

凡是过往，皆为序章。新时代新征程，天安门政治供电服务中心党支部将以“电网先锋党支部”荣誉为新的起点，深入学习贯彻习近平“七一”重要讲话精神，持续深化党史学习教育，以高质量党建引领高质量发展，在落实“一体四翼”发展布局、服务首都核心区政治供电保障中贡献支部力量。

保电党旗红　一“缆”万家明

——记天津滨海供电分公司运维检修部电缆运检室党支部

成立时间：2001 年 3 月　　**党员人数**：12 人

书　　记：邵　强　　**委　　员**：郝泽琪　王　勃

- 2019 年　国家电网有限公司第五届青创赛金奖
- 2019 年　第六届天津青年创新创业大赛银奖
- 2019 年　国网天津市电力公司电网先锋党支部
- 2019 年　国网滨海供电公司电网先锋党支部标兵
- 2020 年　国网天津市电力公司质量管理（QC）小组成果二等奖

国网天津电力滨海供电公司运维检修部电缆运检室党支部以“黎明精神”为引领，把“党建 + 安全”作为发挥党建引领作用的重点领域，持续加强安全管理，完善隐患治理机制，服务滨海新区电网安全可靠运行。

党建引领，防范安全隐患于未然

近年来，天津滨海新区加速推进基础设施建设，动土施工频繁，给电缆设备可靠运行带来了较大威胁。党支部突出党建引领，落实党员包保责任，持续开展防外破工作。对辖区内电缆设备重点建立“三包”工作机制，即支部书记包保三个班组、支部委员包保三大片区、12名党员包保12名群众，“一党员一群众一护线”联动互补，全面落实“设备主人制”，杜绝设备管理盲区。同时，实时更新隐患台账，“一患一档”专人跟进，充分利用手机App和GPS开展护线、巡线质量检查。2020年全年，共发现并处理329起外力破坏安全隐患，确保了设备安全可靠运行。截至2020年年底，党支部连续14年取得安全生产零事故的记录，获得“国网公司先进班组”“天津市青年安全生产示范岗”“天津市班组安全建设与管理成果一等奖”等荣誉表彰。

支部牵头，打造标准化作业现场

党支部坚持树牢“四个最”意识，严格作业现场标准化管理，筑牢安全防线、擦亮安全底色。他们依托党员责任区、示范岗，开展岗位特色实践，组织有限空间作业预防硫化氢中毒应急演练、35千伏海泵线防汛抢修应急拉练、人员触电急救演练等活动，打造标准化作业现场，进一步提升作业人员专业能力。结合电缆专业实际情况，组织党员业务骨干创新编制《35千伏电缆振荡波试验作业卡》《新投电缆（排管）工程质量验收卡》，加强专业工作“传、帮、带”，增强员工安全责任意识，全面提高检修安全管理水平。

党员服务，保障重要时段电网安全

党支部结合工作实际，创新建立“三全”保电机制，以“前期全面排查、巡视全时覆盖、应急全体响应”为工作原则，不断提升电力保障水平。新冠肺炎疫情暴发期间，他们组织共产党员服务队以两天为一个周期，对106条110千伏电缆和172条35千伏电缆线路开展保电特巡，为前线“抗疫”、百姓生活、复工复产提供可靠的电力供应，以实际行动践行“人民电业为人民”的使命担当。天津滨海新区重要用户——航天五院重载试验保电和防汛保电期间，队员连续90余天不间断工作，多次帮助用户站开展带电检测和隐患排查，确保了国家重点项目建设安全可靠供电。每逢节假日，都是共产党员服务队最忙的时候，他们主动放弃休息时间，始终坚守在保电一线守护万家灯

● 支部党员对“抗疫情、保民生”重点线路35千伏孟农线开展隐患排查

支部在静默创新工作坊组织创新沙龙活动

火。2020 年以来，党支部共产党员服务队累计出动保电人员 1300 余人次，圆满完成重大保电任务 48 项，始终让党旗在保电一线高高飘扬。

青年担当，参战安全建设最前沿

党支部注重提升青年员工安全生产意识和专业技能，助力青年员工成长成才。他们组建由党团员青年骨干力量组成的柔性团队，自主开展高频局放检测、地电波检测、35 千伏振荡波试验，加强实战化练兵，提升团队实操能力。日常工作中，经常性开展故障抢修与带电检测案例分享活动，组织青年员工参与深度分析讨论，搭建理论与实践对接的桥梁，帮助青年员工尽快成长为掌握电缆运维技能的多面手。以创新工作坊为平台，党支部积极引导青年“创客”开展技术革新活动，智能防爆电缆 T 接箱、动土施工识别终端等实用性创新成果获得专利授权 10 项。近年来，先后荣获全国 QC 小组成果一等奖、天津市青年创新创业大赛银奖、国家电网公司青创赛金奖、国家电网公司科学技术进步奖三等奖。

光耀牛城沃土　深耕"红色责任田"

——记国网河北电力邢台供电分公司桥东供配电中心党总支

成立时间：2020 年 8 月　　**党员人数**：74 人

书　　记：张　军　　**委　　员**：刘海君　张军朝　丁　旭　赵庆祥

- 2019 年　国网河北省电力有限公司先进集体
- 2020 年　国网邢台供电公司先进集体

"这两天，气象部门发布了大风蓝色预警，我们再去巡检一遍线路。"2021 年 1 月 27 日 20 时，为保障新冠肺炎疫情定点救治医院等防疫重点单位稳定用电，全国劳模、国网邢台供电公司桥东供配电中心抢修一班班长赵庆祥带领队员李子旺、王爱伟冒着大风再次出发。自 2021 年 1 月 4 日以来，赵庆祥和队员们已开展了上百次这样的特巡。

近年来，桥东供配电中心党总支认真贯彻落实党中央决策部署和上级党组织各项要求，深入推进"旗帜领航·赶考三色行"主题实践，坚持凝人心、聚合力、促发展，以党建引领中心各项工作，攻坚高低压网格化改革难点，深化"新时代·心服务"品牌，以改革业绩成果检验党组织的工作和战斗力，谱写了一曲响遍邢襄大地的新时代党建引领之歌。

聚力疫情防控抓履责

面对突如其来的新冠肺炎疫情，桥东供配电中心党总支组织成立抗疫党员突击队，根据网格情况重新划定了党员抗疫责任区、示范岗，广大党员在党组织带领下，主动作为，争当履责先锋，主动服务织密战疫保电安全网。

“一定要保障防疫重要用户供电万无一失！”赵庆祥带领队员加班加点制定保电预案，仅用两天时间就完成了全市 43 个防疫重要用户“一户一案”编制工作，并针对防疫定点医院进行 24 小时特级保电，主动对辖区 97 条 10 千伏线路、783 台柱上变压器、475 台箱变开展“拉网式”巡视排查，及时消除各类缺陷共 301 项。

2021 年 5 月 26 日 19 时 30 分，邢台供电公司桥东供配电中心低压供电一班班长、共产党员臧修达接到卫生街方便面厂小区物业人员的求助电话。小区客户使用的是普通卡表，一位八十多岁的老人电表余额已不足 5 元，担心停电，请求帮助。

桥东供配电中心队员特巡新冠定点救治医院供电线路

当时，小区实行封闭管理，刚从现场提供售电服务回来的臧修达立即与队员谢从祯一起穿好防护服，带上售电掌上 POS 机，15 分钟就赶到小区门口，为老人提供服务。

党总支部组织党员积极开展延伸服务，为隔离医护人员家庭取卡购电，主动走访重点客户、上门征询意见建议 40 条全部整改完毕，对襄都区 19 个社区内的居民进行上门售电，共完成售电 2300 多笔，充值电费 40 多万元。正是在党建引领下，抗疫取得了阶段性胜利，实现了“双零”目标。

聚力优质服务抓创新

伴随网格化试点改革，中心网格员人均服务客户 1.6 万户，存在客户多、业务广、一线员工有限等难题。面对此问题，中心党总支坚持把满足客户需要作为头等大事，主动深入社区调研服务需求，主动开展党员先锋实践，加强社企联动，组织共产党员、志愿者等，与 160 多家居委会和社区物业建立直接联系，常态开展联合服务，联合物业建成 4 处“心立方”社区服务站，打造了10分钟便捷服务圈。

● 党员在幼儿园开展用电安全教育

“社区居民遇到电力相关问题，只要通过物业电话或手机社区客户端报修，服务队员就会在10分钟内赶到。”邢台市天一城社区负责人李文强说道。服务圈内客户，通过“一键抢修”App，足不出户就能免费得到专业工作人员上门服务。抢修效率较网格化改革前提高了41%，客户满意度大幅提升。

“心立方”社区服务站成功入选2019—2020年度河北省雷锋志愿服务创新项目，正是在党建引领下，桥东供配电中心广大党员坚持以客户为中心，创新服务方式，争当服务先锋，以实际行动树立了国家电网良好品牌形象。

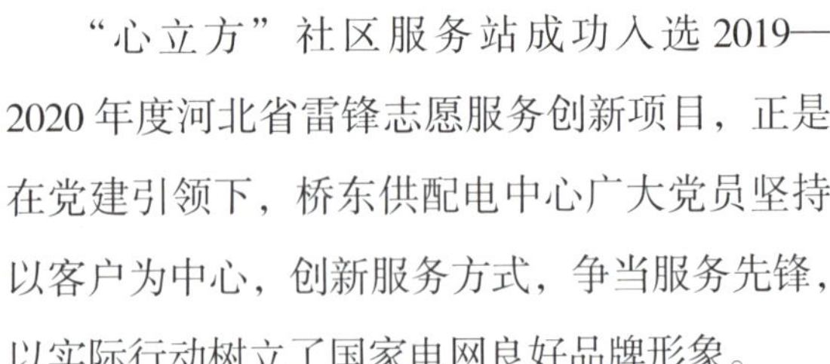

聚力先进带动抓示范

榜样的力量是无穷的。桥东供配电中心党总支充分发挥典型引领作用，坚持以全国道德模范、全国劳动模范赵庆祥为榜样，提出“向赵庆祥同志学习，打造邢台供配电铁军”的响亮口号。

以“点”带“面”，每季度选树在安全生产、优质服务、线损管理、提质增效等工作中具有进取精神和先锋特色的“身边榜样”，授予“季度之星”，并通过公众号、电子宣传栏等平台大力宣传，营造学典型、当典型、以典型为荣的浓厚氛围。

同时，党总支充分发挥模范带头作用，实施“模范1带2”工程，签署“师带徒”协议21份，以示范引路促进中心工作提升。正是在党建引领下，涌现出了国家电网公司抗击新冠肺炎疫情先进个人刘海君等一批新的典型，凝集起了向上向善的磅礴力量。

党建引领，不仅极大提升了桥东供配电中心凝聚力、向心力和战斗力，使他们出色完成了园博园建设保电、国际公路自行车赛保电、抗击风灾、疫情防控等一系列急难险重的工作任务，也推动了中心各项指标的稳步提升。

初心不改，砥砺前行。桥东供配电中心党总支将继续加强党的建设，坚持党建引领，充分发挥党支部战斗堡垒和党员先锋模范作用，大力弘扬伟大抗疫精神、劳模精神、劳动精神、工匠精神，锐意进取、苦干实干，为加快建设具有中国特色国际领先的能源互联网企业作出更大的新贡献。

旗帜领航筑堡垒，战略引领践使命

——记国网冀北电力张家口供电公司电力调度控制中心党总支

成立时间：2018 年 5 月　　**党员人数**：55 人

书　　记：陈　炜　　**委　　员**：谢　旭　金　言　穆　亮　朱　梅

- 2018 年　国网张家口供电公司先进基层党组织
- 2019 年　国网冀北电力有限公司电网先锋党支部
- 2018 年　国网冀北电力有限公司电网先锋党支部
- 2020 年　国网冀北电力有限公司抗击新冠肺炎疫情先进集体

国网冀北电力张家口供电公司调控中心党总支部坚持以习近平新时代中国特色社会主义思想为指引，积极推进国家电网公司“具有中国特色国际领先的能源互联网企业”战略落地生根，在抗疫保电、创新争先、服务新能源发展等方面取得了卓越成效。

行而不辍，践行宗旨，不忘初心驱疫疠

庚子岁初，新冠肺炎疫情突如其来。党总支部迅速响应，针对调控业务工作特点，及时

分离运行值班场所和调整单值时长；积极拓展各种渠道，为职工发放防疫物资；开通"书记热线"，及时了解并解决职工工作生活困难问题。

调度党员在调控大厅进行高考保电

党总支部委员兼国网张家口供电公司电力调度控制中心第一党支部书记穆亮，驱车千里，除夕夜从内蒙古返回单位，第一时间梳理137个重点疫情防控场所，确定应急方案，全力保证防疫用电安全。毕业于武汉大学的党员付启，心系新冠肺炎疫情，省吃俭用的他毫不犹豫拿出一个月的工资作为特殊党费支援疫情防控。入党积极分子张沛，为了应对人手不足的问题，毅然放弃已预约好的肝动脉血管瘤手术，继续坚守调度台。奉献与担当在这个集体蔚然成风。

生产一线即是战疫前线，确保供电可靠重于泰山。微光成炬显担当，党总支部践行着"人民电业为人民"的企业宗旨，彰显了具有"中国特色"的央企担当。

博观约取，厚积薄发，开拓创新勇争先

"把创新精神融入日常工作，让青创先锋成为青年的专属标签。"这是党员王双在国网冀北电力第四届青年创新创意大赛获奖后的感言。党总支部特别注重培养职工的创新能力，推出了"党建+创新型人才培育"计划，鼓励广大职工立足岗位，将创新理念融入日常工作生活中。

"工作之余，多看看创新类书籍，学习如何能够从工作点滴中找创新点。"党员王满帅说。"经常关注各种创新创业比赛，学新理念、新技术。"党员王川补充道。从课题设计到框架搭建、从材料准备到技术应用，大家把每个环节都视作创新改进的突破点。功夫不负有心人，青年党员创新团队凭借张家口"可再生能源示范区"得天独厚的条件，以分布式电源为创新点，完成分布式电源集群协同管控与数字孪生项目，荣获国家电网公司第五届青年创新创意大赛金奖。

企业持续发展之基，市场制胜之道在于创新。党总支部引领广大职工紧跟创新发展大潮，踔厉奋发，赓续前行，为国家电网公司迈向国际领先的新征程增光添彩。

● 党员骨干在调控大厅对新入职员工进行业务培训

夙兴夜寐，电靓冬奥，无限“风光”在张垣

国网张家口供电公司紧抓京津冀协同发展、2022年冬奥会、可再生能源示范区三大历史机遇，一方面，积极配合三站四线、张北柔直等工程，为冀北地区构建高比例大规模新能源安全智能外送提供可靠路径，提升张家口地区新能源的外送能力；另一方面，牵头推进奥运赛区220千伏双环网、110千伏双链式电网工程建设，确保核心区供电可靠率达到世界领先水平。党总支部高度重视重点工程建设，组织青年党员突击队配合多部门进行全过程跟踪服务，全力推进工程进度。

坝上凛冬已至，党员郭立才为编制投运批准书，冒着零下三十多度的严寒，频繁往返于张家口地区即将启动的新能源场站；在扶贫光伏电站启动前夕，党员张宇连续数周与站内值班人员同吃同住，进行涉网安全检查、业务培训和技术帮扶，确保光伏电站按时并网投运。截至目前，张家口地区累计完成并网的扶贫光伏电站共35座。

一个支部就是一个堡垒，一个党员就是一面旗帜。下一步，党总支部将继续发挥党组织战斗堡垒作用，积极动员广大党员在各自岗位发挥先锋模范作用，认真贯彻上级各项决策部署，锐意担当，奋勇争先，云程发轫，培风图南，实现“十四五”精彩开局，为全力推进新型电力系统示范区建设、加快建设具有中国特色国际领先的能源互联网企业作出新的更大贡献。

扛红旗干最好，冲锋在前永争先

——记国网山东电力青岛供电公司变电运维中心三班党支部

成立时间：2017 年 12 月　　**党员人数**：8 人

书　　记：孙晓兰　　**委　　员**：杨　建　高子力

- 2018 年　国网山东省电力公司“上合组织青岛峰会电力保障先锋党支部”
- 2018 年　中国安全生产协会“安全管理标准化示范班组”
- 2019 年　国家电网有限公司先进班组
- 2019 年　国网青岛供电公司先进党支部

国网山东省电力公司青岛供电公司变电运维三班党支部是国网青岛供电公司客户级别最高、运维工作要求最严的班组支部，所属班组是青岛供电公司唯一的女子变电运维班，也被称为女子操作队，担负着青岛市最核心区域变电站的运维任务，承担了向青岛市委市政府、奥帆中心、沿海一线等重要客户供电的 40 座无人值守变电站的设备巡视、事故处理等工作。三十年来，这个以女子为主的运维班组 24 小时不间断值守，用心守护着岛城最核心区域的供电安全。

“长周期封闭”的战疫模式

2020年4月18日1时，变电运维三班党支部的值班电话响起。

“喂，您好，运维三班高云。”

……

“好的，我们马上去现场查看一下。”

在寒冷寂静的夜色中，两个85后党员小姑娘走向220千伏南京路变电站，她们在一排排设备前仔细检查，很快便确定异常原因并迅速处理。这只是疫情防控以来党支部日常工作中普通的一天。

新冠肺炎疫情发生后，该支部承担着青岛市6个定点救治医院、9个发热门诊、5个疫情防控办公室、9个入境隔离点的供电保障重任。疫情就是命令，防控就是责任。支部全体党员带头克服重重困难，将需要照顾的老人和孩子，托付给了自己的家人，毅然加入了封闭值守，所有人员提前结束假期，3天内全员应返尽返、快速到位，转入长周期封闭值守模式。

支部组建了2支党员突击队，设立4个党员“1+N”小组，带领全体班员严格按照“最小单元化、最大隔离度”原则办公，综合运用“智能巡检机器人＋视频监控＋D5000”的远程巡视模式。14座保电变电站每两天一次特巡，应用机器人、摄像头远程巡视，全面监控保电设备运行情况。支部每天两次消毒通风、三次测温，备班隔离同志按计划开展保电预案及业务学习，各项工作有条不紊地开展，所有人在自己的“岗位”上认真扮演着自己的角色。

举世瞩目的光彩背后

2018年，上海合作组织峰会在青岛举办。2017年9月28日，国网青岛供电公司正式接到峰会保电任务。这次保电的10个特级保电变电站中，有9座都在运维三班党支部管辖范围内。运维三班党支部负责的全部保电站多达21个，占青岛市全部保电变电站的三分之一。

党员在220千伏南京路变电站检查设备运行情况

面对山东省历史上规格最高的上海合作组织峰会保电任务，党员们感到责任重大，使命光荣。党支部全体党员带头勇挑重担，攻坚克难，完成9座变电站的改扩建工程，21座保电站的综合检修和7轮次带电检测，倒闸操作36万余次。最繁忙的时候，一天有近40项操作任务、7台主变停送电等大型工作。最终，党支部以三个月零差错完成了相当于2017年全年三倍的工作量。

时至今日，变电运维三班党支部仍负责维护着青岛最核心区域的40座变电站，参与了青岛这座海滨城市大部分重大活动的保电工作，是与青岛发展同呼吸、共命运的运维班组支部，创造了倒闸操作321万步无差错的光辉记录。他们提出TIMES、“五三”工作法等安全管理工作方法。其中，“五三”工作法获全国电力行业管理创新成果一等奖。

● 党员在6座重点保电站开展建党100周年重大活动保电特巡任务

这些年的一项项重大保电，例如上合组织成员国元首理事会会议、人民海军建军70周年、台风“利奇马”、博鳌亚洲健康论坛、跨国公司领导人青岛峰会等，变电运维三班党支部都一次又一次圆满完成。

“安全零差错”的精益管理

“针对关键危险因素，结合所有人员的意见，我们总结出了最主要的有效措施，请记录员录入到风险管控平台。”党支部书记孙晓兰正在每周一次的安全日活动上针对次周检修工作进行分析。作为国家电网公司自主安全管理能力提升试点示范班组之一，党支部不断探索提升自主安全管理能力，有效提升全员安全意识和风险防控能力，使班组成员变听为说，变被动接受为主动思考。

作为一线生产班组支部，变电运维三班党支部一直奉行“生命至上、安全第一”的宗旨，致力于打造一支“要安全、懂安全、会安全、守安全”的党员队伍。支部坚持主动担当、全面落实安全生产责任，推行全员安全责任清单，严格执行规章制度、作业程序、工作标准。把创新驱动作为提升安全管理的重要手段，通过创新管理方法、工作方法、技术革新，助力安全工作的开展。推广应用智能巡检机器人、智能在线监测装置能新技术，提升了电力设备本质安全水平。开展无违章班组、无违章个人“双无”创建活动，将安全活动贯穿于日常生产的全过程。2019年，变电运维三班党支部荣获中国安全生产协会安全管理标准化示范班组。

着眼细微解民忧　架起党群连心桥

——记国网安徽电力马鞍山供电公司花山供电服务中心党支部

成立时间：2020 年 6 月　　**党员人数**：28 人

书　　记：尹　梅　　**委　　员**：段玉卿　姜义军　陈　昶　张向宏

• 2020 年　国家电网有限公司 QC 成果发布二等奖

党徽闪耀在邻里社区，红马甲穿梭在大街小巷，省电“妙招”送入居民家中……

国网马鞍山供电公司花山供电服务中心党支部坚持落实服务品质化要求，扎实推进党史学习教育，创新构建“社区吹哨　服务队报到”机制，开展共产党员服务队“群众点单　马上就办”专项行动，用实际行动架起党群连心桥。

政企联动求实效

“用心学党史，真心办实事。”在花山供电服务中心墙上挂着的一幅锦旗上这样写道。这是马鞍山市沙塘路街道花山社区群众送来的浓浓心意。

锦旗的背后有着一则故事。由于城市道路规划和管网改造施工，致使原电力杆线处于道路中间，影响过往行人及车辆通行，成了附近居民的一块心病。民有所呼，我有所应。在走访社区居民时了解到这一情况后，花山供电服务中心党支部立即组织共产党员服务队开展现场勘查，制定线路迁改方案，在最短时间内将“拦路”电杆进行迁改，赢得了附近居民的一致好评。

花山供电服务中心管辖的马鞍山市花山区集中了全市70%以上的老旧小区，涉及27万户居民供电线路以各种高低压架空线路方式供电。在党史学习教育过程中，花山供电服务中心党支部主动创新工作方式，以持续提高供电可靠性为目标制定“群众点单 马上就办”的我为群众办实事专项行动清单，以党员作为项目责任人进一步优化配电网架结构，推进线路联络化、保护化改造，最大限度提高居民供电可靠性。同时，支部与社区网格建立“联动办实事”工作机制，花山供电服务中心28名党员全部加入了社区便民服务小组，将供电服务内嵌到社区服务工作当中，进一步提升为民服务精细化水平，打通服务群众“最后一步路”。

供电保障显担当

“疫苗冷链系统的供电保障事关重大，有供电公司进行供电保障，我们就放心了。”2021年5月11日，马鞍山市花山区体育馆后勤中心电气主管秦金宝对前来进行供电保障的花山供电服务中心党支部说。

新冠肺炎疫苗接种是关乎民生安全的大事，马鞍山市先后设置了62个疫苗接种点，其中三分之一隶属于花山供电服务中心管辖。为确保疫苗接种现场用电正常，花山供电服务中心党支部主动“应哨”，组织共产党员服务队对二十余个新冠肺炎疫苗接种点开展特巡检查，主动上门进行用电检查，全力保障疫苗冷链系统稳定运行，为保障疫苗接种点用电安全稳定筑牢道防线。

支部党员指导蒸汽联合循环发电机组并网工作

除此之外，支部打造“程序最简、办电最快、服务最优”的优质服务环境，将供电报装作为公共服务事项嵌入其“工程建设项目审批系统”，由支委、党小组长作为牵头负责人实时

● 支部党员进行综合能源服务宣传

跟踪项目进展，提出配电网规划意见，提前推进配电网建设，做到电力先行、“让电等工程”。

急难愁盼马上办

“发电机已送到，呼吸机可以正常使用，老人生命体征平稳。”2021 年 5 月 11 日，在国网马鞍山供电公司配网运检服务与保障工作群内，花山供电服务中心党员示范岗、客户经理张向宏实时通报“吹哨报到”的工作动态，反馈“群众点单 马上就办”的进展和成效。当天，公司正在开展 10 千伏线路计划性停电检修工作。公司“马上”共产党员服务队接到幸福路社区求助，表示幸福路 45 号 10 栋的住户家中，老人患有肺气肿，维持生命的呼吸机不能正常使用，希望紧急送电。社区吹哨，服务队报到。花山供电服务中心党支部立即组织共产党员服务队赶往客户家中，第一时间调配一台小型发电机，上门接线调试，保证呼吸机连续可靠供电，解决了客户的燃眉之急。

群众利益无小事，一枝一叶总关情。花山供电服务中心党支部通过群众“点单”、社区或网格“派单”、服务队“接单”的“民呼我应”服务模式，服务身边点滴，全力解决群众“急难愁盼”问题，让人民群众在关键时刻看得见党旗、在紧急关头看得见电力红马甲，真正感受到党组织的力量和温暖。专项行动开展以来，花山供电服务中心党支部先后接到群众“点单”问题 40 余项，高效解决了小区地下配电房雨水倒灌停电、物业与住户交房产生电费纠纷等问题 32 项，服务客户 252 人次，先后 5 次收到客户表扬信，直接或间接化解客户投诉 22 起。

党建引领　奏响优化营商环境“最强音”

——记国网福建电力泉州供电公司营销部党总支

成立时间：2015 年 7 月　　**党员人数**：50 人

书　　记：蔡鑫灿　　**委　　员**：林志鹏　方　兴　颜玮玮　王炳鑫

- 2016 年　国网泉州供电公司先进集体
- 2019 年　国家电网有限公司电网先锋党支部
- 2019 年　国网福建省电力有限公司先锋团队
- 2017 年　国网福建省电力有限公司金砖厦门会晤电力保障工作先进集体
- 2020 年　泉州市优化营商环境“最具获得感”十大举措

政企党建联创创新优质服务举措

“没想到这么快就办下来了！”2020 年 10 月 14 日，福建凯明电力工程有限公司项目经理曾伟进，通过行政服务中心电力专窗申请，不到十个工作日就收到银领国际中心配电工程的破路准许行政许可决定书，这让他连连称赞。

据了解，2019 年 2 月，针对原电力工程占用挖掘道路需向多个部门提交申请材料、多次配合图审及勘察、总审批时长高达 30 天以上的“痛点”，国网泉州供电公司营销部党总支借助政企党建联创平台，在福建省首创电力工程占用挖掘道路“一窗式”联审模式，让客户告别了以往逐个部门跑审批的“辛酸史”。2020年，党总支继续优化这一党建联创成果，创新线上联审模式，让审批“轻装上阵”，等待时长缩短至9个工作日以内。这项举措也获得了2019年泉州市优化营商环境“最具获得感”十大举措，入选2020年省发改委优化营商环境16项典型经验库。

● 共产党员服务队队员向客户介绍自助终端供电服务功能

作为泉州市优化“获得电力”营商环境的先行者，党总支借助政企党建联创平台，还先后在福建省率先实现供电服务功能嵌入政务服务终端，率先投运首座集光伏发电、储能、充电于一体的公交示范充电站，率先组建社区党员街巷长与供电网格长“双长”融合服务团队。这一系列有速度、有力度、有温度的创新服务举措，不仅打造了用电营商环境“泉州样板”，还赢得广大电力客户的一致好评。

党员攻坚克难提升营销管理水平

民营经济是泉州发展最深厚的根基。泉州地区民营企业数量众多，在新冠肺炎疫情中受到的冲击也最严重。

2020年3月，在用检班班长、党员谢剑阳的带领下，用检人员深入民营企业现场，指导办理减容、暂停或更改基本电费计收等业务，帮助在疫情防控期间暂时受困的民营企业降本减负。同时，党总支组织电费专业的党员攻坚，首创“四段式泉企复工复产电力系数”模型，为政府提供《企业复工复产情况分析报告》42期，成为政府精准决策的“电参谋”，让复工复产更有“数”，减少2020年客户用电成本超8亿元。

在发现客户打印发票等待时间太长的问题后，营销部党总支通过组建“党员+青年”创新团队，让有经验的专工、党员阮新颖带领有活力的青年员工董斐斐，自主创新推出“票易领”自助终端机，实现电费增值税发票批量轻松装投、客户自助取单、实时缴费验证等功能。这项创新同样获得2019年泉州市优化营商环境“最具获得感”十大举措称号。

注重队伍建设激发员工内生动力

营销部党总支特别注重青年员工的培养，

● 用检人员在民营企业现场指导客户办理降费手续

依托党员“一带二”“老带新”等载体，为每名青年员工量身打造能力提升计划，助力青年员工更快更好成长成才。

2017 年入职的潘嘉辉是个“95 后”。在新员工座谈会上，党总支发现他点子多，思维活跃，便针对性为他指定了一名经验丰富的老师傅周峰，帮助他更好掌握业务技能。在老师傅的悉心教导下，潘嘉辉快速成长，用一年时间便掌握了装表接电技能，成为 2019 年省公司优秀青年人才遴选对象，并在青年人才技能比武中获得装表接电专业第一名，获得 2020 年度泉州供电公司劳模。随着业务技能不断积累，他还充分发挥了创新能力，共参与发表论文 6 篇，软件著作权 3 项，实用新型专利 1 项。2020 年 6 月 8 日，潘嘉辉成为一名入党积极分子。

通过党建带团建，2020 年，党总支共获得省、市级 QC 成果奖励 19 项，完成管理创新项目 5 个。其中，青年员工牵头的“一字梯安全监测装置的研制”项目获中国水利电力质量管理协会 QC 成果三等奖；青年员工积极参与的“基于 0.4 千伏配电工程应用的绝缘化电缆集成装置”项目获 2020 年省五小创新大赛三等奖。

国网泉州供电公司营销部党总支将不断探索党建工作与营销业务融合的新路径，让党旗引领各项工作落成效，对内转为营销服务创新的活力和动力，持续优化泉州市电力营商环境，开创公司营销专业高质量发展的新局面，对外成为地方经济社会发展的“先行官”，为地方高质量发展提供坚强的电力支撑，持续彰显新时代央企的责任和担当。

能带不停 我们责无旁“带”

——记国网湖南电力长沙供电分公司带电作业中心党支部

成立时间：2018 年 5 月　　**党员人数**：19 人

书　　记：贺　琪　　**委　　员**：黄永超　李　宏

- 2018 年　国网湖南省电力有限公司电力技能竞赛团体一等奖
- 2018 年　国网湖南省电力有限公司先进集体
- 2019 年　国网长沙供电公司标杆共产党员突击队
- 2019 年　国网长沙供电公司电网先锋党支部

一手擎着带电设备，一手撑起万家灯火，万伏高压线上，他们把党徽擦得闪亮。他们是城市“绝缘”人，是 15 米高空一抹黄，是高空中的“舞者”……他们，就是守护星城的电力“特种”兵，与电共舞、守护万家灯火的国网长沙供电公司带电作业人。

不惧危险，关键时刻"挺"出来

2020年初，在疫情防控攻坚战中，带电作业中心党支部和全体党员不惧危险，与时间赛跑，与病毒搏斗，用实际行动唱响了齐心战"疫"的战歌，让党旗在防控前沿阵地高高飘扬。

2020年1月9日，湖南省结核病医院面临双回线路停电危机。当时，医院重症监护室有8个需用呼吸机的病患，虽医院采取柴油发电机供电，但负荷太大，只能维持两小时。党员服务队火速集合，应召出战，提前十几分钟完成抢修任务，为病患争取到了宝贵的时间，用心守护"生命线"。

"搭头完毕，杆上作业已完成。"2020年3月3日，带电作业中心为普瑞康医药有限公司口罩生产车间高压增容工程完成紧急送电。作为长沙市疫情防控物资供应单位，普瑞康医药有限公司利用其在全国医药系统的厂商资源，新投产自动化口罩生产线50条，以解决那时一次性医用口罩供应难题。为满足该公司630千伏安用电增容需求，党员挺身而出，迅速响应，以不停电作业方式助力口罩生产，满足防疫物资供应企业用电需求。

支部首次尝试用绝缘短杆更换10千伏新都会线耐张绝缘子

履职担当，重要责任"扛"起来

于非常之时，守初心之本，克非常之难。面对长沙暴雨和高温双重考验，党支部第一时间建立应急机制，组织党员服务队火速投身战高温、保供电任务中。

"大家打起精神来，抢修工作马上开始！"2020年8月5日23时45分，党员服务队在雨花区井莲路边的10千伏天际线下集结。夏季的夜晚虽没有白天那么酷热，但连日高温导致夜间地热反馈，空气中热气笼罩、如同蒸笼。在夜间大功率照明设备的照射下，杆上杆下人员默契配合，全然不顾高温烘烤环境的影响。4小时过去，消缺任务完成，两名作业人员被缓缓送回到地面，几近虚脱的他们，靠着地面作业人员帮忙才能脱下厚重的绝缘服。"现在是度夏高峰期，我们开展带电作业，既保证了重要用户长沙市广播电视台的正常用电，也确保了沿线千余户居民的'清凉'。"工作负责人贺彪介绍道。

2020年7月9日晚，接到望城区防汛指挥部通知，为加强湘江流域抗洪排涝能力，望城区政府新投石头堤机台、玉泉山机台和乔口机台三个重点防汛项目，需要尽快为新建机台紧急供电。情况紧急，党员服务队火速奔赴现场。队员的身影在灯光照射下来回穿梭，杆上、地面分工清晰，现场作业有条不紊。经过连续23小时奋战，三个机台全部送电成功，为望城地区防汛排涝提供了强有力供电保障。

千锤百炼，先锋标杆“立”起来

烈火见真金，锤炼见本色。在一次又一次攻坚战中，党支部精心组建党员突击队，哪里有技术攻关，“硬核”突击队伍就建设到哪里，坚持点上突破、以点带面，不断树立起一个又一个先锋标杆工程。

“看到有人在线路上做事，我还以为停电了，本想着中午都做不了饭了，结果并没有停电，他们做事对我们没有任何影响。”刚买菜回家的王婆婆说到。连续奋战10小时，突击队员高效完成了10千伏白龙线032-4杆至032-8杆的检修工作，全程“客户零感知”。

2020年12月7日，为全力配合长沙县佳园路排污综合管廊建设及10千伏白龙线新增用户等改造需求，党员突击队多次组织现场查勘，开展可行性分析，制定详细工作方案，首次运用“大旁路＋中压发电车”技术，保障附近20家企业、3所学校、近6000户居民用电未受影响，真正实现“全线零停电”“负荷零损失”。

2020年11月2日，引入带电作业“新兵”，实现皮卡型旁路移动开关车在湖南的“首秀”。2021年5月30日，开展省内首次大型“并联线路作业法”综合不停电作业，完成了雨花区重点项目电商物流园建设20余档电力线路迁改。2021年6月16日，首次尝试绝缘短杆“新神器”，完成10千伏新都会线耐张绝缘子更换，实现“绝缘斗臂车＋绝缘短杆”作业方式省内初次实战。

近年来，带电作业中心党支部持续探索不停电作业新思路、新方法，为今后开展大型综合不停电复杂作业项目积累了宝贵经验，向“少停电”“不停电”的目标迈进了有力一步。

● 支部正在消除湖南省结核病医院双回线路停电故障

“直流国产化设备博物馆”的红色传承

——记国网河南电力直流运检分公司灵宝换流站党支部

成立时间：2020 年 6 月　　**党员人数**：28 人

书　　记：刘天作　　**委　　员**：闫玉峰　荆　扬　魏　震

• 2020 年　国家电网有限公司红旗站

• 2020 年　国网河南省电力公司工人先锋号

“灵宝直流单元Ⅰ、Ⅱ分别以每分钟 50、60 兆瓦的速度启动正常……”2021 年 6 月 10 日 13 时 09 分，国网河南省电力公司直流运检分公司灵宝换流站全站设备一次送电成功，标志着灵宝换流站 2021 年度检修工作圆满完成，也标志着灵宝换流站党支部“学史力行、决胜年检”主题活动达到预期成效。

灵宝换流站是国内第一个背靠背直流输电工程，也是直流设备国产化依托、验证和示范工程，作为运维该站的这支年纪轻、学历高、干劲足的专业队伍，灵宝换流站党支部始终坚持党建引领，紧密结合安全生产中心工作，不断强化精益化运维管理，多次获得国家电网公司工人先锋号等荣誉，2012 年以来，先后 7 次被授予国家电网公司红旗站称号，稳居国网系统换流站精益化管理第一梯队。

数月坚守　疫情保电“勇当先”

针对新冠肺炎疫情，灵宝换流站党支部迅速响应上级号召，坚持高站位部署、高标准谋划，制订严密的保电应急预案，未在站内的支部党员全体第一时间返岗坚守。

“这个紧要关头，党员不上谁上？我时刻准备着！”灵宝换流站党支部“90后”党员魏震递交申请书，要求参加疫情阻击应急支援预备队，随时做好了支援湖北的准备。

灵宝换流站党支部全体党员以百余天的全封闭驻站坚守，生动诠释了共产党人的初心和使命，践行了入党时的铮铮誓言，全方位守牢了跨区直流大动脉，为疫情防控期间的可靠有序用电保驾护航。

学史力行　全面完成“大体检”

灵宝换流站2021年度检修工作恰逢喜迎建党百年的关键时刻，时间紧、任务重、责任大。灵宝换流站党支部强化党史学习教育成果转化，联合年检主要参检单位成立临时党支部，引领年检工作有序开展。

“我是这个区域的负责人，有责任、有义务去完成区域内的每一项工作。”为充分发挥党员先锋模范作用，灵宝换流站党支部将全站设备划分为单元Ⅰ交流场区、单元Ⅱ换流变区、主控室区等8个党员责任区，针对年检任务集中、检修核心力量匮乏现状，以“学史力行，决胜年检”为主题，与党员“六度两感”先锋指数量化评比工作相结合，深化党员突击队、示范岗、责任区创建，引导党员努力耕耘好自己的“责任田”，凝心聚力打好年检“攻坚战”。

灵宝换流站鸟瞰图

2021年年检期间，灵宝换流站党支部党员累计检修设备2415台（套），消除缺陷140条，项目完成率达到100%，真正实现了对全站设备的一场"大体检"，为喜迎建党百年和迎峰度夏保电工作提供了坚强保障。

红色传承 悉心照料"老伙计"

灵宝换流站单元Ⅱ 330千伏020B换流变自投运以来总烃及氢气均存在不同程度增长情况。灵宝换流站于2020年12月18日就开始了为期10个月的020B换流变轮换检修工作。

"每台换流变都重达近350吨，要对这个'老伙计'进行四次轮换检修，难度极大。"面对如此庞大的工程，灵宝换流站党支部全体党员鼓足"不向困难退半步、只向胜利添精彩"的精气神，传承红旗渠精神，做新时代愚公，带头驻站，以"白+黑、5+2"的工作模式，让党旗在现场高高飘扬。

终于，灵宝换流站党支部以高昂的姿态和坚韧的毅力圆满完成了020B换流变轮换检修工作，被国家电网公司设备管理部以表扬信的形式高度肯定，透过那封表扬信仿佛看到了这些电网守护者们坚定的信仰和他们胸前那闪耀的党员徽章。

精准施策 全面打造"三医生"

青年兴则国家兴，青年强则国家强。灵宝换流站党支部始终坚持以人为本，以"三成才"为抓手，搭建凝聚青年、服务青年、引领青年的桥梁，着力培养特高压高素质专业人才。

灵宝换流站党支部坚持以党建促群团，发动青年员工在"青创赛"、QC等活动中强本领、长才干，获得了国网河南电力第六届青年创意大赛现场发布第三名和QC成果发布二等奖的优异成绩；定期开展培训考试和岗位练兵，形成各类技术总结、报告200余篇；运用"师带徒"、020B换流变厂内修复跟踪、应急演练、故障复盘等培训手段，持续提升青年员工主人意识、责任意识、服务意识，全面打造运维"全科医生"、检修"专科医生"和"手术医生"团队。

征途漫漫，唯有奋斗。灵宝换流站党支部将继续秉承"专业专注、干净担当"的工作理念，不断提高政治站位，强化本领提升，为跨区电网的安全稳定保驾护航，为加快建设具有中国特色国际领先的能源互联网企业、谱写新时代中原更加出彩的绚丽篇章不懈奋斗。

● 党员在灵宝换流站开展020B换流变轮换检修

支部建起堡垒　党员勇做先锋

——记国网四川电力送变电建设有限公司建筑分公司党支部

成立时间： 2020年4月　　**党员人数：** 30人

书　　记： 董　文　　**委　　员：** 尹　东　罗洪明　李　刚　孙　捷

- 2020年　国网四川省电力公司先进班组
- 2021年　国网四川省电力公司先进班组
- 2020年　国网四川电力送变电建设有限公司先进单位
- 2021年　国网四川电力送变电建设有限公司先进综合集体

“让我们一起追寻革命先辈的光辉足迹，感受党的光辉历史。”2021年7月16日12时30分，“我是党员我讲党史”线上第67讲准时开讲。从4月12日起，国网四川电力送变电建设公司建筑分公司党支部创新开展学党史系列活动，以“一天一人一讲”的形式，通过腾讯会议分享“党史故事”，让每一名分散在现场的党员知史爱党、知史爱国，在工程建设一线学史力行、践行初心使命。

建筑分公司党支部成立于2020年4月，现有党员30人，党员服务队在编党员14人。党支部创新党建工作方式，弘扬支部建在连上的光荣传统，在“新四直”等特高压换流站工程现场建起“红色阵地”，开启“党建＋基建”双融双促新模式，以阵地筑牢坚强战斗堡垒，以党员服务队作攻坚先锋力量，践行放心、暖心、连心的“三心行动”，持续提升“川送铁军”战斗力和创造力，强化全心全意为民服务的宗旨意识。

“战斗精神”传承初心使命

“我们那一个排，就只有我和排长活着回来了。”2021年5月13日，国家电网四川电力（送变电）连心桥共产党员服务队建筑支队来到南充南部500千伏变电站新建工程所在的东坝镇，见到了今年已94岁高龄的抗美援朝志愿军老兵周绍树，听他讲述峥嵘故事。

“周爷爷的故事展现了中国人民志愿军发扬‘一不怕苦、二不怕死’的战斗精神，我们还要把这样的精神和信念传承到电网建设中去。”党员服务队队员杨程远感触很深，和队友们再次坚定了建好电网、办好实事的信念，定期赴工程一线为群众“干实事”，累计解决一线困难问题三十余件。

“以主题党日为主，多渠道、多形式丰富支部组织生活，把传承战斗精神与电力铁军精神结合起来，把学习党史同解决实际问题结合起来，更好促进每名建筑铁军发挥‘党员先锋、带头冲锋’模范作用。”建筑分公司党支部书记董文分享了她的初衷。

“红色阵地”凝聚先锋力量

2020年春节期间，新冠肺炎疫情突发，在国网四川送变电公司党委指挥下，建筑分公司党支部快速响应，带领工程全线党员冲锋在工程防疫复工第一线，凝聚起打赢防疫复工攻坚战和加快建设“新基建”工程的磅礴力量，工程防疫复工实现了“零输入、零感染”。

在“新四直”工程建设中，党员服务队带头战风雨、斗寒暑，优化施工方案保安全、提质量、促进度、增效益，多措并举攻坚克难；“一区一岗”构建安全生产命运共同体，在“智慧工地”管控系统中融入项目党建模块，实现“岗区匹配”可视化管理；打造工地青年创新工作室，带领青年员工开创新技术，节约了布拖场平阶段的抗滑桩现浇柱与预制板工期；大力推广应用智慧工地

● 国家电网四川电力（送变电）连心桥共产党员服务队建筑支队在听抗美援朝老兵周绍树讲党史故事

管理云平台、建筑信息模型、全息投影、VR等新技术，保障了工程的顺利推进。

“我们通过15个昼夜钻研了这套由400多个构件、2万余颗螺栓、总重180余吨的专利模板，拆模后的防火墙在垂直度偏差上小于万分之五，实现了偏差的0.5倍控制。”共产党员李刚自豪地说道。

● 党员在雅中换流站进行防火墙钢筋施工质量复检

2021年6月21日，雅中换流站如期投产，这对助力国家经济社会能源结构转型，积极服务“碳达峰、碳中和”目标具有重要意义。

“火柴公益”点燃希望火种

±800千伏布拖换流站是世界最大规模的换流站，占地面积相当于87个足球场。每天在工地认真检查一圈，微信运动轻松上3万步。“作为一名爸爸，每当我看到换流站周边那些大冬天还赤脚走路的孩子们，我都不禁想起自己的女儿，也想着我能为这些孩子做点什么。”连心桥党员服务队建筑支队队长孙浩尹说。2019年11月13日，建筑分公司党支部自发组织了“情暖童心、温暖未来”募捐活动，关爱站旁光明村、洛日村两所幼儿园的孩子们，为173名儿童送去彝族新年礼物。

随后，连续3年，连心桥党员服务队建筑支队和青年志愿者们持续开展“火柴公益”接力行动，为大凉山的孩子们点燃希望火种，用实际行动托起贫困地区儿童的学子梦。此外，还与洛日村、光明村地方政府“双结对”，合力打造“就业扶贫”模式，精准帮扶农产品和农村人口就业需求，坚持对重点结对的3户困家庭进行深入帮扶，解决实际困难。

2019年至今，建筑分公司党支部累计为200多户贫困家庭送去生活用品及御寒保暖物品，切实提供就业岗位158个，采购土豆、高笋上千斤，汇聚起暖心公益根根“火柴”力量，助力大凉山脱贫摘帽，彰显了央企的社会责任担当。

扎根最北边疆　点亮万家灯火

——记国网黑龙江电力检修公司黑河运维分部党支部

成立时间：2014 年 1 月　　**党员人数**：16 人

书　　记：殷　强　　**委　　员**：王鹏程　石　鑫

- 2018 年　国网黑龙江省电力有限公司先进基层党组织
- 2019 年　国网黑龙江电力检修公司电网先锋党支部
- 2020 年　国网黑龙江省电力有限公司抗击新冠肺炎疫情先进集体
- 2020 年　国网黑龙江省电力有限公司先进集体

2021 年 5 月 19 日，国网黑龙江电力检修公司黑河运维分部党支部负责运行维护的 500 千伏中俄直流背靠背黑河换流站 2021 年度检修工作圆满结束，并顺利完成该换流站的解锁。来自俄罗斯的清洁电能通过这条"电力丝路"又源源不断地进入黑龙江电网。黑河换流站自 2012 年 4 月 1 日正式投入商业运行至今，已累计引进俄电近 230 亿千瓦时，相当于减

少国内原煤消耗1000多万吨、减排二氧化碳2000多万吨，提高了远东地区能源利用率，扩大了中俄能源项目合作，深化了两国基础设施和口岸通道的互联互通。

红色堡垒排万难 把牢思想“方向盘”

黑河运维分部党支部一直把政治理论学习作为党支部建设首要任务一以贯之，以“三会一课”为抓手，通过“党员活动日”、党员政治理论学习月、党政负责人讲党课、年轻党员上讲台等多种方式丰富组织生活，打造学习型党支部。深入实施“党建+安全生产”“党建+电网建设”“党建+优质服务”三大行动，大力开展“党员身边无违章”专项活动，通过“党员安全示范岗”“党员安全示范班组”创建，全体党员在换流站电网风险保电、年度检修大会战、电网迎峰度夏等“急难险重”工作中，冲锋在前、担当作为。党支部注重解放干部思想、提升职工素质，开展“共产党员先锋队”“青年突击队”等5项实践活动，进一步增强了企业竞争力、创新力、影响力和抗风险能力，为服务黑河“三区一极”建设保驾护航。近年来，黑河运维分部党支部坚持以党建为引领，以“人民电业为人民”为宗旨，推动党建工作与业务工作深度融合，为确保换流站安全平稳运行、服务地方经济发展做出了积极贡献。先后荣获黑龙江省五一劳动奖章、国家电网公司工人先锋号、中省直机关先进基层党组织、省公司先进基层党组织等多项荣誉，连续6年荣获国家电网公司变电（直流）精益化管理红旗站称号。

红色队伍当先锋 提升支部“战斗力”

“我们是党员，最危险的地方必须我们到位。”防疫物资供应负责人员张宇亮说。在黑河全城封闭隔离、车辆禁止通行的情况下，他步行至换流站将防疫物资送到员工手中。

面对初突如其来的新冠肺炎疫情，黑河运维分部党支部迅速将疫情风险防范提高至调度管理级别，启动三道防线、部署六项措施。全体人员实行驻站封闭军事化管理，共产党员先锋队队员驻守在运维第一线，出色完成异常故障抢修14次，保证了中俄直流联网工程的安全稳定运行。在全站封闭的4个半月时间内，运维人员与家人隔绝长时间坚守在站里，党支

支部党员先锋队检测直流系统后台程序

● 支部党员向专职监护人讲解监护注意事项

部通过“1+X”党员包保联防联控网格化管理手段，有效做好员工心理辅导，实现了疫情防控和安全生产两不误。

“极寒天气下，SF_6开关容易低压闭锁，因新冠肺炎疫情外部技术支持无法到达，所以要精细巡视，确保在疫情防控期间不会发生开关闭锁这样的严重事故。”正在检查开关的李建平对身边的年轻同志说。党支部全体党员干部均递交了请战书，请求持续奋战在运维一线、疫情防控一线。

红色引擎加速度　助推发展“新动能”

“变压器内部空间小，还全是油，在里面工作比较困难，必须穿好无菌服、雨鞋，把所有工具都绑扎好，再进入干活。”在51B主变高压侧C相套管油中氢气含量超标缺陷处理现场，检修班长刘旭东作为技术指导对现场工作人员细心叮咛。

2021年6月6日，党支部按计划完成了500千伏黑河换流站51B主变高压侧套管的抢修更换工作，送电后及时恢复了黑龙江北部电网正常运行方式，确保了黑河、大兴安岭两地的可靠供电。

哪里有需要，哪里就有坚不可摧的基层党组织；哪里有需要，哪里就有冲锋在前的共产党员。黑河运维分部党支部始终以服务地方经济发展、当好“三个典范”为己任，带头深入实施“碳达峰、碳中和”国家绿色发展战略，积极探索安全管理新思路、新方法，深入开展抵消自身二氧化碳排放量、实现二氧化碳“零排放”调查研究，为班子决策提供准确全面的依据，努力实现安全生产、绿色发展目标。

目前，黑河运维分部党支部重点抓好黑河自贸片区建设，以对俄窗口联络服务为主要管理特色，以创建对俄商业运营服务安全品牌为目标，努力打造中俄能源合作互联网安全品牌，为服务中俄跨境集群联动枢纽建设作出更大的贡献。

弘扬建党精神 赓续红色血脉 打造坚强战斗堡垒

——记国网陕西电力西安市市区供电分公司党总支

成立时间：2019 年 9 月　　**党员人数**：99 人

书　　记：宋　莉　　**委　　员**：吕　方　张　栋　宋　强　徐　理

- 2017 年　国网陕西省电力公司工人先锋号
- 2019 年　国网陕西省电力公司标准化示范党支部
- 2019 年　壮丽 70 年陕西经济推动力发展大会暨奋斗人物事迹分享会“奋斗人物（集体）”奖

“今天，在中国共产党历史上，在中华民族历史上，都是一个十分重大而庄严的日子。我们在这里隆重集会，同全党全国各族人民一道，庆祝中国共产党成立一百周年。”这是习近平总书记在庆祝中国共产党成立 100 周年大会上讲话的开篇。在这个举国同庆的日子里，作为 486.4 万个基层党组织之一，习近平总书记的讲话鼓舞广大干部党员干部在新时代迈向新征程的路上昂首阔步、豪情满怀。

疫情面前，突显党员先锋本色

“城十线2号环网柜出线已全部带电，抢修任务结束。”

2020年大年初一7时45分，国网陕西电力西安市市区供电分公司以党员为主力的抢修队伍负责人报告。这起自除夕夜22时发生的电网故障，经过抢修队员一夜冒雨奋战终于被排除。此时，队员们还没来得及稍事休息，接紧急通知，全员启动疫情防控一级响应，并对发热门诊西安市中心医院进行应急电源接入。时间紧迫，队员们现场勘察后快速制定方案，利用带电作业方式经过36个小时的连续奋战，于大年初三14时圆满完成此项工作。

● 党员在西安市南门瓮城城墙开展春节保电工作

在抗击新冠肺炎疫情的重要阶段，党总支带领广大党员干部持续对防疫指挥中心和大型小区等重要客户开展特巡，以共产党员大无畏的牺牲精神，舍小家、为大家，以“逆行者”之姿，坚守岗位、践行责任。

志愿服务，关爱弱势彰显大爱

受新冠肺炎疫情影响，2021年春节前，市区供电分公司党总支长期开展志愿服务的西安市莲湖区星星残疾人阳光家园因运维经费紧张，师生日常生活受到影响。在得知此消息后，市区供电分公司党总支紧急发出倡议，号召全体职工为星星家园的孩子们奉献一片爱心。2021年2月2日，当带队书记将募集到的8600元捐款交到马院长手中时，他感动地牢牢握住了书记的手，语塞到只能不停地说着“谢谢”。

自星星家园成为重点帮扶对象以来，党总支时常组织职工前往星星家园探望这些需要特殊照顾的孩子，给他们带去需要的物资和书籍，让他们也能够感受到来自祖国大家庭的温暖和社会各界的关爱，用爱心筑造温馨家园。

为民服务，铸就企业金色名片

作为党总支重点打造的对外服务桥梁，国家电网陕西电力张思德（电靓古城）共产党员服务队这支党员占比三分之二、获得过国家电网公司主要领导高度评价的队伍，在长期工作中，持续推进“五心”特色做法，赢得了辖区群众的信任与爱戴，铸就了国网西安市区供电分公司党总支为民服务的金色名片。

西藏以西，天上阿里。2020 年 7 月，国家电网陕西电力张思德（电靓古城）共产党员服务队与国家电网有限公司西藏“阿里红柳花”共产党员服务队开展结对共建。9 月，电靓古城共产党员服务队代表克服高原缺氧带来的各种身体不适远赴阿里，与红柳花共产党员服务队队员们一起亲访牧民家，在孔繁森墓地举行入党宣誓仪式，举办交流会；“电靓古城”共产党员服务队则为“红柳花”共产党员服务队带去带电作业方面的知识，填补了阿里带电作业的空白。“他们扎根雪域高原‘缺氧不缺精神、艰苦不怕吃苦、海拔高境界更高’的牺牲奉献精神太值得我们学习了！”回忆这段经历时，服务队队长感慨地说。

国网西安市区供电分公司党总支在狮泉河烈士陵园悼念孔繁森同志

汲取力量，党史学习成效显著

一世纪风雨兼程，九万里风鹏正举。在中国共产党百年华诞来临之际，国网西安市区供电分公司党总支积极响应中央号召，深入开展党史学习教育活动，多措并举开展“我为群众办实事”实践活动，党员发挥先锋作用啃下“硬骨头”。1—6 月，市区供电分公司完成“十四运”9 条一级道路、幸福林带 43 条 10 千伏架空线缆落地，解决十余条线路重载及频停问题。营业厅业务进驻“二手房交易一件事”联办窗口，在服务大局中体现担当。

同时，国网西安市区供电公司试点完成两个中心供电所的建设，正式以配网全业务融合的数字化管理机构模式对外运行，全面开启了配电网数字化管理的序幕。

奋斗新时代的宁夏电力先行者

——记国网宁夏电力发展策划部党支部

成立时间：2005 年 7 月　　**党员人数**：19 人

书　　记：闫志彬　　**委　　员**：马海忠　焦晓玲　马　剑　贺学芸

- 2015 年　国网宁夏电力有限公司电网先锋党支部
- 2017 年　国网宁夏电力有限公司机关先进基层党组织

“在庆祝中国共产党成立 100 周年之际，发展部党支部能够获得这份表彰，是对国网宁夏电力发展工作的褒奖，更饱含着国家电网公司党组对宁夏电网发展的殷切期望。这份珍贵的荣誉，更加坚定了我们在新征程奋斗方向上的理想信念。”谈及支部取得的荣誉，国网宁夏电力发展策划部党支部书记闫志彬如是说。

不忘初心，牢记使命，不断强化服务意识

发展部党支部以习近平新时代中国特色

社会主义思想为指导，扎实推进“旗帜领航·提质登高”行动计划，落实“基层党建创新拓展年”部署，深化“服务基层、五联共进”支部联建、创新开展“实干争先、电靓梦想”主题实践活动，实现党建与业务深度融合，形成以党建促发展、以发展强党建的新局面。

● 发展部党支部党员利用主题党日到现场指导工作

针对结对联建的国网利通区供电公司生态养殖基地负荷接入需求，发展部党支部发挥部门专业优势，结合该区域电网运行现状、负荷接入规模等实际情况，与国网利通区供电公司一同制定了线路及变电站改造计划，助力项目立项实施。为满足吴忠市城市东片区的发展目标定位，打造城市东部“不停电示范区”，现场对规划方向性、技术性进行指导，提出了科学合理的规划方案，解决工作难题，切实提升管理质效，让党旗在一线高高飘扬、党徽在一线闪闪发光。

国企姓党，人民至上，践行人民电业为人民宗旨

2020年，是极不平凡的一年。一场突如其来的灾难悄然降临，新冠肺炎疫情以惊人的速度在华夏大地蔓延，为快速响应疫情防控需求，发展部党支部利用应急通道畅通计划安排，保障第四人民医院扩建工程投资和疫情防控设备购置，有力支撑自治区及公司疫情防控工作开展。

疫情就是命令，现场就是战场，绝不能因为计划的问题影响工程。在危急时刻，发展部党支部第一时间调整投资策略、安排资金计划，落实新基建投资、疫情防控、危房改造、增供扩销等决策部署，积极争取新增固定资产投资2.6亿元，保障了重点任务全面落实。

基于在国网系统中率先实现新能源消纳分析、电源并网、补贴申报、交易结算等一站式并网服务，充分展现国网新能源云首家试点单位的示范作用，疫情防控期间高效开展37个项目线上接入并网业务，助力企业早并网、早发电、早受益。

全力支持企业复工复产，用务实、精准的举措，帮助企业降低成本、加快速度、减轻疫情带来的损失。依托电力大数据分析，全面监测重点行业用电数据，统筹疫情防控与经济发展，积极回应政府关切，深化经济活动分析、

市场预测分析等工作，常态化向自治区党委政府、西北能监局报送全区电力运行月报和供需分析报告，为政府评估前期政策成效，制定下一步措施提供可靠地决策支撑。

实干争先，电靓梦想，打造宁夏“双样板”

2020年，宁夏自治区党委政府积极响应建设黄河流域生态保护和高质量发展先行区重大战略，把清洁能源作为九大重点特色产业之一，通过规划引导等措施高标准建设国家新能源综合示范区。然而，配套产业链条短、电力消纳空间受限、龙头企业实力弱等瓶颈突出，如何从根本上解决宁夏新能源消纳问题，促进新能源发展和环境改善，保障受电端电力安全供应，这是宁夏电网发展遇到的难题。

忽如一夜春风来。以习近平同志为核心的党中央提出“双碳”目标，构建以新能源为主体的新型电力系统建设方向，“两个一体化”重大关键技术研究，为宁夏电网的发展指明了道路，点亮了明灯。结合宁夏经济社会发展要求和宁夏电网发展实际，发展部党支部研究提出以新能源为主的宁夏新增直流项目得到自治区党委政府、国家发改委、国家电网公司、国家电力规划中心主要领导认可，新增直流项目纳入宁夏《建设黄河流域生态保护和高质量发展先行区实施意见》《国民经济和社会发展第十四个五年规划和二〇三五年远景目标建议》，纳入国家电网“十四五”规划研究项目，会同发改委与受端省签订四方合作协议，促成宁夏湖南签署政府间协议。

煤从空中走，电送远方去。发展部党支部以拓荒者的奋斗姿态，不断探索技术创新，构建清洁低碳、安全高效、智慧共享、坚强送端的现代一流电网，努力打造新能源高质量就地消纳、大范围优化配置的“双样板”。随着宁夏第三条直流外送通道——宁夏至华中（湖南）±800千伏特高压直流输电工程快速推进，宁夏电网将实现“放电三华”的历史性飞跃。

站在“两个一百年”历史交汇点，发展部党支部矢志不渝跟党走，以信仰铸魂、以信念固本、以信心聚力，当好国民经济保障者、能源革命践行者、美好生活服务者，把党的电力事业不断向前推进，在建设具有中国特色国际领先的能源互联网中谱写新篇章，在推动国家电网公司和电网高质量发展中彰显新担当。

● 发展部党支部与基层党支部结对联建

关山万重，四海一心

——记国网国际发展有限公司海外运营部（运营监测中心）党支部

成立时间：2012 年 4 月　　**党员人数**：15 人

书　　记：王远航　　**委　　员**：刘　音　余荣春　潘　艳

- 2019 年　国家电网有限公司先进班组
- 2019 年　国网国际发展有限公司电网先锋党支部
- 2020 年　国家电网有限公司软科学成果二等奖
- 2020 年　国家电网有限公司管理创新示范项目三等奖

突如其来的新冠肺炎疫情使得 2020 年成为公司“走出去”十余年以来，境外运营形势最为复杂和最具挑战的一年。在国际公司党委坚强领导下，海外运营部（运营监测中心）充分发挥基层党支部战斗堡垒作用，在国内和国际两条“战线”、两个“考场”，实现全年疫情防控和安全生产“两手抓、两不误、两促进”的目标。

抗疫“上半场”：“赶考”，以国为家

2020 年一季度，发挥全球资源优势，快

速组织境外团队采购防疫物资支援国内，成为抗疫"上半场"主旋律。在国际公司党委直接指挥下，海外运营部党员突击队春节期间快速就位，与各地驻外高管团队共同努力，争取批量、零购拼凑、落实物流，第一批物资仅用一周时间全面到位。凝聚着海外国网人爱国爱企爱家热忱的一批批防疫物资陆续抵达，有力支撑了国内抗疫斗争。

家国所在，每一名驻外员工都在牵挂国内亲属的安危。海外运营部党支部多措并举提供坚强支撑，稳定前方军心：48 小时内完成 140 余份紧急物资分拣、打包和寄送；全力救治驻外员工新冠肺炎确诊亲属，多方协调资源并顺利安排就医；快速回应驻外员工诉求，妥善解决亲属复工问题。

● 海外运营部（运营监测中心）党支部向国内亲属寄送防疫物资

使命和责任，在新冠肺炎疫情"上半场"，海外运营部全体党员和前方一道，交出了第一份"赶考"的答卷。

抗疫"下半场"："迎战"，患难与共

新冠病毒在境外大范围传播，数十天前，还在海外四处奔走采购物资的驻外兄弟姐妹们身陷险境，境外公司的紧急求援纷至沓来，国网国际发展公司 12 处境外资产平稳运营面临严峻挑战。

2020 年 3—6 月，海外运营部党支部全体党员认真贯彻落实国家电网公司、国网国际发展公司党委指示部署，缜密高效、稳妥安全地开展海外物资紧急支援和捐赠工作。在中国外交部、中国海关、中国驻希腊大使馆、希腊葡萄牙驻华大使馆、希腊葡萄牙卫生部、菲律宾红十字会、巴西联邦和州政府的指导和支持下，圆满完成上级交办的向希腊、菲律宾、巴西等国紧急支援任务。饱含着国家电网温度和力量的防疫物资在新冠肺炎疫情肆虐的海外发挥了重要作用，接受帮助的国家有关部委及我国驻当地大使馆专函致谢。在展现国家电网公司真实、全面、立体好形象的同时，驻外高管团队也与当地结下了患难与共、风雨同舟的"真友谊、硬交情"。

授人以鱼，不如授人以渔。在国家电网公司国际部等专业部门指导和支持下，海外运营部党员突击队第一时间收集国家电网在安全生产、物资供应、客

● 海外运营部（运营监测中心）党支部向葡萄牙驻华使馆捐赠防疫物资

户服务等方面行之有效的百余份防疫实践，指导境外公司开展新冠肺炎疫情早期防控。由于应对及时，处置得当，国家电网公司全部境外资产在新冠肺炎疫情肆虐的“至暗时刻”均保持了稳健运营，未发生聚集性感染。

互助和互鉴，在新冠肺炎疫情“下半场”，海外运营部全体党员和前方一道，打赢了第一场平稳运营好境外资产的“遭遇战”。

抗疫进行时：坚持，以人为本

随着境外资产运营转入“持久战”，“久久为功，以人为本”是赢得这场战斗的要点。智利切昆塔公司一线技术员乌利塞斯·阿布托确诊新冠肺炎，住院期间出现严重呼吸系统并发症，转入重症监护室。海外运营部坚决落实国网国际发展公司党委意图，按照“生命至上、全力救治”原则，及时组织救治资源，不断调整优化治疗方案，直至乌利塞斯脱离危险。乌利塞斯的儿子在邮件中这样写道：“父亲的病情已经稳定，今天是他的生日，他向所有医生表示了感谢，同时也感激在这样一家全力守护员工的公司工作。”救治乌利塞斯的善举不仅挽回了外籍员工的宝贵生命，以人为本的中国国家电网形象也由此深入人心，赢得从行业到当地社区的理解、赞誉与肯定。

从“赶考”到“迎战”，从紧急动员到常态化坚守，在与新冠肺炎疫情的反复较量中，有这样一支党员队伍——海外运营部（运营监测中心）党支部始终坚持以长征精神为指引，践行使命和责任，弘扬互助和互鉴，用实际行动诠释着“关山万重、四海一心”的真谛。

创新发展添动能　党建引领聚合力

——记国网电商公司（国网雄安金融科技集团）营销服务党支部

成立时间：2018 年 8 月　　**党员人数**：20 人

书　　记：赵劲锋　　**委　　员**：张　雷　雷　亮

- 2019 年　国家电网有限公司五四红旗团支部
- 2019 年　国网电商公司先锋党支部
- 2021 年　国家电网有限公司电网先锋党支部

近年来，国网电商公司营销服务党支部以习近平新时代中国特色社会主义思想为指导，在推动基层党建工作引领营销服务高质量发展的过程中，深度思考如何把党的建设融入营销服务创新发展各环节之中，紧紧围绕“旗帜领航·三年登高”这一主线，打造出了“叫得响、立得住、传得开”的党建品牌，切实发挥了党支部的先锋堡垒作用，实现了以特色鲜明的党建工作促进业务工作高质量发展的新突破。

栉风沐雨，紧跟党的引领

营销服务党支部始终将旗帜鲜明讲政治摆在首位，紧紧抓住党的政治建设这个根本，把优化营商环境作为党建工作的着力点，努力践行“以新立足、以快制胜、以实兴业”的发展理念，激励党员在实际工作中担当作为，不断促进服务升级。

营销服务党支部把党的建设提升到新时代、新形势、新要求的高度来研究和把握，认清新规律，解决新问题，创造新经验，切实提升党建工作科学化水平。注重以科学理论引领政治方向，注重从思想建党、理论强党，把党的创新理论作为指引实际工作前行的“指南针”，持之以恒用习近平新时代中国特色社会主义思想武装头脑，高标准高质量推动党史学习教育扎实开展。在坚持开展党史理论学习的基础上，开设了“党史讲堂”微视频专栏，由全体党员、团员担任主讲人，每月一人一期，从题材选编、视频录制、文稿撰写到后期剪辑、制作等全部由支部党员独立完成，从中汲取践行初心使命、继续奋勇前进的无穷力量，进一步增强主动学习意识，检验理论学习成效，营造了深入开展党史学习教育的浓厚氛围，切实把学习成果转化为高质量发展强大动力。

初心不改，打造先锋品牌

营销服务党支部在遵循党建工作基本规律的基础上，立足实际，积极引入品牌理念，开展党建品牌创建活动。通过深入探讨、多方论证，找准开展党建创新的切入点和突破口，科学提炼出党建品牌的名称、内涵和目标等，以点带面，全员联动，形成了争创党建品牌的浓厚氛围。

在品牌培育过程中，营销服务党支部紧紧把握围绕中心、服务大局、突破创新、突出特色的原则，把党建品牌创建贯穿于日常工作之中，通过不断强化“党组织带党员创效，党员带群众创新”的灵活优势，策划开展“寻初心、葆初心、守初心”三大主题实践活动，全力打造“初心矩阵”特色化党建品牌建设新格局。

为庆祝中国共产党建党 100 周年，营销服

国家电网电商公司（卓越营销）共产党员服务队进小区推广“网上国网”App

务党支部将党史学习教育同推动工作结合起来，依托全国各属地员工地域优势，持续深入开展“寻初心”主题实践活动，通过走访20余处红色教育基地，取材成影，编制《寻初心·党史学习教育影音读本》，为全体党员干部职工提供立体式、体验式、沉浸式学习平台，使党史学习教育有声有色。为深化共产党员服务队建设，国家电网电商公司（卓越营销）共产党员服务队以“葆初心”为主题，通过充分了解客户需求，严格落实优质服务管控措施，高质量解决客户诉求，推动“为民办实事”落实落地。围绕党史“学习教育+队伍建设”，策划“守初心”主题活动，通过制定“阳光监督员”工作制度，引导干部职工发挥各自专业、岗位优势，推动形成各方监督优势互补、协调贯通的良好局面。

创新融合，汇聚强大合力

营销服务党支部始终将创新作为发展的第一动力，把握创新点，提升管理水平，加强沟通协调，充分发挥党支部的战斗堡垒作用和党员的先锋模范作用，把党的优势转化为业务推广的创新优势、发展优势和竞争优势，不仅发掘现有的平台资源，更是借助属地优势，持续推进党务业务深度融合，使党建工作软实力变为硬指标，全面开拓市场，不断推动各项工作取得新成就。

2021年上半年，通过协调推动国网电商公司与14家省市电力公司、直属单位、外部企业签订战略合作协议，形成227项合作事项。加快构建针对核心客户群体，有效推动经营业绩提升。坚定“专业专注、协作融合”的服务理念，坚守“客户需求枢纽、业务拓展引领、多元合作共赢”的工作思路，全面建设高素质专业化的市场营销人才队伍，加快合资公司实体化运作，完成共计7家合资公司筹备组建，实现以营销拓展拉动公司业绩整体提升，打造营销统一服务品牌形象，以优质服务带动公司品牌统一传播。

党的建设，永远在路上，过硬党支部建设更是永无止境。营销服务党支部将继续以习近平新时代中国特色社会主义思想为引领，抓住新机遇，迎接新挑战，迈出新步伐，开创新局面，用奋斗书写无悔青春。

建强支部堡垒　引领全面发展

——记国网物资公司技术支持部党支部

成立时间：2012 年 2 月　　**党员人数**：11 人

书　　记：于　胜　　**委　　员**：刘　昕　邹慧安

- 2017 年　国家电网公司青创赛铜奖
- 2019 年　国家电网有限公司青创赛金奖
- 2019 年　国家电网有限公司先进集体
- 2020 年　国网物资公司先进集体

"为贯彻落实公司信息化运维降本增效工作方案，部门主动缩减信息化运维人员，成立了公司信息化运维客服热线。目前，客服热线已正式启用，但公司原定接听热线人员暂未到位，现成立'信息一线运维服务'党员突击队，保障人员调整期间公司信息化运维工作正常开展。"国网物资公司技术支持部党支部书记于胜宣布。

为深入实施公司"党建+"工程计划，针对部门急难险重工作，成立由党员队伍组成的跨处室跨专业党员突击队。党员突击队由支部书记和委员带头，推动解决业务痛点和急难险重问题，充分发挥党员主动担当、带头攻坚作用。

自 2020 年以来，支部针对现代智慧供应链建设成果深度应用推进会、中电联电力物资委员会年会等重点紧急工作分别成立了党员突击队，均圆满高质量完成了工作任务，获得了公司高度肯定。党员突击队有效促进支部党建融入中心工作、凝聚核心力量、引领全面发展，为推动技术支持部各项工作高质量发展提供了有力组织保证。

担当作为，防疫复工做先锋

2020年初，来势汹汹的新冠肺炎疫情打乱了公司正常生产工作节奏，突然严格的隔离措施使大规模集中招评标工作陷入困境。“关键少数”要担当，关键时刻见初心，为保证公司招标采购业务正常开展，支部党员主动扛起责任，冲锋在前，全力攻坚信息系统应用建设、评标基地智能化建设等工作，为公司招标采购等各项工作正常开展提供坚强保障。

2月3日，支部多名党员纷纷火速返岗开展工作。疫情防控期间，线上办公、远程会议等信息系统应用需求爆发式增长，为满足使用需求，党员们带领团队建设八大功能订制化的物资网络会议系统，完成机房精密空调安装部署，解决7500余次信息系统运维需求，保障公司182台服务器与网络设备稳定运行，完成评标基地网络与硬件资源扩容，建成具有50项防疫功能的评标现场专家健康管理系统，累计为41个评标项目、2300名专家提供健康防疫保障。

● 支部党日活动

经过连续3个月周末、节假日无休，日均工作11小时坚守奋斗，国网物资公司多个招标采购项目通过线上直播等形式开标，实现投标人“零现场”参与投标，打响了中央企业大规模集中采购第一枪；依托网络会议系统采取“异地分散评标、远程网络协同”的新型组织模式，最大程度消除人员流动和聚集风险，为投标人员和评标专家提供健康保障。在大家的努力下，国网集中招标采购活动如期开展，保障了供应商生产订单的连续性，有效提振了供应商战胜疫情复工复产的信心，获得广大供应商的充分肯定和高度评价，人民网、新华网等多家主流媒体纷纷点赞报道。

思想引领，凝聚奋进发展力量

国网物资公司学习强国学习积分排行榜上，支部书记于胜常年排名榜首，带头坚持每天阅读、答题学习，支部全体党员纷纷加

● 支部党员开展远程异地音视频联调工作

入“日常打卡”常态化学习行列，形成“支部月度集中+日常打卡”常态化学习机制。丰富组织生活形式，支部采取“请进来走出去”方式，邀请兄弟部门开展业务交流，组织支部党员赴冀北公司党性教育基地、全球能源互联网研究院等参观学习，积极搭建良好沟通交流平台，进一步拓宽管理视野、开拓工作思路。组织支部党员人人讲党课，开展“学党史讲党史”系列活动，充分调动支部党员主动学习、相互交流积极性。“支部学习和主题党日活动内容充实、干货满满，起到了很好的教育和凝聚作用。”支部党员们这样评价。

文化铸魂，架起党群连心桥

支部高度重视思想文化建设，宣贯学习“六力”物资精神，重点建设公司首批企业文化建设示范点，组织开展“学习百年党史，明理增信崇德力行”思想文化项目，推动企业文化和“六力”物资精神融入部门中心工作和员工日常管理，凝聚团结奋进同心干的强大力量。积极发扬志愿精神，以实际行动为群众办实事，累计向北京棒球天使项目困境儿童捐款6500元，开展面向社区服务群众爱心斑马线活动志愿服务，累计党员志愿服务时长超过100小时。开展网络安全到基层宣传，发挥专业优势帮助公司全体职工维修电子设备，用心用情用力服务身边群众。

用心用情坚守服务保障一线

——记国网中兴公司北京贵都大酒店党支部

成立时间：2011 年 11 月　　**党员人数**：40 人

书　　记：杨艳勇　　**委　　员**：张　勇　穆　欣　周　研　刘　昭

- 2019 年　国网中兴公司党支部综合标杆
- 2019 年　国网中兴公司先进党支部
- 2020 年　国网中兴公司疫情防控先进基层党组织

4 月 30 日，中央企业党建带团建工作会暨五四表彰大会在贵都酒店顺利召开。“期待青山依旧，绿水长流，有缘再聚！”离店时分，会议筹备组赵先生向近一个月来辛勤付出的酒店工作人员送上了真挚的感谢信。

不忘服务初心，牢记保障使命。贵都酒店党支部在国网中兴公司党委的坚强领导下，紧跟环境形势变化，精准服务定位，努力做好“四个服务”（服务国网总部、服务在京单位、服务网省差旅、服务社会需要），优质高效完成国家电网有限公司重要会议保障 35 场，疫情防控期间，完成总部及在京单位 188 名员工疫情防控集中隔离任务，提供住房 3740 间/夜，送餐近万人次。

党员示范，急难险重挺在前

贵都酒店党支部党员认真学习贯彻习近平总书记关于国有企业党的建设相关要求，坚决团结带领广大员工服务保障国网发展大局，在重要服务保障任务中、在重点难点工作中，身先士卒、冲锋在前。

“作为一名党员，关键时刻咱必须冲在第一线。”这是酒店安保部负责人张光增经常挂在嘴边的一句话，工作中他也是这样做的。在疫情发生的重要关头，他逆向而行，带领部门及酒店防控工作小组奋战在最前线，舍小家为大家，整整三个月不曾休一天假。当酒店同事出现身体不适时，他亲自陪同到医院就诊；当敏感地区人员提前离店时，他主动请缨将客人送往车站。他始终将酒店“安全第一，服务至上”的工作原则发挥到极致，只要疫情不退，他就坚守岗位不退，以自己的实际行动践行了一名共产党员的初心和使命。

数字营销党小组召开讨论会

课题攻坚，提质增效显成效

围绕企业中心工作、结合党员岗位职责，贵都酒店党支部将党员划分成5个党小组，通过吸引优秀青年员工参与，实现党建与业务深度融合。

数字营销党小组推出“嘟嘟西饼”餐饮产品，实现增收47万元，并与华侨大学、济南大学深入开展校企合作，围绕现代管理方式及数字营销进行深入研究，推动酒店“贵都汇”线上服务平台上线；提质增效党小组利用减税惠企政策，促进节支700余万元；节能降耗党小组加强新技术在节能改造中应用，推动太阳能发电在酒店景观灯中的应用，推动酒店能耗率保持在5%左右（行业平均7%~8%）。

服务工匠，志愿服务新风尚

贵都酒店党支部组织党员、骨干与时代楷模张黎明、王传喜现场座谈，分享初心故事，凝聚奋进力量。并评选出酒店11名服务工匠，用身边人的奋斗故事，引导全员始终牢记为国家电网提供后勤服务的职责使命。

胡爱香，一名普通的客房楼层服务员，不高的个子，淳朴的笑容，略带家乡口音的普通话，却是酒店人人学习的"服务工匠"。她不仅能在3分半内高质高效地完成做床任务，还能在6月高考期间，一天就收获4条赞扬网评。"简单的事情重复做，重复的事情用心做"，胡爱香是这句话最好的践行者。日常忙碌的服务工作，挡不住她关爱社会、参与志愿服务的热忱，若不是同事偶然碰到，谁都不会想到她还参加了世园会、敬老院、平安地铁等各类志愿服务，并获得了"北京市五星级志愿者"荣誉称号。在她的带动下，酒店先后多人参与到社会志愿服务中，把责任扛在肩上，把关爱延伸到社会。

● 升级改造后的员工健身房

关心关爱，员工满意热情高

贵都酒店党支部不忘初心、牢记使命，把"员工与宾客的双向满意和感动"作为自身不断努力的方向。围绕中心工作定期开展座谈会、问卷调研，广泛征求意见，切实解决员工及宾客关心关注的问题100余项，先后增设员工健身房、休息室，组建篮球队、瑜伽队等6个兴趣小组，引导员工积极健康的生活方式；在宾客中开展"健步走换好礼"活动，先后有3000余名宾客参与活动，并被众多培训机构作为行业典型案例进行推广，实现了员工与宾客满意度双提升。支部战斗堡垒作用也日渐凸显，近三年，酒店累计接待宾客40余万人，服务总部及在京直属单位各类会议4000余场次，收获宾客表扬信800余封，携程网宾客评价保持在4.8分（5分满分），宾客满意度高达99%，先后荣获国家电网及酒店行业的多项荣誉。

以史为鉴，开创未来，赓续奋斗，强国有我。贵都酒店党支部将继续紧紧围绕国家电网有限公司发展大局，始终牢记国网中兴公司党委赋予的服务保障使命，专业专注，用心用情，冲锋战斗在酒店服务保障的第一线，为建设行业领先的现代专业服务公司再立新功！

担共产党员使命　筑电网安全长城

——记许昌许继软件技术有限公司继电保护研发部党支部

成立时间：2018 年 12 月　　**党员人数**：38 人

书　　记：李宝伟　　**委　　员**：余高旺　闫志辉

- 2017 年　许继集团先进班组
- 2019 年　许继集团先进基层党组织

2019 年 10 月 30 日，许继研制的我国首套 10 千伏全国产芯片线路保护装置投入试运行；

2019 年 11 月 28 日，许继研制的我国首套 500 千伏全国产芯片线路保护装置投入试运行；

2020 年 4 月 3 日，许继研制的 220 千伏全国产芯片线路等保护装置投入试运行；

2020 年 7 月 13 日，许继研制的 1000 千伏全国产芯片线路保护装置投入试运行；

2021 年 3 月 27 日，在中国电机工程学会组织的项目鉴定会上，鉴定委员会一致认为，许继研制的 800G 系列全国产芯片保护控制装置整体处于国际领先水平。

这就是许继全国产芯片保护产品研发的一个个里程碑，也是许继集团在保卫电网安全上的成绩单，在这个成绩单的背后是一个勇于创新、敢于拼搏、乐于奉献的团队——许昌许继软件技术有限公司继电保护研发部党支部。

勇于创新　弘扬共产党人担当精神

在继电保护研发部党支部，稳控产品研发党员突击队勤恳钻研、锐意创新。在他们身上，闪耀着“创新”“实干”“技术担当”这些青春最美的符号。

青春不负韶光，汗水铸就楷模。面对工程经验缺乏，专业技术知识储备不足等技术难题，党员突击队始终以“创新驱动、借脑引智”为导向，队员白申义多次赴浙江、安徽、河南、山东等省份进行技术交流，2018 年下半年累计和电力公司、设计院交流 40 余次。有时候用户和设计院技术方案文档要的急，列车、候车室就是他的临时办公室，经常是白天与用户交流，晚上完成方案文档编制，第二天再与用户交流，就像一只上满了发条的时钟，一刻也不停歇。在突击队的共同努力下，许继集团的稳控系统设备终于实现零的突破，填补了许继在大电网安全稳定控制领域的市场空白。

创新的过程从来就没有一帆风顺的，稳控设备在通信和业务方面存在许多技术难点，但这都不是阻止突击队前进的障碍。队员们对遇到的难题仔细分析，悉心钻研，一个个技术难点变成了头上的一根根白发，队员们之间经常互相调侃：“你的白头发又多了啊，离专家的距离又近了一步。”就这样，难题解决了，半年来团队累计申请发明专利 15 项，用“实干”与“创新”诠释着党员突击队“技术担当”的本色。

“精诚所至，金石为开”。在稳控产品研发党员突击团队这种不屈不挠的创新努力下，实现了许继集团稳控系统设备的首台首套供货，研制的精准负荷控制系统设备鉴定为“系统设备总体技术指标居国际领先水平”。

敢于拼搏　牢记共产党人时代使命

为贯彻国家安全总体战略部署，实现电力系统二次系统关键核心设备的全面自主可控，保护装置的国产化被提上日程。芯片封锁的形势日趋紧张，刺激着每一位研发人员的神经，一定要快速研发出性能不低于现有设备的全国产芯片的继电保护产品。

继电保护党支部迎难而上接受了这个任务，经支委会讨论决定，由支部党员李旭、王智勇、赵呈轩、方正等组成党员突击队，全面开展全国产芯片保护产品研发。从那一刻起，部门的会议室就被他们“霸占”了，从平台架构到应用逻辑，没有一个细节是不需要详细论证的。要理清大量的逻辑关系，电脑远没有在白板上手写来得快，会议室每天都能写干几只白板笔。

2019 年 11 月，许继研发的国内首套 500 千伏全国产芯片线路保护在安阳洹仓变挂网，就在投运前两天，厂内长期烤机环境装置的一条“纵联通道短时中断后恢复告警”日志引起了设计员的注意，大家马上开始讨论，并一致认为：“坚决不能放过一个问题，必须在投运前将隐患排查掉。”经过三十多个小时的排查及修改验证，终于在投运当天凌晨 3 点完成了软件修改。凌晨 4 点，开往洹仓变的车已经等待在楼下，突击队员方正同志拿着烧好程序的板卡说：“我比较熟悉线路保护，我去现场更换吧！”就这样，连续加班2天的方正同志又踏上征程，完成了板卡更换及验证工作，挂网设备顺利投运。

2020年7月8日16时02分，挂网的500千伏全国产芯片线路保护首次经历实际故障，保护正确动作，动作时间比运行设备还要快1毫秒，关键技术指标优于运行设备，这也是国产化保护在电力系统中交出的第一份答卷。

这些只是国产化保护装置研发中的一个个小小缩影，国产化保护研发党员突击队从零做起，采用全国产自主芯片和元器件，完成了全电压等级、全系列自主可控继电保护装置研制和挂网试运行，捍卫着电网设备的安全。

乐于奉献 永葆共产党人政治本色

2019年，国家电网有限公司推动自主可控安全可靠新一代变电站方案实施落地，开始对国网技术学院原有实训220千伏智能变电站进行整体改造。

方案采用自主可控全新架构，大多都是从零开始，很多技术细节都需要详细论证，2019年底，方案到了关键时刻，作为许继的项目负责人，共产党员王晓锋早已把北京当成了第二个家，3个月中有80多天都在北京。每当别人问他刚满3岁的女儿：“你爸爸在哪？”她总是用稚嫩的声音自豪地回答：“我爸爸在天安门。”

2021年初，变电站的改造进入了实施阶段，为了保障变电站顺利投运，支部成立自主可控产品研发党员突击队，王晓锋、方正、胡彦民、赵剑松等党员作为技术支持，赶赴变电站现场开展设备调试工作，克服工期紧、任务重、技术新等困难，26天完成了整站工程调试，2021年2月2日试送电成功。

变电站投运后需要对变电站二次设备的运行进行考核，对变电站二次系统整体性能及支撑调度和集控站业务能力进行全面验证，这是一个长期的任务。这时候，胡彦民站出来了，“这个站是我和剑松调试的，他家孩子小，不适合长期出差，我留在这里配合验证吧。”其实，胡彦民家的孩子也不过比赵剑松家的大1岁。

正是共产党人的这种奉献精神，推动着国内继电保护技术的蓬勃发展，目前，国网技术学院实训变电站已稳定运行150多天，完成验证场景32个，形成测试数据2100多页，胡彦民也在实训站坚守了170多天。

党员在实验室查找问题

做好特高压交流工程建设的先行官

——记国网交流公司工程管理部党支部

成立时间：2016 年 4 月　　**党员人数**：11 人

书　　记：倪向萍　　**委　　员**：王小松　刘　波

- 2016 年　国家电网公司直属党委先进党支部
- 2019 年　国家电网有限公司特高压工程建设先进集体
- 2019 年　国网交流公司电网先锋党支部
- 2020 年　国家电网有限公司特高压工程建设先进集体

国网交流公司工程管理部党支部坚持以习近平新时代中国特色社会主义思想为指导，持续加强党支部"三基"建设，推行"党建+电网建设"落地，攻克多项工程技术难题，优质高效完成建设任务，持续提升管理专业能力。

党史学习教育出实招，支部"三基"建设显成效

"我志愿加入中国共产党……为共产主义事业奋斗终身！"支部党员在双清别墅现场重温入党誓词，讲述党史故事，身临其境感受中国共产党发展的光辉历程，受到了深刻的思想政治洗礼。

为了扎实开展党史学习教育，工程管理部党支部制定了年度学习计划并严格执行，充分利用国网"云课堂"等教学资源，丰富学习方式和内容。同时，利用主题党日组织开展红色教育、主题读书班、主题观影、党史知识我知道、党史故事我来讲等特色活动。开展支部结

● 工程管理部党支部与普瑞科技开展支部共建

对研学，全面学习我国电力工业发展历程，进一步领会中国共产党百年奋斗的光辉历程，引导党员学史明理、学史增信、学史崇德、学史力行。

持续加强党支部“三基”建设。充分发挥党支部战斗堡垒作用，规范支委会研究决策机制，超前谋划支部全年工作，研究制定重点工作计划，全面推进组织、宣传、纪检、群团等各项工作。严肃党内政治生活，严格执行“三会一课”制度，扎实完成发展党员工作，目前已经实现了部门党员的全覆盖。深入开展“学党史、悟思想、办实事、开新局”活动，筑牢党支部全心全意为人民服务的根基。

“党建 +”落地见效，优质高效完成建设任务

作为特高压交流工程建设管理部门，面对多项直管工程任务，工程管理部党支部始终将“党建 + 电网建设”要求落实到每位党员行动中，切实把党建优势转化为推动工程建设的强大动力。

2020 年，国网交流公司负责张北站、南阳扩、蒙西扩、长治扩、芜湖扩 5 项工程建设。春节期间，面对突如其来的新冠肺炎疫情，工程管理党支部坚持疫情防控和工程建设两手抓，一方面落实居家办公要求，另一方面坚持每日召开视频会议，及时掌握工程所在地的防疫要求，科学编制工程现场疫情防控工作方案，统筹调配防疫物资；跟踪工程参建人员的健康状况和工程设备的生产运输计划，动态开展工期影响评估，合理制定复工复产方案；统筹开展参建队伍和设备物资调配，科学制定工程进度计划。克服重重困难，确保在建工程实现“双零”目标，3 月 10 日全面复工，年内顺利投运，兑现了对国家电网公司党组的庄严承诺。

作为“党建 + 电网建设”的重要举措之一，工程管理部党支部不断加强与业务相关单位党组织的联建联创，以党建工作为纽带，促进技术交流、增进理解认同、深化协同合作，打通工程建设的沟通渠道，与华北网调党支部的联建活动，大大提升了工程调度提资和停电计划协调的效率；与沈变、平高等设备厂家的技术

交流，帮助双方共同提升工程建设质量管理水平。

旗帜领航、提质登高，攻克工程关键技术难题

多年来，工程管理部党支部始终坚持科技创新，引领特高压交流工程高质量建设。在工程现场，1000千伏GIS安装用移动厂房正发挥着巨大作用，能够实现全天候现场作业，同时保证设备安装环境和质量达到工厂级，这正是工程管理部党支部的创新成果之一。

在苏通GIL综合管廊工程建设过程中，工程管理党支部研发应用了GIL运输与安装专用机具，开发了基于全三维设计和物联网技术上的设备管控平台，解决了隧道空间GIL安装的难题，助力建成世界上电压等级最高、输送容量最大、输电距离最长、技术水平最先进的GIL输电工程。

随着新时代特高压升级版目标的提出，工程管理部党支部正在组织设备厂家和参建单位开展主设备现场安装升级版工作，形成油浸设备安装全过程管控、GIS移动厂房优化提升、GIS气务处理一体化机具、主设备智慧管控平台等一系列成果，开始工程试点应用，使得特高压主设备安装向机械化、自动化、智慧化方向升级。

在国家电网有限公司“一体四翼”总体布局下，工程管理部党支部正以饱满的热情和昂扬的斗志，扎实推进“旗帜领航·提质登高”行动计划，深入开展“党建+电网建设”，为打造新时代特高压升级版工程、加快建设具有中国特色国际领先的能源互联网企业贡献力量。

工程管理部党支部在双清别墅开展红色教育

全力打造服务型党支部

——记国网经研院第一党支部

成立时间：2016 年 9 月　　**党员人数**：24 人

书　　记：李敬如　　**委　　员**：赖清平　张晶晶　薛振宇　屠念念

- 2016 年　国网经研院先进集体
- 2017 年　国网经研院先进集体
- 2019 年　国网经研院电网先锋党支部

国网经研院是公司电网规划和工程设计技术归口单位，主要承担电网规划、重大工程设计、项目评审、技术经济及相关领域的创新研究工作。经研院第一党支部由党委办公室和党委组织部的党员组成，始终坚持以党建工作为统领，着力提升基层党组织为民服务水平，努力把抓党建成效体现在惠民生、促发展的工作实践中。

坚持服务中心工作、服务党员队伍、服务职工群众

党委办公室和党委组织部作为经研院管理部门，日常管理工作较多，支部书记李敬如、副书记赖清平在工作中时常嘱咐支部党员，要牢记党员身份，立足业务工作，处理好管理与

服务、规范与效率、守正与创新的关系，始终把服务全院发展中心工作、服务建好党员队伍、服务基层职工群众放在心上，不断增强推动院长远发展的凝聚力和向心力。全体支部党员高度认同以服务为中心的工作理念，不断改进工作方式方法，在会议服务、文稿撰写、外事管理、绩效考核等方面，倾听基层群众意见建议，深挖形式主义根源问题，力争把每一项工作做细、做实、做好，在高质高效推动业务工作的同时，用心解决群众关心的难事、难题。

坚守一线抗击疫情

回想2020年，面对突如其来的新型肺炎疫情，为保障全院疫情防控和经营管理工作平稳有序，第一党支部全员上下第一时间整装待命，以坚定扎实的行动、决战必胜的信心，投入到了一场没有硝烟的阻击战中，把党组织的战斗堡垒筑扎在了疫情防控工作最前沿。面对紧迫的疫情防控任务，支部书记李敬如克服几个月前才经历手术、身体尚未完全恢复的困难，义无反顾地站在抗击疫情最前沿，在疫情防控关键窗口期坚守岗位，确保每项防疫任务落实到位。在领导的率先垂范下，支部党员积极响应、主动请战，放弃春节假期和家人团聚的机会，陆续从各自小家快速集结。为抓紧抓实抓细疫情防控工作，使上级疫情防控要求及时传达、迅速落实，支部党员自大年初五起，连续奋战在岗位一线，制定疫情防控和复工复产方案、筹集防疫物资，以高效的节奏、果断的行动、严明的纪律，交出了一份合格答卷。他们虽不是医院抗击疫情一线的“白衣天使”，却是防控战线合格的“防控兵、保障员”，平稳有序的疫情防控一项项措施渐次落地，让大家吃下了一颗定心丸，也得到了公司领导调研时的充分肯定。

● 第一党支部党员为院员工配发防疫物资

深入推进党史学习教育

党史学习教育开展以来，第一党支部高度重视，精心组织，组织收听收看习近平总书记“七一”重要讲话，用好用活红色教育资源，在支部书记带领下，全体党员重走红军长征路，在红色教育基地开展集中学习和研讨交流，结合实际开展座谈会、读书活动、知识竞赛等主题突出、特色鲜明、形式多样的学习活动，深入学习习近平总书记重要讲话精神和党史学习教育指定学习材料，自觉从党史中汲取理论力量和思想力量。同时，第一党支部主动听取业务部门意见建议，不断找准学习教育与自身实际的结合点、找准推进工作的切入点、找准解决难题的突破点，以“为基层办实事”“为职工送温暖”为契机，用日常工作的十分用心，在解决群众“急难愁盼”问题上主动担责、找准问题、真改实改，努力在推动企业高质量发展，服务中心工作、服务党员队伍、服务职工群众中取得了实效实绩。

为张北直流电网安全运行构筑“防火墙”

——记联研院直流输电技术研究所第二党支部

成立时间：2019 年 12 月　　**党员人数**：21 人

书　　记：高　冲　　**委　　员**：王　航　别晓玉

- 2015 年　中国专利金奖
- 2016 年　国家技术发明二等奖
- 2017 年　北京市科技技术奖一等奖
- 2017 年　浙江省科技进步奖一等奖
- 2020 年　国家电网有限公司特高压工程建设先进集体

2020 年 6 月 25 日，世界首个直流电网工程——±500 千伏张北柔性直流电网试验示范工程四端带电组网成功，标志着我国在柔性直流电网领域实现了技术引领。

高压直流断路器是柔性直流电网安全运行的“防火墙”。联研院直流输电技术研究所第二党支部是张北直流电网高压直流断路器研制团队的核心力量。多年来，直流所第二党支部紧紧围绕直流电网核心装备研制工作方向，刻苦攻关，“混合式高压直流断路器关键技术及应用”项目先后获得北京市技术发明一等奖 1 项，国家电网有限公司专利一等奖 1 项。他们

● 支部党员在先进输电技术国家重点实验室讨论试验故障原因

通过自己的实际行动和斐然成果为推动我国直流电网技术发展做出了卓著的贡献。

瞄准前沿，下定决心不怕困难

高压直流电网可实现大规模风电、光伏等清洁能源的灵活可靠消纳。20 世纪 50 年代以来，世界上已有上百个直流输电工程投运，但大多采用点对点形式，高压直流断路器的缺乏制约了直流输电向网络化的方向发展。建设高压直流电网，迫切需要研制能实现高电压大电流快速分断的高压直流断路器。

当时，国际上尚无相关装备工程应用经验。面对我国直流电网建设的现实需求和严峻技术挑战，直流所第二党支部敢为人先，迎难而上，组织带领党员群众开展了混合式高压直流断路器的技术攻关工作。

能打胜仗，青年党员突击队显身手

直流所第二党支部成立了"张北直流断路器研制"青年党员突击队，按照专业技术方向划分党小组，在混合式高压直流断路器研制中充分发挥了基层党支部的战斗堡垒作用和党员同志的先锋模范作用。

直流开断机理研究是高压直流断路器研制工作的基础和核心，直接决定了断路器的工作性能和技术经济指标。"开断机理"党小组开展完成数百次研讨、几千次仿真、几百组试验。他们反复问自己："能不能进一步优化，是最好的方案吗？”为了能给出一个肯定的答案，小组党员进行了几百个日夜的埋头苦干。他们多次因为沉浸在方案讨论中而误了餐厅的开饭时间；上下班班车、午餐桌前都成了小组党员的临时会议室；有的党员半夜里的潜意识思考产生了灵感，他们马上起床联系大家开展讨论。终于，他们交出了完美的答卷，提出了级联二极管全桥拓扑，解决了 25 千安电流人工零点构建的难题，直接降低装置成本超过 30%。

样机研制中，动态绝缘问题成了项目推进的拦路虎。直流超高速分断将引起极严苛的动态电气应力，试验中出现了很多研发设计阶段未能预见的绝缘问题。“装备集成”党小组长期驻扎在试验现场，一方面从理论上分析动态绝缘问题产生的原因，另一方面通过试验排找隐患复现放电。夏季的北京，试验大厅温度达 42℃，黄豆大的汗珠从每个人的脸上流下；有的党员在长期驻扎回到家以后，孩子问他：“爸爸，你的胡子怎么那么长啊？”经过试验现场几个月的摸爬滚打，他们解决了全部隐患，不仅摸清了高压直流断路器绝缘失效机理，还积累了丰富的具有重要指导价值的技术经验。

克服疫情困难，支撑建设世界首个直流电网

2020 年初，新冠肺炎疫情暴发，给张北直流电网设备调试带来了巨大挑战。为了按照原定计划完成高压直流断路器的调试工作，工程现场的同志们加班加点，总是早上第一批到、晚上最后一批离开，初升的朝阳和夜空的星星是他们路上永远的旅伴。2020 年 6 月，张北直流电网工程成功带电组网，这是世界上第一个投运的柔性直流电网工程，它将为 2022 北京冬奥会提供 100% 的绿色清洁能源！

张北直流电网工程投运后，直流所第二党支部积极组织开展多馈入直流抵御换相失败换流阀、多端口混合直流断路器等新型直流电网装备研制，他们已经踏上了直流电网装备技术攻关的新征程。

建强“精益”党支部，助力一流企业党校建设

——记国网党校（国网管理学院）综合党支部

成立时间：2019 年 4 月　　党员人数：7 人

书　　记：张贯一　　委　　员：洪　露　朱心慈

•2021 年　国家电网有限公司劳动模范

一个支部一座堡垒，一名党员一面旗帜。国网党校（国网管理学院）综合党支部将精益管理理念融入支部建设过程之中，立足党校职能定位、用好党校特色资源，持续深化“精益党支部”建设，以优质的服务、先锋的形象、高质的成果，为一流企业党校贡献力量。

以精益标准抓好优质服务

“我们每一名党员的工作作风和态度代表着党校的形象，综合党支部在各项服务保障任务中发挥着中枢协调的重要职能，必须高标准严要求”。2020 年，在常态化疫情防控的形势下，党校的会议任务和培训安排不减反增，面对服务保障任务，综合党支部的党员没有退缩。

坚决做到重要收文第一时间批转、重要会议第一时间组织、重要信息第一时间报送、重要任务第一时间落实，超负荷、高效率保障党校运转。每到公司重要会议和重大活动，综合党支部办公室的灯总是亮到很晚……

“作为推进一流企业党校的中心轴，我们要以高度的政治自觉站位大局、服务全局，发

挥好参谋助手、综合协调、督察督办、信息报送等作用。”综合党支部注重发挥信息“直通车”作用，聚焦公司领导重要指示批示，有力有效抓好信息报送、提出政策建议。同时，积极参加党校共产党员服务队，圆满完成公司“两会”、年中工作会、科技创新大会等10余次高规格会议服务保障工作，完成20余家系统内外单位调研接待，打造国网党校特色窗口形象。

以学立本加强党性教育

“新时代央企的高质量发展，离不开坚定的信仰和深厚的文化，而党校就是党员干部接受理论熏陶、传承红色基因的红色殿堂。”综合党支部党员在聆听了党史学习教育专题党课后说到。自党史学习教育开展以来，综合党支部把党史学习教育与各项日常工作紧密结合，结合重点学习内容，以周为单位，制定党支部集中自学计划，确保学习“时间、内容”落地见效。

“党校姓党、旗帜领航，学党史、感党恩、永远跟党走”主题党史教育课

● 支部开展党史学习教育主题党课

“提高学习质量重点在加强学习的针对性和有效性，提炼好学习内容、创新好学习形式十分必要。”开展集体研读、组织交流分享、进行现场教学……综合党支部多种方式学好、用好、讲好党的百年历程。盘活用好优势资源，联合中央党校专家，开发党史学习教育系列微课，由综合党支部编写《党校典型案例警示教育简报》和《加强新时代党的作风建设》等专题学习材料，为党校各支部开展学习提供参考。

以干固本加强组织建设

“我志愿加入中国共产党，拥护党的纲领，遵守党的章程，履行党员义务，执行党的决定……”6月19日，国网党校综合党支部全体党员佩戴党徽，精神抖擞，通过网络连线国网能源院第一党支部，一起重温入党誓词。宣誓的声音透过屏幕、穿越千里，铿锵有力、充满激情。

国网党校坚持强化党建引领，注重支部堡垒建设，扎实开展党支部结对联创活动，着力创造协同共建、资源共享、联动共赢的基层党建格局。综合党支部作为国网党校重要中枢协调部门，积极开展党员“一带二”活动，大力推动“精益”支部建设，注重与国网系统党校各单位合作，共享优势资源和共同开发课程，共同推进一流企业党校建设。

公家之利　知无不为

——记英大集团第一党支部

成立时间：2015 年 6 月　　**党员人数**：14 人

书　　记：张　雷　　**委　　员**：庞　潇　王鸿浩

- 2015—2016 年　英大集团先进党支部
- 2016 年　国家电网公司先锋党支部
- 2017—2018 年　英大集团先进党支部
- 2019、2021 年　英大集团先进党支部

英大集团第一党支部是由办公室（党委办公室）、人力资源部（党委组织部）两个负责服务保障的后台部门组成。面对敏感紧迫、琐碎繁杂的各类行政后勤、人资人事工作，第一党支部全体党员想公司之所想，急群众之所急，“公家之利，知无不为”，在本职岗位上实现理想，在平凡工作中勇攀高峰。

事关群众安危，我们迎难而上

2020 年，突如其来的新冠肺炎疫情席卷全国，身处北京且作为金融单位疫情信息汇总牵头单位的英大集团面临着巨大的疫情防控压力。疫情来势急，如何在最短的时间为英大集团构筑起防疫屏障？

● 第一支部党员为群众发放抗疫物资

各类口罩12700个、消毒液44桶、洗手液及医用消毒凝胶液各300瓶，消毒湿巾1500包（30000片），手持喷壶200只……这些数据的背后，是一支部党员们在防疫物资紧张的情况下，夜以继日、多方筹措的结果。

新冠肺炎疫情形势严峻时，为避免人员的聚集，公司食堂取消了集中就餐，第一支部党员们每日去食堂取回公司所有员工的早饭、午饭进行分发，让员工在工位分散就餐，避免了交叉接触。每人一份、每日两趟，取来的是英大集团疫情防控成功的保障，取不尽的是一支部党员冲锋在前的担当。当新冠肺炎疫苗启动接种后，英大集团办公室第一时间联系驻地有关部门，精心安排，组织公司员工及直管单位员工分批开展疫苗接种，确保不漏一人，应接尽接。每一项疫情防控措施事无巨细的背后，都体现了一支部党员默默奉献，勇挑重担的缩影。

事关群众生活，我们苦干快上

“民生无小事，枝叶总关情。”这是英大集团为员工办实事主题活动中，员工代表在接过周转房钥匙后的感言。6月21日，来自北京、上海两地的公司新入职职工、异地交流人员拿到了公司为他们提供的周转房、公租房钥匙。

2021年5月，辛保安董事长在调研英大长三角金融中心时，作出了关心关爱职工的工作指示。针对新入职职工、异地交流人员临时居住困难，一支部贯彻党史学习教育要求，根据英大集团党委为员工办实事、解难题工作部署，迅速行动，胡楠、姜林池等人冒着酷暑，深入住所实地考察，反复比较寻找合适的周转房，尽最大可能让员工能够住得方便、住得舒心；协调上海市相关部门，多方联系为员工办理公租房手续。当员工拿到钥匙，亲眼看到公司为他们提供的房间质朴温馨、干净雅致、通勤便利，无不满怀喜悦之情，无不感受到公司的用心、感受到组织的温度！在这温暖的任务背后，离不开一支部党员的默默付出。

事关群众利益，我们竭尽全力

企业年金制度，事关员工切身利益和企业长远发展。为使企业年金有效发挥基础保障和引留人才的双重功能，秉承体现公平、兼顾效率的原则，英大集团深入开展企业年金方案调整工作。

“员工事、无小事”。从启动调整企业年金方案的那一刻起，无数个夜晚，一支部党员们伏案研究、反复测算、横纵相较、深入宣贯，终于在年底攻坚阶段保障年金调整方案一次性顺利通过北京市人社局批复，实现了年金分配政策从保障性向激励性的转变。

● 支部党员与国网大学专业团队研究开发英大金融学院

企业年金政策的调整相应带来以前年度年金的清缴工作。面对这项细碎而责任重大的工作任务，一支部党员们以高度负责的态度，严谨对待。张灿、姜瀛等同志通过对2018年以来公司近300人次逐一清算年金补缴金额、建立清缴销号台账，实现补缴一人、销号一人。同时，合理维护调动及离职人员权益，点对点主动对接系统内外部单位20余家，一人一策制定清缴对接方案，切实维护员工切身利益。

事关群众诉求，我们不遗余力

2020年初起，新冠肺炎疫情防控的刚性要求，严重影响和限制了公司员工培训学习计划开展。如何满足员工对提升素质技能的诉求，成为英大集团亟须解决的问题。为解决这一矛盾，英大集团研究开展数字化和智能化学习新模式，积极探索、着力构建在线学习平台。

一支部党员与国网大学专业团队深入研究、反复磋商，几易其稿，历时15天迅速提出英大金融学院建设方案。2020年12月15日，由英大集团和国网大学联合组建攻关团队，全面启动英大金融学院开发工作，谭树华等同志加班加点，多次实地调研建设需求，反复优化界面设计，推动定制化功能部署、集中化系统开发、专业化资源建设等各项工作齐驱并进，经过35天夜以继日的不懈奋战，英大金融学院如期建成。

建成只是开始，建好更要用好。英大金融学院上线以来，已先后组织绿色金融专题培训、党史学习暨能力作风建设培训和“双碳”专题讲座直播等多层级类别在线学习，集团各单位数千员工因此受益。英大金融学院集资源归集平台、在线学习平台、培训管理平台、宣传推广平台于一身，助力金融数字化转型、打造高素质金融人才队伍，将为金融事业发展汇聚新力量、增添新动能。

履行央企社会责任　践行保险经纪人职责

——记山东英大保险经纪有限公司党支部

成立时间：2017年7月　　党员人数：8人

书　　记：王　震　　委　　员：刘国蓉　褚　建

- 2018年　国家电网有限公司先进班组
- 2020年　英大长安先进集体
- 2021年　英大长安先进党支部

“你们是我们电网公司的坚强后盾、娘家人。”“向贵公司在属地化服务中为我公司提供的优质保险经纪服务表示诚挚的感谢。”国网山东省电力公司平度市供电公司、莱西市供电公司等单位陆续向山东英大保险经纪有限公司发来感谢信，来自客户的赞赏是对山东英大保险经纪有限公司党支部工作最大的肯定。山东英大保险经纪有限公司党支部成立国家电网英大长安（服务之星）山东公司共产党员服务队，充分发挥党支部战斗堡垒作用，开展系列先锋活动，助力企业提质增效。

维护电网资产安全　急难险重我先上

近年来自然灾害频发，山东英大保险经纪有限公司党支部落实“主动、贴身、专业”的服务理念，党员同志发挥先锋模范作用，急难险重任务面前第一时间奔赴受灾现场开展查勘和协助索赔工作。

四川省九寨沟县发生7.0级地震后，客户单位在九寨沟的项目严重受损，地震发生后的十天内余震总数达4799个。党员示范岗褚建不畏艰险，在地震发生后第十天就赶赴受灾现场。由于航班停航只能沿公路进入九寨沟，从成都出发四百多千米的路程历时九个多小时才到达，一路上落石不断。此后褚建带领班组先后九次赴地震现场，组织客户与承保公司召开保险索赔协调会。无数个夜晚，他们与客户在会议室研讨受损工程的修复方案。最终成功协助客户索赔1.46亿元，为客户历年来最大单笔保险赔款。

超强台风“利奇马”登陆山东后，山东英大保险经纪有限公司党支部立即启动应急预案，成立以党支部书记为组长的查勘小组。查勘小组一周驱车1000多千米，星夜兼程，走遍受灾严重的5个地区，全面记录损失情况。在查勘一座110千伏变电站时，水深达到1.5米，水中布满了附近工厂泄漏的石油，漂浮着牲畜家禽的尸体。刘春辉忍着恶臭爬上装载机，站在满是泥泞的铲斗里淌着洪水进行查勘。每处灾区查勘工作都异常艰难，他却笑吟：“红军不怕远征难，万水千山只等闲。”查勘小组先后21次奔赴灾区，无数个周末和节假日都在协助索赔一线。最终协助客户达成赔付协议约1.47亿元，为客户历年来最大单笔保险赔款。

维护电网安全，处处活跃着共产党员服务队的身影。6月，协助国网山东电力成功举办安全生产月主题活动；8月，前往暴雨受灾严重的沂南、莒南县查勘；10月，赴江西南昌、抚州市鄱阳县、余干县等洪涝灾害严重的项目工地进行查勘。

开展“党建＋保证保险”践行普惠金融我先行

山东英大保险经纪有限公司党支部积极履行社会责任，践行普惠金融理念，成立以党支

● 共产党员服务队在国网山东电力举办安全生产月主题活动

● 共产党员服务队在济南文明城市创建中提供志愿服务

部书记为组长，党员为骨干的业务小组，大力开展“党建 + 投标保证保险”和“党建 + 履约保证保险”。

业务开展初期，保险公司的现有条款无法满足国家电网公司招标要求。业务小组多次走访座谈，与保险公司力争保险条件。由于很多保险公司第一次承保此险种，投保流程较复杂。为协助供应商完善投保资料，小组成员每天工作到深夜，供应商咨询电话响不停，电脑更是随身携带。作为保险经纪人，还要负责保单的查验工作。招标项目往往从周末开始收取标书，小组成员舍弃陪伴家人的美好时光，在开标大厅度过了无数个周末和节假日。

功夫不负有心人，在业务小组全体成员共同努力下，2020 年协助 3000 余家供应商办理投标保证保险 13000 余件，释放保证金约 18.22 亿元，协助 130 余家供应商办理履约保证保险 381 件，释放保证金约 1.51 亿元。保证保险的推广解决了中小微企业融资难、资金占用大等问题，降低了中小微企业负担，促进了疫情防控，增强了供应链稳定性。

初心使命促高质量发展　实干作为显新金融担当

——记英大信托电网事业部党支部

成立时间：2017 年 10 月　　**党员人数**：16 人

书　　记：左土民　　**委　　员**：刘晓明　张　宇　高　杨　齐　甜

- 2018 年　英大信托先进党支部
- 2019 年　英大信托先锋党支部
- 2020 年　英大信托先进集体
- 2019 年　国家电网有限公司电网先锋党支部
- 2020 年　国家电网有限公司先进集体

在英大信托，有一支“特别能吃苦、特别能战斗、特别能奉献、特别能创新”的团队，这就是连续获得国家电网有限公司“电网先锋党支部”荣誉称号的电网事业部党支部。支部共有党员 16 名，他们中既有经验丰富坚强有力的老党员，又有思维开阔创新活力的年轻党员，在工作中高起点、高标准，争一流、当先锋，始终坚持以党建引领为核心，持续践行“党建 +”。

2020 年，电网事业部党支部积极克服疫情不利影响，全力为主业和实体经济发展提供优质高效金融服务，全年为股东各单位提供资金

● 支部参加“永远跟党走 奋进新征程”歌咏比赛

支持3102.37亿元，同比增长42%，全年实现收入15.82亿元，同比增长70%。“十三五”期间，累计为国家电网有限公司贡献收入超40亿元，在主业持续降电价的不利因素影响下，有力提升了金融支撑度和利润贡献度。

抗疫发展“两不误”

2020年，突如其来的新冠肺炎疫情，给社会经济发展和人民生活带来了巨大影响。疫情面前，电网事业部党支部一方面坚决有力打好疫情防控阻击战，一方面稳中有序推进各项重点工作，大幅超额完成了全年目标任务。

2020年2月2日，原本是春节假期的最后一天，在电网事业部党支部展开了一场“另类攀比”——“我是党员，假期未离京，我去公司值班”“虽然我还不是党员，但我是入党积极分子，安排我去公司上班吧”。此时此刻，一句句朴实无华的“我来吧”化为支部坚决打赢疫情防疫战的坚定信心和战斗力。

新冠肺炎疫情伊始，电网事业部党支部以战“疫”为使命，强化责任担当，全力做好疫情防控金融服务。及时提供38亿元资金支持，全力支持国网湖北电力疫情防控工作。针对疫情影响下各客户单位资金需求增加的情况，积极采取多项措施确保资金融通“不隔离”，资金支持“畅通无阻”。在1月、2月疫情最为严重紧张的时期，及时为主业单位提供资金支持近900亿元，缓解了20余家企业单位的资金压力。

2020年9月24日，国内首单以“经营性租赁债权”作为基础资产的ABN产品“平高集团2020年第一期资产支持票据”成功发行，填补市场空白，首创效应明显；9月29日，市场上首单以“应收可再生能源补助附加资金收益权”为基础资产的资产支持商业票据(ABCP)“国家电力投资集团有限公司2020年度新能源1号资产支持商业票据”成功发行，产生极强的行业影响力和行业示范效应；12月24日，“国电投2020年度新能源2号绿色定向资产支持商业票据”成功发行，为服务主业、服务实体发挥了重要作用。

电网事业部党支部这些创新业务的落地，为促进产融、融融协同提供了助力，为提升金融业务“五个度”贡献了力量。

业务队伍“双提升”

电网事业部党支部始终坚持“小集体，大能量”“小支部，大作为”“小岗位，大舞台”，党员同志们主动担当、群策群力，年轻同志们团结互助、充满干劲。

左土民作为电网事业部党支部书记，始终以身作则、率先垂范。疫情防控期间他提前到岗、坚守一线，积极与总部、各省公司多途径沟通了解资金情况，确保在疫情防控特殊时期持续为股东单位提供优质高效金融服务。与此同时，面对防疫物资紧缺的局面，他号召支部党员捐款捐物，并多方寻求防疫物资采购渠道，全力支持疫情防控保障工作。因表现突出，左土民被评为国家电网有限公司抗击新冠肺炎疫情先进个人。

支部纪检委员张宇同时是产融业务团队负责人。2020 年 3 月，部分客户受疫情影响出现不同程度的还款的困难，他连夜组织开展排查、评估，在最短时间内依法合规、风险可控的前提下有效解决了客户困难，共涉及 20 余笔业务规模超 40 亿元。2020 年 6 月，他所负责首单 ABN 业务进入最关键的尽调阶段，突发北京疫情反弹使得出差受阻。为不影响工作进度，他带领工作组以云尽调的方式加快推进。因服务产融协同表现出色，张宇被评为 2020 年度“感动英大”年度人物。

● 支部党员在英大信托党员之家开展与党旗合影活动

支部组织委员刘晓明是一名拥有 15 年党龄的“老党员”和拥有 11 年业务经验的“信托老兵”。疫情期间，她撇下两个年幼的孩子、克服种种困难始终坚持到岗工作，通过组织线下学习和线上交流、个人自学和全员覆盖等多种方式开展支部活动，并在省管产业单位等非并表资金业务取得新突破，实现了疫情防控、支部建设、业务发展同频共振。她始终发扬不畏难、多奉献的精神，连续多年被评为优秀共产党员、优秀党务工作者。

在电网事业部党支部这个集体，每一位党员都有自己的故事。这些数字和行动的背后，彰显了支部的责任担当和价值创造，跑出了金融抗击疫情的“加速度”，为国家电网有限公司“一体四翼”高质量发展保驾护航，为金融支持电网建设、实体经济吹响了新的“集结号”。

构建国家电网坚强金融之翼的奋斗者

——记国网租赁第九党支部

成立时间：2021 年 9 月　　**党员人数**：5 人

书　　记：丁　敏

• 2021 年　感动英大年度人物

国网租赁第九党支部自成立以来，注重强化政治功能和组织力，持续提升支部党员政治素质和专业能力，围绕"一体四翼"战略布局，聚焦公司发展目标路径，团结带动党员群众转作风、抓落实、争先锋、勇担当，快速推动公司融资成本成为业界标杆，筹资能力达到行业领先，交出了一份亮眼的成绩单。

充分发挥支部战斗堡垒作用，全面打造高素质队伍

第九党支部高度重视发挥支部育人功能，

● 支部党员在会议室研究筹资工作

将培养集聚优秀人才作为支部的一项长期重点工作，注重用“三会一课”、部门微讲堂、主题党日活动等形式加强党员学习教育，注重在棘手工作、攻坚任务中摔打磨炼党员，逐渐形成一支政治过硬、能力突出、敢于创新、甘于奉献的优秀党员队伍。2020 年，1 名党员获评“感动英大”年度人物，2 名党员获国网租赁先进个人称号，1 名预备党员按期转正。

发挥党员先锋模范带头作用，带动部门作风新气象

身为党员，更敢于亮剑，坚决落实“三亮三比”工作要求，在工作中挺身而出，带头突破业务难点，营造比技能、比作风、比业绩的浓厚工作氛围。为推动筹资业务创新突破，团队成员不怕吃苦、接续奋战，2020 年累计筹集资金增长 50%，新增合作金融机构 11 家、授信规模增长 166%，注册各类债券总额增幅 400%，发行债券总额增长超 400%，授信规模和增速均居行业领先地位。获交通银行授信额度 230 亿元，打破国内融资租赁行业单一银行授信额度最高纪录。成功发行全国第一支绿色“碳中和”资产证券化创新产品，被授予绿色债券 G-1 的最高等级，以实际行动响应国家“碳达峰、碳中和”战略部署。第九党支部所在部门先后获国网租赁年度先进集体、抗击疫情特殊贡献奖、业务发展组织特殊贡献奖等荣誉。

创新打造银企联学联建机制，彰显党建价值

在“党务 +”合作模式上，大胆创新，开展了银企党建共建活动，加强了党建与业务融合，实现互通共赢，彰显党建价值。与交通银行北京分行党支部展开联建共建，深入学习交

流十九届五中全会精神、中央经济工作会议精神，结合工作实际认真分析宏观政策方向、把握市场窗口，提前应对流动性收紧带来的市场风险。与上海银行北京分行联合党支部开展“绿色金融落地实践探讨，向建党百周年献礼”主题党建共建活动，进一步优化未来合作方案，深入挖掘双方在绿色债券、绿色信贷领域的业务潜力，开辟更多融资渠道，推动业务合作全面提升，以绿色金融助推经济转型发展。

紧抓机遇迎难而上，业绩提升卓有成效

在公司转型发展关键阶段，各项任务艰巨繁重，第九党支部始终发挥党建示范引领作用，实现业务和管理双提升，精益和成本双管控。为扩展合作业务，引入英大信托、国网海投资金，同比增长 1.37 倍；认购英大基金产品、与英大证券合作注册各类债券承销等，“融融协同”实现资源共享、业务互济、提升集团整体效益。为降低融资成本，广泛拓展筹资渠道，全方位打造市场形象，把握资金窗口期，全年新增融资成本稳中有降；创新推进“银租通”、信用证 + 福费廷、银行承兑汇票、商务大卡等在融资租赁业务中的应用，有效压降融资成本。重塑资金监管模型，优化资金对接安排，资金管控工作取得显著成效，为公司流动性管理提供坚实保障。

附录

中共国家电网有限公司党组关于表彰“两优一先”、金牌（优秀）共产党员服务队和“国网楷模”的决定

（国家电网党〔2021〕57号）

总部各部门党组织，各机构党组织，各分部党组织，公司各单位党组织：

近年来，公司上下高举习近平新时代中国特色社会主义思想伟大旗帜，深入学习贯彻党的十九大和十九届二中、三中、四中、五中全会精神，坚决落实习近平总书记重要指示批示精神和党中央决策部署，坚持旗帜领航，持续强根铸魂，切实履行经济责任、政治责任、社会责任，在保障国家能源安全、服务经济社会发展和人民美好生活中争当排头、勇作表率，充分发挥了基层党组织战斗堡垒作用和党员先锋模范作用，充分彰显了央企国家队拉得出、顶得上、打得赢的鲜明底色，以实际行动为党和国家事业发展作出积极贡献，涌现出一大批对党忠诚、信念坚定、担当奉献、为民服务的先进典型。

在庆祝中国共产党成立100周年之际，为表彰先进、鼓舞斗志、弘扬正气，激励各级党组织和广大党员不忘初心、牢记使命，继往开来、接续奋斗，公司党组决定，授予国网北京电力通州供电公司党委等50个党委“国家电网有限公司红旗党委”荣誉称号，授予国家电网有限公司市场营销部（农电工作部）党支部等351个党支部“国家电网有限公司电网先锋党支部”荣誉称号，授予张伯凝等300名同志“国家电网有限公司优秀共产党员”荣誉称号，授予张晓娟等200名同志“国家电网有限公司优秀党务工作者”荣誉称号，授予国家电网首都电力（朝阳）共产党员服务队等30支服务队“国家电网金牌共产党员服务队”荣誉称号，授予国家电网首都电力（丰台一队）共产党员服务队等70支服务队“国家电网优秀共产党员服务队”荣誉称号，授予李征等7名同志和国家电网江苏电力（如东退役军人）共产党员服务队等3个群体“国网楷模”荣誉称号。

希望受表彰的先进集体和优秀个人珍惜荣誉，继续发挥好模范带头作用，再接再厉、再创佳绩。公司各级党组织和广大党员干部要以受表彰的先进典型为榜样，见贤思齐、比学赶超，奋发有为、苦干实干，传承红色基因、赓续精神血脉，践行“人民电业为人民”企业宗旨，把党的电力事

业不断推向前进。

当前，公司正在深入开展党史学习教育，统筹推进“一体四翼”发展布局，全面开启“十四五”新征程。公司各级党组织和广大党员干部要更加紧密地团结在以习近平同志为核心的党中央周围，增强“四个意识”、坚定“四个自信”、做到“两个维护”，立足新发展阶段，践行新发展理念，服务新发展格局，乘风破浪、砥砺前行，奋力谱写具有中国特色国际领先的能源互联网企业建设新篇章，为全面建设社会主义现代化国家、夺取新时代中国特色社会主义伟大胜利、实现中华民族伟大复兴作出新的更大贡献！

附件：1. 国家电网有限公司“红旗党委”名单

2. 国家电网有限公司“电网先锋党支部”名单

3. 国家电网有限公司优秀共产党员名单

4. 国家电网有限公司优秀党务工作者名单

5. 国家电网金牌共产党员服务队名单（略）

6. 国家电网优秀共产党员服务队名单（略）

7. “国网楷模”名单（略）

中共国家电网有限公司党组

2021 年 6 月 30 日

附件 1

国家电网有限公司“红旗党委”名单

（共 50 个）

国网北京电力通州供电公司党委
国网天津电力送变电工程有限公司党委
国网河北电力雄安新区供电公司党委
国网河北电力科学研究院党委
国网冀北电力唐山供电公司党委
国网山西电力运城供电公司党委
国网山东电力临沂供电公司党委
国网山东电力济宁供电公司党委
国网上海电力市区供电公司党委
国网江苏电力镇江供电分公司党委
国网江苏电力科学研究院党委
国网江苏电力扬州供电分公司党委
国网浙江电力科学研究院党委
国网浙江电力东阳市供电公司党委
国网安徽电力合肥供电公司党委
国网安徽电力滁州供电公司党委
国网福建电力福州供电公司党委
国网湖北电力黄石供电公司党委
国网湖北电力咸宁供电公司党委
国网湖北电力信息通信公司党委
国网湖南电力益阳供电分公司党委
国网湖南电力张家界供电分公司党委
国网湖南电力检修公司党委
国网河南电力许昌供电公司党委
国网河南电力开封供电公司党委

国网江西电力赣州供电分公司党委

国网江西电力建设分公司党委

国网四川电力绵阳供电公司党委

国网四川电力资阳供电公司党委

国网四川电力信息通信公司党委

国网重庆电力市南供电公司党委

国网辽宁电力沈阳供电公司党委

国网辽宁电力大连供电公司党委

国网吉林电力延边供电公司党委

国网黑龙江电力齐齐哈尔供电公司党委

国网黑龙江电力七台河供电公司党委

国网蒙东电力检修公司党委

国网陕西电力榆林供电公司党委

国网甘肃电力检修公司党委

国网青海电力西宁供电公司党委

国网宁夏电力检修公司党委

国网新疆电力昌吉供电公司党委

国网西藏电力拉萨供电公司党委

南瑞集团南京南瑞水利水电科技有限公司党委

国网信通产业集团北京智芯微电子科技有限公司党委

国网新源辽宁蒲石河抽水蓄能有限公司党委

许继集团福州天宇电气股份有限公司党委

平高集团河南平芝高压开关有限公司党委

山东电工电气浙江盛达铁塔有限公司党委

中国电科院电力系统研究所党委

附件 2

国家电网有限公司“电网先锋党支部”名单

（共 351 个）

国家电网有限公司市场营销部（农电工作部）党支部
国家电网有限公司基建部党支部
国家电网有限公司党组组织部（人事董事部）党支部
国家电网有限公司特高压事业部党总支
国家电网有限公司国调中心调度与监控党支部
中央纪委国家监委驻国家电网有限公司纪检监察组党支部
国网华北分部办公室党支部
国网华东分部调度控制中心第一党支部
国网华中分部财务部党支部
国网东北分部绿源水力发电公司云峰发电厂水工部党支部
国网西北分部规划统计部党支部
国网西南分部规划统计部党支部
国网北京电力调度控制中心党总支
国网北京电力城区供电公司天安门政治供电服务中心党支部
国网北京电力海淀供电公司大客户党支部
国网北京电力延庆供电公司冬奥供服党支部
国网北京电力大兴供电公司机场供服党支部
国网天津电力城南供电分公司小站供电服务中心党支部
国网天津电力滨海供电分公司运维检修部电缆运检室党支部
国网天津电力营销服务中心（计量中心）市场拓展部党支部
国网河北电力调度控制中心党总支
国网河北电力石家庄供电分公司变电检修中心党总支
国网河北电力雄安新区供电公司规划中心党支部
国网河北电力邢台供电分公司桥东供配电中心党总支
国网河北电力邢台供电分公司党委党建部（党委宣传部）党支部

国网河北电力邯郸供电分公司变电检修中心党总支

国网河北电力曲周县供电分公司槐桥供电所党支部

国网河北电力定州市供电分公司新立供电所党支部

国网河北电力衡水供电分公司营销部党支部

国网河北电力沧州供电分公司党委党建部（党委宣传部）党支部

国网河北电力沧州供电分公司电力调度控制中心党支部

国网河北电力信通分公司工程中心党支部

国网河北电力物资分公司第五党支部

国网河北电力建设公司特高压建管中心党支部

国网河北电力培训中心技术技能培训部党支部

国网冀北电力张家口供电公司电力调度控制中心党总支

国网冀北电力秦皇岛供电公司供电服务指挥中心（配网调控中心）党支部

国网冀北电力承德供电公司建设部党支部

国网冀北电力廊坊供电公司电力调度控制中心党支部

国网冀北电力科学研究院（华北电力科学研究院有限责任公司）设备状态评价中心（高电压技术研究所）党支部

北京送变电有限公司（国网冀北电力输变电抢险检修中心）输电施工二分公司党支部

国网冀北电力检修分公司特高压交直流运检中心党总支

国网冀北电力技能培训中心（保定电力职业技术学院）技术技能培训一部党支部

国网冀北电力物资分公司（招标有限公司）物资采购部党支部

国网冀北电力调度控制中心调度控制党支部

国网山西电力市场营销部（农电工作部）党支部

国网山西电力临汾供电公司变电检修党总支

国网山西电力高平供电公司党总支

国网山西电力交城县供电公司党总支

国网山西电力定襄县供电公司党支部

国网山西电力大同市云州区供电公司党支部

国网山西电力朔州供电公司信息通信公司党支部

国网山西电力阳泉供电公司电力调度控制中心党支部

国网山西电力科学研究院（能源互联网技术研究院）设备状态评价中心党支部

国网山东电力济南供电公司变电检修中心（二次检修中心）党总支

国网山东电力青岛供电公司变电运维中心运维三班党支部

国网山东电力淄博供电公司电力调度控制中心党支部

国网山东电力潍坊供电公司变电运维中心党支部

国网山东电力烟台供电公司营销部党支部

国网山东电力济宁供电公司高新供电中心党支部

国网山东电力临沂供电公司输电运检中心党支部

国网山东电力德州供电公司德城供电中心党支部

国网山东电力泰安供电公司输电运检中心党支部

国网山东电力聊城供电公司变电检修中心党支部

国网山东电力枣庄供电公司变电检修中心（二次检修中心）党支部

国网山东电力滨州市滨城区供电公司杨柳雪供电所党支部

国网山东电力威海供电公司输电运检中心党支部

国网山东电力菏泽供电公司变电检修中心（二次检修中心）党支部

国网山东电力东营供电公司东营港经济开发区供电中心党支部

国网山东电力莱芜供电公司供电服务指挥中心党支部

国网山东电力建设公司项目管理一部党支部

国网山东电力检修公司变电检修中心党总支

山东送变电工程有限公司输电施工一分公司综合党支部

国网山东电力人力资源部党支部

国网上海电力浦东供电公司张江科学城能源服务中心党支部

国网上海电力青浦供电公司营销第一党支部

国网上海电力检修公司变电运维中心虹杨中心站党支部

上海送变电工程有限公司线路第一分公司党支部

国网江苏电力检修分公司变电检修中心党总支

国网江苏电力泰州供电分公司市场及大客户服务室党支部

国网江苏电力南京供电分公司市场及大客户服务室党总支

国网江苏电力张家港供电分公司市场营销部党支部

国网江苏电力无锡供电分公司电缆运检中心党支部

江苏徐电建设集团有限公司冠宇工程分公司党总支

国网江苏电力常州供电分公司输电运检室党支部

国网江苏电力南通供电分公司供电服务指挥中心党支部

盐城华源送变电工程有限公司党支部

国网江苏电力淮安供电分公司市场营销部党支部

国网江苏电力宿迁供电分公司市场及大客户服务室党支部

国网江苏电力经济技术研究院规划发展研究中心党支部

国网江苏省电力工程咨询有限公司项目管理中心党总支
江苏省送变电有限公司变电施工第二分公司党支部
国网江苏电力技能培训中心培训二部党支部
江苏兴力工程管理有限公司工程监理部党支部
江苏电力信息技术有限公司第六党支部
江苏苏星资产管理有限公司第三党支部
国网江苏电力财务资产部党支部
国网浙江电力杭州供电公司变电检修中心党总支
国网浙江电力宁波市鄞州区供电公司江东供电所党支部
嘉兴市恒光电力建设有限责任公司党总支
国网浙汀电力湖州供电公司输电运检中心党支部
国网浙江电力诸暨市供电公司枫桥供电所党支部
国网浙江电力衢州供电公司市场营销部（农电工作部）党支部
国网浙江电力温州供电公司电力调度控制中心第一党支部
国网浙江电力台州市椒江区供电公司大陈党支部
国网浙江电力丽水供电公司变电运检中心党总支
国网浙江电力舟山供电公司海洋输电技术研究中心党支部
国网浙江电力检修公司特高压直流运检中心党支部
国网浙江电力培训中心技术技能培训部党支部
国网浙江电力物资公司招标采购党支部
浙江华云信息科技有限公司智慧电力集成运维分公司第三党支部
国网浙江电力党委组织部（人事董事部）党支部
国网安徽电力巢湖供电公司半汤中心供电所党支部
国网安徽电力马鞍山供电公司花山供电服务中心党支部
国网安徽电力淮南供电公司物资部党支部
国网安徽电力铜陵供电公司输电党支部
国网安徽电力蚌埠供电公司供电服务指挥中心党支部
国网安徽电力淮北供电公司电力经济技术研究所党支部
国网安徽电力黄山供电公司输电运检中心党支部
国网安徽电力亳州供电公司电力调度控制中心党支部
国网安徽电力科学研究院系统及新能源技术中心党支部
国网安徽电力检修分公司古泉换流站党支部
国网安徽电力营销服务中心现场检验部党支部

国网安徽电力信息通信分公司信息通信调控中心党支部

国网安徽电力党校（培训中心）技术技能培训部党支部

国网安徽电力物资分公司党支部

国网安徽电力财务资产部党支部

国网福建电力厦门供电公司项目管理中心党支部

国网福建电力仙游县供电公司榜头供电所党支部

国网福建电力泉州供电公司营销部党总支

国网福建电力漳州供电公司变电检修中心党支部

国网福建电力龙岩供电公司建设部党支部

国网福建电力三明供电公司输电运检中心党支部

国网福建电力邵武市供电公司营销部党支部

国网福建电力寿宁县供电公司下党片区供电所党支部

国网福建电力综合服务中心审计中心党支部

国网福建电力经济技术研究院技经中心党支部

国网福建电力建设分公司工程管理部党支部

福建省送变电工程有限公司第四送电施工分公司党支部

国网福建电力管理培训中心研究中心党支部

福建省供电服务有限责任公司营销服务工作部党支部

国网福建电力办公室（党委办公室）党支部

国网湖北电力设备管理部党支部

国网湖北电力武汉供电公司武昌客户服务中心徐东营业党支部

襄阳电力集团有限公司老河口分公司工程管理二部党支部

国网湖北电力孝感供电公司开发区供电中心配电运检班党支部

国网湖北电力荆门供电公司检修分公司变电修试第二党支部

国网湖北电力丹江口市供电公司均州供电所党支部

国网湖北电力随州供电公司高新区供电中心带电党支部

国网湖北电力神农架供电公司电力调度控制中心党支部

国网湖北送变电工程有限公司变电施工分公司党总支

国网湖北电力检修公司 1000 千伏荆门特高压站党总支

国网湖北电力党校（管培中心）第一党支部

国网湖北电力技术培训中心（武汉电院）技能培训党支部

国网湖北电力实业有限公司办公室党支部

湖北华中电力科技开发有限责任公司研发部党支部

湖北正信电力工程咨询有限公司党支部
国网湖南电力长沙供电分公司带电作业中心党支部
国网湖南电力湘潭供电分公司经济技术研究所党支部
国网湖南电力衡阳市南岳区供电分公司本部党支部
国网湖南电力常德市西洞庭供电分公司党支部
国网湖南电力冷水江供电分公司铎山供电所党支部
国网湖南电力邵阳客户服务中心（计量中心）第一党支部
国网湖南电力郴州市苏仙区供电分公司白露塘供电所党支部
国网湖南电力江永县供电分公司党总支
国网湖南电力怀化变电检修公司党总支
国网湖南电力湘西供电服务指挥中心党支部
国网湖南电力凤滩水力发电厂运维部党支部
国网湖南电力经济技术研究院设计咨询部党支部
国网湖南电力物资公司（项目公司）供应党支部
国网湖南电力供电服务中心（计量中心）营销稽查党支部
国网湖南电力管理培训中心党委党建部党支部
国网河南电力郑州供电公司建设部党支部
国网河南电力洛阳供电公司营销支持中心党支部
国网河南电力安阳供电公司建设部党支部
国网河南电力新乡供电公司带电作业中心党支部
国网河南电力商丘供电公司电力调度控制中心党支部
国网河南电力平顶山供电公司变电检修中心党支部
国网河南电力驻马店供电公司变电检修中心党支部
国网河南电力西华县供电公司李大庄供电所党支部
国网河南电力濮阳供电公司变电检修中心党支部
国网河南电力三门峡市郊区供电公司崖底供电所党支部
国网河南电力济源供电公司电力调度控制中心党支部
国网河南电力漯河供电公司配网管理部党支部
国网河南电力鹤壁供电公司输电运检中心党支部
国网河南电力科学研究院设备状态评价中心第一党支部
国网河南电力直流运检分公司灵宝换流站党支部
国网河南电力物资公司物资采购部党支部
国网河南电力后勤服务中心第二党支部

河南九域腾龙信息工程有限公司安全营销党支部

国网河南能源互联网电力设计院有限公司第四党支部

国网河南电力党委宣传部党支部

国网江西电力供用电部（扶贫办）党支部

国网江西电力南昌市青山湖区供电分公司青云供电所党支部

国网江西电力宜春供电分公司樟树输变电检修中心党支部

国网江西电力九江供电分公司电力调度控制中心党支部

国网江西电力上饶供电分公司变电运行中心党支部

国网江西电力泰和县供电分公司三都供电所党支部

国网江西电力抚州市临川区供电分公司上顿渡供电所党支部

国网江西电力新余供电分公司供电服务中心党支部

国网江西电力萍乡市湘东区供电分公司供用电部党支部

国网江西电力鹰潭供电分公司变电检修中心党支部

江西省送变电工程有限公司送电施工一分公司党支部

国网江西电力经济技术研究院第二党支部

国网江西电力供电服务管理中心客服党支部

国网江西电力培训中心综合第三党支部

国网江西综合能源服务有限公司党支部

国家电网四川电力（成都都江堰）连心桥共产党员服务队党支部

国网四川电力乐山市沙湾供电分公司第二党支部

国网四川电力德阳供电公司变电检修中心（二次检修中心）检修党支部

国网四川电力眉山供电公司东坡区供电中心客户服务室党支部

国网四川电力攀枝花供电公司建设部党支部

国网四川电力成都市龙泉驿供电分公司第二党支部

国网四川电力仪陇县供电分公司马鞍供电所党支部

国网四川电力南江县供电分公司集州供电所党支部

国网四川电力综合服务中心审计中心党支部

国网四川电力营销服务中心第四党支部

国网四川电力检修公司宜宾直流运维分部党总支

国网四川电力送变电建设有限公司建筑分公司党支部

国网四川电力管理培训中心党建教研党支部

国网四川电力服务有限公司第一党支部

四川电力交易中心有限公司党支部

国网重庆电力市南供电公司走马羊运维站党支部

国网重庆电力綦南供电公司变电党支部

国网重庆电力永川供电公司永能智能运检分公司党支部

国网重庆电力万州供电公司电力调度控制中心党支部

国网重庆电力大足供电公司万古（石马）供电所党支部

国网重庆电力市北供电公司营销部第一党支部

国网辽宁电力建设部党支部

国网辽宁电力沈阳市苏家屯区供电公司配电抢修班党支部

国网辽宁电力瓦房店市供电公司老虎屯中心供电所党支部

国网辽宁电力海城供电公司西柳镇供电所党支部

国网辽宁电力抚顺供电公司高湾供电所党支部

国网辽宁电力本溪市高新技术产业开发区供电分公司党支部

国网辽宁电力丹东供电公司供电服务指挥中心（配网调控中心）党支部

国网辽宁电力锦州供电公司营销部党支部

国网辽宁电力营口供电公司变电运检三工区党支部

国网辽宁电力阜新供电公司输电工区党支部

国网辽宁电力辽阳供电公司变电检修工区党总支

国网辽宁电力盘锦供电公司变电检修工区党支部

国网辽宁电力铁岭供电公司变电检修工区党支部

国网辽宁电力朝阳供电公司变电运行工区党总支

国网辽宁电力葫芦岛供电公司营销部（农电工作部）党支部

国网吉林电力党委党建部党支部

国网吉林电力长春供电公司变电运维中心生产第一党支部

国网吉林电力四平供电公司铁东区供电中心党支部

国网吉林电力东辽县供电公司安恕镇供电所党支部

国网吉林电力经济技术研究院能源高质量发展研究中心党支部

吉林省送变电工程有限公司应急抢修中心党支部

国网吉林电力信息通信公司数据运维管理中心党支部

国网吉林省新能源集团有限公司临江双河党支部

国网吉林电力建设分公司项目管理部党支部

国网黑龙江电力党委组织部（人事董事部）党支部

国网黑龙江电力哈尔滨供电公司变电运维一中心哈一运维站党支部

国网黑龙江电力大庆供电公司输电运检中心党支部

国网黑龙江电力佳木斯供电公司前进区供电公司党支部

国网黑龙江电力鹤岗供电公司市郊农电局党支部

国网黑龙江电力黑河自贸试验区供电公司党支部

国网黑龙江电力大兴安岭供电公司变电运维中心党支部

国网黑龙江电力嘉荫供电公司党支部

国网黑龙江电力经研院设计中心党支部

国网黑龙江电力检修公司黑河运维分部党支部

国网黑龙江电力信息通信公司安监调控党支部

国网黑龙江电力管理培训中心党校工作部（培训管理部）党支部

国网黑龙江省送变电工程有限公司变电施工分公司党支部

国网蒙东电力呼伦贝尔供电公司河西供电服务中心党支部

国网蒙东电力兴安供电公司变电工区党支部

国网蒙东电力通辽供电公司信息通信分公司党支部

国网蒙东电力开鲁县供电分公司吉日嘎郎吐镇供电所党支部

国网蒙东电力赤峰供电公司新城供电服务中心党支部

国网蒙东电力敖汉旗供电分公司四家子镇供电所党支部

国网陕西电力西安市市区供电分公司党总支

国网陕西电力宝鸡供电公司变电检修中心党支部

国网陕西电力渭南供电公司工程公司党总支

国网陕西电力铜川供电公司输电运检中心党支部

国网陕西电力延安市宝塔区供电分公司党总支

国家电网陕西电力张思德（检修公司）共产党员服务队党支部

国网陕西电力信息通信公司西数运维中心党支部

国网陕西电力培训中心干培部党支部

国网甘肃电力会宁县供电公司党总支

国网甘肃电力秦安县供电公司党总支

国网甘肃电力酒泉供电公司变电运维中心党支部

国网甘肃电力华亭市供电公司党支部

国网甘肃电力两当县供电公司党支部

国网甘肃电力武威供电公司电力调度中心党支部

国网甘肃电力建设分公司项目管理一部党支部

国网甘肃电力信息通信公司（数据中心）数据党支部

国网甘肃电力嘉峪关供电公司供电服务部（城区供电分公司）党支部

甘肃科源电力工程咨询有限公司招标中心党支部

国网青海电力党委组织部党支部

国网青海电力海东供电公司供电服务指挥中心党支部

国网青海电力茫崖市供电公司党支部

国网宁夏电力发展策划部党支部

国网宁夏电力石嘴山供电公司变电运维中心党支部

国网宁夏电力中卫供电公司供电服务指挥中心（配网调控中心）党支部

国网宁夏电力科学研究院电网技术中心党支部

国网新疆电力办公室党支部

国网新疆电力乌鲁木齐供电公司城区第三供电中心党总支

国网新疆电力吐鲁番供电公司电力调度控制中心党支部

国网伊犁伊河供电公司伊宁县供电公司党总支

国网新疆电力策勒县供电公司党总支

国网新疆电力喀什供电公司变电运维中心党总支

国网新疆电力科学研究院设备技术中心党支部

新疆送变电有限公司输电施工分公司党支部

国网西藏电力农电工作部党支部

国网西藏电力阿里供电公司营销党支部

全球能源互联网集团第二党支部（运行局）

国网国际发展有限公司海外运营部（运营监测中心）党支部

国电南瑞科技股份有限公司生产中心集成党支部

南京南瑞继保电气有限公司研究院平台硬件结构党支部

安徽南瑞继远电网技术有限公司科技创新党支部

北京中电普华信息技术有限公司第二党支部

福建亿榕信息技术有限公司党支部

国网电动汽车公司智慧车联网平台中心党支部

国网电商公司（国网雄安金融科技集团）营销服务党支部

中电装备公司第五事业部党支部

国网新源公司抽水蓄能技术经济研究院试验检测党支部

国网新源山东文登抽水蓄能有限公司第一党支部

国网通航公司北京分公司党支部

国网物资公司技术支持部党支部

英大传媒集团数字媒体中心党支部

国网综能服务集团华东事业部党支部

国网中兴公司北京贵都大酒店党支部

许昌许继软件技术有限公司继电保护研发部党支部

许继电气智能供用电系统分公司生产部党支部

平高集团电力储能事业部党支部

平高集团通用电气中压断路器厂党支部

山东电工电气安全质量部（生产部）党支部

国网直流中心党委党建部党支部

国网直流公司党委党建部党支部

国网交流公司工程管理部党支部

国网信通公司党委党建部党支部

国网客服中心信息运维中心天津党支部

国网大数据中心技术支持中心党支部

中国电科院计量研究所绝缘预防党支部

中国电科院信息通信研究所测试仿真党支部

国网经研院第一党支部

国网能源院党建部党支部

联研院直流输电技术研究所第二党支部

国网党校（国网管理学院）综合党支部

国网高培中心党建处党支部

国网技术学院教务党支部

英大集团第一党支部

中国电财办公室（党委办公室、董事会办公室）党支部

英大财险财务会计部党支部

英大财险四川分公司党支部

英大人寿河南分公司党支部

山东英大保险经纪有限公司党支部

英大信托电网事业部党支部

英大证券第二十六党支部

国网租赁第九党支部

附件 3

国家电网有限公司优秀共产党员名单

（共 300 名）

张伯凝（女） 国家电网有限公司财务资产部财税管理处处长
金　焱　国家电网有限公司设备管理部技术处副处长
战广生　国家电网有限公司产业发展部综合处处长
王世清　国家电网有限公司后勤工作部综合处处长
蒙海军　国家电网有限公司党组宣传部（对外联络部）新闻处处长
王茂海　国网华北分部调度控制中心系统运行一处处长
龚剑波　国网华东分部办公室人资处主管、六级职员
李会新　国网华中分部调度控制中心继电保护处处长
孙国斌　国网东北分部绿源水力发电公司太平湾发电厂运行部集控班值班负责人
张　瑞　国网西北分部办公室主任、党支部书记
游　川　国网西南分部党建工作部群团处处长、团委书记
王月鹏　国网北京电力昌平供电公司产业单位配电带电作业班班长
王　立　国网北京电力亦庄供电公司经理助理兼供电服务中心主任、运维检修部主任
周　章　国网北京电力客户服务中心重要客户服务部副主任
马占军　国网天津电力东丽供电分公司运维检修部（检修分公司）副主任
冯　冰　国网天津电力检修公司变电检修中心（检修基地）高压试验室电气试验专责工
郭晓丹（女） 国网（天津）综合能源服务有限公司综合管理部副经理
刘　克　国网河北电力石家庄市藁城区供电分公司总经理、党委副书记
杨博涛　国网河北电力雄安新区供电公司办公室项目前期管理专责
骆计国　国网河北电力南宫市供电分公司总经理、党委副书记
魏　航　国网河北电力邯郸供电分公司项目管理中心主任、党支部书记
马国立　国网河北电力保定供电分公司总经理、党委副书记
刘连升　国网河北电力衡水供电分公司变电运检中心电气试验高级工
李彦民　国网河北电力沧州供电分公司驻吴桥县老贾村工作队第一书记
范　龙　河北省送变电有限公司土建施工分公司副经理

杜崇杰　国网河北综合能源服务有限公司市场工程部主任
马国真　国网河北电力经济技术研究院能源发展研究中心能源互联网经济研究室主任
李天辉　国网河北电科院电力设备技术中心诊断性（特殊）试验技术专责
范胜东　河北中兴冀能电力发展有限公司综服中心主任
徐文涛　国网河北电力副总工程师兼互联网部主任
王绵斌　国网冀北电力经济技术研究院财务资产部主任
王文东　国网冀北电力工程管理分公司（北京华联电力工程监理有限公司）总经理（执行董事）、党委副书记
任建伟　国网冀北电力信息通信分公司（数据中心）副总工程师兼办公室（党委办公室）主任
吴　迪（女）　国网冀北电力综合服务中心综合管理部（纪委办公室）主任
王　铮　国网新源张家口风光储示范电站有限公司工程物资部经济技术管理高级师
张振强　国网冀北电力智能配电网中心（北戴河供电保障指挥中心）配网规划建设研究部主任
刘　卓（女）　北京博望华科科技有限公司综合管理部（党委党建部、纪委办公室）副主任
王小钢　国网山西电力人力资源部（社保中心）保障管理处处长
李志峰　国网山西电力运城供电公司输电运检中心职员
丰建军　国网山西电力晋城供电公司变电检修中心状态评价技术专责
郭　伟　国网山西电力长治供电公司信息通信公司党支部书记
晋　玮（女）　国网山西电力平定县供电公司财务资产部主任
杨爱民　国网山西电力检修分公司副总工程师兼长治站站长
李　洋　国网山西电力信息通信分公司（国网山西电力数据中心）技术发展部副主任
安亚锟　国网山西电力物资分公司（国网山西招标有限公司）综合管理部副主任
吴延进　国网山东电力济南市历城区供电公司西营供电所所长、驻南部山区柳埠街道涝峪村第一书记
于立涛（女）　国网山东电力青岛供电公司三级职员兼安全总监
苗　军　国网山东电力淄博供电公司临淄供电中心主任
王　君　国网山东电力潍坊供电公司纪委书记
冯彦程　国网山东电力栖霞市供电公司西城供电所所长
刘　建　国网山东电力德州供电公司运维检修部（智能运检管控中心）主任
李　萌（女）　国网山东电力泰安供电公司客户服务中心采集运维班副班长兼营销部综合党支部党建专责
于继恩　国网山东电力聊城供电公司纪委书记
王正运　国网山东电力枣庄供电公司输电运检中心输电智能巡检班班长
王兆敏（女）　国网山东电力滨州供电公司互联网部（数据中心）数据采集班班长

高永强　国网山东电力东营供电公司开发区供电中心五级职员
宫池玉　国网山东电力日照供电公司营销部（农电工作部）主任、党支部书记
曲延盛　国网山东电力信息通信公司（国网山东电力数据中心）调控运行中心主任、党支部书记
郑志杰　国网山东电力经济技术研究院规划评审中心副主任
孙展轩　山东送变电工程有限公司输电施工分公司综合管理部项目经理
林祥玉　国网山东电力体育文化分公司综合管理部（党委办公室）主任
李　硕　山东网瑞物产有限公司办公室（党委办公室）主任
王海鹏　国网智能科技股份有限公司科技部（研发中心）副主任
杨　勇　山东鲁能软件技术有限公司副总经理兼智能电气分公司总经理
白　玉　国网山东电力董事会秘书，总经理助理、办公室（党委办公室、董事会办公室）主任
余钟民　国网上海电力设备管理部主任
吴家华　国网上海电力奉贤供电公司副总工程师兼运维检修部主任
彭　祥　华东送变电工程有限公司变电分公司经理助理
童　充　国网江苏电力苏州供电分公司科技互联网部科技管理
杨世海　国网江苏电力营销服务中心能源计量部主任、党支部书记
刘　泳　国网江苏电力南京供电分公司变电运维室迈皋桥变电运维班班长
邵剑明　国网江苏电力无锡供电分公司信通分公司副主任、四级职员
赵昌新　国网江苏电力徐州供电分公司输电运检室主任、党支部副书记
章　立　国网江苏电力常州供电分公司配电运检室五级职员
赵　媛（女）国网江苏电力镇江供电分公司城区供电服务中心营业班班长
姚海霞（女）泰州开泰电力设计有限公司四级职员
胡新雨　国网江苏电力南通供电分公司运维检修部主任、党支部书记
唐国祥　国网江苏电力淮安供电分公司党委党建部主任
林　海　国网江苏电力宿迁供电分公司党委党建部五级职员
杨　刚　国网江苏电力东海县供电分公司人力资源部主任、党支部书记
张兆君　国网江苏电力检修分公司特高压交直流运检中心泰州站副站长
李　伟　国网江苏电力信息通信分公司通信运检中心主任、党支部书记
崔健萍（女）国网江苏综合能源服务有限公司财务资产部主任
骆华均　江苏苏电产业管理有限公司总会计师
卢修连　江苏方天电力技术有限公司三级专家
陈　宵（女）国网江苏电力设备管理部计划处处长
倪　萍（女）国网浙江电力杭州市富阳区供电公司营销部主任助理

江　炯　　国网浙江电力宁波供电公司输电运检中心副主任
陈新益　　国网浙江电力海宁市供电公司金能电力实业有限公司综服分公司陈新益劳模创新工作室负责人
郑璇源　　衢州光明电力投资集团有限公司汇亮电力服务分公司党支部书记、副经理
潘宏伟　　国网浙江电力金华供电公司变电运维中心技术室主任
王　寅　　国网浙江电力温州供电公司建设部（项目管理中心）项目经理
李宝金　　国网浙江电力仙居县供电公司离休
梁彬彬　　国网浙江电力龙泉市供电公司安仁供电所所长
孙飞飞　　国网浙江电力经研院电网规划中心主网规划室副主任
章建欢　　国网浙江电力检修公司杭州运检中心主任、党支部书记
柳　达　　浙江送变电公司送电一公司副经理
何志松　　国网浙江电力综合服务公司工程管理部总经理助理、余杭项目部经理
叶伟哲　　国网浙江电力紧水滩电厂生产服务中心综合班班长
安四清　　国网安徽电力人力资源部（社保中心）主任
何水兵　　国网安徽电力芜湖供电公司配电运检室带电作业班副班长
凌端伟　　国网安徽电力安庆供电公司变电运维中心宜塘运维操作班副班长
杨明宏　　国网安徽电力宣城供电公司宣州供电服务中心主任兼宣城阳光电力维修工程有限责任公司总经理、党委副书记
张振洋　　国网安徽电力阜阳供电公司供电服务指挥中心（配网调度控制中心）主任、党支部副书记
刘晓淞　　国网安徽电力滁州供电公司清流供电服务中心主任、党总支副书记
刘　高　　国网安徽电力霍山县供电公司党委书记、副总经理
杨宏斌　　国网安徽电力宿州供电公司电力调度控制中心地区调度班班长
江炜楠　　国网安徽电力池州供电公司变电运检中心变电二次检修班副班长
刘士李　　国网安徽电力经济技术研究院技术经济中心副主任、党支部副书记
吕　猛　　安徽送变电工程有限公司送电一分公司项目经理
涂　潜　　国网安徽电力建设分公司工程监理中心副主任
王景兵　　国网安徽电力综合服务中心人力资源服务部主任、党支部书记
刘碧霞（女）　安徽明生电力投资集团有限公司招标分公司总经理
赵永红　　国网安徽电力营销部综合技术处处长
陈奇太　　国网福建电力莆田供电公司信息通信分公司网控室班长
林秀贵　　国网福建电力泉州供电公司输电运检中心无人机作业班副班长
沈华宁　　国网福建电力漳州供电公司建设部（项目管理中心）主任、党支部书记

曹　晶　国网福建电力龙岩供电公司电力调度控制中心地区调控班班长
吴长翔　国网福建电力三明供电公司输电运检中心运检计划管理中级师
晁武杰　国网福建电科院电网技术中心直流控制保护室主管
蔡宇翔　国网福建电力信息通信分公司物联网支撑中心（数据运营中心）主任、党支部书记
王林承　国网福建电力物资分公司综合管理部（党委办公室、党委组织部）三级职员、主任、党支部书记
陈春武　福建水口发电集团有限公司董事、总经理、党委副书记，福建水口水电站工程建设公司总经理
陈宇飞　福建省亿力建设工程有限公司副总工程师，配电工程分公司经理、党支部书记
王　玮（女）　国网福建电力营销服务中心综合管理部副主任
黄金富　国网福建电力调度控制中心计划处副处长
王　波　国网湖北电力武汉市蔡甸区供电公司五级职员
周楚雄　国网湖北电力荆州供电公司城区供电中心配网运维班班长
张国山　国网湖北电力襄阳供电公司检修分公司输电室带电作业班班长
张　成　国网湖北电力黄冈供电公司副总工程师、运维检修部主任
何　婷（女）　国网湖北电力咸宁市咸安区供电公司官埠供电所所长
冯　刚　湖北汉东电力发展有限公司安装分公司经理
王　博　国网湖北电力经济技术研究院规划评审中心主网规划室主任
熊　宇　国网湖北电力检修公司宜昌运维分部变电运维二班副班长
吴锋艳（女）　国网湖北电力物资公司（国网湖北招标公司）供应链运营中心主任
杨　俊　国网湖北电力中超建设管理公司（鄂电监理公司）项目管理二部副主任
饶　磊　国网湖北电力直流运检公司检修中心副主任
张　莹（女）　国网湖北电力营销服务中心（计量中心）财务资产部专责
朱　可　国网湖南电力湘潭供电分公司运维检修部配电运检管理专责
文　强　国网湖南电力耒阳市供电分公司配电部主任（挂岗）
曹革平　国网湖南电力怀化供电分公司综合服务中心主任、党支部副书记
肖昌贵　国网湖南电力龙山县供电分公司宝塔供电所所长、党支部书记
邓锦华（女）　国网湖南电力张家界供电分公司市场营销部（农电工作部）副主任
谭建华　湖南省送变电工程有限公司线路施工一分公司项目管理中心项目执行经理
付立德　国网湖南电力输电检修分公司输电运检一分部运检五班班长
眭建新　国网湖南电力信息通信分公司副总工程师
何　亮　国网湖南电力建设分公司（咨询公司）工程二分公司经理
冯　涛　国网湖南电力防灾减灾中心覆冰预测预警中心组长

曾旭华　　　国网湖南电力技术技能培训中心（长沙电力职业技术学院）副总经济师兼计划调配部主任
刘家钰　　　国网湖南电力后勤服务中心（健康管理中心）健康管理部主任
王　健　　　国网湖南电力办公室（党委办公室、董事会办公室）主任
梁嘉殷（女）国网河南电力安阳供电公司党委党建部主任、党支部书记、团委书记
陈　平　　　国网河南电力新乡供电公司城区供电部配电运检工
郭　锐　　　国网河南电力博爱县供电公司营销部七级职员、园区供电所所长、党支部书记
丁卫华（女）国网河南电力宁陵县供电公司总经理、党委副书记
孙瑞华（女）国网河南电力平顶山供电公司电力调度控制中心副主任
刘振宇　　　国网河南电力西平县供电公司运维检修部主管
陈喜峰　　　国网河南电力许昌供电公司安全总监兼安全监察部主任、党支部书记
杨志超　　　国网河南电力光山县供电公司总经理、党委副书记
刘　杰　　　国网河南电力周口供电公司副总政工师、党委党建部主任、党支部书记
孟书海　　　国网河南电力济源供电公司变电运检中心五级职员
孙思培　　　国网河南电力漯河供电公司发展策划部副主任
李　立　　　国网河南电力鹤壁供电公司变电检修中心变电一次检修班班长
李亚男（女）国网河南电力营销服务中心（计量中心）集约监控中心副主任
朱汉伟　　　国网河南电力建设分公司副总经理
姚　楠　　　国网河南电力管理培训中心管理培训部主任、党支部书记
刘芳芳（女）国网河南电力技能培训中心培训师
孙豪璐（女）郑州电力高等专科学校办公室文秘专责
李雪刚　　　河南绿能科发实业有限公司副总工程师
刘　浩　　　国网河南综合能源服务有限公司发展安全部经理
杜海阳　　　国网河南电力营销部（农电工作部）智能用电管理专责
许继和　　　国网江西电力萍乡供电分公司总经理、党委副书记
余志伟（女）国网江西电力办公室文档（保密）处副处长兼协同办公管理专责
张海波　　　国网江西电力安义县供电分公司办公室主任
陈翔雁　　　国网江西电力高安市供电分公司经理、党委副书记
朱智霞（女）国网江西电力弋阳县供电分公司经理、党委副书记
刘　宇　　　国网江西电力景德镇供电分公司输电管理中心主任
徐在德　　　国网江西电科院生产发展部副主任、特高压调试临时党支部书记
梁　良　　　国网江西电力信息通信分公司信息通信调度监控中心主任
姜　波　　　国网江西电力综合服务中心党委组织部（人力资源部）主任

谌颖辉　　国网江西电动汽车服务有限公司建设运维部主任
刘　冰　　国网四川电力董事会秘书，办公室（党委办公室、董事会办公室）主任
罗　亮　　国网四川电力送变电建设有限公司执行董事、党委书记
曹　浩　　国网四川雅安电力（集团）股份有限公司汉源县供电分公司配电运检班班长
曾　伟　　国网四川电力达州供电公司安全总监、安全监察部（保卫部）主任
张大海　　国网四川电力盐源县供电公司营销部营业业务技术专责
钟　睿　　国网四川电力宜宾供电公司互联网办公室大数据分析应用技术管理专责
唐义伟　　内江星原电力集团有限责任公司董事长、党委书记
佘　智　　国网四川电力邻水县供电公司五级职员、安监部主任
徐　腾　　国网四川电力遂宁供电公司副总会计师、财务资产部主任
李　琦　　国网四川电力自贡供电公司沿滩区供电中心副主任
李　俊　　国网四川甘孜州电力有限责任公司营销部（农电工作部、客户服务中心）主任
徐袁伟　　国网四川电力岷江供电公司岷北供电分公司副经理
白　超　　国网四川电力映秀湾水力发电总厂检修部综合室设备管理专责
常政威　　国网四川电科院发展安监部主任、党支部书记
王　薇（女）国网四川电力技能培训中心（四川电力职业技术学院）主任（院长）助理、培教服务室主任
黄　涛　　国网重庆电力市区供电公司运维检修部副主任、分工会主席
杜　伟　　重庆润德供电服务有限公司巫山分公司党支部书记、副经理
任俣希　　国网重庆电力市北供电公司营销部主任
谭　忠　　国网重庆电力江津区供电公司党委党建部党务与企业文化管理专责
李　冬　　国网重庆电力检修公司输电运检中心输电运检中级技工
魏延芹（女）国网重庆电力调度控制中心调控处副值调度
孙峰烈　　国网辽宁电力党委党建部组织建设处处长
韩诗琦　　国网辽宁电力新民市供电公司运维检修部主任兼安全总监
孙婧捷（女）国网辽宁电力大连市沙河口区分公司副经理
张霖辉　　国网辽宁电力台安县供电公司桓洞镇供电所所长
曲永强　　国网辽宁电力抚顺供电公司副总经理
阎青春　　国网辽宁电力本溪供电公司总经理、党委副书记
张忠伟　　国网辽宁电力义县供电分公司党委党建部主任
张　楠　　国网辽宁电力营口供电公司副总经理
张艳梅（女）国网辽宁电力葫芦岛供电公司综合四室主管
方　宁　　国网辽宁电力检修公司二次检修中心主任

徐晓雨　　国网辽宁电力建设公司（监理公司）项目管理一部副经理
顾海林　　国网辽宁电力信息通信分公司数据运营中心副总工程师兼数据运营中心主任
黄海波　　国网辽宁电力综合能源公司总经理助理兼南部区域事业部经理
刘　洋　　国网吉林电力长春供电公司变电检修中心变电检修三班班长
贾春贺（女）国网吉林电力白山供电公司营销集约管控中心营销业务质量监控与数据分析技术
张小丰　　国网吉林电力前郭尔罗斯蒙古族自治县供电公司白依拉嘎供电所所长
周　琳　　国网吉林电力培训中心技术技能培训部输配电培训室主任
薛丽雯（女）国网吉林电力后勤服务中心退休职工管理部离退休服务管理
王　冬　　国网吉林电力物资部物资综合管理
姜世金　　国网黑龙江电力安全监察部（保卫部）主任
温春怡　　国网黑龙江电力办公室（党委办公室、董事会办公室）信访办主任
李占奎　　国网黑龙江电力哈尔滨供电公司带电作业中心带电作业高级技术
肖　丹（女）国网黑龙江电力齐齐哈尔供电公司财务资产部主任
尹冬明　　国网黑龙江桦南县供电有限公司副经理
于海涛　　国网黑龙江肇州县电业局有限公司经理、党委副书记
陈　铁　　国网黑龙江电力双鸭山供电公司总经理、党委副书记
张昆鹏　　国网黑龙江电力伊春供电公司办公室（党委办公室）主任
陈　友　　国网黑龙江电力七台河供电公司发展策划部主任、党支部书记
吴育琳　　国网黑龙江电力检修公司牡丹江运维分部高级检修师、党支部书记
崔　箫　　国网蒙东电力伊敏供电分公司运维检修部主任
李景志　　国网蒙东电力兴安供电公司综合服务中心党支部书记、副主任
王晓程　　国网蒙东建设分公司总经理、党委副书记
李永毅　　国网陕西电力发展策划部统计分析处处长
雷瑞雪（女）国网陕西电力商洛供电公司营销部智能用电班班长
刘　曦　　国网陕西电力西咸供电公司变电检修中心变电检修班班长
陈宗让　　国网陕西电力安康水力发电厂厂长、党委副书记
郑　涛　　国网陕西电力建设分公司安全监察部主任、党支部书记
尉　欣（女）国网陕西电力物资公司供应链运营中心（物资供应部）五级职员
许　杰　　国网甘肃电力财务资产部主任
余　杰　　国网甘肃电力兰州供电公司变电检修中心副主任
曾海涛　　国网甘肃电力定西供电公司总经理助理、办公室（党委办公室）主任
代　斌　　国网甘肃电力金昌市金川区供电公司副经理
康文辉　　甘肃送变电工程有限公司施工管理部主任

蔡　琴（女） 国网甘肃电力党校（培训中心）党校教研部（管理培训部、党建研究中心）主任
张海芳（女） 国网甘肃电力临夏县供电公司先锋供电所所长
王延刚 国网青海电力总法律顾问、总审计师，审计部主任
许国安 青海送变电工程有限公司调试分公司副经理
贺　波 国网宁夏电力总经理助理、安全总监
蒋　勇 国网宁夏电力吴忠市红寺堡供电公司配电运维服务班班长
苗光尧 国网宁夏电力营销服务中心（计量中心）供电服务管控部主任
艾合买提·托乎提 国网新疆电力巴州供电公司输电运检中心输电运检五班副班长
满向龙 国网新疆电力阿克苏供电公司输电运检中心副主任
宋新甫 国网新疆电力经济技术研究院规划评审中心主任
李海龙 国网西藏电力建设管理分公司助理、副总师，项目管理一部主任
肖　红 国网西藏电力信息通信公司党委党建部副主任
刘昌义 全球能源互联网集团经济技术研究院气变环境处四级职员
马千里 国网国际发展有限公司发展策划部主任助理
庞腊成 南瑞集团副总工程师，电网调控技术分公司总经理、党委副书记
蒋元晨（女） 南瑞集团副总工程师，信通事业部总经理，南京南瑞信息通信科技有限公司执行董事、总经理、党委副书记
赵　林 北京科东电力控制系统有限责任公司副总工程师
张华峰 国网思极飞天（兰州）云数科技有限公司董事、总经理、党支部副书记
王金丽（女） 国网电动汽车公司五级职员、国什能源科技（北京）有限公司财务总监
王　栋 国网区块链科技（北京）有限公司副总经理
于乃春 中电装备公司总经理助理兼第三事业部总经理
李建华 国网新源新安江水力发电厂厂长、党委书记
李作舟 国网新源陕西镇安抽水蓄能有限公司安全总监、安全监察部主任
杨　磊 国网通航公司飞行管理部（飞行训练中心）飞行大队长
陈金猛 国网物资公司质量监督部供应商管理处处长
马　佳（女） 英大传媒集团《国家电网报》编辑中心记者
唐莎莎（女） 国网综能服务集团节能事业部（西南事业部、南方事业部）营销总监兼技术方案部主任
杨　洛 国网中兴深圳国能国际商贸有限公司党委书记、副总经理
邓茂军 许继电气保护自动化系统分公司产品技术部技术负责人
段晓辉 平高集团技术中心副主任（四级正职）

何　刚　　山东电工电气中电装备青岛豪迈钢结构有限公司党委书记、执行董事、总经理

王　鑫　　国网直流中心工程部专责

邹军峰　　国网直流公司四川工程建设部主任、党支部书记

王　艳（女）国网交流公司华北工程建设部主任、党支部书记

李　静（女）国网信通公司网络安全监控中心副主任

王冬宝　　国网客服中心主任助理，南方分中心主任、党委书记

朱洪斌　　国网大数据中心安全质量与合规部副主任

张书琦　　中国电科院高电压研究所副所长

樊爱霞（女）国网经研院党委党建部党建专责

王　庆　　国网能源院党委党建部主任、纪委副书记

祝志祥　　联研院电工新材料研究所功能材料研究室主任

王秋晰（女）国网党校（国网管理学院）教务管理部专责

赵黎鸣（女）国网大学（国网高培中心、国网团校）四级职员

秦　晋　　国网技术学院电力营销培训部主任、党支部书记

松芙蓉（女）英大集团审计部主任兼风险管理部主任

陈伟昌　　中国电财青海业务部主任、党支部书记

杨海涛　　英大财险北京分公司销售总监、昌平支公司总经理、平谷营销服务部总经理

杨　岩　　英大人寿滨州中心支公司总经理

赵登攀　　英大长安江苏分公司总经理

刘海超　　英大信托办公室（董监事会办公室）主任

韩　栋　　英大期货组织部（人力资源部）总经理

李光星　　国网租赁战略发展部副主任（主持工作）

周景龙　　国网海外投资公司综合管理部副主任

赵建军　　电机工程学会党委委员、国际部主任、电力奖励办公室副主任

滕　林　　国家电网公司驻欧办总监

附件 4

国家电网有限公司优秀党务工作者名单

（共 200 名）

张晓娟（女） 国家电网有限公司研究室综合（调研）处三级职员
余国太 国家电网有限公司安全监察部综合处处长
王培龙 国家电网有限公司物资部（招投标管理中心）监察处处长
严 宇 国家电网有限公司党组巡视工作办公室综合处处长
马鹏飞 国家电网有限公司工会办公室主任
齐晓娟（女） 国网华北分部党建工作部党建处（团委办公室）处长、团委书记
李慧星 国网华东分部党建工作部副主任
孙望良 国网华中分部党建工作部主任、党支部书记
蔡景东 国网东北分部党建工作部党建处（团委办公室）处长（主任）
杨晋萍（女） 国网西北分部党建工作部党建处（团委办公室）五级职员、团委副书记
王民昆 国网西南分部调度控制中心副主任、第三党支部书记
戴 静（女） 国网北京电力房山供电公司党建部党务管理与党委文秘高级岗
何 莹（女） 国网北京电力信息通信分公司党建部主任
庞庆涛 国网天津电力党委党建部组织建设处处长
江黛茹（女） 国网天津电力信通公司数据管理服务中心主任、党支部书记
李 猛 国网河北电力保定供电分公司党委书记、副总经理
李 微（女） 国网河北电力石家庄供电分公司桥东供配电中心党总支书记
张 杰 国网河北电力衡水供电分公司党委党建部党务管理专责
金 怡（女） 国网河北电力检修分公司党委党建部主任、党支部书记
赵 鸣（女） 国网河北电力综合服务中心党委党建部党建管理专责
程 慧（女） 国网河北电力营销服务中心党委党建部副主任
倪彤辉 国网河北电力党委组织部副主任
曹树刚 国网冀北电力乐亭县供电分公司党委书记、副经理
段丽荣（女） 国网冀北电力张家口供电公司营销部（农电工作部、客户服务中心）党委书记、副主任

古正准　　国网冀北电力秦皇岛供电公司福电实业集团有限公司董事、总经理

许霄曈　　国网冀北电力廊坊供电公司党委书记、副总经理

朱翰超　　国网冀北电力党校（国网冀北电力管理培训中心）党委党建部（党委宣传部、工会、团委、纪委办公室）副主任

李　彬　　国网山西电力党委党建部（思想政治工作部、团委）思想文化处专责

杨中英（女）国网山西电力太原市滨河供电公司综合管理部副主任

田　亮　　国网山西电力晋中供电公司党委党建部主任、机关党总支书记

王　轩　　国网山西电力忻州供电公司党委党建部党务管理专责

申小金　　国网山西电力输电检修分公司党委党建部主任、党支部书记

王　茜（女）国网山东电力济南供电公司党委党建部党组织管理

李旭峰　　国网山东电力潍坊供电公司党委党建部副主任、党支部书记

赵以排　　国网山东电力济宁供电公司党委党建部副主任

程海霞（女）国网山东电力临沂供电公司党委党建部主任、党支部书记

于忠杰　　国网山东电力威海供电公司党委书记、副总经理

曹　华　　国网山东电力菏泽供电公司党委党建部主任、党支部书记

齐云雷　　国网山东电力莱芜供电公司副总政工师，党委党建部主任、团委书记

赵　霞（女）国网山东电力日照供电公司党委党建部五级职员

徐海东　　国网山东电科院党委党建部主任、党支部书记

张　彬　　国网山东电力党委党建部（思想政治工作部、直属（本部）党委办公室、团委）组织建设处（数据处）处长

刘营超　　国网上海电力副总政工师

徐芳敏　　国网上海电力浦东供电公司副总政工师兼党委党建部（党委宣传部）主任

杜海虹（女）国网江苏电力南京供电分公司党委党建部主任、党支部书记

谢红春　　国网江苏电力高邮市供电分公司党委书记、副总经理

高建新　　国网江苏电力昆山市供电分公司党委书记、副总经理

徐建楠　　国网江苏电力无锡供电分公司纪委书记、工会主席

魏　锋　　国网江苏电力盐城供电分公司党委党建部主任、党支部书记

任孝峰　　国网江苏电力连云港供电分公司党委书记、副总经理

钱开余　　国网江苏电力物资分公司招标采购部党支部书记

刘振国　　国网江苏电力综合服务中心三级职员、人资服务处处长

周　权　　国网江苏电力管理培训中心党建研究中心主任

陈　喆　　国网江苏电力党委党建部组织建设处处长

杨　峰　　国网浙江电力淳安县供电公司执行董事、党委书记

杜亮亮 国网浙江电力宁波市奉化区供电公司党委党建部（党委宣传部、纪委办公室）主任、本部综合第一党支部书记

冯昕鑫 国网浙江电力湖州供电公司党委党建部（党委宣传部）党建管理专职

方群平 国网浙江电力绍兴供电公司纪委办公室副主任

黄　炯 国网浙江电力舟山供电公司党委书记、副总经理

陈　建 国网浙江电力信通公司党委书记、副总经理

史常宝 国网浙江电力党委党建部（思想政治工作部）党员教育处处长

邹国强 国网安徽电力党校副校长，培训中心（学院）主任、党委副书记

杨　翼 国网安徽电力合肥供电公司纪委副书记、纪委办公室（巡察办公室）主任、党支部书记

杜柏林 国网安徽电力马鞍山供电公司总经理助理、党委组织部（人力资源部）主任、党支部书记

侯绍娟（女） 国网安徽电力淮南供电公司党委组织部（人力资源部）主任

孙　英（女） 国网安徽电力铜陵供电公司党委党建部主任、党支部书记

高　伟 国网安徽电力蚌埠供电公司党委党建部主任、党支部书记

李　君 国网安徽电力亳州供电公司党委党建部主任

熊　慧（女） 国网安徽电科院党委党建部主任、党支部书记

章　丹（女） 国网安徽电力检修分公司党委组织部主任、党支部书记

姚　军 国网安徽电力党委党建部组织建设处处长

陈晓明 国网福建电力福州供电公司党委党建部（党委宣传部）主任、党支部书记

杨志永 国网福建电力厦门供电公司纪委副书记兼纪委办公室主任、党支部书记

吴宏涛 国网福建电力武夷山市供电公司党委书记、副总经理

谢黄祯 国网福建电力霞浦县供电公司党委党建部（党委宣传部）主任、党支部书记

陈月卿（女） 国网福建电力检修分公司变电检修中心副主任，二次检修中心党总支书记、副主任、第一党支部书记

舒　星 福建水口发电集团有限公司党委党建部主任

黄剑虹（女） 国网福建电力技能培训中心办公室（党委办公室）主任、党支部书记

邹祖虎 国网湖北电力武汉供电公司党委党建部主任、机关党委书记

冯　晨 国网湖北电力荆州供电公司变电检修分公司党支部书记、综合室副主任

程　波 国网湖北电力黄冈供电公司党委党建部党委秘书、宣传思想专责

李　涛 国网湖北电力鄂州供电公司党委书记、副总经理

夏勇军 国网湖北电科院党委书记、副院长

段　炼 国网湖北送变电工程有限公司输电运检分公司党总支书记、副经理

陈海燕（女） 国网湖北电力黄龙滩水力发电厂党委党建部主任

段凌岚（女） 国网湖南电力株洲供电分公司党委党建部主任

刘孟妮（女） 国网湖南电力衡阳供电分公司副总经济师、本部党委书记

张　琳（女） 国网湖南电力岳阳供电分公司党委党建部主任、机关党委副书记

胡　亮 国网湖南电力益阳市大通湖供电分公司党总支书记

田国元 国网湖南电力永州供电分公司总经理、党委副书记

李立峰（女） 国网湖南电科院党委党建部党建与企业文化管理专责

彭　凯 国网湖南电力纪委办公室（巡察办）巡察处处长

刘　冰 国网河南电力郑州供电公司党委党建部五级职员

韩善起 国网河南电力洛阳供电公司党委党建部主任、党支部书记

孙冬丽（女） 国网河南电力南阳供电公司党委党建部专责

程慧婧（女） 国网河南电力濮阳供电公司党委党建部主任、党支部书记

莫　然（女） 国网河南电力三门峡供电公司党委党建部主任、党支部书记

张翼霄（女） 国网河南电力经济技术研究院党委党建部主任、党支部书记

韩鸣明 河南送变电建设有限公司党委党建部主任、党支部书记

彭　勇 国网河南电力检修公司党委书记、副总经理

罗　豫（女） 国网河南电力信息通信公司党委党建部主任、党支部书记

邓晓彬 国网河南电力党委党建部思想文化处处长

吕雪松 国网江西电力党委党建部主任、本部党委副书记

许永超 国网江西电力赣州供电分公司纪委办主任、本部第二党支部书记

曾　光 国网江西电力都昌县供电分公司党委书记、副经理

刘　锰 国网江西电力遂川县供电分公司党委书记、副经理

陈向军 南昌市湾供电力工程服务有限责任公司党支部书记、副经理

蔡　琴（女） 国网江西电力柘林水电厂党委党建部主任

程　莉（女） 国网江西电力物资公司第三党支部书记

刘晓宇 国网四川电力党校（管理培训中心）常务副校长、主任、党委副书记

马　宇 国网四川电力党委组织部（人事董事部）副主任

江玉梅（女） 国网四川电力党委党建部党员教育管理处副处长

梁益勤 国网四川电力成都市高新供电分公司党委书记、副总经理

张　慧（女） 国网四川电力眉山供电公司党委党建部主任

李成希 国网四川电力绵阳供电公司党委党建部宣传及思想政治工作管理专责

陈廷科 国网四川电力天府新区供电公司党委党建部党务管理专责

黄　蓉（女） 国网四川电力泸州市泸川供电分公司党委党建部副主任

郑光霞（女） 国网四川电力南充供电公司党委党建部党务管理专责

张雪飞（女） 国网四川电力广元供电公司客户服务中心党总支书记、副主任

蔡　伟 国网重庆电力北碚供电公司党委书记、副总经理

谷　宇（女） 国网重庆电力永川供电公司党委党建部主任、工会副主席

朱　军（女） 重庆送变电公司输电施工分公司党支部书记、副经理

王迴源 国网重庆电力党委党建部组织建设处政策研究管理

赵英丽（女） 国网辽宁电力大连供电公司党委党建部（党委宣传部）主任

韦中华 国网辽宁电力丹东供电公司党委书记、副总经理

刘先晶 国网辽宁电力辽阳供电公司党委书记、副总经理

张　强 国网辽宁电力盘锦供电公司党委书记、副总经理

党贺奎 国网辽宁电力铁岭供电公司党委党建部主任

高国庆 国网辽宁电力朝阳供电公司党委书记、副总经理

孙殿家 国网辽宁电力营销服务中心党委书记、副主任

付海波 国网吉林电力洮南市供电公司党委书记、副经理

侯国梅（女） 国网吉林电科院党委党建部党建及团青管理、党支部副书记

崔泽之（女） 国网吉林电力检修公司党委党建部副主任、团委书记

李　巍 国网吉林电力物资公司质量监督部主任、党支部书记

张晋宝 国网黑龙江电力工会副主席、党支部书记

原　超 国网黑龙江电力党委党建部（思想政治工作部）组织建设处（数据处）处长

景　伟 国网黑龙江电力牡丹江供电公司党委书记、副总经理

陈利华（女） 国网黑龙江电力鸡西供电公司党委党建部主任

王新涛 国网黑龙江电力绥化供电公司党委党建部主任

王　莉（女） 国网黑龙江电科院党委党建部（党委宣传部）主任

代　娥（女） 国网黑龙江省宝泉岭电业局有限公司党委党建部（党委宣传部）主任

汤　静（女） 国网蒙东电力新城区供电分公司党委书记、副总经理

刘海军 国网蒙东电力赤峰供电公司党委党建部（党委宣传部、工会办公室）副主任

王齐龙 国网陕西电力离退休党总支书记

张作鹏 国网陕西电力兴平市供电分公司党委书记

张书茜（女） 国网陕西电力经济技术研究院党委党建部主任

蒲　路 国网陕西电科院设备状态评价中心党支部书记

付廷勤 国网甘肃电力刘家峡水电厂党委书记

袁　芳（女） 国网甘肃电科院党委党建部（党委宣传部、纪委办公室、工会、团委）主任、党支部书记

许志杰　国网甘肃电力临泽县供电公司党委书记
黄炳海　国网甘肃电力玛曲县供电公司党支部书记
潘亚平　国网甘肃电力党委党建部高级主管
张流畅（女）　国网青海电力党委党建部党员教育管理处处长
杨　博　国网青海电力检修公司变电检修中心党支部书记
李朝祥　国网宁夏电力党委党建部主任、本部党委副书记
王　涛　国网宁夏电力石嘴山供电公司党委书记、副总经理
肖　屹　国网新疆电力阿勒泰供电公司党委党建部（党委宣传部）主任
殷红霞（女）　国网新疆电力检修公司昌吉换流站副站长、党支部书记
焦龙珍（女）　国网西藏电力拉萨供电公司党委党建部主任、党支部书记
邓礼波　国网西藏电力林芝供电公司党委党建部主任、党支部书记
王海波　全球能源互联网集团综合局党建处处长
王一扬　国网国际发展有限公司党委党建部（党委宣传部）五级职员
石泽京　南瑞电力设计有限公司党总支书记、副总经理
蔡　炜　上海置信智能电气有限公司党委书记、副总经理，国网电力科学研究院武汉南瑞有限责任公司执行董事、总经理、党委书记
王苏华（女）　国网信通产业集团北京分公司总经理、党委书记
项　冰　国网电动汽车公司智慧车联网平台中心（营销中心）副总监、党支部书记
邱晓瑜（女）　国网电商公司（国网雄安金融科技集团）党委党建部党建管理专责
李鸿雁（女）　中电装备公司党委党建部（党委宣传部）主任
李　华（女）　国网新源公司党委党建部（党委宣传部）党建工作处处长
赵　悦（女）　国网通航公司团委副书记、工会女工主任、党建部党建管理专责
胡夏威　国网物资公司党委党建部（党委宣传部）高级主管
程洪瑾（女）　英大传媒集团《能源评论》杂志编辑中心主任、党支部书记
范　滢　国网综能服务集团赋能工作办公室主任
郑祎鸥（女）　国网中兴公司党委党建部（党委宣传部）主任、党支部书记
郑　志　福州天宇电气股份有限公司总经理、党委副书记
孙艳玲（女）　平高集团综合能源服务公司党总支书记、副总经理
燕飞东　山东电工电气山东电力设备有限公司技术三党支部书记
刘　涛　国网直流中心副总经济师兼综合部主任，党支部书记
李　丹（女）　国网直流公司换流站管理部科技信息专责
刘建楠　国网交流公司党委党建部党务管理专责
耿海洋　国网信通公司党委党建部党建管理专责兼团委书记

刘爱生 国网客服中心网上国网运营中心综合管理部主任、南京党支部书记
刘文思（女） 国网大数据中心设计中心（创新中心）运营支撑处副处长
谌灿霞（女） 中国电科院电力工业电气设备质量检验测试中心党委书记
余世峰 国网经研院计划发展部计划处处长
雷　杨（女） 国网能源院党委党建部（党委宣传部、纪委办公室、合规审计部、巡察办）专责
解海宁 联研院党委党建部党建工作处处长
邓亚兵 国网党校（国网管理学院）党委党建部（党委宣传部、企业党建研究中心）专责
周　密（女） 国网大学（国网高培中心、国网团校）四级职员
张　勤（女） 国网技术学院党委党建部（党委宣传部）主任、党支部书记
李　斌 英大集团党委党建部（纪委办公室、巡察办）主任
刘　青（女） 中国电财党委党建部（党委宣传部、纪委办公室、巡察办）主任助理兼纪检处处长
孙雅薇（女） 英大财险党委党建部（党委宣传部、纪委办公室、巡察办）企业文化建设专责
陈　侃 英大人寿安徽分公司办公室党群工作岗、团支部书记
钟　波（女） 英大长安合规总监兼法律合规部主任、法律合规部和审计部党支部书记
刘　晔 英大信托党委党建部（党委宣传部、纪委办公室、巡察办）党建处副处长
邵明山 英大证券党委党建部（党委宣传部、纪委办公室、巡察办）主任
王淑玲（女） 国网租赁总经理助理兼组织部（人力资源部）主任
张晓芬（女） 国网海外投资公司四级职员
申彦红（女） 电机工程学会党委委员、副秘书长兼综合部（党委办公室）主任